本书出版获教育部哲学社会科学研究重大课题攻关项目（21JZD061、23JZC036），中央四部委建设暨南大学铸牢中华民族共同体意识研究基地项目（JDGTT202103）资助

暨南大学铸牢中华民族共同体意识研究系列丛书

丛书主编　夏　泉

粤港澳大湾区与中华民族共同体研究

（2022）

孙清忠　主编

暨南大学出版社

JINAN UNIVERSITY PRESS

中国·广州

图书在版编目（CIP）数据

粤港澳大湾区与中华民族共同体研究. 2022 / 孙清忠主编. -- 广州 ： 暨南大学出版社，2024. 12.
（暨南大学铸牢中华民族共同体意识研究系列丛书 / 夏泉主编）. -- ISBN 978-7-5668-4066-0

Ⅰ. F127.6；C955.2

中国国家版本馆 CIP 数据核字第 2024VH3207 号

粤港澳大湾区与中华民族共同体研究 （2022）
YUE-GANG-AO DAWANQU YU ZHONGHUA MINZU GONGTONGTI YANJIU（2022）
主　编：孙清忠

· ·

出 版 人：阳　翼
统　　筹：张晋升　黄文科
责任编辑：高　婷
责任校对：苏　洁　陈皓琳
责任印制：周一丹　郑玉婷

出版发行：暨南大学出版社（511434）
电　　话：总编室（8620）31105261
　　　　　营销部（8620）37331682　37331689
传　　真：（8620）31105289（办公室）　37331684（营销部）
网　　址：http：//www. jnupress. com
排　　版：广州尚文数码科技有限公司
印　　刷：广州市友盛彩印有限公司
开　　本：787mm×1092mm　1/16
印　　张：18. 75
彩　　插：4
字　　数：380 千
版　　次：2024 年 12 月第 1 版
印　　次：2024 年 12 月第 1 次
定　　价：79. 80 元

总　序

中华民族共同体意识，是国家统一之基，是民族团结之本，是精神力量之魂。

党的十八大以来，以习近平同志为核心的党中央高度重视民族工作，创造性地提出铸牢中华民族共同体意识这一重大原创性论断。2014年5月，习近平总书记首次提出牢固树立"中华民族共同体意识"。2014年9月，习近平总书记在中央民族工作会议上指出："加强中华民族大团结，长远和根本的是增强文化认同，建设各民族共有精神家园，积极培养中华民族共同体意识。"2017年10月18日，习近平总书记在党的十九大报告中指出，要"铸牢中华民族共同体意识，加强各民族交往交流交融，促进各民族像石榴籽一样紧紧抱在一起，共同团结奋斗、共同繁荣发展"，并将铸牢中华民族共同体意识写入党章和新修订的宪法，成为全党和全国各族人民的共同意志和根本遵循。2019年9月，在全国民族团结进步表彰大会上，习近平总书记进一步强调要以铸牢中华民族共同体意识为主线做好各项工作。2021年8月，在中央民族工作会议上，习近平总书记明确表示，要以铸牢中华民族共同体意识为新时代党的民族工作的"纲"，坚定不移走中国特色解决民族问题的正确道路。习近平总书记关于铸牢中华民族共同体意识的系列重要论述为新时代党的民族工作指明了前进方向，提供了根本遵循。

为进一步贯彻落实习近平总书记关于铸牢中华民族共同体意识的重要论述，以铸牢中华民族共同体意识为主线做好各项工作，服务党和国家民族工作需要，推动构建具有中国特色、中国风格、中国气派的民族研究学科体系、学术体系、话语体系，为实现中华民族伟大复兴的中国梦提供重要智力支撑，2019年10月，中央统战部、中央宣传部、教育部、国家民委正式启动了建设首批铸牢中华民族共同体意识研究基地的工作，暨南大学以其鲜明的办学特色和学科优势成功入选。

"中华民族"的提法是近代以后的产物，目前已写入《中华人民共和国宪法》，具有最高的宪制地位。它包括 56 个民族在内的中华人民共和国公民、港澳台同胞和海外侨胞。广义上而言，它甚至包括所有对中华民族有文化认同、民族认同的海内外全体中华儿女。历史和现实充分证明中华民族是一个血脉相连的命运共同体，港澳台同胞和海外侨胞是中华民族的组成部分，总数已达 9 000 余万，分布于世界各地及我国港澳台地区，与中华民族伟大复兴战略全局和人类命运共同体建设的愿景紧密相关。港澳台同胞和海外侨胞是中华民族命运共同体不可或缺的重要组成部分，铸牢他们的中华民族共同体意识攸关中华民族共同体建设的完整性，且因为他们的特定状况，铸牢他们的中华民族共同体意识攸关"一国两制"行稳致远、祖国和平统一进程，以及凝聚海内外中华儿女的力量同心共圆中国梦的战略全局，必须尽一切努力抓紧抓好。

暨南大学港澳台侨学生众多，目前有来自 95 个国家和地区的 14 621 名港澳台侨和外国留学生在校学习，是海外华裔及港澳台地区学生报考深造首选的热门高校，也是国内规模最大的港澳台侨高素质人才培养基地，是铸牢港澳台同胞和海外侨胞中华民族共同体意识，打造知华、友华、爱华"同心圆"的重要试验场域。自建校以来，暨南大学秉持"宏教泽而系侨情"的办学宗旨，坚持"面向海外，面向港澳台"的办学方针，为世界 170 多个国家和我国港澳台地区培养各类人才 40 余万人，有"华侨最高学府"的美誉。2018 年 10 月 24 日，习近平总书记莅临暨南大学视察并发表重要讲话，希望暨南大学坚持办学特色，把学校办得更好，为海外侨胞回祖（籍）国学习、传承中华文化创造更好的条件。这是暨南大学办学特色与办学使命的突出体现，也是面向未来的神圣责任。

在长期的办学实践中，暨南大学形成了自己的学科传统与特色优势，在华侨华人研究、港澳历史与文化、港澳特区经济、海外华文文学、华文教育、中华文化港澳台及海外传承传播等研究领域处于国内领先地位，具有广泛的学术影响力，涌现出一批在港澳台侨领域深有造诣的资深学者和中坚力量。暨南大学的铸牢中华民族共同体意识研究基地建设便充分依托其学科传统和特色优势，整合校内外各方面的资源，凝聚马克思主义理论、民族学、政治学、历史学、新闻传播学、文学、经济学、法学等多学科的力量，在港澳台与国家认同、海外侨胞与民族认同、海外传播与实践路径三个主攻方向上集中发力，形成自己的基地建设特色，打造铸牢中华民族共同体意识的特色品牌，以实际行动践行国家赋予暨南大学的办学任务与办学使命。

自基地立项建设以来，暨南大学高度重视，成立了以校党委书记林如鹏、副书记夏泉为正、副理事长的理事会，整合校内外各方力量共建基地，港澳研究专家夏泉研究员任基地主任，华侨华人研究专家陈奕平教授任基地首席专家，依托中华民族凝聚力研究院为实体研究机构进行建设，马克思主义学院、中华民族凝聚力研究院院长程京武教授任基地常务副主任。为更好地建设基地，基地聘请著名民族史专家、云南大学刘正寅教授任学术委员会主任，厦门大学公共事务学院教授李明欢、中国社会科学院民族与人类学研究所研究员曾少聪、澳门科技大学社会和文化研究所教授汤开建、国务院港澳办港澳研究所副所长谢兵、华中师范大学政治学研究院教授徐勇、暨南大学新闻与传播学院院长支庭荣、中山大学马克思主义学院教授詹小美、基地主任夏泉、基地常务副主任程京武为学术委员会成员，从马克思主义理论、民族学、历史学、政治学、新闻传播学等学科领域指导基地科学研究的远景规划。目前，基地已按照主攻方向设置三个研究所，即港澳台与国家认同研究所、海外侨胞与民族认同研究所、海外传播与实践路径研究所，组建专业团队，引进优秀的科研师资，共同开展基地建设。基地自运行以来，开局良好。

为进一步打造富有港澳台侨特色的学科体系、学术体系、话语体系，暨南大学铸牢中华民族共同体意识研究基地与暨南大学出版社合作，启动了暨南大学铸牢中华民族共同体意识系列丛书出版计划。该丛书面向海内外学者，组织出版与基地主攻方向有关的系列著作、编著、译著、论文集、资料集等，从基地的角度出发，为铸牢中华民族共同体意识提供重要学术支撑。

面向未来，基地将围绕国家重大战略需要，开展科学研究、决策咨询和社会服务，为铸牢港澳台同胞和海外侨胞的中华民族共同体意识，加强海内外中华儿女大团结，为形成海内外全体中华儿女心往一处想、劲往一处使的生动局面，汇聚起实现民族复兴的磅礴力量贡献暨南智慧。

编　者

2023 年 3 月

序　言

在 2021 年 8 月召开的中央民族工作会议上，习近平总书记明确指出，铸牢中华民族共同体意识是维护各民族根本利益的必然要求，是实现中华民族伟大复兴的必然要求，是巩固和发展平等团结互助和谐社会主义民族关系的必然要求。中华民族五千多年的文明史，是一部全国各民族共同奋斗的历史，追求民族大统一、实现民族大团结始终是历史主流。

粤港澳大湾区由珠江三角洲九市和香港、澳门两个特别行政区组成，三地水陆相接、文化同根、命脉相连，在中华民族共同体建设中具有重要地位和独特作用。改革开放 40 多年来，港澳为广东经济社会发展提供了重要支持，广东为港澳发展架设了坚强后盾，三地早已成为守望相助的命运共同体，是我国开放程度最高、经济活力最强的区域之一，在国家发展大局中占据重要战略地位，为华南地区乃至全国的经济文化发展做出了重大贡献。《粤港澳大湾区发展规划纲要》指出，要"加强多元文化交流融合，建设生态安全、环境优美、社会安定、文化繁荣的美丽湾区"；到 2035 年，大湾区"文化软实力显著增强，中华文化影响更加广泛深入，多元文化进一步交流融合"。香港、澳门是中国领土神圣不可分割的组成部分，港澳同胞是中华民族共同体大家庭不可或缺的重要成员，铸牢中华民族共同体意识是港澳同胞和内地各族人民的共同意志与根本遵循。构建跨制度、跨区域的中华民族共同体，强化大湾区的国家认同、民族认同，加快推进中华民族共同体建设是维持大湾区和谐稳定发展的必由之路。

为此，暨南大学铸牢中华民族共同体意识研究基地就粤港澳大湾区与中华民族共同体研究设立专项研究课题，委托暨南大学高教研究与评估中心主任兼粤港澳大湾区办公室主任孙清忠博士主持编撰年度研究成果，汇集新形势下大湾区与中华民族共同体研究的最新学术成果，探讨粤港澳大湾区中华民族共同体建设策略与有效途径，以深入推进区域政治、经济、文化、科技、教育等的共同体建设。

在过去，粤港澳合作开启了我国改革开放的新征程；在未来，粤港澳大湾区将继续为推动我国实现中华民族伟大复兴发挥不可或缺的重要作用！

夏　泉

2022 年 8 月

（夏泉，暨南大学党委副书记兼中央四部委铸牢中华民族共同体意识研究基地主任，研究员，博士生导师）

目　录

经济篇

科技篇

青年发展篇

总报告

湾区共同体的研究与思考

孙清忠

摘要：本研究的总报告带有综述性质，首先提出并梳理湾区共同体的内涵与建设发展，因本研究是年度的，主要聚焦于 2019—2022 年这三年来的内容（回顾）；其次在回顾的基础上，主要就重大热点问题进行分析，抛出不同领域的热点难点；最后提出湾区共同体未来的走向以及研究的展望。

关键词：政治　文化　教育　经济　科技　青年发展

一、湾区共同体的内涵

共同体最初的含义是指人们基于长期的共同生活，自然而然形成的具有共同意识、相互信任、共同感情的，具有较高同质性的社会生活形式。[①] 而学术含义的"共同体"这一概念最初是由德国社会学家斐迪南·滕尼斯（Ferdinand Tönnies）提出的，他在《共同体与社会》一书中，通过分析工业社会前后人们社会生活的不同状态和模式，指出工业社会之前人们以共同的生活经历、价值观念和相互亲和的人群关系为纽带生活在一起。[②] 滕尼斯认为，共同体是自然意志形成的社会有机体，它通常包括地缘、血缘和精神共同体三种结合形式。共同体构成的核心特征主要是共同的生活方式、存在形态和个体对共同体的依附性，如归属感、权威、意向一致等。

马克思对"社会共同体"这一概念也进行了相关阐述。马克思主义者们认为，社会共同体是人们以一定的纽带所联系起来的人群集合体，是不同人群所采取的社会组织形式和存在方式。从不同的角度，可以将社会共同体进行不同的划分：从人类历史的角度看，社会共同体存在一个从低级到高级的发展过程。马克

---

① 王思斌. 社会治理共同体建设与社会工作的促进作用［J］. 社会工作，2020（2）：3 - 9，108.

② 陆春萍，李臣之. 共同体视域下粤港澳大湾区国民教育政策探析［J］. 山西大学学报（哲学社会科学版），2020，43（4）：126 - 131.

思将资本主义生产以前的各种社会共同体形式划分为亚细亚的所有制形式、古代的所有制形式、日耳曼的所有制形式等。从社会属性的角度看，社会共同体分为政治共同体和非政治共同体两种形式。从社会主体的角度看，又可以分为家庭、民族、国家、社会、人类等不同层次的共同体。①

20 世纪 60 年代，中国学者在研究中华民族形成时提出"中华民族共同体"一词，近年来这一词语被社会大众和学界广泛使用，并逐步形成科学概念。从 2014 年 5 月习近平总书记在第二次中央新疆工作座谈会上提出"中华民族共同体意识"重大论断，到 2017 年 10 月党的十九大将"铸牢中华民族共同体意识"写入党章，"中华民族共同体"已经成为国家统一强大之基。2021 年 8 月，习近平总书记在中央民族工作会议上再次强调："要准确把握和全面贯彻我们党关于加强和改进民族工作的重要思想，以铸牢中华民族共同体意识为主线，坚定不移走中国特色解决民族问题的正确道路，构筑中华民族共有精神家园。" 中华民族共同体是中国历史上各民族构成的民族共同体，当下是指中华人民共和国成立后识别的 56 个民族共同构成的民族共同体，它不同于单一民族组成的民族共同体，而是中国的各民族——中华民族的共同体，是由"中华民族"和"共同体"两个概念组成的复合概念，强调构成中华民族的各民族共同构成一个有机统一体，处于不可分离的紧密联系和凝聚状态。②

粤港澳大湾区共同体（以下简称"湾区共同体"）是一个基于中华民族共同体建设大背景下，更具有区域性和独特性的由广东九市和香港、澳门共同组成的集科技创新、教育合作、经济发展等多方面的共同体。《粤港澳大湾区发展规划纲要》（以下简称《纲要》）强调了粤港澳大湾区作为科创高地的重要地位，提出要"深入实施创新驱动发展战略，深化粤港澳创新合作，构建开放型融合发展的区域协同创新共同体，集聚国际创新资源，优化创新制度和政策环境，着力提升科技成果转化能力，建设全球科技创新高地和新兴产业重要策源地"。湾区共同体的建设是在经济、政治、文化等湾区化过程中逐步推进的，是与中华民族共同体建设相辅相成的。湾区共同体是中华民族共同体的重要组成部分，而中华民族共同体的建设又能够促进湾区共同体的形成。

二、湾区共同体的发展与研究回顾

党的十九届四中全会提出要"坚持各民族一律平等，铸牢中华民族共同体意识，实现共同团结奋斗、共同繁荣发展的显著优势"，而实现中华民族伟大复兴

① 石云霞. 马克思社会共同体思想及其发展 [J]. 中国特色社会主义研究, 2016 (1)：23-28.
② 孔亭，毛大龙. 论中华民族共同体的基本内涵 [J]. 社会主义研究, 2019 (6)：51-57.

中国梦的重要前提便是要以铸牢中华民族共同体意识为主线,把民族团结进步事业作为基础性事业抓紧、抓好,推动中华民族走向包容性更强、凝聚力更大的命运共同体。改革开放以来,我国社会结构加速变革、城镇化进程快速推进、文化冲击与融合不断增强、人力资本流动性持续加强,大湾区日益呈现"族群多元融合发展"的状态①,这一方面为粤港澳城市经济与社会发展提供了动力,丰富了城市物质和精神文化生活,另一方面也因文化差异等因素的影响对城市族群管理制度提出了严峻挑战,对原有城市族群结构、族群关系产生了重要影响。② 因此,建设粤港澳大湾区人类命运共同体便显得至关重要。

(一) 文化是共同体建设的维系纽带

习近平总书记在中国文联十大、中国作协九大开幕式上发表讲话指出"文化自信,是更基础、更广泛、更深厚的自信,是更深沉、更持久的力量。坚定文化自信,是事关国运兴衰、事关文化安全、事关民族精神独立性的大问题"。"文化认同,是最深层次的认同,是民族团结之魂、民族和睦之魂"③,树立粤港澳大湾区民族文化共同体意识,能够促进实现湾区人民同心同德、勠力同心建设美丽中国的美好愿景,有利于粤港澳大湾区民族团结。

笔者在中国知网搜索"大湾区""共同体""文化认同""建设"等关键词,共得 16 篇相关文献,总体不多,集中发表于 2019 年后,如图 1 所示。

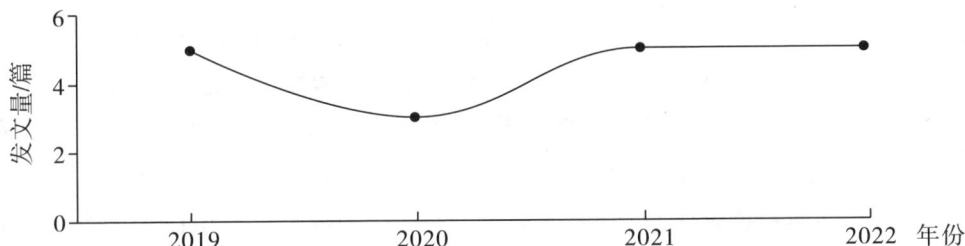

图 1　知网"大湾区""文化认同""共同体"相关文献发表年度趋势

---

① 孙九霞,黄秀波. 粤港澳大湾区城市族群"跨地方共同体"构建研究 [J]. 学术研究,2021 (8):59 - 66.

② 盘小梅,汪鲸. 城市少数民族流动人口的社会融入进程:以广东珠三角城市为例 [J]. 广西民族大学学报 (哲学社会科学版),2014,36 (1):101 - 105.

③ 习言道 | "文化兴国运兴,文化强民族强" [EB/OL]. http://news.cctv.com/2022/05/14/ARTInUe8orVo5Rm34mP5psA9220514. shtml.

　　研究主要突出以下主题：大湾区发展和文化共同体建设是相互融合与相互促进的关系，二者密不可分。

　　一方面，文化共同体的建设能够推动港澳更好地融入国家发展大局，有利于增强大湾区协同发展。观念形态的文化对人的行为起着指导、规范和联系沟通的作用，这正是中华民族凝聚的深层原因，而华侨华人对中华民族的认同通常都是以中华文化为纽带①，文化认同对于建设粤港澳大湾区中华民族共同体具有举足轻重的作用。港澳一直有着悠久的爱国主义传统，"二战"期间，作为中华民族的一分子，香港、澳门、台湾同胞和海外华侨一直以各种形式在保家卫国中发挥着重要的作用，他们在抗日统一战线的旗帜下，广泛联合抗日救亡团体，积极开展宣传、募集物资、救济同胞的工作，在世界各处为保卫祖国和维护祖国统一发光发热，为中华民族的最终胜利做出了巨大贡献。而近年来，香港频发反中乱港事件，反映出香港青年及青少年文化缺位、文化认同离散等问题，在这种情况下，建立粤港澳大湾区中华民族文化共同体刻不容缓。

　　另一方面，一个具有生机、活力和发展潜力的湾区，需要富有创造性的、想象的、积极的文化来凝结。凌逾在《构建粤港澳大湾区文化想象共同体》一文中梳理了粤港澳大湾区源远流长的岭南文化，同时解构了湾区的移民史，他认为历史文化血脉基因是大湾区共同体的根基，正因湾区的人才流动、海内外文化交流频繁，才使得湾区密不可分。② 当代引领中华民族前进的文化核心是社会主义文化，要大力弘扬、传承优秀中华文化与社会主义文化，加强港澳地区对中华命运共同体的文化认同——这不仅是一种重要的国民意识和政治资源，是当代中华民族凝聚力的重要源泉，是维系粤港澳大湾区存在和发展的纽带桥梁，也是香港、澳门人民确认自己的国家和种族身份，将自己的身份自觉归属于国家，形成捍卫国家主权和民族利益的主体意识。③ 同时，青少年的中华文化认同在筑牢湾区共同体中也具有关键作用，"青少年是中华文化的继承者与弘扬者，他们对中华文化的认同程度直接影响到中国未来的前途与命运"④。粤港澳地区的文化承载实体无疑是丰富的，这也为促进文化认同、建设民族共同体奠定了扎实的基础：舞龙、舞狮、龙舟、民俗体育、传统武术这些传统项目，不仅能够在精神上促进文化认同，同时也能够鼓励大家的身体参与，强化文化认同感。⑤

---

① 温朝霞. 论中华文化认同与粤港澳大湾区协同发展 [J]. 探求，2019（1）：58 - 63，77.
② 凌逾. 构建粤港澳大湾区文化想象共同体 [J]. 粤港澳大湾区文学评论，2020（1）：54 - 63.
③ 温朝霞. 论中华文化认同与粤港澳大湾区协同发展 [J]. 探求，2019（1）：58 - 63，77.
④ 李冬娜，关锋. 粤港澳大湾区青少年中华文化认同机制初探 [J]. 海南大学学报（人文社会科学版），2022，40（1）：128 - 134.
⑤ 曹莉，郭学松，杜高山，等. 粤港澳大湾区青少年体育交流促进中华文化认同的路径研究 [J]. 山东体育科技，2020，42（1）：1 - 6.

（二）教育是共同体建设的根本方法

《纲要》将"推动教育合作发展、建设人才高地"作为重要内容和关键举措，同时强调"支持粤港澳高校合作办学，鼓励联合共建优势学科、实验室和研究中心"，充分发挥粤港澳三地比较优势，为大湾区融合发展献策出力。

笔者在中国知网以"大湾区""教育""共同体"等关键词进行搜索，教育相关领域共得35篇文献，其研究主题集中于教育共同体建设的意义、挑战与未来发展几个方面，如图2所示。

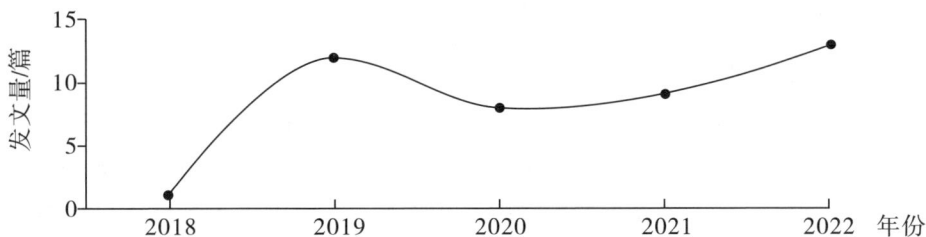

图2　知网"大湾区""教育""共同体"相关文献发表年度趋势

第一，在湾区教育共同体建设的意义方面，建设粤港澳高教共同体是实现民心相通的基础，是促进创新要素互联的前提，同时也是形成世界教育高地的要求①；共同体主义者们认为，团结是政治共同体的先决条件，而香港和澳门都经历过殖民时期的"无根教育"，这种危害国家认同、民族团结的隐患始终存在，并在"修例风波"后达到高潮。②

第二，在湾区教育共同体建设的挑战方面，主要受限于"一国两制、三个独立关税区、三种不同法律体系"的独特制度框架，这使得其教育交流与合作处于低效率、浅层次、非常态、窄领域、无系统的状态，而这又突出表现在基础教育和教育智库合作领域。③

第三，有挑战必有机遇，对于制度的壁垒，不少学者进行了对于未来发展的探索。当前，粤港澳合作形成了"湾派教育"，站在一个新的历史起点。尽管发展模式不尽相同，但是顺应国家发展战略支持的新契机，湾区教育合作拥有广阔

---

① 王志强，焦磊，郑静雯. 粤港澳大湾区高等教育共同体的蕴意、价值与生成［J］. 高教探索，2021（1）：37－43.

② 陆春萍，李臣之. 共同体视域下粤港澳大湾区国民教育政策探析［J］. 山西大学学报（哲学社会科学版），2020，43（4）：126－131.

③ 陈发军. 粤港澳大湾区教育合作发展的战略挑战与机遇［J］. 天津市教科院学报，2021，53（6）：5－11.

的发展空间。自《纲要》发布以来，粤港澳大湾区内地9市有20所新高校筹建或开始动工，其中有8所与港澳高校合作办学，超过30家粤港澳大湾区高等教育单位不断推进新建高校、大学校区、研究生院等工作，粤港澳教育共同体建设卓有成效。未来大湾区三地教育发展要摆脱过往着眼于自身利益、各自为政的发展特征，同时还要遵循国家战略，通过确立"湾区意识"，推动粤港澳三地教育优势互补，搭建湾区教育融合平台，形成利益共同体、发展共同体，最终构建教育命运共同体①，使其成为粤港澳大湾区中华民族共同体的重要组成部分和作用途径。

（三）科技是共同体建设的核心助力

《纲要》将"建设国际科技创新中心"作为战略重点，突出强调了粤港澳大湾区"科技湾区"的战略定位。粤港澳大湾区承载了我国科技创新和科技产业发展的重要任务，要充分发挥粤港澳科技和产业优势，积极吸引和对接全球创新资源，建设开放互通、布局合理的区域创新体系，力图在世界湾区中占据不可替代的地位。《纲要》还强调推进"广州—深圳—香港—澳门"科技创新走廊建设，点明四地的领头示范作用。

笔者在中国知网搜索"大湾区""科技""共同体"等关键词，共得59篇相关文献，如图3所示。

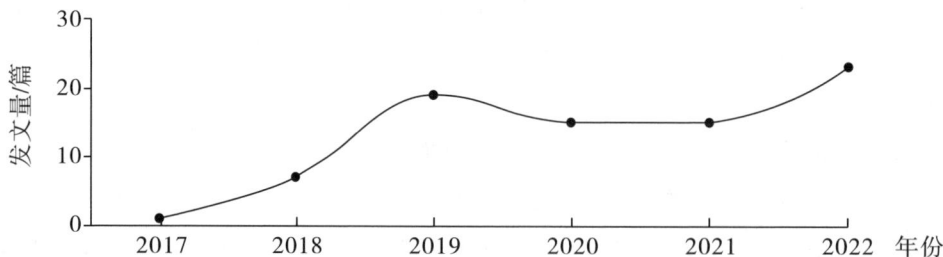

图3　知网"大湾区""科技""共同体"相关文献发表年度趋势

大湾区科技共同体建设主要围绕现实条件以及政策条件展开，在数量上呈上升趋势，是研究的一大热点。

在现实条件方面，科技型企业聚集、高校和众多科研院所突出的科研实力等都为粤港澳大湾区建设科技创新高地提供了强劲的现实支持。改革开放40多年来，虽然不尽完美，但粤港澳三地的科研合作已经取得了长足的发展。譬如2019

---

① 曲中林. 粤港澳教育合作的湾区路径［J］. 教育理论与实践，2021，41（10）：25－29.

年正式推出的"内地与香港联合资助计划",以及紧随其后签订的《内地与澳门加强科技创新合作备忘录》,为内地及港澳的科技创新合作奠定了基础,随后在相关高校、医院等科研主体单位进行了试点,合作取得了瞩目效果。从资源基础来看,广深港澳各有所长。① 广州引领学研前线。广州拥有丰富的高校教育资源,无论是"双一流"高校数目,还是重点实验室数目,在珠三角地区都首屈一指。同时,无论是专利数目还是科技奖项获得数,广州在全国都名列前茅。深圳占据科创高地。深圳研发投入和科研资金支出逐年稳步上升,PCT 国际专利申请量连续 18 年领跑全国,拥有海量高新技术企业以及大规模科技创新平台,成为当之无愧的科创引领者。港澳提供复合支撑。香港具备强大的金融实力,同时其在国际贸易和科研方面也具备不容小觑的实力,能够为湾区科创发展保驾护航,澳门则在联系葡语国家方面具有优势,港澳两地以其独特优势为粤港澳大湾区建设提供复合支持。

在相关政策方面,刘赞扬等统计分析发现长三角地区的科创合作与区域一体化之间存在互动②;谢科范认为长三角政策一体化的提速得益于长三角科技创新共同体的建设和鼓励科创方面的政策陆续推出并得到有效实施,同理粤港澳大湾区科技创新共同体的建设能够促进科技基础设施共建共用,并推动人居、教育、社保等的一体化。③ 另外,在双循环的新发展格局下,粤港澳大湾区的"科创湾区"定位能够产生多重效应,包括共生效应、超循环效应和演化效应等④,实证经验也同样表明,科技共同体能够促进区域一体化。

(四)青年是共同体建设的关键主体

青年的发展是粤港澳大湾区建设的重要任务,《纲要》中多处强调要加强青年发展工作,积极为粤港澳青年就业创业、交换交流提供支持。习近平总书记在纪念五四运动 100 周年大会的讲话中嘱咐广大青年:"青年是整个社会力量中最积极、最有生气的力量,国家的希望在青年,民族的未来在青年。"

笔者在中国知网搜索"大湾区""青年""共同体"等关键词,共得 27 篇文献,如图 4 所示。

---

① 文雅靖. 构建粤港澳大湾区科技创新协同体研究 [J]. 深圳信息职业技术学院学报,2021,19 (5):37 – 43.

② 刘赞扬,孙靓. 围绕一体化 聚焦高质量 打造共同体:长三角区域科技创新合作的现状、问题及对策研究 [J]. 安徽科技,2019 (7):16 – 18.

③ 谢科范. 加快建设科技创新共同体:基于复杂科学管理视角 [J]. 信息与管理研究,2021,6 (6):30 – 39.

④ 谢科范. 加快建设科技创新共同体:基于复杂科学管理视角 [J]. 信息与管理研究,2021,6 (6):30 – 39.

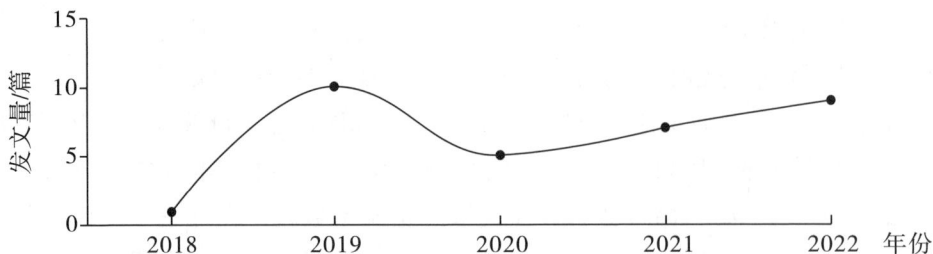

图4　知网"大湾区""青年""共同体"相关文献发表年度趋势

青年问题研究自2018年以来呈波动上升趋势，且多聚集于青年国家认同及未来发展等问题。不少学者认为青年国家认同是时代的选择，并指出现存问题。不少学者着重关注青年未来的发展，指出青年身上具有的特质使得他们的聚集具有强大的正外部性，青年一代充满活力与创造力，他们自身拥有一种外向的张力，广泛参与到创新创业、志愿服务、岗位工作中。世界三大湾区的成功经验都彰显出青年发展在湾区崛起中的重要作用。这些湾区吸引青年之处，往往在于高等教育、创新创业、金融市场以及良好的居住环境与健全的公共服务等。相关研究指出，硅谷是一个由一群具有创新精神和受过良好教育的青年人在优良的经济社会条件和公共政策环境下创造的奇迹。[①] 纵观三大湾区，我们可以发现，旧金山湾区聚集了大量高等教育机构和实力强大的企业，20多所世界百强知名院校坐落于此，包括斯坦福大学、加州大学伯克利分校等，湾区内拥有的世界五百强企业数量居全美第二，有大量的发展机遇和挑战，同时其优美的环境也成为一大加分项；纽约湾区更是拥有全美最多的世界五百强企业，大学生占比也十分突出；东京湾区得益于其丰富的高教资源和完备的创新创业系统，在日本老龄化严重的背景下依旧吸引了大量青年，创造出三大湾区之一的奇迹。[②]

（五）经济是共同体建设的强劲支柱

粤港澳大湾区是我国重要经济体，是要素高度聚集的经济体，拥有丰富的人力资本和物质资本。笔者在中国知网搜索"大湾区""经济""共同体"等关键词，发现共有70篇经济领域研究成果，如图5所示。

---

① 吕庆华. 中国创意城市评价［M］. 北京：光明日报出版社，2015：72 – 74.
② 朱峰，陈咏华. 粤港澳大湾区战略视角下我国青年发展试验示范区建设的想象力［J］. 青年发展论坛，2019，29（1）：3 – 13.

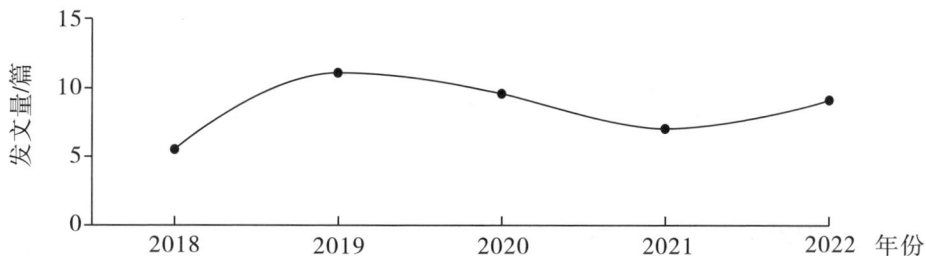

图5　知网"大湾区""经济""共同体"相关文献发表年度趋势

这类研究成果较为丰硕，研究者多关注区位优势、经济建设成就及其重要作用，探索它们对于大湾区共同体建设的影响。

粤港澳地区具有悠久的合作历史和良好的合作基础，其地理位置和发展水平决定了它将是我国"一带一路"建设的重要支撑。[①] 粤港澳大湾区得益于其优越的地理条件，近代以来一直是我国具有较大影响力的国际商贸中心，为其经济建设打下了良好的基础。广深港都具有较为强大的经济金融实力，能够为大湾区经济发展提供金融支撑；广深二市拥有内地较丰富的高质量的教育资源，港澳高教资源则能够便利对接国际；同时深圳和香港科技创新实力不容小觑，深圳更是成为以高新技术企业为强力支撑的中国特色社会主义先行示范区；广深港澳以外的城市则围绕领头四市，为其提供工业和劳动力支持，整个粤港澳大湾区形成了经济发展的有机统一体。

改革开放40多年，粤港澳大湾区在经济上取得了瞩目成就，形成了经济实力强大、贸易水平较高、市场相对成熟的湾区。数据显示，广东省2021年GDP达到12.44万亿元，成为国内首个突破12万亿元的省份，这为粤港澳大湾区共同体建设提供了强大的经济腹地支撑。[②] 同时，在双循环背景下，粤港澳大湾区产业及结构布局已经基本完成优化，由"前店后厂"的传统模式转变成了每个城市都拥有精准产业定位，并通过整合产业链实现湾区内部资源的充分循环，呈现出多元化、有效化的趋势。

众所周知，高水平的经济发展能够为文化实力、教育发展、军事实力等各方各面提供强劲支撑。经济发展是其他软实力发展的源泉，而其他软实力又促进经济发展，两者相辅相成。由此观之粤港澳大湾区中华民族共同体的建设离不开经济发展。

① 梁理文. 社会一体化视域下粤港澳大湾区经济社会共同体范式研究［J］. 中国名城, 2019（2）: 12–16.
② 蔡春林，王鸿玲，蔡淇旭. 探索双循环下粤港澳大湾区新型贸易合作模式［J］. 中国发展, 2022, 22（2）: 64–69.

三、湾区共同体的重大问题与热点分析

（一）国安法颁布以来国家认同研究

1. 如何拓展新时代"一国两制"内涵

习近平总书记关于"一国两制"的论述，是习近平新时代中国特色社会主义思想的重要组成部分，为新时代推进"一国两制"新的伟大实践指明方向、提供根本遵循，具有重要的理论指导和现实意义，表明中国共产党对"一国两制"实践的规律性认识进一步深化。在新时代，全面准确把握"一国"与"两制"、"全面管治权"与"高度自治权"这两对源与流的辩证关系，是推进"一国两制"实践的根本要求；严格依照宪法、基本法和港澳国安法办事与提高特区政府依法施政能力是巩固港澳秩序的法治保障；弘扬爱国爱港爱澳精神是实现人心回归的治本之策；粤港澳大湾区建设是"一国两制"事业发展的新实践。如何在粤港澳大湾区建设基础上弘扬爱国爱港爱澳精神、完善特区选举制度、确保"爱国者治港"，是当前拓展"一国两制"内核和提高国家认同的热点话题。

2. 如何加强意识形态教育

习近平总书记在中国共产党成立100周年大会上指出，要"落实中央对香港、澳门特别行政区全面管治权，落实特别行政区维护国家安全的法律制度和执行机制，维护国家主权、安全、发展利益，维护特别行政区社会大局稳定，保持香港、澳门长期繁荣稳定"，这为香港国家安全工作和"人心回归"指明了前进方向，提供了根本遵循。香港国安法颁布以来，法治成效有目共睹，意识形态领域爱国主义教育不断加强。当前，如何推进港澳爱国主义教育也是研究的一大热点问题，主要立足于中小学国安教育、港澳青年国家认同教育、高校加强中华民族共同体意识等方面开展研究，力图加深与拓展全球化时代国民教育的内涵与外延。

（二）大湾区区域发展研究

1. 如何在岭南文化优势的基础上推进区域文化协同发展

粤港澳大湾区文化合作、融合与认同不同于一般意义上的国内外文化交流合作。粤港澳三地同属于一个国家，但存在两种社会制度、三种法律体系，三地之间虽然同根同源，但是各自的文化有较大的差异。随着大湾区建设的持续推进，区域经济、社会的一体化、国际化程度不断提高，文化系统就需要超越各自相对独立的状态，将岭南文化优势真正转化为区域内的协同优势，引领湾区城市群经济社会整体发展和制度创新进入新时代。但当前区域内部由于历史、社会、国际化等因素，港澳地区有着区别于内地的特殊发展历程与社会环境，国际化程度也相对较高，客观上导致了区域内部存在文化与价值观差异。因此，如何协调粤港澳三地的文化与价值观差异，增进大湾区文化合作与融合，以及推进大湾区文化认同观念，是推进区域文化协同发展必须研究的重点问题。

2. 如何在经济产业优势的基础上推进"跨地方共同体"协同发展

粤港澳大湾区内产业体系丰富，既有香港作为金融中心，又有澳门作为文化娱乐和旅游中心，还有深圳作为科技中心，以及广州作为制造业中心。粤港澳大湾区内四个中心城市的职能相互补充，各有其优势，还有七个辅助城市作为产业转移地区，为湾区经济发展提供后备力量。与先天优越的产业结构相比，大湾区内部仍然存在城市竞争下的产业技术创新的重复性投入、城市间产业融合壁垒仍然显著、产业分工与协同演进仍处于较低水平等一系列问题，在区域研发体系及高科技产业链中也缺少紧密的合作网络。粤港澳大湾区多中心城市群需要各城市之间的错位发展与深入交流。因而打造大湾区"跨地方共同体"，重要的不是体量比拼，而是能够通过集群的交流、整合、互换、共享等方式产生全要素创新协同效应，解决每个单独区域的结构性资源不足的问题。由此，如何构建湾区内产业创新发展的实施机制，揭示产业融合驱动全要素生产率增长空间关系与作用机制，促进产业资源充分运用于区域化发展，仍是"跨地方共同体"经济发展研究的热点。

（三）大湾区高等教育融合与发展研究

如何创新粤港澳大湾区高等教育融合发展模式，是大湾区高等教育融合与发展研究的重点。在粤港澳大湾区建设背景下，高等教育的融合发展应重点考虑如何服务于大湾区多中心的城市群和产业群发展，为其发展提供多层次、多类型高水平人才和科技支持动力。从这个意义来看，大湾区发展更需要以一种应用性的高等教育创新支撑为主。但当前的粤港澳大湾区，无论是发展现状还是发展导向，整体上还是偏重于学术性的高等教育融合发展创新。尽管香港拥有国际水平的大学基础科研，深圳也拥有活跃的企业内部研发，但两者之间缺乏有效的连接，更未产生较好的叠加效应。港澳与内地也缺乏系统的科技研发和成果转化平台，高水平大学的基础科研与企业研发难以形成有效互动。如此一来，大学的基础科研不但难以为企业转型升级提供良好支持，自身也难以进行成果转化，双赢局面尚未真正形成。因此，为破解这种困局，大湾区需要探索一种创新型高等教育融合发展模式，思考如何更好地推进湾区内高校联盟的建设与发展、推进区域高等教育合作规则对接。

（四）大湾区科技创新与人才发展研究

1. 如何在合作基础上建设国际科技创新中心

当前粤港澳大湾区正处于整体迈进知识经济时期，创新要素在地理空间上高度集聚，创新生态条件不断完善，创新全球化的影响在区域内初显，拥有雄厚的制造业基础，市场对创新的需求极为可观，基本具备建设国际科技创新中心的条件。但同时，由于制度障碍以及巨大的区域内部差距，粤港澳大湾区的创新发展还存在创新要素聚而不联、创新要素流动不畅、体制机制转换对接困难、关键核心技术受制于人等现实挑战。如何将宏观政策转化为长期性和系统性的合作战略、设计与机制，营造鼓励科技创新与成果转化的社会氛围，集聚科技创新资源，进一步发挥粤港澳大湾区国际科技创新中心的作用，提高香港、澳门在国际科技创新中心建设中的作用，是实现未来粤港澳大湾区科技创新合作的研究热点。

2. 如何在大湾区背景下吸引人才跨境就业

粤港澳大湾区建设作为国家战略，为港澳青年来内地创业就业发展带来了重大的时代机遇。港澳青年群体是促进港澳与内地协同发展、加快港澳融入国家发展大局的重要力量之一。港澳青年跨境发展也受到了党和国家的高度重视，党的十九大报告指出："支持香港、澳门融入国家发展大局，制定完善便利香港、澳门居民在内地发展的政策措施。"如何在新形势下优化人才资源配置、协调湾区内人才流动、完善科技创新人才政策与引才机制、吸引优秀人才投入粤港澳大湾区建设，是区域人才发展研究的新重点。

四、湾区共同体的发展方向与研究展望

（一）全面准确贯彻"一国两制"，凝聚共同体意识

粤港澳大湾区建设是习近平总书记亲自谋划、亲自部署、亲自推动的国家战略，标志着"一国两制"事业发展步入崭新阶段。"一国"与"两制"是根与本、枝与叶、源与流的关系，"一国"是"两制"的基础和前提。尽管港澳可以继续实行原有的资本主义制度，但是社会主义制度必须占主导地位。三地在开放的时候必然会面对制度上的差异，因此，在全面准确贯彻"一国两制"的基础上，粤港澳大湾区应打破制度壁垒，凝聚共同体意识。

（1）完善香港选举制度，确保"爱国者治港"，准确贯彻"一国两制"。香

港回归已有 25 年，但是"爱国者治港"尚未在香港特区的管治中得到全面、充分和彻底体现，香港社会上涌现各类"港独"和分离主义的政治主张与势力，大规模暴动和暴乱多次出现。香港选举制度存在漏洞是造成种种乱象的重要原因之一，原有的选举制度并不能确保全面"爱国者治港"，因此香港选举制度需要全面、彻底、深刻和能够行之久远的改革，其中至关重要的是完善候选人资格审查机制和宣誓制度。首先，应设立一个高层次、具有法定权力、由高层官员与社会贤达共同组成的处理参选人资格审查的机构，制定统一、严格和严谨的审查标准，确保所有候选人都是爱国者。其次，香港特区政府必须完善和维护公职人员的宣誓制度与法律法规，并严格执行，同时加快制定和完善有关禁止不正当、不道德和有违公平选举规则的竞选行为的法律与规则。最后，确保爱国者在选举委员会的所有界别中占有绝对优势，让爱国者能够绝对主导立法会和区议会。

（2）构建大湾区族群"跨地方共同体"，凝聚共同体意识。粤港澳大湾区涉及一个国家、两种制度、三个独立关税区、多个城市，大湾区的发展要求族群和谐共生发展，但是随着外来人口的大量涌入，城市族群管理制度也面临严峻挑战。凝聚共同体意识是解决城市族群问题的根本之策，而构建"跨地方共同体"为凝聚共同体意识提供了可行思路。"跨地方共同体"的构建有利于大湾区居民具有共同成员感和共同归属感，促进大湾区稳定发展。首先，要突破中西制度壁垒，凸显中国特色社会主义制度优势，提升大湾区居民的国家认同与文化自信，构建跨越制度的中华民族共同体。其次，应继续推进中西文化、本土文化与外来文化、主流广府文化与其他并流文化的互动与融合，构建"跨文化"的岭南文化联结。最后，通过多方共建、协同共治，构建"跨地域"的族群多元一体格局。

（二）加强文化合作，推动文化融合，促进文化认同

粤港澳大湾区不仅仅只是一个地域概念、经济概念，更是一个文化概念和一种社会整体发展观。稳健发展的湾区需要稳定的文化共同体来创造美好的社会形态。将大湾区的 11 个城市作为一个"文化共同体"进行统筹建设，意味着将要在"一国两制"平台上进行全新的"制度创新"尝试。

（1）文化共同体的建设需要三地开展科学有效的文化合作。一方面，文化合作能在一定程度上带动粤港澳大湾区物理空间的连通和整合，促进人才、技术和资本等要素的聚集；另一方面，文化合作能带动粤港澳大湾区在文化、制度上的深度融合和经济社会的全面发展。然而，由于粤港澳大湾区相关城市的文化制度设计存在诸多政策缝隙、制度障碍、非通约性甚至竞争性冲突，阻碍了大湾区文化合作向深度迈进。三地应抓住中央持续出台利好政策的时代机遇，协调其他

社会资源，共同完善粤港澳大湾区的基础设施。同时加速权威、专业和高水平的第三部门组建与运营，建立完善的监督机制。此外，三地应承认并重视各相关城市之间的资源差异，共享稀缺资源。最后，应找准粤港澳大湾区的文化功能定位，努力建构相关城市群的文化身份识别符号，发挥各城市群成员的文化优势，摒弃狭隘的地方利益和本位主义，本着竞合原则进行功能定位和分工布局。

（2）推动三地文化融合是打造中国南部经济文化增长极的需要。粤港澳大湾区文化融合属于同质文化圈层内部的融合，推进大湾区文化融合，对于中国而言，将形成经济资源的虹吸效应、金融资源的融通效应、科技资源的抬升效应、人才资源的集聚效应等；对于外国而言，将形成中国制造的发散效应、中国创新的辐射效应、中国故事的传播效应、中国精神的共鸣效应等。但是，大湾区文化融合也存在一些问题，比如文化自在性过于稳定、超越性过于狭隘等，因此需要完善机构设置、创新体制机制、合理配置资源和资金、充分配备人才和人力，各个方面、各个领域、各个系统全面发力。具体可从以下几方面着手：第一，更新粤港澳大湾区的观念认知，包括"新时代"内涵、新发展理念，传承中华优良传统。第二，深化粤港澳大湾区的制度认识，逐渐缩小制度差异，走向协同发展。第三，增强粤港澳大湾区的情感认同，厚植爱国根基，守护中华传统，弘扬民族精神，增强大湾区人民包括身份认同、历史认同在内的情感认同。

（3）推进粤港澳大湾区文化认同，提高文化活力，是推动大湾区经济可持续发展的强大支撑。大湾区城市之间在文化产业的发展程度上还存在着很大的差异，首先可以充分利用香港、广州、深圳丰富的文化资源优势以及较好的文化产业规模来做大做强，充分利用区域内的转移趋势，缩小差距，实现带动第二、三梯队城市的文化产业发展。其次可以通过挖掘大湾区城市中的典型文化特色和文化资源，充分利用科技力量，利用传统媒体和新媒体的各自优势，提高文化传播力度。最后应加强传统文化教育，完善大湾区精神家园，如学校的课程设置在弘扬优秀传统文化方面应大力加强，还可以在大湾区推广传播优秀的传统文化教育成果。

（三）推动香港"去殖民化教育"，实现高等教育合作对接

教育是国之根本。对于粤港澳大湾区来说，亟须解决的教育问题当属香港的教育问题，"去殖民化"迫在眉睫。《纲要》明确提出推动教育合作发展、建设人才高地的发展目标。完成这个任务的重要路径在于高等教育建设与深度合作，推动三地教育领域协同创新发展。

（1）"去殖民化教育"即是通过教育将香港特区回归后华人居民的英国心赶走，使香港人成为表里如一的中国人。回归多年，香港中小学教育至今没有实现

去殖民化，更没有建立与"一国两制"相适应的教育体制。目前香港"去殖民化教育"工作失败有很多原因，如香港教育领导无力、教育当局"自废武功"、课程缺乏监管、教学监督无力、考评被政治操控等。要做好"去殖民化教育"，特区政府须"由上而下"进行全面调研，然后做出顶层设计。还应凝聚共识，塑造出一个适切的社会环境和学校氛围，共同执行相关政策。特区政府应成立去殖民化专责部门，全面检讨并制定香港的去殖民化政策及发展路向，并及早在教育层面形成切实可行的实施方案。教育当局应严格审查教育人员的政治操守，杜绝别有用心之人钻漏洞，搅浑教育这潭清亮之水。此外教育当局还应加快着手编写人文及社会学科课本，消除教材所潜藏着的"殖民阴魂"。

（2）自国安法实施以来，特区政府在香港中小学积极推行国安教育，已经取得初步成效。香港中小学教育的整体环境得到根本改善，舆论氛围逐渐趋于理性，中小学教育状况由乱转治。但是仍然存在一些短板，例如香港社会尚未普遍形成接受国安教育的良好氛围，仍存在国内外反中乱港势力袭扰国家安全教育工作的隐患。香港特区政府应进一步落实、完善好香港国安教育的制度、师资、课程、教材建设及社会氛围的营造，持续推进香港中小学的国安教育，培育维护国家统一和民族团结的爱国爱港青少年。通过改革和制度约束解决国安教育中存在的各种问题，建立起与"一国两制"事业相适应的新法治教育体制。加强香港中小学国安教育的师资队伍建设，落实好"爱国者治教"。继续落实课程改革，抓好国安法教材建设。采用多种切实可行的方式丰富学校国安教育的内容和渠道。加强与内地交流交融，营造有利于中小学展开国安教育的良好社会氛围。

（3）内地与港澳教育规则存在教育环境、高等教育办学机制、价值观念等方面的差异，但是粤港澳高等教育合作并不存在教育主权问题，因此合作与交流更具操作性。大湾区高等教育合作自由松散，缺乏制度性安排，对接也比较困难。因此，在合作时需要有清晰的战略定位和顶层设计，亟须通过中央政府主导的协同来提升大湾区教育合作发展的质量和水平，但是也不能忽视港澳特区政府的反馈对接。中央政府也应给予法律和政策上的支持，制定更宽松、更务实的合作办学条例。三地政府应该完善政策协调对接机制，着手制定并实施更加便利的通关出入境政策，进一步简化便利人员往来流动，实现智力资源的良好流动。

（四）创新合作制度，促进产业融合

根据产出函数，要素与技术是影响经济增长的重要因素。大湾区的特殊地位决定了大湾区的发展不是单纯依靠要素供给就能实现的。制度创新对于大湾区经济发展具有关键性作用，合作制度的创新不仅可以加快要素自由流动，还可以解决制度创新的实施与执行问题。

（1）有学者认为，有效的制度能够提升区域生产要素配置的效率并促进区域间生产要素的流动，而区域制度的不断创新对经济增长具有重要影响，因此粤港澳大湾区在"一个国家、两种制度、三个独立关税区"的特定经济环境下，要实现生产要素的自由流动，亟须不断的制度创新。大湾区未来的发展需要更充分发挥政府的职能推进区域制度性整合，以实现区域经济融合和一体化的发展目标。就宏观层面而言，运用顶层设计构建跨境协商管治机制，是社会发展的权威性保障和根本性支撑。但是不能单单关注"粤港""粤澳"，而忽略港澳之间的合作。从中观层面出发，在区域合作中应充分发挥已有的沟通机制与合作平台的作用。不仅要发挥政府的作用，更要发挥民间商会、行业协会等民间团体在区域合作中的作用。至于微观层面，三地政府应促进多种形式的企业合作，加强人员流动。加强企业合作有利于大湾区各城市联手共同参与全球经济竞争，提升竞争力，也有利于大湾区内各城市经济的深度合作。企业的合作必将牵涉人员的跨境流动，因此建立更为灵活的人才流动机制也很有必要。

（2）产业融合驱动全要素生产率增长。粤港澳大湾区全要素生产率增长主要依靠技术效率增长，技术进步增长的拉动作用在增强，但仍弱于技术效率增长的影响力。粤港澳大湾区生产性服务业与制造业的产业融合已经迈过要素驱动型被动技术融合向自主研发型主动技术融合发展，尽管产业融合的协调度与融合深度与世界一流湾区相比仍有一定距离，但是大湾区内部产业融合"深水区"改革已经初具成效，且进入黄金发展期。未来大湾区通过自主研发型技术融合带来的生产性服务业与高端制造业的深层次融合将显著推动全要素生产率增长，引领粤港澳大湾区经济高质量发展。

（五）立足源头创新，发挥港澳优势，建设国际科技创新中心

目前，世界其他三大湾区均已将科技创新作为推动区域经济发展的重要引擎，例如旧金山湾区的硅谷通过加快发展以互联网产业为核心的信息经济，聚集了大量如苹果、谷歌等世界顶尖科技型企业，奠定了其全球创新中心的地位。作为世界第四大湾区，粤港澳大湾区必将由港口经济、工业经济发展阶段加速向服务经济、创新经济发展阶段迈进。

（1）当前粤港澳大湾区正处于整体迈进知识经济时期，创新要素在地理空间上高度集聚，创新生态条件不断完善，创新全球化的影响在区域内初显。但是湾区内存在区域发展不平衡、制度差异阻碍创新要素自由流动、关键技术依赖进口等问题。切实推进粤港澳大湾区国际科技创新中心建设，首先要提高源头创新的能力。基础及应用基础研究是高新技术及颠覆性技术产生的源泉，要加强创新基础设施和平台的建设，对接国家基础研究重大布局，加紧突破卡脖子技术。其次应发挥强大的制造业基础与产业创新能力，把握新一代科技变革给产业创新带来的机遇，促进科技成果转化，加快重点领域产业技术创新。最后要协同创新，使大湾区各城市之间形成合力，提升国际竞争力。

（2）香港、澳门作为世界自由贸易港，市场机制灵活，国际化程度高，在经济运行、社会治理、规则标准、政府管理等方面与国际接轨程度深，应充分利用香港、澳门在建设科技创新中心方面的种种优势。香港在基础研究方面具有明显优势，特别是高水平成果和科研影响力长期领跑大湾区，香港金融、法律等现代服务业高度发达，为大湾区高新技术产业投融资及其他配套服务奠定了良好基础。同时，知识产权保护体系较为完备，有机会在开展知识产权贸易、探索科创保险制度等方面先行先试。澳门是典型的国际自由港，实行自由市场经济制度，国际化水平高，属于独立关税区，实行简单及低税率的税制，没有外汇管制，资金进出自由，市场经济运行模式、商业运作准则与国际惯例接轨，在促进大湾区科技创新领域资源自由流动、高效配置方面发挥着重要作用。

（3）人才是发展的第一资源，科技创新人才政策是实现科技创新中心建设及人才资源优化配置的重要手段。粤港澳大湾区科技创新人才政策数量总体上呈增长的趋势，但各城市科技创新人才的施政方略有着较大的差异。一是应加强科技创新人才政策的统筹协调力度。从科技体系和行政管理体制入手，加强各级政府部门和学会组织的协调联动，加强政府、用人单位、科技创新人才的沟通。二是应错位发展，共建共享。粤港澳大湾区要建成国际科技创新中心，需各城市明确发展目标，科学合理定位，错位互补发展，避免恶性竞争和同质化发展。

作者简介：孙清忠，博士，副研究员，MPA硕导，暨南大学高教研究与评估中心/湾区办主任，南洋理工大学访问学者。

政治篇

完善选举制度　确保"爱国者治港"

刘兆佳

摘要：一直以来，"爱国者治港"原则没有在香港特别行政区的管治中得到全面而充分的落实和体现。由于未能全面确保"爱国者治港"，香港旧有选举制度漏洞频出：缺乏对各级选举候选人的严格资格审查制度、缺乏对"爱国者"的明确定义和要求、缺乏严谨可行的公职人员宣誓制度、缺乏对不正当选举行为的法律规管和惩治机制、爱国者的绝对主导地位没有在选举委员会的组成中得到体现。为此，可以在中央此次完善香港特区选举制度的基础上，继续从选举候选人资格审查标准的制定、"爱国者"定义的明确清晰化、公职人员宣誓制度的维护与执行、对不正当选举行为的监督和执法、确保以"爱国者"为主体的界别的绝对优势地位、"爱国者"在立法会和区议会中主导地位的实现等方面推进选举制度的改革工作，为全面落实"爱国者治港"原则提供坚实的制度保障。

关键词：一国两制　香港　爱国者治港　选举制度改革

引　言

从"一国两制"伟大构想提出开始，"爱国者治港"便是"一国两制"的核心原则，是"一国两制"能否成功实践的先决条件。1984 年 10 月 3 日，邓小平已经对此"一锤定音"，指出 1997 年后参与香港特区管理的人的条件只有一个，"就是爱国者，也就是爱祖国、爱香港的人"。2019 年 10 月 31 日，党的十九届四中全会有关决定强调"坚持以爱国者为主体的'港人治港'"。2021 年 1 月 27 日，习近平总书记在听取时任香港特区行政长官林郑月娥的述职报告时强调："香港由乱及治的重大转折，再次昭示了一个深刻道理，那就是要确保'一国两制'实践行稳致远，必须始终坚持'爱国者治港'。这是事关国家主权、安全、发展利益，事关香港长期繁荣稳定的根本原则。只有做到'爱国者治港'，中央对特别行政区的全面管治权才能得到有效落实，宪法和基本法确立的宪制秩序才能得到有效维护，各种深层次问题才能得到有效解决，香港才能实现长治久安，并为实现中华民族伟大复兴做出应有的贡献。”

习近平总书记的讲话，将"爱国者治港"对全面准确贯彻"一国两制"的重要性置于一个前所未有的战略和历史高度，并从理论上阐明其因由。尽管香港已经回归祖国 25 年，但"爱国者治港"尚未在香港特别行政区的管治中得到全面、充分和彻底体现，导致香港回归以来深受管治艰难、政治斗争此起彼伏、产业结构转型困难、各类社会民生矛盾叠加恶化、国家宪法和香港基本法共同构成的宪制秩序屡遭质疑、中央的权力不断被挑战以及外部势力悍然插手香港事务等问题所困。近年来，香港的局势进一步恶化，社会上涌现出各类"港独"和分离主义的政治主张与势力，过去难以想象的大规模暴动和暴乱多次出现，而外部势力更明目张胆地与香港内部的反中乱港势力沆瀣一气，妄图夺取香港特区的管治权，进而把香港变成危害国家安全的颠覆基地。这种恶劣的政治环境也使得"一国两制"难以在香港得到全面和准确贯彻，令中央和香港都同蒙其害。全国政协副主席、国务院港澳事务办公室主任夏宝龙在 2021 年 2 月 22 日全国港澳研究会举行的"完善'一国两制'制度体系，落实'爱国者治港'根本原则"专题研讨会上指出，香港内外敌对势力之所以能在"一国两制"下的香港兴风作浪、坐大成势，原因是多方面的，其中一个直接原因就是"爱国者治港"的原则还没有得到全面落实。香港特别行政区尚未真正形成稳固的"爱国者治港"局面。正是因为"爱国者治港"尚未全面充分落实，各种阻碍和破坏"一国两制"全面准确贯彻落实的因素和力量便得以为所欲为，难以遏止。反过来说，确立"爱国者治港"的格局也就必然有利于拨乱反正、正本清源，让"一国两制"能够在香港依循正确轨道实践并行稳致远。

造成"爱国者治港"不能全面和充分体现的成因很复杂，但毫无疑问，回归后香港选举制度的欠完善与此有莫大关系。其实，邓小平早已点出"爱国者治港"与选举制度的关系。1987 年 4 月 16 日，他明确提出："对香港来说，普选就一定有利？我不相信。比如说，我过去也谈过，将来香港当然是香港人来管理事务，这些人用普遍投票的方式来选举行吗？我们说，这些管理香港事务的人应该是爱祖国、爱香港的香港人，普选就一定能选出这样的人来吗？"邓小平的意思是：香港的选举制度必须要为体现"爱国者治港"而量身定造。

一、香港选举制度漏洞带来的乱象

毋庸讳言，正是由于香港的选举制度设计尚存在不少漏洞，才让反中乱港势力得以不断坐大、"爱国者治港"的根本原则不能完全充分落实、"一国两制"无法全面和准确实践、香港的繁荣稳定缺乏保障，甚至连国家安全也受到威胁。

香港原有选举制度由于不能确保全面实现"爱国者治港"，致使乱象丛生，且愈演愈烈。香港各种反中乱港势力不承认由国家宪法和基本法共同构成的香港宪制秩序，与西方敌对势力勾连的非忠诚反对势力得以堂而皇之进入香港的管治机构特别是选举委员会、立法会和区议会之内。那些反对势力利用其在管治架构中的职位赢取外部势力的青睐，在社会上组织和煽动支持者与群众，阻挠特区政府施政，策动无休止的斗争，破坏与扭曲"一国两制"的实践。总的来说，反中乱港势力造成的各种乱象中的典型者有五：在选举过程中，在社会上和管治架构内不断组织与策动挑战国家主权的行动；不断损害和扭曲香港的法治价值；肆无忌惮冲击行政主导；边缘化经济民生问题，仅突出政治议题；通过发动无休止的政治斗争来制造社会的分化、对抗和撕裂。

二、选举制度的漏洞

第一个明显漏洞，也是香港选举制度最突出和明显的漏洞，莫过于在选举过程中缺乏对各级选举候选人的资格进行严格审查的制度。在审查候选人资格上，特区政府在过去的选举中一直以来把关不严，遂让大批反中乱港分子得以参选并当上议员和委员。一个非常明显的例子是：尽管2019年底区议会选举中不少反对派的参选人都有参与暴乱的背景和鼓吹分离主义的"前科"，却只有一个人（黄之锋）被选举主任否决其参选资格。特区政府依靠只属中层公务员的选举主任在立法会和区议会选举中把关，而选举主任在审查候选人资格时存在三方面问题：其一，没有严格和比较具体的资格审查准则与程序可以依循，有关候选人资格的法律、规则和程序既不完备也不清晰，因此选举主任的裁决通常流于粗疏和宽松。其二，选举主任缺乏独立调查候选人历史和背景的权力与能力，特别是候选人与香港内外敌对势力的联系，因而难以在更全面和充足材料的基础上审核候选人的资格。其三，不同选举主任在裁定候选人资格时经常出现标准和程序上的差异。结果是，选举主任往往过分偏重有关人士所提交的材料和所作出的辩解，从而判断候选人是否真诚效忠国家和特区及拥护基本法，而效忠特区又往往被视为比效忠国家更重要，因此容易让相当部分反中乱港分子蒙混过关。正因为审查过程的制度化、程序化和法律化程度不高，选举主任的裁决容易在社会上引发争议，招致反对派的攻击、舆论的责难和司法复核的诉讼，选举过程和结果也因此而无必要地添加了一些不确定性，减少了一些权威性。更严重的是，在比立法会选举更为重要的行政长官选举和选举委员会选举中，连审查准则和机制也付之阙如，遂让大批反中乱港分子得以厕身其间。这的确是一个匪夷所思和发人深省的现象。

第二个明显漏洞是香港原有选举制度缺乏对"爱国者"的明确定义，导致对"爱国者"的清晰和具体的要求以及对相关候选人的资格审查标准难以确立。诚然，邓小平在1984年曾经指出："爱国者的标准是，尊重自己的民族，诚心诚意拥护祖国恢复行使对香港的主权，不损害香港的繁荣和稳定。"不过，这个表述比较概括，难以直接转化为精准的法律语言并在审查过程中应用。然而，更关键的问题是，香港特区政府和香港社会各界从来都没有提出过要把"爱国者"的定义具体化、精准化，也没有把它纳入香港的选举制度之中，因此香港的选举制度缺乏足够的法律权力防止那些非爱国者参与香港各级选举。

第三个明显漏洞是没有设立一套严谨的、切实可行的与参选和履职密切相关的宣誓制度。尽管1990年颁布的香港基本法第一百零四条已经明文规定："香港特别行政区行政长官、主要官员、行政会议成员、立法会议员、各级法院法官和其他司法人员，在就职时必须依法宣誓拥护中华人民共和国香港特别行政区基本法，效忠中华人民共和国香港特别行政区。"同时香港一直以来都有惩处"发假誓"的本地法律，但香港特区政府长期以来都尽量避免运用法律手段去对付和惩治那些公然违反誓言的议员与委员。2016年11月7日全国人大常委会对基本法第一百零四条作出解释，表明公职人员所作的宣誓是法律承诺，具有法律约束力，并规定"宣誓人作虚假宣誓或者在宣誓之后从事违反誓言行为的，依法承担法律责任"。可惜的是，香港迟迟没有建立起一套完善的、具有法律效力、可以用以褫夺违反誓言的议员和委员资格的宣誓制度，因此宣誓过程对反中乱港议员和委员的约束力与阻吓力相当有限。

第四个明显漏洞是香港原有选举制度对不正当或者有违公平选举原则的选举行为缺乏完善的法律规管与惩治机制。有关禁止任何不正当和有违公平选举原则的选举行为的法律并不完善，也没有强有力的执法机构。比如，类似2019年反中乱港分子搞的立法会非法"初选"活动虽然严重违反公平公正的选举原则，但在香港没有被依法禁止，或者说特区政府没有用尽所有可能用得上的法律手段去应对。那些宣扬有违国家宪法、基本法和香港国安法的竞选政纲在竞选期间仍广泛流传。接受外部和内部敌对势力的支持，特别是收受其所提供的选举经费、"培训"和"指导"的派别与候选人不在少数。外部势力以不同方式和姿态介入香港选举的实例比比皆是，香港选举和相关法律的不足显而易见。

第五个明显漏洞是选举委员会的组成没有体现爱国者的绝对主导，在一些不正常情况下让反中乱港分子有机可乘。在过去的选举委员会选举中，反中乱港分子在选举委员会中虽然只占少数，但他们一方面不断质疑行政长官选举和当选的行政长官的认受性，另一方面还希望能够通过与其他一些选举委员会委员"结盟"而成为得以左右选举结果的"关键少数"。2019年爆发的"修例风波"更是大幅增加了反中乱港者的政治野心和胃口。他们甚至妄图凭借"35+"和"揽炒十步曲"夺权变天计划，在2021年举行的选举委员会选举中取得接近一半的席位，并与其他委员"同心协力"获得左右甚至"决定"下届行政长官人选的机会。如果让他们得逞，而中央又拒绝任命在相当程度上由他们"决定"的人选的话，则另一场他们和他们背后的外部势力渴望见到的、对他们夺权"有利"的"政治危机"便会发生。

其实，上述选举制度的漏洞早为人知，但旨在堵塞漏洞的行动尚付阙如。香港选举制度漏洞之所以长期存在并让反中乱港势力得以胡作非为，是因为回归前设计香港选举制度的时候，对回归后香港所面对的复杂、多变及严峻的内部与外部政治情况缺乏充分的预期和掌握，尤其是对香港内外敌对势力的政治野心和图谋缺乏充分的研判与防范。诚然，选举制度的设计者明显地力图让爱国力量在行政长官和立法会选举中享有优势，而香港的反对势力则只能在立法会和选举委员会内成为"不足为患"的少数派。区议会的选举办法之所以没有向爱国力量倾斜，主要原因是香港特区政府认为区议会不是政权机构，职权有限，而且区议员的代表在立法和选举委员会内所占席位亦不多，不足以左右管治大局。此外，由于在过去一段时间区议会内有一定比例的、由特区政府委任的议员，反对派的区议员更难以在区议会内成为主导势力，所以在设计区议会的选举办法时特区政府觉得没有需要特别为爱国力量筹谋，甚至希望通过加快区议会选举办法的"民主化"（比如取消区议会的委任议席）去取悦反对派和其支持者。

长期以来，香港的反对派和外部势力并没有因为香港已经回归祖国而有所收敛，反而越来越转化为反中乱港的祸源，而其夺取特区管治权、把香港变成颠覆基地的意图早已昭然若揭。2003年香港因为基本法第二十三条本地立法而触发的大型游行示威已足以见证他们的意图和实力。过去十年，他们更悍然策动多场严重的动乱和暴乱。然而，香港特区政府在处理香港的选举办法时却没有因应形势的丕变而为堵塞漏洞作出重大改革。如此一来，反中乱港势力的野心更加膨胀，而行动也就更加激烈。在这种恶劣的政治环境下，爱国力量不但难以发展壮大，其政治威信和能量亦不升反降。

香港选举制度需要全面、彻底、深刻和能够行之久远的改革，而不是局部、浮薄、零碎和短期的改革。处于弱势的香港特区政府不可能以其一己之力来完成这种根本性的改革，改革必须由中央运用国家宪法所赋予的权力主导来完成这个历史性的任务。为了"一国两制"的大业、国家的安全和香港的繁荣稳定，体现"爱国者治港"，中央感到责无旁贷、义不容辞。正如夏宝龙主任在讲话中所言："创设特别行政区、建立特别行政区的制度，权力在中央。选举制度是香港特别行政区政治制度和政治体制的重要组成部分，完善有关选举制度必须在中央的主导下进行。"2021 年 3 月 11 日，全国人大以近乎全票通过《关于完善香港特别行政区选举制度的决定》（以下简称《决定》）。在阐述《决定》的草案时，全国人大常委会副委员长王晨强调，中央和国家有关部门在综合分析与全面评估的基础上，认为有必要从国家层面修改完善香港特区的选举制度，主要是修改香港特区行政长官的产生办法和立法会的产生办法，并提出采取"决定 + 修法"的方式，分步予以推进和完成。《决定》的通过，充分表明了中央对改革香港选举制度、结束香港乱局、维护国家安全和重塑香港政治格局的决心与信心。

三、选举制度的改革

中央主导的选举制度改革是一套全面、精准、彻底和深谋远虑的改革战略。改革的核心目标就是要堵塞选举制度的漏洞，确保当选者都是爱国者，让香港的管治权牢牢掌握在爱国者手中，并令行政主导得以充分体现，而改革的重点和"抓手"就是香港特区选举委员会。王晨副委员长明确指出："完善香港特别行政区选举制度的总体思路是：以对香港特别行政区选举委员会重新构建和增加赋权为核心进行总体制度设计，调整和优化选举委员会的规模、组成和产生办法，继续由选举委员会选举产生行政长官，并赋予选举委员会选举产生较大比例的立法会议员和直接参与提名全部立法会议员候选人的新职能，通过选举委员会扩大香港社会均衡有序的政治参与和更加广泛的代表性，对有关选举要素作出适当调整，同时建立全流程资格审查机制，进而形成一套符合香港实际情况、有香港特色的新的民主选举制度。"全国人大通过的《决定》规定扩大选举委员会人数，由 1 200 人增加至 1 500 人，组成选举委员会的界别则由四个增加至五个，让更多忠实的爱国者得以进入选举委员会。立法会议员的人数亦由 70 人增加到 90 人，其中有相当比例的议员经由选举委员会选举产生。《决定》也规定设立香港特区候选人资格审查委员会，负责审查并确认选举委员会候选人、行政长官候选人和立法会议员候选人资格。所有这些举措给"爱国者治港"提供了有力的制度保障。

笔者认为，为了达到改革的目的，首要工作是严格防范反中乱港者成为候选人、胜出选举和在履职后从事违反誓言的事。香港选举制度的改革必须是全面的改革，牵涉到选举办法、选举活动和经费、候选人资格审查、议员和委员履职前的宣誓、议员和委员在履职后的监察、对外部势力的监管等方面，其中至关重要的是完善候选人资格审查的机制和宣誓制度，而这方面如果把关严格，反中乱港者又根本不能"入闸"成为候选人的话，其他问题也就会迎刃而解。

上文提到香港的选举制度有五个明显的漏洞，在全国人大《决定》的基础上，笔者在此进一步提出一些有利于堵塞漏洞和完善选举制度的方向性建议。

第一，为了堵塞选举制度中对候选人资格审查制度欠完善的漏洞，不能够继续依靠只属中层公务员的选举主任凭借个人判断在立法会和区议会选举中把关，而需要设立一个高层次、具法定权力、由高层官员与社会贤达共同组成的处理参选人资格审查的机构，制定统一、严格的审查标准，确保所有候选人都是爱国者。由于过去特区政府在审查参选人资格时过分偏重查看和听取有意参选者所提交的材料和所作出的辩解，因此容易让为数不少的反中乱港者蒙混过关，并当选成为议员或委员。职是之故，《决定》规定成立的香港特区候选人资格审查委员会应该不单是一个高层次的机构，还应该拥有较强的、主动调查候选人背景和过去言行特别是他们与香港内外敌对势力的联系的法定权力，从而可以在拥有更全面和充足材料的基础上审查参选人的资格。在调查参选人的背景、过往的言行和他们与内外敌对势力的联系时，警方的国家安全处和驻港国安公署等政府机关均可以提供协助。此外，由于所有立法会选举参选人都要获得若干选举委员会委员的提名方能正式成为候选人，候选人的提名程序也可以发挥"筛走"反中乱港者的作用。同一道理，候选人资格审查委员会日后也应该负有审查区议会候选人资格的权责。

第二，针对香港选举制度和法律法规缺乏爱国者的概念与定义的漏洞，可以在中央近年来所制定的法律、所作出的决定和夏宝龙主任讲话的基础上明晰并具体化爱国者的定义，并以之作为审查选举过程中候选人资格的准则。全国人大的《决定》也表明要确保候选人资格符合香港基本法、香港国安法、全国人大常委会关于基本法第一百零四条的解释和关于香港特别行政区立法会议员资格问题的决定以及香港特别行政区本地有关法律的规定。2020 年 6 月 30 日全国人大常委会通过《中华人民共和国香港特别行政区维护国家安全法》，其第六条第三款规定："香港特别行政区居民在参选或者就任公职时应当依法签署文件确认或者宣誓拥护中华人民共和国香港特别行政区基本法，效忠中华人民共和国香港特别行政区。"第三十五条则规定："任何人经法院判决犯危害国家安全罪行的，即丧失作为候选人参加香港特别行政区举行的立法会、区议会选举或者出任香港特别行政区任何公职或者行政长官选举委员会委员的资格；曾经宣誓或者声明拥护中华人民共和国香港特别行政区基本法、效忠中华人民共和国香港特别行政区的立法会议员、政府官员及公务人员、行政会议成员、法官及其他司法人员、区议员，即时丧失该等职务，并丧失参选或者出任上述职务的资格。"2020 年 11 月 11 日全国人大常委会通过《关于香港特别行政区立法会议员资格问题的决定》。该决定强调："香港特别行政区立法会议员，因宣扬或者支持'港独'主张、拒绝承认国家对香港拥有并行使主权、寻求外国或者境外势力干预香港特别行政区事务，或者具有其他危害国家安全等行为，不符合拥护中华人民共和国香港特别行政区基本法、效忠中华人民共和国香港特别行政区的法定要求和条件，一经依法认定，即时丧失立法会议员的资格。"夏宝龙主任对何谓爱国者的论述尤其重要。他指出，首先，"爱国者必然真心维护国家主权、安全、发展利益"；其次，"爱国者必然尊重和维护国家的根本制度和特别行政区的宪制秩序"，他特别强调，爱国也不是抽象的，"爱国就是爱中华人民共和国"，爱国者不会干那些"损害中国共产党领导的社会主义制度的事情"，"挑战国家根本制度、拒不接受或刻意扭曲香港宪制秩序者，不在爱国者之列"；最后，"爱国者必然全力维护香港的繁荣稳定"。此外，夏宝龙主任提出在特区政权架构中，身处重要岗位、掌握重要权力、肩负重要管治责任的人士，必须是坚定的爱国者，对他们应该提出更高的爱国要求。选举产生的行政长官、行政长官选举委员会委员、立法会议员乃至区议员都应该归入这类人士。他们除了要全面准确贯彻"一国两制"方针、坚持原则和敢于担当、精诚团结外，还要"胸怀'国之大者'"，"要站在中华民族伟大复兴的战略高度和国家发展全局，谋划香港的未来，办好香港的事情，推进'一国两制'实践"，"为中华民族伟大复兴增光添彩"。这些要求都有助于制定判别候选人是否为爱国者的标准。

第三，香港特区政府必须完善和维护公职人员的宣誓制度与法律法规并严格执行。香港特区需要严格要求和经常监察在任选举委员会委员、立法会议员、区议员及公务员的言行，确保其真诚、忠实履行誓言，并毫不犹豫依法褫夺违反誓言者的席位和追究他们的法律责任。这样一来，即便若干反中乱港者侥幸成为议员、委员或公务员，为了保住职位他们也不敢轻举妄动。对此，香港特区政府已经率先要求公务员宣誓，拒绝宣誓者有可能失去职位。接着又开展了对原有与宣誓有关的法律作出重大修订的工作，规定选举委员会委员、立法会和区议会的成员都要依法宣誓"效忠中华人民共和国香港特别行政区"和"拥护基本法"，并制定明确的"效忠"和"拥护"的定义与标准。在新的宣誓法律下，规定任何人如果曾拒绝或违反誓言都会被追究法律责任。

第四，香港应该尽快制定和完善有关禁止不正当、不道德与有违公平选举原则的竞选行为的法律及规则，并成立强有力的选举事务监督机构严格和迅速执法。比如，禁止类似 2019 年在香港国安法生效后反中乱港者搞的非法"初选"活动，禁止宣扬那些违反国家宪法、基本法和香港国安法的竞选政纲、口号与标语，禁止接受内部和外部敌对势力的支持特别是收受其所提供的选举经费与各种"服务"，严禁外部势力以任何方式干预和插手香港的选举等。

第五，中央和香港特区政府必须确保爱国者在选举委员会的所有界别中占有绝对优势，为此需要增加新的以忠实爱国者为主体的界别。全国人大的《决定》规定增加一个由"香港特别行政区全国人大代表、香港特别行政区全国政协委员和有关全国性团体香港成员的代表"组成的界别就是为达到这个目标而设立的。与此同时，其他界别中不同组别委员的比重也需要调整，调整的标准是参照过去反中乱港者在不同组别中所占的比例。如果某个组别的选民多次选出那类委员，则该组别所获分配的选举委员会委员的席位便应该削减。

第六，必须让爱国者能够绝对主导立法会和区议会。立法会分区直选的选举办法由"双议席单票制"（每个选区有两个议席，选民只能投票给一名候选人，得票最多的两名候选人当选）来取代比例代表制，好处是减少激进候选人的胜算，因为所有候选人必须要在选区内争取到多数或者大多数选民的支持才有机会胜选。另外一个好处是促使所有当选的人都必须建立和维持与选区居民的紧密联系，为他们提供各种生活上的服务和充当他们与政府的桥梁，从而让爱国者得以营造扎实可靠的群众基础。同时，在立法会功能团体的选举中，只让符合爱国者标准、具一定规模和已经运作了一段时间的功能团体有资格提名候选人。事实上，当年引入功能团体选举的原意，是要让香港重要的行业、专业和职业的从业人员选举自己的代表参与立法会的工作，因此应该只让符合资格的、具一定规模的、爱国爱港的功能团体中的代表成为候选人。过去不少人以个人名义参加功能团体的选举，但他们并不是符合资格的功能团体的成员或者代表，或者只属于不符合资格的所谓"功能团体"的成员，甚至根本不属于任何功能团体，这明显与设计功能团体选举的原意不符。此外，区议会本来是代表地区的组织，其性质与功能团体有别，区议员的代表在立法会和行政长官选举委员会中所占议席数量可以完全取消。在日后的区议会选举中也可以考虑引入"双议席单票制"，防止出现区议会被反中乱港者主导的局面。

结　语

回归以来，长期被香港反对派利用来策动无休止的政治斗争和捞取政治资本的"政制改革"，其实质就是"选举制度改革"。中央断然出手主导香港选举制度的全面和彻底改革，为"爱国者治港"提供了稳健扎实的制度保证，必将有助于遏制反中乱港势力，让香港社会恢复平稳，而社会各界也有望聚焦于那些长期困扰香港、造成社会分化日益严重和民众怨气不断升温的深层次经济社会民生难题。

诚然，由于难以预知未来所有的政治情况和变化，而选举制度外还有其他妨碍"爱国者治港"的因素，因此实施香港选举制度的改革也未必能够百分之百保证"爱国者治港"。为了确保"爱国者治港"，选举制度的改革和其他方面的改进工作应该不断检讨与推进，亦即是有关工作"永远在路上"。

作者简介：刘兆佳，全国港澳研究会副会长，香港中文大学社会学荣休讲座教授，香港特区政府中央政策组首席顾问。

新时代习近平"一国两制"论述研究

夏　泉　康清越

摘要：本文在既往关于"一国两制"论述研究的基础上，重点探讨党的十八大、十九大以来习近平系列重要讲话和重要文献，深入解读习近平"一国两制"论述的新理念，探析"一国两制"在港澳的发展走向及其对策，总结港澳实践"一国两制"的成功经验。

关键词：一国两制　粤港澳大湾区建设　新时代

习近平总书记关于"一国两制"的论述，是习近平新时代中国特色社会主义思想的重要组成部分，为新时代推进"一国两制"新的伟大实践指明了方向、提供了根本遵循，具有重要的理论指导和现实意义，表明中国共产党对"一国两制"实践的规律性认识进一步丰富深化。在新时代，全面准确把握"一国"与"两制"、"全面管治权"与"高度自治权"这两对源与流的辩证关系，是推进"一国两制"实践的根本要求；严格依照宪法、基本法和港澳国安法办事与提高特区政府依法施政能力是巩固港澳秩序的法治保障；弘扬爱国爱港爱澳精神是实现人心回归的治本之策；粤港澳大湾区建设是"一国两制"事业发展的新实践。

中国特色社会主义进入新时代，在中国政府恢复对香港行使主权 25 周年、恢复对澳门行使主权 23 周年、中国改革开放 44 年的今天，"一国两制"伟大事业也进入了新时代。党的十八大以来，习近平总书记高度重视"一国两制"在香港、澳门的实践，将港澳纳入国家治理体系，对港澳工作谋篇布局，举旗定向；对港澳在贯彻实施"一国两制"过程中出现的新问题、新情况运筹帷幄，积极应对，聚焦"一国两制"与港澳问题提出了一系列新论断，尤其是在十九大报告中将坚持"一国两制"和推进祖国统一确立为新时代坚持与发展中国特色社会主义的十四项基本方略之一，极大丰富发展了"一国两制"理论，开辟了"一国两制"事业新境界，这为准确把握"一国两制"定位，全面贯彻"一国两制"方针，充分发挥"一国两制"优势，努力开创港澳繁荣稳定新局面和"一国两制"新实践指明了方向。

目前学界对这一理论已有一定的研究。从学术史而言，在"一国两制"的理论与实践研究方面，香港始终是重点。香港回归前，学界对"一国两制"的研究侧重于理论探讨；香港回归后，学术重心逐渐转移至"一国两制"在香港的实践研究。如张国良《香港"一国两制"的成功实践》（1998）、王凤超《"一国两制"的理论与实践》（1998）、肖蔚云《香港基本法的成功实践》（2000）、宋小庄《论"一国两制"下中央和香港特区的关系》（2003）等，便是从香港回归、基本法实施、中央与特区政府的关系等角度进行的"一国两制"从理论到实践的早期研究。澳门回归后，学界开始关注"一国两制"理论在澳门的实践研究，且多与香港放在一起，共同展现"一国两制"的实践。如陈丽君《"一国两制"在港澳实践与两岸统一研究》（2005）、叶丽琴和丘杉《"一国两制"港澳实践对比研究》（2011）、齐鹏飞《"一国两制"在香港、澳门的成功实践及其历史经验研究》（2016）等研究成果均为研究"一国两制"在港澳的实践，梳理不同时间段港澳的实践状况，关注两者实践的共性与差异，并对进一步做好港澳乃至台湾工作提供意见建议。严安林、张哲馨《"一国两制"理论的实践与创新研究》（2017）则以国家治理为视角，梳理"一国两制"理论在港澳的实践及其对台湾问题解决的借鉴，尝试对"一国两制"的理论与实践进行创新性研究。值得指出的是澳门理工学院"一国两制"研究中心自 2008 年成立以来，聚焦"一国两制"理论在澳门的实践研究，刊发了大批研究成果，早在 2002 年杨允中即出版《"一国两制"：实践在澳门》，这是目前所知最早的一本研究"一国两制"在澳门实践的专论，后在杨允中主持下该中心先后出版《论"一国两制"澳门实践模式》（2009）、《繁荣稳定大局与"一国两制"澳门模式》（2011）、《我的"一国两制"观》（2012）、《"一国两制"理论纵横》（2014）、《"一国两制"成功实践的启示》（2014）、《"一国两制"与澳门的良政善治》（2018）等理论与实践俱佳的研究成果，创见性提出"一国两制"实践的"澳门模式"。澳门回归以来，随着"一国两制"在澳门的持续实践，政界、学界开始总结澳门实践的基本经验与启示，并提出解决对策，尤其是作为纪念研究的重要内容，在澳门回归或基本法颁布周年纪念日前后，大都有总结性成果问世。在澳门回归1 周年、10 周年、15 周年之际，王启人、周运源、杨爱平等都有总结性文章发表。此外，在香港回归纪念日、香港与澳门基本法颁布纪念日，中央有关方面和港澳机构、学者也有总结性文章发表，如在香港回归 20 周年前后，王志民发表多篇文章阐述推进澳门"一国两制"成功实践行稳致远的思路和经验。饶戈平《"一国两制"的伟大构想与成功实践》（2017）虽不是专门针对澳门所讲，但总结了"一国两制"在香港 20 年实践以及在实践过程中所出现的问题，对澳门具有启示意义。乔晓阳（2018）提出在任何时候都不能把中央全面管治权和澳门特别行政区高度自治权对立起来；蒋朝阳更是从六方面总结澳门特区近 20 年来维护中央全面管治权与保障特区高度自治权有机结合的实践经验。宁凯惠《新时代推进"一国两制"实践行稳致远——学习习近平总书记关于"一国两制"的重要论述》（2020）提出要全面准确理解和贯彻"一国两制"方针，依法保障和推进"一国两制"实践，妥善应对"一国两制"实践中出现的问题和挑战，在新时代发展和完善"一国两制"方针，推进国家统一、复兴伟业。笔者近年也发表了 4 篇相关论文专题聚焦港澳问题（《"一带一路"背景下"文化澳门"建设的三个维度》，《澳门研究》2018 年第 1 期；《粤港澳大湾区建设的三个维度》，《中国社会科学报》，2018 年 9 月 26 日；《"一国两制"推动港澳更好发展》，《中国社会科学报》，2018 年 12 月 4 日；《打造世界级城市群的中国样板》，《南方》2019 年第 6 期）。但总体而言，学界对党的十八大以来习近平"一国两制"的论述进行深入系统的研究仍显得不够，加之在新时代港澳面临着新的机遇与挑战，因此对习近平"一国两制"论述尚有进一步探讨与拓展的学术空间。

本文在既往关于"一国两制"论述研究的基础上，重点探讨党的十八大、十九大以来习近平系列重要讲话和重要文献，深入解读习近平"一国两制"论述的新理念，探析"一国两制"在港澳的发展走向及其对策，总结港澳实践"一国两制"的成功经验，这对于进一步保持港澳繁荣稳定，促进粤港澳大湾区建设，进而实现国家统一与中华民族的伟大复兴，乃至为世界其他国家和地区解决类似问题提供中国智慧、中国方案，都具有重要的学术与现实意义。

一、全面准确把握两对"源"与"流"辩证关系是根本要求

习近平继承了邓小平"一国两制"思想，并立足于当代世情、国情、党情与港澳地区的新情况、新挑战，丰富发展了"一国两制"的理论内涵，针对实践过程中出现的新问题提出了一系列新理念新思想，强调要始终准确把握"一国"与"两制"的关系，准确理解中央全面管治权与特别行政区高度自治权的关系，并对这两对"源"与"流"的辩证关系进行新阐述，为新时代全面准确贯彻"一国两制"方针指明方向，提供遵循。

一是要始终全面准确把握"一国"与"两制"关系。"一国"与"两制"是根与本、枝与叶、源与流的关系。"一国两制"指"一个国家，两种制度"，其内涵诚如国务院新闻办发表的《"一国两制"在香港特别行政区的实践》白皮书所指出的："'一国'是指在中华人民共和国内，香港特别行政区是国家不可分离的部分，是直辖于中央人民政府的地方行政区域。""'两制'是指在'一国'之内，国家主体实行社会主义制度，香港等某些区域实行资本主义制度。"

"一个国家"是"一国两制"理论的核心，是"两制"的基础与前提，没有"一国"这一前提，就无法谈"两制"这一优势。"两制"之间并非平分秋色、处于同等地位，而是社会主义制度占主导地位，引领"一国两制"的发展走向，在坚持一个国家的前提下，中国内地必须坚持社会主义制度这一主体，港澳可以继续实行原有的资本主义制度。习近平强调，要"始终准确把握'一国'和'两制'的关系。'一国'是根，根深才能叶茂；'一国'是本，本固才能枝荣"。这一重要论断深刻揭示了"一国"和"两制"的关系，凸显了'一国'与'两制'关系在"一国两制"事业中的重要地位，起到了正本清源、拨乱反正的效果。全面准确贯彻"一国两制"方针，要正确认识"一国"与"两制"的关系，做到既坚持"一国"原则，又尊重"两制"差异，只有这样才能确保"一国两制"沿着正确方向前进，才能充分发挥中国内地强有力的后盾作用，积极推动港澳提高竞争力，促进香港、澳门持续繁荣发展。始终准确把握"一国"与"两制"关系，需要牢牢把握"一国两制"的根本宗旨。"一国"是"两制"之根，是"两制"之源，坚持"一国两制"必须先坚持维护国家统一这一前提。习近平强调："任何危害国家主权安全、挑战中央权力和香港特别行政区基本法权威、利用香港对内地进行渗透破坏的活动，都是对底线的触碰，都是绝对不能允许的。"这一重要讲话凸显了对维护国家主权安全的高度重视。推进"一国两制"深入实践，要准确把握"一国"与"两制"的关系，切实发挥港澳在维护国家安全和发展利益上的作用，不断推动"一国两制"实践沿着正确方向前进。

二是要正确认识全面管治权与高度自治权的关系。"中央全面管治权和特别行政区高度自治权是'源'与'流'的关系，两者不能割裂，更不能对立。"习近平指出，"必须把维护中央对香港、澳门特别行政区全面管治权和保障特别行政区高度自治权有机结合起来"。这一要求是全面准确贯彻"一国两制"方针的关键所在，体现了主权与治权的关系。"一国两制"不等同于"一国两治"。"中华人民共和国是单一制国家，中央政府对包括香港特别行政区在内的所有地方行政区拥有全面管治权。"中央享有的全面管治权，是建立在我国恢复对港澳特别行政区行使主权基础上实行的，"'一国两制'的要义在于国家对香港、澳门拥有主权，而香港、澳门高度自治权则来自中央的授权"，体现了授权与被授权的关系。全国港澳研究会前会长陈佐洱表示："香港特区的普选之争，其实质是管治权的归属问题。特区管治权是国家政权的一部分，兹事体大，不容有失。"国务院港澳办副主任张晓明在解读十九大报告有关港澳篇时表示："强调中央的全面管治权，所针对的是极少数人以高度自治为由，抗拒或排斥中央依法行使有关权力，甚至公然挑战'一国'原则和有关底线的错误行为。"中央行使的全面管治权是宪法和基本法赋予中央的权力，并非对港澳特别行政区的干预。新时代全面准确贯彻"一国两制"方针，推进"一国两制"事业，要正确认识中央和特别行政区之间的关系，准确把握全面管治权和高度自治权的关系，在坚持中央全面管治权的基础上，切实保障港澳特别行政区行使高度的自治权，推进"一国两制"的实践。同时，港澳特别行政区应尊重和维护中央的全面管治权，不断提高自治能力和水平。

二、严格依照宪法和基本法办事是巩固港澳秩序的法治保障

在全面依法治国的今天，要在港澳持续推进"一国两制"事业，必须坚持法治思维，要严格依法办事、依法施政。

一是要严格依照宪法、基本法和港澳国安法办事，这是巩固港澳秩序的法治保障。习近平在庆祝香港回归祖国 20 周年的"七一"讲话中明确表示："宪法是国家的根本大法，是全国各族人民共同意志的体现，是特别行政区法律制度的法律渊源。"就法律层面而言，宪法为港澳基本法提供基础和来源，是基本法制定的根本依据。"基本法规定了特别行政区实行的制度和政策，是'一国两制'方针政策的法律化、制度化，为'一国两制'在特别行政区的实践提供了法律保障。"全国人大常委会拥有对港澳特区基本法的修改权和解释权是宪法与基本法赋予的，香港、澳门特别行政区所拥有的司法独立权是建立在宪法和全国人大常委会释法权基础上相对的、有限的独立。新时代全面准确贯彻"一国两制"方针，应准确把握宪法与基本法的关系，严格依照宪法和基本法贯彻实施，同时还应不断适应"一国两制"实践要求，根据香港、澳门特别行政区的实际情况，不断完善相关制度，推动"依法治港""依法治澳"的法治现代化进程，进一步推进"一国两制"伟大实践。港澳自回归以来在贯彻"一国两制"方针、推进民主法治化的进程中出现了一些新问题，尤其是香港特别行政区在"双普选""全国人大常委会释法权"等问题上出现争议，港澳社会有些人士对"一国两制"与基本法的理解和认识还存有偏颇。对此习近平强调："要加强香港社会特别是公职人员和青少年的宪法和基本法宣传教育。"深入推进"一国两制"的实践，要大力加强宪法和基本法的宣传教育，"在香港社会普遍树立起国家意识和法治意识，使广大香港同胞自觉地尊重基本法、遵守基本法、捍卫基本法"，促进港澳同胞增强对宪法、基本法和国安法的理解，坚决同歪曲、违犯基本法、国安法的行为作斗争，充分尊重基本法的权威，努力推进"依法治国""依法治港""依法治澳"法治的现代化进程，顺利推进"一国两制"伟大事业行稳致远。

二是要提高特区政府依法施政水平，大力加强治理能力建设，巩固"一国两制"实践的治理基础。党的十九大报告指出，要支持特别行政区政府和行政长官依法施政、积极作为，团结带领香港、澳门各界人士齐心协力谋发展、促和谐，保障和改善民生，有序推进民主，维护社会稳定，履行维护国家主权、安全、发展利益的宪制责任。切实发挥行政长官的作用，提高特区政府的治理能力和治理水平，建设一个以爱国者为主体的有作为、负责任的高效、服务型政府，是推进"一国两制"实践的关键，也是香港、澳门进一步提升治理体系的内在要求。

三、弘扬爱国爱港爱澳精神是实现人心回归的治本之策

"一国两制"是一项伟大实践，在港澳实践过程中取得显著成就，但也面临一些新问题，这一方面是因为港澳有些人士对"一国"与"两制"、宪法与基本法、中央与特区之间的关系认识不够全面深刻，另一方面则是由于对民族文化和国家的认同感、归属感尚不够强烈。习近平在十九大报告中明确指出："我们坚持爱国者为主体的'港人治港''澳人治澳'，发展壮大爱国爱港爱澳力量，增强香港、澳门同胞的国家意识和爱国精神，让香港、澳门同胞同祖国人民共担民族复兴的历史责任、共享祖国繁荣富强的伟大荣光。"新时代、新形势下，实现人心回归（二次回归）符合内地和香港、澳门的根本利益，事关"一国两制"实践深入发展、港澳社会稳定与祖国的和平统一大业。要推进"一国两制"进程，必须大力弘扬爱国爱港爱澳精神，增强港澳同胞对民族和国家的认同，促进爱国爱港爱澳精神一脉相承，推动习近平新时代中国特色社会主义思想深入人心，真正实现人心回归。

促进实现人心回归，需要加强对港澳青少年的历史文化教育。习近平在十九大报告中强调，"中国梦是历史的、现实的，也是未来的；是我们这一代的，更是青年一代的"，提出了对青少年的希冀和期望，彰显了中央对青少年教育和培养的重视。港澳青少年是港澳的希望，也是祖国未来的希望，香港特区前行政长官林郑月娥在接受媒体采访时提出，"未来应该将中国历史纳入初中必修科目"，增强青少年对祖国文化的认识。推进"一国两制"伟大实践，促进实现人心回归，应着重加强对港澳青少年的中国历史教育，增进他们对国家的了解与认识，引导他们树立正确的国家观、历史观、民族观。香港国安法第十条规定："香港特别行政区应当通过学校、社会团体、媒体、网络等开展国家安全教育，提高香港特别行政区居民的国家安全意识和守法意识。"这必将促进香港特区建立健全

与"一国两制"相适应、增强爱国爱港与国家认同意识的教育体系，积极推进"去殖民化"的教育方针，进而从社会层面极大增强香港同胞尤其是青少年的国家意识和国家民族认同感，为推动"一国两制"实践提供源源不断的青年活力，确保"一国两制"伟大事业后继有人。

四、粤港澳大湾区建设是"一国两制"事业发展的新实践

粤港澳大湾区建设是习近平总书记亲自谋划、亲自部署、亲自推动的国家战略，标志着"一国两制"事业发展步入崭新阶段。推进"一国两制"与祖国统一事业，将香港梦、澳门梦与实现中华民族伟大复兴的中国梦紧密相连，是新时代实现"两个一百年"奋斗目标的客观需要，而大力推进业已列入十九大报告的粤港澳大湾区建设，具有重要的现实意义。大湾区是在"一个国家、两种制度、三个关税区、三种货币"的条件下建设的，三地具有区位、政策、人缘、文缘与"一国两制"优势。它既是中国展示"一国两制"成功实践与改革开放辉煌成就的窗口，又是世界观察中国发展经验与模式的示范窗口；既是中西交往与改革开放的最前沿，又是中外文化与意识形态交锋的前沿。在中国步入新时代，决胜全面建成小康社会的关键时期，习近平总书记敏锐洞察到"一国两制"与粤港澳大湾区建设的重要性：2017年7月1日香港回归20周年纪念日，在香港见证香港、澳门、国家发展改革委和广东省四方签署《深化粤港澳合作推进大湾区建设框架协议》；10月18日在十九大报告中明确指出，要"以粤港澳大湾区建设、粤港澳合作、泛珠三角区域合作等为重点，全面推进内地同香港、澳门互利合作"；11月10日在越南出席亚太经合组织工商领导人峰会开幕式并发表主旨演讲时再次强调，"大力推动京津冀协同发展、长江经济带发展，建设雄安新区、粤港澳大湾区，建设世界级城市群，打造新的经济增长极"；2018年3月7日在参加十三届全国人大一次会议广东代表团审议时强调："要抓住建设粤港澳大湾区重大机遇，携手港澳加快推进相关工作，打造国际一流湾区和世界级城市群。"2019年2月18日，中央正式颁发《粤港澳大湾区发展规划纲要》。中央的高度重视与区域融合互利发展的迫切需要，使粤港澳大湾区建设成为世人瞩目的焦点，我们可以在"一国两制"框架下，从国家战略、区域协调深度融合、参与世界级竞争与打造"一国两制"示范区三个维度，审视、推进粤港澳大湾区建设。

一是从国家战略维度。习近平在十九大报告中为中国未来30多年擘画的强

国路线图，包括了"一国两制"、区域协调发展战略与推动粤港澳大湾区建设等丰富内容。在"一国两制"框架下谋划推动大湾区建设，要以习近平新时代中国特色社会主义思想和党的十九大精神为指导，将大湾区建设提升至国家战略高度。要在推进"一国两制"伟大实践、国家区域协调发展战略大局下，在新时代推动形成全面开放新格局，服务决胜全面建成小康社会，实现中华民族伟大复兴的中国梦与铸牢中华民族共同体意识的大局中，以辐射带动港澳、泛珠三角区域合作，同时加强与京津冀、长江经济带等国家区域战略的协同互动，形成新时代国家东西南北纵横联动的发展新格局，打造成开启全面建设社会主义现代化国家新征程的世界经济增长极，力争成为代表国家参与世界顶级竞争的重要支点。

二是从区域协调深度融合的维度。从有利于夯实"一国两制"根基，将香港梦、澳门梦融入中国梦的维度考虑，粤港澳大湾区建设既是一个重要载体，也是粤港澳三地进一步提升合作发展水平、为港澳发展注入新动能的重大机遇。要完善创新合作机制，大力推动三地的基础设施互通互联、市场一体化、服务业合作、通关便利化，优化区域创新环境，建设宜居宜业宜游的优质生活圈，大力实施、完善港澳居民在内地发展的系列便利措施，支持香港、澳门进一步融入国家发展的大局中，以互利合作共赢为契机推动各种资源的有效聚集、有序流动和人心相通，最终达至大流通大融合，提升三地人民的中华文化认同与培养家国情怀。这是全面准确贯彻"一国两制"方针，厚植"一国两制"根基，实现人心回归，保持港澳长期繁荣稳定的治本之策。

三是从参与世界级竞争与打造"一国两制"示范区的维度。湾区经济是世界经济版图的新亮点，是新时代引领中国创新发展的新平台，要从大力推进粤港澳大湾区建设成为带领世界经济增长的重要增长极与国家创新发展的重要引擎的维度谋划。一方面要将三地打造成"一国两制"实践且更具活力的经济区与区域合作的示范区，打造成世界一流湾区和世界级城市群，继续提升在国家经济发展和全方位对外开放中的引领作用；另一方面推进科技创新，发挥三地协同创新优势，以建设广州—深圳—香港—澳门科技创新走廊为重点，深化金融服务实体经济、服务创新发展合作，将湾区打造成国际科技创新中心、国家创新发展的重要引擎、"一带一路"对接融合的重要支撑区。

粤港澳大湾区还是"一带一路"的重要枢纽，是粤港澳深化合作与融合的重要平台。推进"一国两制"框架下粤港澳的繁荣发展，加快社会融合，一方面要"充分发挥文化价值链的黏合剂作用，以融合促进发展，以发展来深化融合"；另一方面要增强良性互动，优势互补，"在社会发展上，广东等内地城市应向港澳学习，为港澳服务，让港澳的同胞深切感受到内地经济的高速发展，使其对内地社会进步和发展高速认同"，增强港澳同胞的民族意识和国家认同。同时港澳应抓住机遇、趋利避害，搭乘中国内地城市经济腾飞的顺风车，不断开放合作领域，互利合作，共谋发展，推进"一国两制"实践持续发展。

五、结语

2018年11月12日，习近平总书记在会见港澳各界庆祝国家改革开放40周年访问团时发表重要讲话，总结改革开放以来港澳同胞和社会各界人士发挥的重要作用，对新时代港澳发展提出四个"更加积极主动"的新要求。因应香港新的形势，2020年5月28日，第十三届全国人大第三次会议通过《全国人民代表大会关于建立健全香港特别行政区维护国家安全的法律制度和执行机制的决定》，阐明国家坚定不移并全面准确贯彻"一国两制"、"港人治港"、高度自治的方针；强调香港特别行政区应当尽早完成香港基本法规定的维护国家安全立法，香港特别行政区行政机关、立法机关、司法机关应当依据有关法律规定有效防范、制止和惩罚危害国家安全的行为与活动。6月30日，全国人大常委会表决通过《中华人民共和国香港特别行政区维护国家安全法》，将该法列入香港基本法附件三，并由香港特别行政区在当地公布实施。广大香港同胞热烈欢迎、坚决拥护该决定与香港国安法的颁布，认为这既是"一国两制"事业的重要里程碑、中央完善治港方略的新标志、香港繁荣稳定的"守护神"、香港发展重返正轨与由乱变治的转折点，又有利于坚持完善"一国两制"制度体系与保持香港繁荣稳定，铸牢香港同胞中华民族共同体意识，实现香港人心回归、构筑共有共享的精神家园。这无疑是习近平"一国两制"论述在新时期的进一步丰富发展。

总之，习近平"一国两制"论述内涵丰富、寓意深刻，既继承了邓小平"一国两制"思想，又展现了当代中国共产党人对"一国两制"实践认识的最新理论成果；既提出了系列新理念新思想，又明确了新时代深入推进"一国两制"实践的新方向，对推进"一国两制"实践行稳致远、实现祖国和平统一与中华民族伟大复兴、铸牢中华民族共同体意识，对促进世界和平发展具有深远的历史意义和重要的现实意义。坚定不移推进"一国两制"新实践，需要中央和港澳的共同努力，既需要中央政府的支持引导，也需要港澳同胞的维护与践行，做到中央毫不动摇坚持"一国两制"方针，香港、澳门坚定不移推进"一国两制"新实践。在新时代我们要持续深入学习、领悟习近平"一国两制"论述并用以指导实践，不忘"一国两制"初心，增强"一国两制"的理论自信、制度自信，

坚定推进"一国两制"事业，开启"一国两制"实践新征程，共创"一国两制"伟大事业新局面。

作者简介：夏泉，暨南大学党委副书记兼中央四部委铸牢中华民族共同体意识研究基地主任，研究员，博士生导师；康清越，暨南大学文学院 2020 级中国史专业研究生。

粤港澳大湾区城市族群"跨地方共同体"构建研究

孙九霞　黄秀波

摘要： 新时代背景下粤港澳大湾区城市民族工作既需处理内部多元族群关系，也需应对外来族群的文化融合问题，需要新的理论视角。"跨地方共同体"概念可以概括并统筹粤港澳族群发展问题，同时为推进外来族群的社会融入和多元族群的融合管理提供有效方式。构建粤港澳大湾区"跨地方共同体"需基于跨制度、跨文化和跨区域的多层面角度，立足于统一的中华民族共同体意识，并以岭南文化作为具体依托，最终形成湾区族群多元一体格局。

关键词： 粤港澳大湾区　城市族群　跨地方共同体　共同体意识

党的十九届四中全会提出，我国国家制度和国家治理体系具有"坚持各民族一律平等，铸牢中华民族共同体意识，实现共同团结奋斗、共同繁荣发展的显著优势"，要实现中华民族伟大复兴的中国梦，就要以铸牢中华民族共同体意识为主线，把民族团结进步事业作为基础性事业抓紧抓好，推动中华民族走向包容性更强、凝聚力更大的命运共同体。[1] 粤港澳大湾区（以下简称"大湾区"）作为具有国家战略意义的重要区域，其发展不仅关乎区域一体化议题，更关乎国家命运共同体问题，大湾区的发展要求族群和谐共生发展。粤港澳地区的历史、人口、语言、文化的相似性为跨地方共同体的形成奠定了基础，但改革开放以来，随着我国社会结构快速变革、城镇化进程不断推进、社会流动性不断增强，外来人口大量涌入粤港澳地区，大湾区人口日益呈现"族群多元融合发展"的状态。流动人口的迁入，一方面为粤港澳城市经济与社会发展提供了动力，丰富了城市物质和精神文化生活；另一方面也因文化差异等因素的影响对城市族群管理制度提出严峻挑战，对原有城市族群结构、族群关系产生重大影响。[2] 因此，新时代背景下的大湾区城市族群工作亟须新思路。

---

[1] 人民日报评论部. 铸牢中华民族共同体意识　让我们的制度更加成熟更加定型 [J]. 中国民族，2019 (11)：9.

[2] 盘小梅，汪鲸. 城市少数民族流动人口的社会融入进程：以广东珠三角城市为例 [J]. 广西民族大学学报（哲学社会科学版），2014，36 (1)：101－105.

凝聚共同体意识是解决城市族群问题的新思路与根本之策。目前城市民族工作面临着"双向不适"问题，一方面外来族群的异地发展适应存在内在文化和外部制度两方面障碍，另一方面城市原住族群对外来者容易表现出心理层面的排外。为帮助外来族群更好地融入城市，各级政府组织采取了许多有效措施，为其生存发展提供了制度保障，但目前的城市民族工作呈现出"重制度轻文化"的现象，亦即缺乏文化层面的引导与融入。外来族群仍呈现出一定程度的"社会脱嵌"特征，倾向于"抱团而居"，根据亲缘、地缘等关系纽带，形成城市中的乡村"共同体"从而获取社会支持，社会认同难以避免"内卷化"，群外认同难以拓展。① 这主要是因为，无论是作为时间、地域、文化三维空间移民的外来族群，抑或是长期接触现代城市文化的城市原住族群，均面临多方面的文化交流和心理适应难题，缺乏对超出自身认知的文化新形式的认同感，导致他们难以摆脱生活经验中所形成的"惯习"和相对封闭的"小群体"。因此，城市族群社会融入问题的产生，实际上也折射出城市中各族群共同体意识的狭隘化。

如何突破城市族群共同体意识的这种狭隘化？"跨地方共同体"的构建提供了可行思路。中华民族共同体事实上就是一种跨越省际边界，通过认同共善生活的价值观念、共同复兴社会关怀等特色文化要素构筑的"跨地方共同体"。② 以"一国两制、两岸三区"为特点的大湾区，涉及一个国家、两种制度、三个单独关税区③，同样需要突破地域边界，通过"跨地方"视角来构建共同体。为此，本文尝试通过"跨地方"来探讨大湾区城市族群的融合与构建，以真正构筑城市族群的"跨地方共同体"。

一、族群、共同体与跨地方共同体

随着国家城镇化、工业化、现代化进程的推进，城市族群研究成为21世纪以来国内学界的热点话题，侧重点集中在外来族群现状及特点的总体分析、城市适应问题、外来族群在城市遇到的相关社会问题、城市族群关系与人口治理等方面。相关研究存在两种典型视角：社会学、经济学和人口学学者偏重从发展主义视角出发，从制度角度进行分析；而人类学和民族学学者多从族群主义视角出

---

① 黄海波. 城市多民族互嵌式社区建设需正视六个问题［J］. 学术论坛，2016，39（12）：59-62.
② 青觉，徐欣顺. 中华民族共同体意识：概念内涵、要素分析与实践逻辑［J］. 民族研究，2018（6）：1-14，123.
③ 刘云刚，侯璐璐，许志桦. 粤港澳大湾区跨境区域协调：现状、问题与展望［J］. 城市观察，2018（1）：7-25.

发，注重从民族类属或文化的角度进行研究。① 总体上看，城市族群研究的覆盖面较广，多为现象表述，深度较为欠缺；理论层面主要集中于社会融入、社会适应和社会支持理论，亟须拓展理论视角；研究所提建议对策流于空泛，可操作性不强。② 本文尝试从"共同体"理论视角出发探讨城市民族问题，以期深化并拓展族群研究的理论视野。

共同体（Community）也常被翻译为社区、社团等，最早可追溯到德国社会学家斐迪南·滕尼斯 1887 年发表的《共同体与社会》一书，意指建立在自然情感一致基础上的紧密联系、排他的社会联系或共同生活方式③，主要以血缘（家庭亲属）、地缘（邻里）和精神共同体（友谊信仰）为基本形式④，指涉一种地域性单元、职业性圈子、集聚性群体以及其他非正式的社会文化混合体（Sociocultural Amalgams）。⑤ 随着社会的发展与学术研究的深化，共同体概念的内涵与外延不断更新，所包含的主体更加多元、现象更加复杂、体系更加开放，并形成了地域共同体、想象共同体、文化共同体、虚拟共同体、脱域共同体、后地方共同体、不邻近共同体等细化概念。在中国情境中，中国传统乡村社区的重要形态之一是地域共同体（社区），投射出民众的地缘联结，也反映了地方社会的等级权力秩序。⑥ 而在流动性背景下，地域边界被打破，地域共同体自然的情感和文化联结日益被非自然、理性、市场的选择和契约关系所替代，人与人之间的社会联结处于从"地域共同体"向"无地方"共同体过渡的中间状态：一方面，对市场经济的重视以及自由观念的追求驱使个体意欲脱离固有原生组织，走向更为开放的社会；另一方面，不完善的社会福利体制以及传统文化观念迫使个体依然有赖于传统血缘、亲缘、地缘关系的庇护，保有对社交和集体的渴望。⑦ 在此情况下，学者们日益倾向于将文化属性作为共同体的本质属性，弱化地域属性，从社会心理⑧、内在互动关系和文化维系力⑨等非地理要素方面阐释共同体，

① 赵罗英. 少数民族流动人口研究述评 [J]. 民族论坛, 2018 (3): 80-87.

② 徐芳. 少数民族流动人口研究综述: 以 2008 年以来 CNKI 数据库分析为例 [J]. 湖南工程学院学报（社会科学版）, 2013, 23 (1): 82-88.

③ 张志旻, 赵世奎, 任之光, 等. 共同体的界定、内涵及其生成: 共同体研究综述 [J]. 科学学与科学技术管理, 2010, 31 (10): 14-20.

④ 肖林. "'社区'研究"与"社区研究": 近年来我国城市社区研究述评 [J]. 社会学研究, 2011, 26 (4): 185-208, 246.

⑤ RABINOWITZ D. Community studies: anthropological [M] //JAMES D W. International encyclopedia of the social & behavioral sciences. Second Edition. Amsterdam: Elsevier, 2015: 369-371.

⑥ 孙九霞, 罗婧瑶. 旅游发展与后地方共同体的构建 [J]. 北方民族大学学报（哲学社会科学版）, 2019 (3): 101-108.

⑦ 孙九霞. 共同体视角下的旅游体验新论 [J]. 旅游学刊, 2019, 34 (9): 10-12.

⑧ 黎熙元, 何肇发. 现代社区概论 [M]. 广州: 中山大学出版社, 1998: 5.

⑨ 徐永祥. 社区发展论 [M]. 上海: 华东理工大学出版社, 2000: 34-35.

试图为这一中间状态提供新的概括方式。西方学者布拉德肖（Ted K. Bradshaw）提出"后地方共同体"（Post-Place Community）这一概念，试图平衡地理边界与社会联结之间的关系，意指在历史上与居住的地理（城镇、社区、城市）有着共同的边界，但今天失去地方空间并不意味着失去地方身份甚至失去社区，因为身体在场不再是地方联结的必需要素①，然而却未能对其进行系统化阐释。为此，本文在"后地方共同体"基础上，试图使用"跨地方共同体"概括地域共同体与"无地方"（脱域）共同体的中间状态，即在有一定界限的地理区域内有一定规模的群体，客观上具有某种社会联系并表现出内聚性相互作用，主观上具有共同成员感和共同归属感，可以基于传统的血缘、地缘、亲缘关系，也可以基于现代意义上的文化共享、理性意志与法律契约等。

共同体理论已被广泛应用于民族学、社会学、政治学、教育学等多学科领域，并被学者用于分析现代国家建构②、城市社区治理③、乡村治理④、民族旅游社区变迁⑤、旅游体验⑥等问题。大湾区不仅涉及"一国两制三区"，更是关乎经济与市场共享、多元文化认同、体制与制度创新、社会融合与治理等多重问题，这与共同体理论有着较好的理论现象契合度，因此已有部分学者将共同体理论用于分析大湾区相关问题。如谢素美等从海洋命运共同体角度分析大湾区海洋协同的发展策略⑦，黄玉蓉等基于文化共同体探讨大湾区的文化合作机制⑧，而梁理文则从社会整合视角研究大湾区的社会一体化与经济社会共同体⑨。另外，也有学者关注大湾区的旅游共同体⑩、科技创新共同体⑪、命运共同体⑫的构建。总的来说，这些研究更多地从共同体的某个侧面或层面对大湾区的协同发展与融合问

① TED K B. The Post-Place Community：contributions to the debate about the definition of community ［J］. Community development，2008，39（1）.
② 卢小平. 共同体的维度：现代国家建构中的族群问题研究 ［D］. 北京：中央民族大学，2010.
③ 尹广文，林秀梅. 后单位制时代的中国城市社区治理：从地域共同体到精神共同体 ［J］. 山西师大学报（社会科学版），2015，42（2）：44 – 48.
④ 田鹏. 新型城镇化进程中村落共同体消解及地域共同体重建 ［J］. 西北农林科技大学学报（社会科学版），2019，19（3）：27 – 34.
⑤ 苏静，孙九霞. 共同体视角下民族旅游社区生产主体变迁研究：以岜沙苗寨为例 ［J］. 人文地理，2018，33（6）：118 – 124.
⑥ 孙九霞. 共同体视角下的旅游体验新论 ［J］. 旅游学刊，2019，34（9）：10 – 12.
⑦ 谢素美，田海涛，徐敏. 基于海洋命运共同体理念的粤港澳大湾区海洋协同发展策略研究 ［J］. 海洋开发与管理，2020，37（6）：82 – 88.
⑧ 黄玉蓉，曾超. 文化共同体视野下的粤港澳大湾区文化合作研究 ［J］. 广州大学学报（社会科学版），2018，17（10）：59 – 65.
⑨ 梁理文. 社会一体化视域下粤港澳大湾区经济社会共同体范式研究 ［J］. 中国名城，2019（2）：12 – 16.
⑩ 王兴斌. 粤港澳大湾区：中华旅游共同体的先试先行区 ［N］. 社会科学报，2019 – 05 – 16.
⑪ 张宗法，陈雪. 粤港澳大湾区科技创新共同体建设思路与对策研究 ［J］. 科技管理研究，2019，39（14）：81 – 85.
⑫ 张宇航. 粤港澳大湾区也需构建"命运共同体"［J］. 岭南文史，2019（4）：3.

题进行分析，一方面显得稍微零散，缺乏系统性，同时更强调对策和策略研究，缺乏理论深度与反思；另一方面相关研究主要聚焦在湾区经济（产业）协同发展问题上，而对大湾区的族群与认同问题关注不够。但这关乎大湾区的族群和谐共处，对稳定推进大湾区建设、凝聚中华民族共同体至关重要。基于此，本文尝试从"跨地方共同体"角度系统化探讨大湾区的族群发展问题，以深化大湾区的相关研究并拓展共同体理论研究范畴。

二、大湾区城市族群的现状与特征

粤港澳大湾区由珠三角九市加上香港、澳门两个特别行政区构成，具有明显的"一个国家、两种制度、三个关税区、四个核心城市、多个城市族群"的特征。族群是共享相同的历史、文化或祖先的人们共同体，语言与文化认同是族群区别的最主要标志，其强调的是文化性，区别于强调政治性的民族。[①] 大湾区既有坦荡平原、大面积水网，也有丘陵、台地，无高山阻隔，水陆沟通比较方便，这些地貌地形特征使粤港澳在地理上自成一体，由此孕育出的文化与族群具有相对一致性。[②]

在族群关系上，大湾区的城市居民呈现"一元主导，多元共存"的族群特点，亦即形成了以岭南文化为核心，由广府人、客家人、潮汕人、闽南人以及非华外国人、土生葡人等多元化族群构成的共存格局。广府文化是广府民系的文化，从属于岭南文化，是以广州为核心、在泛珠三角地区范围通行的粤语文化，在岭南文化中个性最鲜明、影响最大；广府文化所孕育的广府人覆盖面积广，也成为粤港澳三地的主流族群[③]，而其他族群则分散于大湾区的各个城市并相互融合与共存，但同时存在排斥与区隔，所以构建族群的跨地方共同体十分必要。

在族群空间分布上，大湾区形成"大分散，小集聚"的族群空间特征。族群文化有其相对应的空间与区域结构[④]，在地理空间上，大湾区属于珠江入海口的三角区域，是典型的岭南文化区。大湾区内有着相似的自然地理条件和历史背景，形成相对稳定的族群空间特征，广府人广泛分布在大湾区的各个城市区域，占优势地位，在中西文化交融的香港与澳门，广府族群也是最大文化群体，因而

① 廖杨. 民族·族群·社群·社区·社会共同体的关联分析 [J]. 广西民族研究, 2008 (2): 29–38.
② 许桂灵, 司徒尚纪. 粤港澳文化地缘、创新和扩散 [J]. 三门峡职业技术学院学报, 2009, 8 (1): 85–91.
③ 张蓉. 浅谈广府文化传播与粤港澳大湾区文化融合 [J]. 文化产业, 2018 (13): 25–26.
④ 许桂灵, 司徒尚纪. 粤港澳区域文化综合体形成刍议 [J]. 地理研究, 2006 (3): 495–506.

呈现大而分散的空间局面。而其他小众族群则多基于血缘（家庭、家族等）、地缘（老乡）以及业缘关系集聚而居，其中客家人主要分布在大湾区的惠州、肇庆等地，潮汕人则主要分布在深圳、香港，福建闽南人也是集中在深圳和香港。除此之外，香港还有小部分非华族群，主要来自印度尼西亚、菲律宾等国家，而澳门则除了华人，还有葡萄牙人和土生葡人等。

在族群文化上，大湾区表现出"整体以多元共通为主，局部存在差异"的文化特征。根据历史考察，港澳两地在被殖民统治之前，一直归入广东管辖，与珠江三角洲联系密切，这种行政建置史缘自然使得港澳族群文化没有脱离岭南广府文化而独立出现和发展。① 目前尽管粤港澳三地有着不同的政治体制与法律体系，但从文化源头来说，三地族群文化均来自中华民族传统文化，属于典型岭南文化（广府、客家、潮汕文化），因而表征为粤港澳多元文化的共通与交融。但粤港澳既是岭南文化的代表地，也是中西文化的交汇点，突出表现为港澳回归后西方文化的留存与变化，因而大湾区族群文化也存在局部差异，这种文化差异既是中西方文化差异，也是粤港澳内部三地粤文化差异，因此粤港澳族群文化实际上是岭南文化在不同历史背景下的发展和变异，三者同源但不同质，同中有异。② 整体上，大湾区城市族群发展中融合与区隔、协商与冲突共存。

三、构建大湾区城市族群"跨地方共同体"

大湾区涉及一个国家、两种制度、三个独立关税区、多个城市，具有明显的跨地方或跨区域特征，然而它不仅仅是一个地理概念，还是一个文化概念和一种社会整体发展观，它既可以形成经济地域共同体，又可以形成文化（族群）共同体。③ 粤港澳大湾区框架协议中指出，将大湾区建成以中华文化为主流、多元文化共存的交流合作基地，同时《粤港澳大湾区发展规划纲要》也提出塑造湾区人文精神、共同推动文化繁荣发展、推动中外文化交流互鉴等共建人文湾区的目标内容，这均说明大湾区的建设离不开中外文化交流和多元族群融合。因此，需要构建一种基于跨区域的地理属性和多元族群的文化属性之间的"跨地方共同体"。

① 许桂灵，司徒尚纪. 粤港澳文化地缘、创新和扩散 [J]. 三门峡职业技术学院学报，2009，8（1）：85-91.
② 王学基，孙九霞. 文化圈视角下粤港澳大湾区旅游一体化发展机制构建 [J]. 旅游论坛，2019，12（5）：11-20.
③ 黄玉蓉，曾超. 文化共同体视野下的粤港澳大湾区文化合作研究 [J]. 广州大学学报（社会科学版），2018，17（10）：59-65.

（一）大湾区"跨地方共同体"构建的前提与基础

1. 地理相邻，命运相连

粤港澳三地在地理上同属岭南区域，同处珠江口，同饮珠江水、背山靠水、山水相连，地质地形、气候水文、土壤生物等自然条件较为相似，同时三地水陆联通，高铁轻轨串联，已形成一体化立体型交通网络。共同的地理基础加上互通互联的水陆体系，使得粤港澳成为相对均质和统一的地理临近单元。另外，尽管大湾区横跨两种制度、三个关税区，但在同属于"一个中国"前提下，国家富强、民族振兴、人民幸福是三地的共同奋斗目标，三地共担中华民族伟大复兴的历史责任、共建国家繁荣富强的发展大局、共享祖国国泰民安的伟大荣光，粤港澳三地命运紧紧围绕国家这个共同体并因此紧密相连在一起。[①] 而这正是构建大湾区"跨地方共同体"的根本前提。

2. 经济社会趋近，生活方式趋同

除了地理相邻，粤港澳在经济发展与社会生活方面也具有趋同性。早期大湾区的经济发展主要以香港、澳门为主要核心城市，珠三角城市发展在经济体量、产业结构等方面与港澳尚存一定差距。但随着改革开放后珠三角经济的快速崛起，二者的差距逐渐缩小，甚至广州、深圳等城市已在某些方面有反超港澳的迹象。通过粤港澳经济发展水平测度的研究我们发现，大湾区内部经济的相对差异逐渐缩小，经济空间格局由港澳两极中心转变为广州、深圳、香港、澳门多极中心[②]，大湾区内空间经济发展更为均衡和趋近。同时，由于地理临近性和文化同源性，湾区内城市居民的穿着、饮食、工作观念、消费方式以及休闲等方面都较为相似，经济发展上的趋近性和生活方式的趋同性为构建大湾区"跨地方共同体"奠定了经济社会基础。

3. 历史同脉，文化同根，语言同源

在历史上，港澳自古同属于百越之地，秦始皇统一岭南之后，又基本同属于南海郡范畴。后来虽然政制不断变化，但依然维持着紧密关系，具有历史统一性；在语言上，即便有客家、潮汕、闽南等族群以及大量外来打工群体的迁入，但广府的粤语依然是大湾区共同的话语体系，具有语言的同一性[③]；在文化上，粤港澳三地的社会文化都根植于岭南文化，以广府文化为核心，虽然港澳文化由于历史原因受西方影响较深，但其本质仍是岭南文化的延伸和繁衍，在生活习

---

① 张宇航. 粤港澳大湾区也需构建"命运共同体"［J］. 岭南文史，2019（4）：3.
② 周春山，罗利佳，史晨怡，等. 粤港澳大湾区经济发展时空演变特征及其影响因素［J］. 热带地理，2017，37（6）：802-813.
③ 刘介民，刘小晨. 粤港澳大湾区新时代文化内涵［J］. 地域文化研究，2018（4）：24-33，153.

俗、宗教信仰、语言等方面依然保留着浓厚的岭南文化特色和传统，具有文化同源性。① 历史、文化、语言同一底蕴、一脉相承，这些构成了构建大湾区"跨地方共同体"的文化基础。

（二）大湾区"跨地方共同体"构建的逻辑与体系

当前大湾区城市族群融合与区隔共存、协商与冲突并存，如何解决这些城市族群问题需要凝聚粤港澳的共同体意识；如何凝聚共同体意识，构建大湾区族群"跨地方共同体"是突破思路。但族群"跨地方共同体"的构建绝非仅仅是跨越粤港澳地理边界进行多元族群的整合与融合那么简单，而是需要以中国特色社会主义文化和中华传统文化为引领，以岭南文化（广府文化）为核心依托，通过"跨（地方）制度""跨（地方）文化""跨（地方）空间"多个面向构建民族、文化、族群等多层级内容体系的大湾区"跨地方共同体"。

1. 构建"跨制度"的中华民族共同体，强化湾区国家认同与民族归属

民族"是一种想象的政治共同体——并且，它是被想象为本质上有限的，同时也享有主权的共同体"②，任何脱离国家与民族认同构建的族群共同体都是无意义和不可靠的。因此，构建大湾区"跨地方共同体"，首先要立足于中华民族共同体。中华民族共同体是以历史上积淀而成的中华民族为基础形成的以共善生活为价值导向、具备共同复兴关怀的中国国民聚合实体。③ 近些年来，香港相继爆发动乱事件，严重影响地方社会稳定与公共安全，甚至威胁到国家民族团结形象，因此在粤港澳通过构建"跨制度"的中华民族共同体，强化港澳居民的国族认同显得尤为重要。

如何构建跨越制度的中华民族共同体？首先，要基于中华优秀传统文化的整体统筹观与引领作用，突破中西制度壁垒，强化湾区居民的中华民族共同体意识。港澳两地由于实行资本主义制度，在生活方式、主流文化甚至价值观念方面都与内地存在一定差异，这导致港澳等地有些居民的民族归属感与共同体意识相对薄弱。而中华传统文化中的"和而不同""以和为贵""天下兴亡，匹夫有责""协和万邦""天人合一""大道之行，天下为公"等文化观念具有文化整合与黏合作用，有利于增强大湾区族群的共同体意识与国家观念。其次，要基于中国特色社会主义文化，凸显制度优势，提升湾区居民的国家认同与文化自信。比如可

① 钟韵，阎小培. 粤港澳文化整合与区域经济发展关系研究 [J]. 热带地理，2003（2）：139–143.
② 本尼迪克特·安德森. 想象的共同体：民族主义的起源与散布 [M]. 增订版. 吴叡人，译. 上海：上海人民出版社，2011：6.
③ 青觉，徐欣顺. 中华民族共同体意识：概念内涵、要素分析与实践逻辑 [J]. 民族研究，2018（6）：1–14，123.

以结合疫情防控工作，讲好中国抗疫故事，在粤港澳举办典型人物抗疫故事分享与经验学习交流会，增加港澳居民的国家认同感与自豪感。另外，要基于社会主义核心价值观，加强对大湾区族群（尤其是港澳青少年）的爱国主义教育与历史责任感培养。除了课堂上的爱国教育，还可以通过参观学习革命遗址、举办研学活动、策划红色旅游活动等方式培养三地青少年的爱国情怀与责任感。总之，要实现湾区族群的协同融合发展、共建"人文湾区"，关键在于要实现民族与文化认同，尤其是对于港澳来说，需加强中华民族凝聚力，坚定民族与国家认同。

2. 构建"跨文化"的岭南文化联结，提升湾区身份认同与地域认同

如果说中华民族共同体的构建是大湾区"跨地方共同体"的立足基础，那么岭南文化则是大湾区"跨地方共同体"构建的重要抓手与依托。大湾区内的多元文化由主流的广府文化以及客家文化、潮汕文化、闽南文化、港澳中西合璧文化等构成，具有融合与区隔双重性。如何统筹整合湾区多元文化并组建湾区文化共同体，是构建"跨地方共同体"的重要内容。粤港澳具有地域相近、文脉相亲的优势，可以以广州和香港为主体，形成以岭南文化为联结纽带的湾区文化合力，促进大湾区多元文化的融合发展。① 亦即需要超越一般的广府、客家、潮汕分支文化，从更为整体的岭南文化出发，对湾区内多元分支文化进行"跨文化"建构与联结整合。

这需要处理好三重"跨文化"关系。首先，需要跨越中西方文化关系。港澳两地由于历史原因受到西方文化的深刻影响，是中西文化的交汇点，因此要继续推进中西文化的互动与融合，共同构筑带有岭南特色的港澳中西交融文化，提升地域与文化认同。其次，要跨越本土文化与外来文化关系。粤港澳的本土文化主要以广府文化为核心，同时粤港澳地区作为我国改革开放的先锋区域，吸引了大量非珠三角地区的外来群体，这些人员与本土族群的互动以及他们的社会文化融入程度直接影响湾区的文化共同体构建，因而也需要进一步加强本土与外来文化的互动融合，形成新的湾区认同与"湾区人"身份，而非本地/外地的二元化身份。最后，还要跨越并处理好作为主流的广府文化以及作为并流的其他文化之间的关系。尽管广府文化是大湾区的主流文化，但并不代表其他文化就从属于广府文化，两者应该是平等共存的关系，以构建一个"多元共存，百花齐放"的湾区岭南文化联结。

3. 构建"跨地域"的族群多元一体格局

跨制度的中华民族共同体是大湾区"跨地方共同体"构建的立足点，跨文

---

① 温朝霞. 论中华文化认同与粤港澳大湾区协同发展［J］. 探求，2019（1）：58-63，77.

化的岭南文化联结则更多是着力点，而跨地区的族群多元融合是落脚点。共同体的构建需要从民族过渡到文化，最终落实到主体（亦即族群）上。群际互动合作能够强化湾区文化深度融合，进而推动区域文化协同发展。① 粤港澳大湾区城市族群，从地理上看可大致分为珠三角、香港、澳门三个地方族群，虽然从文化上三地均以广府族群为主，但三地间毕竟还存在体制、经济等方面的差距，因此族群间的"共性与差异"并存。如何"求同存异"，或者说如何在保留"差异"基础上构建"共性"的共同体，是构建粤港澳族群多元一体格局面临的主要问题。

如何超越地理边界（跨地域）进行粤港澳族群共同体构建？党的十九大报告提出要"打造共建共治共享的社会治理格局"②，这是对新时代社会治理的谋划与要求，作为社会治理重要构成内容的粤港澳城市族群管理同样适用于共建共治共享的理念。首先，需要多方共建。针对粤港澳族群问题，三地多方共建成立超越三地独立行政权力的治理机构与管理平台，进而集合多方力量资源参与建设中华民族共同体。其次，需要协同共治。基于共建的综合性族群治理平台，粤港澳三地需在充分沟通、协商、调和、合作基础上对大湾区的族群与文化融合问题进行共同治理。最后，需要共享共生。粤港澳通过共建共治，实现在经济发展、社会治理、文化融合、族群互动等方面的资源与成果经验共享，推动大湾区多元族群的共融共生，形成"多元构成一体、一体包括多元"③的格局。

四、结语

自党的十八大以来，共同体意识就逐渐成为新一届领导集体在国际国内诸领域倡导的新思维、新视角与新理念，如何构建生命共同体、人类命运共同体、中华民族共同体等已成为学界、政界等共同探讨的重要话题。④ 大湾区因为本身就涉及"一国两制三地多城市族群"的复杂性问题，再加上改革开放后大量打工群体和外地移民的迁入，给大湾区的族群管理工作带来了前所未有的挑战，亟须新的思路与突破。本文提出，"跨地方共同体"的构建可以为大湾区多元混杂的族群管理带来新的治理思路。回顾共同体视角下的粤港澳大湾区相关研究，更多

---

① 李磊，柯慧敏，马韶君. 群际互动与区域文化协同发展：基于粤港澳大湾区的案例研究［J］. 公共行政评论，2020，13（2）：160－175，192，199－200.

② 决胜全面建成小康社会 夺取新时代中国特色社会主义伟大胜利［N］. 人民日报，2017－10－19.

③ 王延中. 铸牢中华民族共同体意识建设中华民族共同体［J］. 民族研究，2018（1）：1－8，123.

④ 青觉，徐欣顺. 中华民族共同体意识：概念内涵、要素分析与实践逻辑［J］. 民族研究，2018（6）：1－14，123.

关注湾区的产业协同与科技创新问题，少有关注其中的族群与文化融合问题，这更加凸显出粤港澳城市族群研究的必要性。为此，经由对大湾区城市族群的"跨地方共同体"构建研究，得出以下主要结论：第一，"跨地方共同体"的概念与粤港澳族群发展现状之间有较好的理论契合度，可以用"跨地方共同体"的框架统筹粤港澳三地族群的融合与发展。大湾区族群发展中"多元共存""大分散，小集聚""融合与区隔"的现状需要"跨地方"视角的破解，而粤港澳所具有的地理临近性、经济社会趋近以及历史文化同脉，为共同体构建提供了前提基础。第二，大湾区"跨地方共同体"的构建首先要立足于中华民族共同体构建，并以岭南文化作为着力点和依托，最终落实到粤港澳族群的多元融合上。第三，构建"跨地方共同体"是实现大湾区外来族群社会文化融入及推进城市族群管理的有效方式。和谐的城市族群关系既需要外来人口真正实现社会融入，也需要城市原住族群打开心扉，融入主体更多元、文化更广泛的群体，形成族群相互嵌入的地理生存空间和开放包容的文化认同体系。"跨地方共同体"因具有客观地域性和文化兼容性，而具有很强的集聚、融合和带动效能，能够承担湾区城市治理的重任。

本文不仅可为大湾区多元族群管理工作及凝聚中华民族共同体提供理论参考，同时也可为港澳台地区居民、海外华侨华人"中华民族共同体意识"的构筑提供理论基础。另外，本文也可以进一步丰富并深化关于"共同体"理论的研究，"跨地方共同体"有别于一般的社会融入模式，与以往一般社会融入"消除文化差异，实现文化整合"不同，"跨地方共同体"引导的湾区城市管理注重多元族群特色文化的保留以及文化互动和认同，通过"求同存异"实现城市族群文化的多样化与差异性发展。

作者简介：孙九霞，中山大学旅游学院旅游休闲与社会发展研究中心教授、博士生导师；黄秀波，广东财经大学文化旅游与地理学院讲师。

粤港澳大湾区高校铸牢中华民族共同体意识的任务、路径

——以马克思主义文化观为视角

方　丽

摘要： 中华民族共同体意识的铸牢，在于树立对中华民族共同体意识的认同和归属，它需要从政治、经济、文化和社会等多方面协同发力，而文化作为共同的精神家园，在铸牢中华民族共同体意识中起纽带作用。为此，本文以马克思主义文化观为视角，分析文化尤其是中华优秀传统文化对铸牢中华民族共同体意识的作用，阐述高校在铸牢中华民族共同体意识方面的使命和担当。基于文化认同是深层次的认同，从提升文化认同的视角对高校铸牢中华民族共同体意识的途径进行分析和研究。同时文章着重从粤港澳大湾区出发，聚焦港澳台地区学生与内地学生、华侨华人学生与多民族学生的融合问题，对粤港澳大湾区高校开展港澳台学生、华侨华人学生及各民族学生中华优秀传统文化的认知和传播意识教育的意义与路径提出建议。

关键词： 中华民族共同体　马克思主义　文化认同

一、马克思主义文化观与铸牢中华民族共同体意识

马克思主义文化观将唯物史观作为其理论的根本前提，它有以下几方面的内涵：一是强调客观性。即从世界观的角度出发，认知和研究社会中产生的文化现象，不断总结文化的发展规律。二是强调实践性。即认识是在实践中逐步发展起来的，并被实践不断地反馈检验其真理性。三是强调文化与社会发展的内在联系。一方面文化在产生过程中受到社会发展规律的制约和影响，另一方面文化的一切发展成果都会受到经济基础的制约，当社会文化成果符合经济发展规律，就会推动社会的经济长足发展，反之可能会起到阻碍作用，制约经济发展。四是强调人民性。即人民群众是人类社会历史的真正创造者，不仅创造出了丰富多彩的

物质文明，更创造出了优秀的精神文明成果。①

　　马克思主义文化观为中华民族共同体意识的铸牢提供了客观规律性。其一，铸牢中华民族共同体意识必须坚持"多元"背景的"一元"指导，这是马克思主义文化观客观性的要求。中华民族共同体是由 56 个民族组成的一个整体，既强调各民族的"多元"，又强调中华民族各民族是一个有机统一体，即"一元"。这种整体性特征彰显中华民族是一个统一的亲缘体，它内在包容了中华民族各民族差异性和共同性的结构性张力；中华民族共同体的内在结构是多元一体，即中华民族是一体，境内各民族是多元，多元共同构成一体，两者是"一"与"多"的共生共存关系。中华民族各民族共同发展了生产力、共同创造了中华文明、形成了中华民族共同的精神家园。在中华民族的历史发展进程中，56 个民族之间早已形成不可分割、荣辱与共的亲密关系，成为具有完整统一、多元一体、团结一致本质属性的共同体。其二，中华优秀文化的认同是铸牢中华民族共同体意识的纽带，这是马克思主义文化观的实践性使然。中华优秀文化是中国各民族的实践结晶，而且是在长期的实践中形成的中华民族共有的精神家园。它既是中华文化的体现，也是中华民族共同体的基本内涵所在，中华优秀文化的很多理念是在实践中不断认识和发展的。其三，铸牢中华民族共同体意识要发挥各民族人民的作用，重视来自各民族人民共同创造的文明，注重运用各民族优秀传统文化的精华，对中华文明的延续与中华民族凝聚力的生成的重要作用以及人民共享文化发展成果等，这是马克思主义文化观中人民性的体现。其四，文化成果符合经济发展成果就会推动经济和社会的发展，在铸牢中华民族共同体意识方面，要充分发挥文化的功能和作用，充分利用中华优秀文化的素材、注重挖掘中华优秀文化的内涵、全面展现中华文化的魅力，彰显文化的发展对社会发展的作用，从而形成各民族同呼吸共命运的强大精神因素。

　　综上，马克思主义文化观为中华民族共同体意识的铸牢提供了客观规律，指明了文化及文化认同的来源、发展方向和路径。马克思主义文化观的这一客观规律显示：中华优秀文化对社会发展起着促进作用，铸牢中华民族共同体意识应该发挥文化的功能和作用。

---

① 郭聪聪. 马克思主义文化观对我国文化领域现代化建设的启示研究［J］. 今古文创，2021（15）：56－57.

二、中华优秀文化成为铸牢中华民族共同体
意识的重要抓手和必须环节

从上文的分析中可知，铸牢中华民族共同体意识应发挥文化的功能和作用，中华优秀文化成为铸牢中华民族共同体意识的重要抓手和必须环节。我们可以从文化的特质和中华优秀文化的内在精神中看到相关体现。一方面文化的功能和特质使其成为铸牢中华民族共同体意识教育的重要途径，另一方面中华优秀文化成为铸牢中华民族共同体意识教育的重要内容。

（一）文化的功能和特质使其成为铸牢中华民族共同体意识教育的重要途径

客观性、实践性、人民性、开放性等文化特质决定了文化既可以对人们的价值观形成引导，又易于被人们接受，而中华民族共同体意识的铸牢很大程度在于人们的价值观是否相同，或者说是否可以接受这样的价值指引。马克思主义文化观认为，文化从实践中来又在实践中被不断修正，中华文化来自各民族文化，并在民族的融汇与交流之中，得到不断深化演进，形成了民族之间共有文化的最大同心圆，因而具有强大的向心力。以文化为着力点，开展文化认知教育，是铸牢中华民族共同体意识的有效方法。人们通过坚定文化自信，提升民族自信和制度自信，从而实现对中国特色社会主义的认同。同时文化是开放的、包容的，文化的这些特质使其可以更容易让人们接受，从而潜移默化地引导群众，通过文化这一纽带可以有效地对人们进行价值指引，同时也在实践中不断丰富文化的内容，这是弘扬和传承马克思主义文化观的重要体现。通过不断发展的文化来坚定各民族对中华民族的自信，通过文化来培育共同的情感和价值、共同的理想和精神。可见，发挥文化的功能和特质能使各民族像"石榴籽"一样紧密地团结在一起，铸牢中华民族共同体意识必然要发挥文化纽带的作用。

（二）中华优秀文化成为铸牢中华民族共同体意识的重要内容

文化成为铸牢中华民族共同体意识的重要途径，同时中华优秀文化又成为铸牢中华民族共同体意识的重要内容，这体现在以下三个方面：

其一，中华优秀文化思想涵养中华民族精神，而中华民族精神是民族自信心的集中表现。提升和铸牢中华民族共同体意识、巩固中华民族共同体，需要中华民族精神作为价值向导。中华文化是数千年的中华文明的积淀，中华文明展现的顽强生命力就在于中华文化的强大的统一性，而中华文化的重要内容就是爱国主义，而爱国主义也是中华民族精神的体现。"以爱国主义为核心的团结统一、爱

好和平、勤劳勇敢、自强不息的中华民族精神，一直以来都是激励人们昂扬奋发的主旋律。对伟大祖国的高度自豪，对优秀中华文化的强烈认同，对保持祖国特色文化永久长存的意愿以及对各民族同胞的心理认同。"①

其二，中华文化精神为中华民族共同体意识的充实提供了文化力量。中华文化精神博大精深，尤其是家国情怀、整体意识、"和合"思想、"大一统"观念等，都是深入中华民族成员内心深处的中华文化精神，无一例外地强调凝聚和团结。中华文化精神为中国精神的凝聚提供了基本的价值遵循和思想指导，让中华民族统一体始终深入人心，极大地强化中华民族凝聚力。

其三，中华文化的认同是民族认同、国家认同的重要纽带。以文化为纽带，开展文化认知教育能起到事半功倍的作用。因为"文化作为社会群体或社会成员所具有的一批信仰、习俗、思想和价值观，以及物质制品、物品和工具"②，一方面，中华优秀文化是由 56 个民族的优秀文化组成的，并且来源和归属于每一个民族，是其共同的历史遗产，反映了各民族的共同智慧，是各民族的共同记忆，也即具有世俗性、同质性等特征，这种世俗性和同质性容易引起共鸣。另一方面，它又是对一个国家内部各民族差异性的超越，是为所有国民所认可、遵守的共识性文化，由于其共识性能激发其向心力，因而可以实现国内民族最具广度和深度的团结与凝聚。

三、铸牢中华民族共同体意识应成为高校的使命和重要任务

（一）高校担负着铸牢中华民族共同体意识的重要任务

首先，教育的本质属性决定了高校担负着铸牢中华民族共同体意识的重要任务。铸牢中华民族共同体意识是通过人来实现的，而教育的本质属性是培养人的一种社会活动，培养具有中华民族共同体意识的人应是高校的重要任务。著名教育家苏霍姆林斯基说过："教育是人和人心灵上的最微妙的相互接触。"有人类社会以来就有教育，它的职能是根据一定社会的要求，传递社会生产和生活经验，促进人的发展，培养该社会所需要的人才。教育活动是有意识的以人为直接对象的社会活动，它不同于其他以物质产品或精神产品的生产为直接对象的社会生产活动。教育与其他有意识的以人为直接对象的活动的区别在于：教育是以对

---

① 钱穆. 民族与文化［M］. 北京：九州出版社，2011：71.
② 约翰·B. 汤普森. 意识形态与现代文化［M］. 高铦，等译. 南京：译林出版社，2005：143.

人的身心发展产生影响为直接目标的。所以教育除了教给人知识外，更重要的是陶冶人格、帮助人确立正确的意识。正如德国哲学家、教育家雅思贝尔斯《什么是教育》中有句名言："教育的本质意味着：一棵树摇动另一棵树，一朵云推动另一朵云，一个灵魂唤醒另一个灵魂。"雅思贝尔斯实际上也强调了教育在思想、观念形成及意识由产生至确立过程中不可替代的重要作用，教育应该"唤醒人所未能意识到的一切"。其次，学校教育的基本职能是立德树人，2021 年修订通过的《中华人民共和国教育法》第六条规定："教育应当坚持立德树人，对受教育者加强社会主义核心价值观教育，增强受教育者的社会责任感、创新精神和实践能力。国家在受教育者中进行爱国主义、集体主义、社会主义的教育，进行理想、道德、纪律、法制、国防和民族团结的教育。"中华民族共同体意识的教育是加强社会主义核心价值观教育的一部分，与品格塑造、知识养成等都是学校教育的重要组成部分，它契合了学校是从根本上提升人精神涵养的场域的内涵。人才培养是高等学校的重要职能，而高等学校人才培养的对象正是青年学生，他们是未来社会主义事业的建设者和接班人，所以高校肩负起培养具有崇高的共产主义理想和坚定的社会主义信念、有深厚的爱国情怀、有高尚的社会主义道德和高度的法治意识、能够担当民族复兴大任的时代新人的光荣使命。具有牢不可破的中华民族共同体意识本身就是爱国的基本条件和中华民族伟大复兴的重要前提，可见教育的本质和高校的职能决定了高校应当担负起铸牢中华民族共同体意识的重要任务。

（二）高校是铸牢中华民族共同体意识的重要场所

铸牢中华民族共同体意识的核心要义在于推进"五个认同"，即对伟大祖国的认同、对中华民族的认同、对中华文化的认同、对中国共产党的认同、对中国特色社会主义的认同。在认同建构方面，学校教育是认同建构的基础路径，显然学校教育在"五个认同"的建构中意义更加重大。高等学校作为培养人才的场所，具有天然的优势和条件承担起这一任务：一是高校有专门的知识学科，可以通过专门知识教育对青年学生进行人生观、价值观的引导，为学生提供理论支撑；二是高校是多民族学生聚集地，为学生的交流提供了方便，有利于向心力的形成；三是高校可以借助校园文化平台，为学生提供多姿多彩的文化，通过校园文化来提升学生的中华民族共同体意识。这三方面使高校成为铸牢中华民族共同体意识的重要场所。

四、粤港澳大湾区高校铸牢中华民族共同体意识的主要内容和途径

（一）"同是湾区人"：粤港澳大湾区高校铸牢中华民族共同体意识教育的主要内容

在"一国两制"的框架下，港澳地区与广东诸市三地存在两种制度、三个法域，这种"制度区隔"的存在，使得港澳民众尤其是香港民众一直都是以"居民"而非"公民"自居，这种身份使其国民身份认同弱化，尤其在青年群体中，香港青年的国家认同建构一直是香港社会面临的一个重要议题。香港回归祖国 20 多年来，如何在香港青年中构建明晰的国家认同，推动香港社会融入中华民族共同体成为国家和香港社会普遍面临的问题，可以说，直到今天香港青年对自身的"中国人"身份以及中华民族共同体的政治和文化认同，以及由此而塑造并在与国家的互动中所不断强化的国民意识和国族观念仍然不强。[1] 因此对粤港澳大湾区来说，铸牢中华民族共同体意识的关键问题在于强化港澳地区民众尤其是香港民众的国民身份的认同。也就是把作为香港人的自我的个体认同逐步融入国民身份中来，自觉认同中国人的身份。在大湾区乃至与内地各省份以及整个国家的持续互动中不断融入并强化认同中国人身份的过程。为此需要一种持续的社会化互动，而文化活动恰好能满足这一要求。粤港澳大湾区铸牢中华民族共同体意识需要发挥文化的纽带作用，以文化为纽带，通过文化尊重打破制度隔阂，形成开放包容的态度。粤港澳大湾区地理位置相近、语言相通，具有相同的文化家园，同时由于三地同属岭南文化，这种相近的文化特质使共同体意识更容易被接受。因此可以从强化港澳民众"湾区人"意识入手，从而强化其中华人民共和国公民的身份，通过身份认同增进其对国家的认同，同时通过湾区内的文化活动促使港澳民众尤其是港澳青年融入国家，切实感受到自身作为国家政治法律共同体与历史命运共同体的一员，从而产生对制度的认同。所以"同是湾区人"成为粤港澳大湾区铸牢中华民族共同体意识教育的重要内容。

（二）文化同根同源：粤港澳大湾区高校铸牢中华民族共同体意识教育的切入点

粤港澳大湾区铸牢中华民族共同体意识的关键是增强港澳尤其是香港青年对

---

① 范磊. 粤港澳大湾区时代的香港青年国家认同建构：现实挑战与路径选择［J］. 青年发展论坛，2019，29（1）：44－54.

祖国的认同、对社会主义制度和道路的认同和自信。中华民族共同体意识包括认知体验、价值信念、行为意愿，这三个要素呈现为归属感、关怀感和使命感的统一，也是铸牢各族人民中华民族共同体意识的基本内容。① 培养学生的民族归属感、关怀感和使命感都是高校人才培养的应然，而粤港澳大湾区高校在铸牢中华民族共同体意识上还需强化对港澳学生的爱国主义教育，使港澳学生更进一步提升自己的国家认同，进一步了解并认同国家制度，认同中国共产党领导、认同中国特色社会主义事业、投身到大湾区的建设中来。因此在铸牢中华民族共同体意识上要紧靠基于文化认同的中华民族认同和基于身份认同的政治认同两方面进行。而从上面"同是湾区人"的分析中可知，文化认同也是政治认同的纽带，因而同根同源的文化便成为高校铸牢中华民族共同体意识教育的切入点。在文化认同上，粤港澳大湾区各地同属岭南文化的珠江系文化，汇集广府、潮汕和客家三大民系的珠江系文化，不仅是粤港澳大湾区居民共同创造和传承的文化体系，也是粤港澳大湾区居民相互认同和交流的基本纽带。这为粤港澳大湾区铸牢中华民族共同体意识提供了有利条件，因此，粤港澳大湾区高校应以文化为着力点、以中华优秀传统文化为内容，对港澳学生进行教育、引导，通过对中华文化的认同、欣赏来增进其对国家和民族的认同，从而自视并不断强化作为"中国人"的国民意识。

（三）粤港澳大湾区高校铸牢中华民族共同体意识的实践路径

高校铸牢中华民族共同体意识有其特定的路径，即"以文化人"，因此有以下两方面的主要路径：一是课程和课堂，二是校园文化活动。

1. 以课程为主渠道，发挥课堂育人的作用

以课程、课堂为主渠道和主阵地，将"五个认同"融入高校的人才培养体系中。一是高校通过马克思主义学科的建设、高校思想政治理论课程等为学生铸牢中华民族共同体意识提供理论和知识体系；高校通过课程的专业知识教育，引导学生了解国家、民族和区域的历史、风俗习惯、仪式符号等基础知识，了解国家制度的性质，从而深化他们对中华民族共同体价值的认识。二是通过强化课程思政，发挥各专业课程的人才培养活动优势，在学习专业知识体系的基础上对他们进行社会主义核心价值观的教育，如可以通过课程引导学生参与地方优秀文化的弘扬活动、当地社会风气的建设，以及在促进社会主义核心价值观的宣传与实践等方面发挥作用，进而使学生成为优秀文化和价值观的倡导者以及庸俗与落后

---

① 青觉，徐欣顺. 中华民族共同体意识：概念内涵、要素分析与实践逻辑［J］. 民族研究，2018（6）：
1－14，123.

文化的批判力量。三是把铸牢中华民族共同体意识融入教育教学资源，优化管理精品的教育教学内容设置，把正确的国家观、民族观和历史观融入学校的课程、活动。为此，需要学校建立科学的机制，进一步整合相关课程资源，强化对马克思主义学科的建设，加强思想政治理论课程和网络阵地建设。首先，高校可以以课堂为主战场、以课程为主渠道，尤其是发挥高校思想政治教育课程的作用。要以马克思主义学科建设为重点，不断巩固铸牢中华民族共同体意识的理论阵地，通过马克思主义学科知识的传授加强学生的中华民族共同体意识教育。其次，在人才培养中切实落实课程思政。通过思政课程及课程思政将"五个认同"融入高校的培养体系，使各类课程与思想政治理论课同向同行，形成协同效应，共同培养学生的"五个认同"。最后，在学校的各项管理工作中，始终将铸牢中华民族共同体意识内化在学校的管理工作之中。

2. 以校园文化为主线，引领学生铸牢中华民族共同体意识

深层次文化交往是文化认同的重要途径，因此共居、共学、共事、共乐成为重要条件。而高校是多民族学生共同接受高等教育的聚居地，对来自不同民族的青年学子进行家国情怀教育也是高校的任务，同时文化活动也是高校的优势，以校园文化为主线引领学生铸牢中华民族共同体意识是高校责无旁贷的任务，也是高校的优势所在，这是因为：一方面，不同民族的青年聚集在高校这样的场所里学习，为确立中华民族共同体意识提供了便利条件，高校要充分利用这种便利条件对广大青年学生及时进行铸牢中华民族共同体意识教育，让中华民族共同体意识深入广大学生的内心。另一方面，高校是一个学术共同体，又是学术思潮的前沿，对青年学生进行价值观的引领是高校的责任。校园是学生学习、生活、锻炼和交流交往的重要场所，且学生精力充沛、接受新事物的能力较强，高校开展多样性文化活动有其独特的优势。因此以校园文化为主线，对学生进行铸牢中华民族共同体意识教育是高校最直接的实践路径。对于粤港澳大湾区高校，还可通过大湾区文化的融合，更好地发挥校园文化的作用，强化大湾区学生的共同体意识。

（1）以校园文化来深化中华文化认同，校园文化特有的优势使得其对学生观念、价值、生活态度的引领具有其他场所无法比拟的作用。同时高校是多元文化的集合地，高校可以通过多姿多彩的校园文化开展多元文化教育、促进学生之间友好交流互动，通过学生之间的互动、理解、体验，增强其共同体意识，形成对中华民族的依恋和归属感。同时通过高校有关制度、措施、平台及文化引领来潜移默化地影响学生，从而不断确立中华民族共同体意识，如营造优秀传统文化育人环境、开展多元的文化活动等。在校园文化的建设中融入传统文化教育元素，如暨南大学通过举办传统文化节、艺术节、北极光及土风舞等活动，弘扬各民族文化、强化学生的中华民族文化共同体意识。

（2）通过校园文化涵养文化底蕴，使学生成为弘扬中华文化、传播中华文化的使者，在身体力行中坚定文化自信。由历史长河孕育的华夏人民优秀的民族文化与智慧结晶——崇高的民族气节与民族精神的传统文化，涵盖了哲学、理学、文学以及自然科学多个领域的精华，不仅对我们的行为方式、思想观念、思维模式以及价值取向有着深远的影响，也是我们中华民族赖以生存和发展的强大精神支撑。高校可以通过运用这些素材，采取多种多样的活动方式对学生开展传统文化的教育，学生便可以从中华文化深厚的内涵中得到心灵陶冶，同时从新时代中国特色社会主义文化的发展中获得更多的文化自信，从而自觉成为中华文化的传播者。如开设各项讲座、组织各项文化鉴赏活动，诸如书画等，对学生尤其是港澳台学生进行中华文化的教育和陶冶，他们便可借此更了解中华文化的源远流长，了解中华文化的深厚、丰富的内涵，在身体力行的活动中强化共同体意识。

（3）通过高校校园文化坚定各民族学生的文化自信。文化自信的前提是深入了解文化，高校有着天然的优势，一方面，高校具有传播文化的使命和要求；另一方面，高校有大量研究历史文化的专家学者，同时高校是天然的文化传播场所。因此高校可借助校园活动，创设各民族联系平台、强化校园内各民族学生之间的共同体意识。校园里有各种社团和多样化的活动，学校通过社团强化不同民族学生的联系，同时通过开展多样化的活动，让不同民族学生得以增进相互之间的了解，从而坚定文化自信，通过文化自信铸牢中华民族共同体意识。

（4）建立多元开放的文化氛围。"对于社会共同体多元的国家来说，建立一个开放包容的多元文化要比狭隘封闭的文化更有助于推动国家整合与社会和谐。在多元体系的国家中，如果在国家认同建构中缺失了平等性或者人为误导了社会对于平等性的认知，使得整个社会或者区域社会因为信息不完善而出现开放包容理念的缺失，最终引发的将不仅仅是社会的歧视与裂痕，可能会导致更为严重的社会撕裂与民族分离。在香港以中华民族作为共同的认同对象的国家认同建构中，就面临着因为社会撕裂而造成的国家认同弱化以及分离倾向增强等不良趋势。"[①] 香港青年的国家认同之所以较弱，原因是多方面的，但与内地的交流互动出现了一定程度的隔阂、误解、猜疑等情况不能不说是其中原因之一。因此，建立多元开放的文化氛围，使港澳同胞在共同的文化氛围中存异而共生，强化中华民族的整体性、共同性及其共存共生关系，从而增强其国家认同感。

---

① 范磊. 粤港澳大湾区时代的香港青年国家认同建构：现实挑战与路径选择［J］. 青年发展论坛，2019，29（1）：44-54.

（5）延伸工作和生活平台，推进港澳青年到湾区工作和生活。粤港澳大湾区的建设有赖于大湾区全体公民，其成果也应该与全体公民共享，因此要鼓励港澳地区民众尤其是港澳青年融入大湾区的发展中。这也是马克思主义文化观人民性的要求。当前国家实施粤港澳大湾区发展战略，作为国家规划无疑成为推动港澳融入国家发展大局的重要平台，它不仅为粤港澳三地的共同发展提供了宝贵的机遇，同时也为增进粤港澳三地社会层面的交流和融合打造了更为开放包容的舞台。粤港澳大湾区高校要利用好这一平台，鼓励广大学子参与大湾区建设实践，从大湾区的建设发展要求出发，更多地投身到大湾区的建设中，通过亲身参与，增强对祖国的自豪感，强化国家认同、制度认同以及中国特色社会主义认同。

五、结语

基于马克思主义文化观的视角，铸牢中华民族共同体意识要以中华优秀文化为抓手。高校是铸牢中华民族共同体意识的重要场所，要以课程和课堂为主阵地、以校园文化为抓手，涵养学生的文化底蕴，使学生认同中华文化，进而坚定文化自信，达到弘扬中华文化、铸牢中华民族共同体意识的目的。作为大湾区高校，在铸牢中华民族共同体意识方面应该发挥同源同根文化特点，打造更为开放的平台，强化内地学生与港澳台学生和华侨华人学生的交流和沟通，强化各民族学生的交流与合作。利用好大湾区的规划建设来推进香港青年的国家认同、国民意识塑造与强化，鼓励港澳学子学成后融入大湾区的发展中，"与祖国人民共担民族复兴的历史责任、共享祖国繁荣富强的伟大荣光"，以不断强化的参与感和融入感来提升大湾区各区域尤其是港澳青年群体对国家的认同、对社会主义制度的认同、对中国特色社会主义的认同。

作者简介：方丽，暨南大学高教研究与评估中心研究员。

文化篇

文化共同体视野下的粤港澳大湾区文化合作研究

——以马克思主义文化观为视角

黄玉蓉　曾　超

摘要：从文化共同体构建视角来看，文化合作不仅具有经济价值，而且具有政治、文化与社会价值。粤港澳大湾区文化合作既因应了区域经济一体化发展的诉求，又促进了区域性亚文化共同体的构建。纽约湾区、旧金山湾区、东京湾区这世界三大湾区的文化合作经验主要为文化政策推动、第三部门协调、文化资源共享等。粤港澳大湾区文化合作的目标为实现文化繁荣和社会稳定；合作基础是文化同源、资源共享、需求互补；合作主体是政府、社会组织、企业和个人；合作内容主要包括身份认同、公共文化服务、文化创意产业和文化交流等；合作路径主要表现为共建基础设施、发展第三部门、共享稀缺资源、整合平台优势、培育多元文化。粤港澳大湾区文化合作将引领湾区城市群经济社会整体发展和制度创新进入社会主义新时代。

关键词：粤港澳大湾区　文化合作　文化共同体　区域性亚文化共同体　世界三大湾区

粤港澳大湾区指由广州、深圳、珠海、佛山、惠州、东莞、中山、江门、肇庆九市和香港、澳门两个特别行政区形成的城市群。它既是一个地域概念，又是一个经济概念，还是一个文化概念和一种社会整体发展观。因此，它既可以形成经济共同体，又可以形成文化共同体。稳健发展的湾区需要稳定的文化共同体来创造美好的社会形态。粤港澳大湾区作为区域性亚文化共同体，一方面，从逻辑层面、历史层面和地理层面丰富了中华民族文化共同体的内涵；另一方面，在自身发展过程中不断吸收区域日常生活实践经验，发挥独有的文化凝聚和文化认同作用。

粤港澳大湾区的 11 个城市分属三个不同的独立关税区，有不同的法律和行政体系，将它们作为一个文化共同体进行统筹建设，意味着将要在"一国两制"平台上加强文化合作，进行全新的"制度创新"尝试。本文将在文化共同体理论视野下观照粤港澳大湾区文化合作基本内涵，在借鉴世界三大湾区文化合作经验的基础上，探讨粤港澳大湾区文化合作路径，为粤港澳大湾区规划的实施提供文化价值支撑，助力湾区尽早建成经济相连、民心相通的命运共同体。

一、概念界定及理论依据

德国著名社会学家斐迪南·滕尼斯认为共同体是自然发展起来的对内外同时发生作用的有机联合体，是建立在共同记忆之上、由各种相互关系组合而成的综合体。文化共同体更像是具有相同或相似文化价值观的社会成员组织的松散联合体。① 英国著名文化社会学家雷蒙德·威廉斯（Raymond Williams）认为文化"包括物质、智性、精神等各个层面的整体生活方式"②，"应该成立文化共同体以进行文化传播，文化只有通过共享，才能形成更好的文化共同体，由此才能建构更美好的社会"③。美国著名民族主义理论家本尼迪克特·安德森（Benedict Anderson）认为，"民族是一种被想象出来的政治意义上的共同体"④，"共同体（民族）的产生依赖于一种想象，而这种想象的产生源于文化的同源性"⑤。

文化共同体作为国家共同体的核心价值，体现着文化内核的同质性，同时也涵括着文化形态的异质性，形态各异的区域文化可看作其庞大家族的不同成员，即区域性亚文化共同体。就粤港澳大湾区区域性亚文化共同体而言，从逻辑层面来看，它是中华民族文化共同体的构成要素，具有个体利益的相关性和发展方向的一致性；从空间层面来看，它的文化基因源于湾区社群或族群共同的生活经历和文化记忆，同时由于文化的流动性，不断接受其他文化范式尤其是优势文化势能的影响，因而既呈现为一种状态，又呈现为一种过程；从历史层面来看，湾区各城市在发展过程中相互之间不断进行整合与优化所形成的区域共同体，经历了诸多因素的不断调和，才形成了和谐共存的文化生态。

粤港澳大湾区文化合作可看作港澳与珠三角城市文化合作的升级版。湾区内地方政府、企业和公民个体等不同主体为实现共同利益，在各相关城市之间进行身份认同建构、文化产品与文化服务及文化要素的价值开发。区域一体化背景

---

① 傅才武，严星柔. 论建设 21 世纪中华民族文化共同体 [J]. 华中师范大学学报（人文社会科学版），2016，55（5）：63 – 74.

② 雷蒙德·威廉斯. 文化与社会（1780—1950）[M]. 高晓玲，译. 长春：吉林出版集团，2011.

③ 王小芳. 文化共同体的想象：雷蒙德·威廉斯的传播观 [J]. 英语广场（下旬刊），2014（4）：139 – 141.

④ 本尼迪克特·安德森. 想象的共同体：民族主义的起源与散布 [M]. 增订版. 吴叡人，译. 上海：上海人民出版社，2016：2.

⑤ 本尼迪克特·安德森. 想象的共同体：民族主义的起源与散布 [M]. 增订版. 吴叡人，译. 上海：上海人民出版社，2016：2.

下，粤港澳大湾区的经济一体化进程明显领先于文化一体化进程，其在经贸、技术、金融等领域的深度合作交流，将推动文化合作进入更深层次的合作阶段。推动合作从经济层面向文化层面深化，是湾区从经济合作走向公共治理、全面繁荣的必然诉求，既因应了区域经济一体化发展的诉求，又促进了区域性亚文化共同体的构建。

二、世界三大湾区文化合作经验

通过考察纽约湾区、旧金山湾区和东京湾区这世界三大湾区的文化合作历程，我们发现其文化合作经验主要有文化政策推动、第三部门协调、文化资源共享等。政府以强有力的政策杠杆，为湾区文化合作提供制度保障，巩固文化合作成果；公共交通和文化设施的合作建设有效地减少了区域内公共交通和文化基建成本，使湾区文化交流活动更为便捷和频繁，不断满足湾区居民日益增长的精神文化需求，提升其文化素养，同时打造了湾区的文化标识，强化了湾区共同的文化记忆和认同感；文化资源共享扩大了湾区内优秀文化资源的传播广度和开发力度，丰富了湾区居民的文化生活，为湾区文化建设提供了内在能量。

（一）文化政策推动

文化政策对湾区文化合作至关重要。文化规划从文化视角考量湾区发展路径，同时整合湾区文化资源，制定相关文化政策，提高湾区文化创新能力。其主要内容为通过文化规划发掘不同城市的优势，发展湾区文化产业，打造湾区文化标识，形成具有国际竞争力的文化资源。

东京湾区在建设之初，政府就进行了有序规划，避免了发展中的资源浪费与耗损；同时，文化政策也规范、高效地助力东京湾区的文化合作。以东京迪士尼乐园为例，其所在地并不在东京市内，而是位于东京湾区千叶县浦安市舞滨。早期浦安居民以渔业为生，随着东京湾区的发展，沿海海域遭到频繁往来的运输船只的污染，渔业日渐萧条。借助毗邻东京的地理优势，千叶县成为东京迪士尼的落户点，为建造迪士尼而填海造地，创造了享誉世界的旅游园区。[①] 东京湾区以东京文化影响力为基点，以强辐射态势驱动千叶县发展，打造文化资本标杆，强化文化竞争力，成为东京湾区文化合作的重要战略。日本的国土交通省针对东京文化制定文化发展战略，从文化合作与创新角度结合东京湾区实际，以东京为基

---

① 王进. 东京迪士尼与区域经济发展研究［J］. 上海文化，2014（4）：115－125.

轴放眼国际舞台，助推文化发展，使东京的文化艺术力量发挥出湾区核心引领作用。①

（二）第三部门协调

第三部门和志愿者是湾区文化合作的重要力量。无论是旧金山湾区还是纽约湾区、东京湾区，都由民间自发成立了许多跨境合作组织，这些组织集聚了大批志愿者，活跃在城市规划、艺术教育、公共文化服务等领域，在湾区文化合作事务中发挥了重要作用。如旧金山湾区规划和城市研究协会，纽约区域规划协会，东京湾的公益财团法人东京都历史文化财团、财团法人东京都体育文化事业财团等。

纽约区域规划协会作为推动湾区交通规划的中坚力量，致力于为纽约—新泽西—康涅狄格区域完善基础设施建设、保障区域的可持续发展、助力区域繁荣及提高生活质量。② 报告显示，"湾区的学校与非湾区学校相比，更多地使用志愿者为孩子们提供艺术教育"。在湾区城市马林县（Marin County），有52%的学校从合作伙伴处得到了专业艺术师资，而非湾区城市索拉诺县（Solano County）则只有18%的学校得到了此类支持。③

（三）文化资源共享

纽约湾区的公共文化资源主要聚集在纽约，其以博物馆为代表的公共文化服务水平具有全球领先性。闻名遐迩的大都会艺术博物馆、林肯艺术中心、纽约公共图书馆等公共文化服务场所和机构不仅仅服务于纽约居民及游客，也服务于周边城市居民。与美国大多数地区情况迥异的是，纽约湾区完善的公共交通保证了湾区居民高质量的文化生活，让纽约周边的新泽西州、康涅狄格州的居民得以便捷参与纽约的文化艺术活动，享受纽约的公共文化服务和丰厚文化资源。如许多新泽西的居民会经过哈德逊河去曼哈顿看林肯艺术中心和百老汇的演出、参加纽约公共图书馆举办的免费英语培训课程、参观各大博物馆展览；也有康涅狄格州居民驾车前往中央公园观赏莎士比亚戏剧表演或参加其他文化活动，待结束后再驾车或坐地铁返回康涅狄格州。纽约公共图书馆为方便更多居民使用其文化资源，不断拓展资源的数字化进程，为所需要的读者提供网络服务。其运营主要依靠公共财政资助和社会捐赠，许多在湾区生活的居民也会向图书馆进行捐赠。由

---

① 日本国土交通省. 文化と東京の未来 ［EB/OL］. ［2018 – 03 – 02］. http：//www. mlit. go. jp.

② Reglonal Plan Assoclation. Who We Are ［EB/OL］. ［2018 – 03 – 02］. http：//www. rpa. org/about.

③ WOODWORTH K R，PARK J. An unfinished canvas. Arts education in the San Francisco Bay Area：a supplementary status report ［R］. Menlo Park，CA：SRI International，2007.

纽约公共图书馆《2015 年度报告》（*2015 Annual Report*）① 中显示的新泽西社区基金会对其所作的捐赠记录来看，新泽西居民出于对纽约公共图书馆服务的回馈也会解囊捐赠。

随着湾区概念深入人心，旧金山湾区、东京湾区各相关城市之间共享文化资源、文化设施、文化服务已成为常态。文化资源的共享，一方面让湾区居民获得深厚文化滋养，满足其精神文化需求；另一方面常态化的文化交流与合作机制，促进了湾区物理和心理距离的连通与整合，成为湾区文化、制度深度融合和经济社会全面发展的基础。

三、粤港澳大湾区文化合作基本内涵

同一区域内生活的人们具有强烈的区域文化认同意识，这无论对于区域内的资源整合还是区域外的经济拓展都大有裨益。经济指标是湾区发展水平的显性指标，而文化竞争力是其可持续发展潜能的内核。科学有效的文化合作不仅能在一定程度上带动粤港澳大湾区物理和空间上的连通与整合，促进人才、技术和资本等要素的聚集，而且能带动粤港澳大湾区文化、制度上的深度融合和经济社会的全面发展，助推国家实现建设世界级城市群的战略目标。

（一）合作意义及目标

在经济全球化带动经济文化全球化的时代背景下，文化合作成为发达地区创新区块发展的重要战略选择。粤港澳大湾区地缘相近、人缘相亲、文化同源，11个城市之间的文化交流与合作由来已久，自 20 世纪末港澳回归以来高层互动、经贸往来频繁，文化合作也由零散、自发、个别的项目合作转向全方位、多领域、跨行业的深度合作。文化合作是"民心相通"的主要路径和关键内容，不仅能减少经贸合作中的摩擦，具有较强的经济价值，而且具有较强的政治、文化与社会价值。互惠互利的文化合作有利于促进湾区居民形成一致的文化观念和行为规范，促进粤港澳全面一体化，加强社会深度融合；有利于创造良好的政治、社会环境和健康的经济、商业环境；有利于促进中华文化产品集结优势向海外市场进军，强势推动中华文化走出去。

以湾区社会群体的共同利益和文化记忆为基础，形成共同的文化观念和精神

---

① The New York Public Library. 2015 Annual report［EB/OL］.（2016 - 04 - 05）［2018 - 03 - 02］. https://www. nypl. ort/help/abot - nypl.

追求；促进湾区文化资源的功效最大化，形成三地文化优势互补、资源有效配置、经济社会同步发展的跨区域发展新格局，实现文化繁荣和社会稳定的理想图景，是湾区文化合作的重要目标。

（二）合作基础

1．文化同源

与长三角、京津冀、雄安等后发的，因产业、地缘或政治因素兴起的区域不同，粤港澳大湾区自古以来在政治、经济、文化上都是一个整体，在历史、人口、语言和文化方面都具有高度的同一性。它们同属珠江三角洲文化圈，其历史文化从古越族先民文化发源而来，承袭着作为中华文化支系的岭南文化、广府文化，大部分历史时期处于统一的文化体系之中，"经历了同样的起源、变异、融合与演替过程，表现出相似的文化特征"①。直至 19 世纪，香港、澳门相继被英国和葡萄牙侵占，粤港澳大湾区才形成三地分治的格局，走上不同的文化发展道路。在西方殖民背景下，香港、澳门的文化特质具有典型的中西杂糅特色，由于政治经济制度、文化和社会发展水平的差异，加之多年来乏于与粤地交流，彼此间的文化隔阂加深。20 世纪末，随着港澳的回归，粤港澳三地间的交流才日渐频繁，以往隔阂日益消除。文化的同根同源为湾区相关城市之间的文化合作奠定了基础，而因后期发展道路殊异呈现的文化差异则为文化合作提供了可能性。

2．资源共享

粤港澳大湾区城市群成员拥有形态各异的文化资源，文化创意产业发展战略也各有特色。以文化共同体建设为核心价值，发挥各自优势，资源共享，整合性地提供公共文化服务，开发文化市场，建设文化共同体，是湾区文化合作的内在要求。深圳作为改革开放的先行城市，以其独有的创新文化与移民文化独树一帜；广州作为广东省的省会城市和政治、经济、文化中心，以其底蕴深厚的广府文化广为人知；香港作为中西文化交流枢纽，以其国际化大都市的形象名扬全球；肇庆是大湾区内唯一与大西南地区接壤的城市，具有深厚的文化底蕴、独特的区位优势、明显的成本优势和优越的生态优势；江门是粤港澳大湾区的西江出海口，江海联动优势突出，是国际文化市场拓展大西南腹地的重要门户；佛山正形成高雅文化与大众文化、现代产业文化与传统文化相结合的多元文化格局；中山拥有战略性的区域交通走廊位置，随着与澳门的游艇自由行正式开通、横琴自贸区效益的不断溢出、港珠澳大桥和深中通道建成通车，将迎来更多机会；珠海拥有丰富的滨海文化和生态旅游资源，可以与广州、深圳、佛山形成差异化互

---

① 李燕. 港澳与珠三角文化透析［M］. 北京：中央编译出版社，2003：86.

补，整体提升沿线旅游资源的吸引力；东莞作为珠三角东岸二线强市，拥有健全的公共文化服务网络，公共文化设施配置较高；作为沿海城市，惠州依托辖区海岸线长、海域面积宽等优势，建设创新平台，力求先吸纳深圳的文化创新资源进行融合发展，然后再传递、辐射到周边的汕尾、河源甚至潮州、汕头等粤东城市。

3. 需求互补

近年来随着粤地经济、政治和文化的快速发展，港澳相对于内地经济发展势头的绝对优势地位开始出现明显变化。香港因经济、人口、社会环境各方压力加剧，开始重新审视自己的战略定位；澳门经济受众多不利因素影响，外部需求疲弱，持续出现负增长，拓展内地市场的需求迫切，同时中央对澳门的优渥政策让澳门经济文化与内地呈快速融合趋势。随着粤港澳三地在政府主导下积极开展演艺、文化资讯、文博、公共图书馆、非物质文化遗产保护、文化创意产业等方面的紧密合作，三地的互补性需求得到一定程度的满足，而由中央政府强力推动合作环境的进一步优化更是为三地文化合作开辟了广阔空间。目前，内地的演艺、娱乐、艺术品、互联网文化经营等文化市场准入已全面向港澳地区投资者开放，内地庞大的文化市场、旺盛的文化需求、强劲的文化消费、蓬勃发展的文化新业态、加速向文化产业集聚的社会资本极大地承接了港澳的文化存量；而港澳地区在知识产权保护、文化治理机制、文化基础设施建设、文化市场拓展等方面积累的经验，较好地满足了珠江三角洲九城市的制度创新需求，推动了区域文化生产、传播和消费方式创新。

（三）合作主体

粤港澳大湾区文化合作将主要依靠政府、社会组织、企业和个人的力量推进。在"一国两制"背景下发展粤港澳大湾区，必须借助政府部门尤其是中央政府的力量。政府一般通过文化政策、文化规划、文化资助等宏观调控手段促进湾区文化合作。因为文化合作需要制度性的互约和规范，而只有政府才有签署条约、协定的法定资格与权力，因此政府的作用至关重要。目前由政府牵头、定期举行的粤港合作联席会议、粤澳合作联席会议、港深合作会议等有效沟通机制正在湾区合作事宜中发挥重要作用。但正如香港前特首梁振英在调研粤港澳大湾区后所说：香港与大湾区城市的合作要真正发挥作用，就不可以由政府主导一切，一定要社会各界一起参与。① 在公共治理大背景下，由于文化的特殊属性，社会组织和企业将成为湾区文化合作的重要运作主体。社会组织主要包括非政府组织

---

① 钟侠. 梁振英访大湾区缘何如此频密？[N]. 香港商报，2017 - 05 - 05.

（NGO）和非营利组织（NPO）等公益性组织，它们将自发、有序地为湾区文化合作提供援助。香港社会组织发育得比较成熟，也孵化和带动了深圳、广州等地社会组织。据澳门特别行政区印务局网站信息，截至 2018 年 7 月，澳门共有 1 650 家艺术文化社团、29 家基金会，超过科学、体育、法律、教育及青年、社会服务、工商服务等社团数而位居榜首，占当年所有社团的 18.9%。这些社会组织和聚集在其周围的个人将在粤港澳大湾区文化合作与制度创新过程中发挥卓有成效的作用。而企业间的文化合作既能为湾区居民提供必需的文化服务，又能连接湾区优秀文化企业，合作打造具有国际竞争力的文化创意产业。

（四）合作内容

湾区文化合作内容主要体现在身份认同、公共文化服务、文化创意产业和文化交流等方面。粤港澳三地因自近代以来处于不同的政治制度环境下，因此形成了不同的社会结构和文化形态，呈现出多样化的社会思潮和价值观念，尤其港澳居民在"政治回归后难以实现文化和社会心理的回归，也难以通过历史叙事的重构形成新的国家认同和统一的地区认同"[①]。因此，强化身份认同成为湾区文化合作必须因应的社会问题。随着湾区社会共同体和优质生活圈的逐步形成，满足湾区社会成员文化生活需要成为湾区公共文化服务的重要任务。公共文化服务以建设和完善湾区公共文化服务体系为主，整合各相关城市的文化资源优势，丰富湾区居民的文化生活，营造湾区人文氛围。文化创意产业合作联通了湾区城市群之间的产业、文化和地域优势，发展视野立足湾区、辐射全球。文化交流是湾区融汇区域智慧、打造文化高地的重要举措，其包含的内容较为广泛，如共享学术资源、共同培养人才、合作举办会议、搭建交流平台等。

四、粤港澳大湾区文化合作路径

由于社会制度、经济发展水平、产业基础、竞争格局等多方面的非均衡性限制，粤港澳大湾区相关各城市的文化制度设计存在诸多政策缝隙和制度障碍、非通约性甚至竞争性冲突，阻碍了湾区文化合作向深度迈进。这一现状要求制度设计者在建设世界级城市群的战略目标指引下，确立契约化原则，从而使得现行制度工具能最大限度地获得有效的功能匹配。另外，建设粤港澳大湾区的战略目标

---

① 傅才武，严星柔. 论建设 21 世纪中华民族文化共同体［J］. 华中师范大学学报（人文社会科学版），2016，55（5）：63－74.

要求各相关城市整体性地获取满足其文化合作诉求的系列政策创新工具和创新路径，以切实起到支撑、助推和激活的政策保障作用，其具体路径体现在以下五个方面：

（一）共建基础设施

在湾区地域空间组织系统中，湾区公共设施尤其是公共交通设施一体化既是湾区文化合作的物质基础，也是文化传播的主要载体。目前，粤港澳大湾区跨城交通正在逐步优化，港人赴深置业、创业、就业早已不再新鲜，深圳人赴港购物、休闲、学习亦成常态。在两地过关手续进一步简化之后，深圳市的罗宝线、龙华线与关口无缝对接，使罗湖、福田等靠近口岸的片区有许多在香港工作、在深圳生活的"双城生活"族得以尽享两地联通之便利。除了深港两地的公共交通设施一体化态势逐步形成以外，广深两地的高铁也大大地提高了两地的通勤效率，在深圳龙华或是福田乘坐高铁，最快只需20多分钟便可抵达广州境内；港珠澳大桥串联起了珠江口东西岸城市的路面交通；正在建设中的深惠城轨、深中通道推进了深圳与惠州、中山在经济和文化上的进一步融合。但粤港澳大湾区在公共交通上亦存在明显短板，比如肇庆、江门这些不靠近珠江口的城市与湾区东岸城市的互联互通基础设施建设较为落后。湾区时代，粤港澳三地政府应抓住中央政府持续出台利好政策的时代机遇，协调其他社会资源，共同完善粤港澳大湾区的基础设施，促进湾区东西两岸之间的文化交流，这也是带动湾区两岸人才互动、文化交流、文化合作、文化创意产业发展的前置条件之一。

（二）发展第三部门

第三部门和志愿者是湾区文化合作的重要力量，也是湾区文化共同体建设的利益主体和内在动力。粤港澳大湾区文化合作不能忽视第三部门和集聚在它们周围的个人力量，应培育一批专业、权威和高水平的第三方组织，尤其应"在政府与社会中间设立整合型文化非营利组织，使政府与社会之间具有清晰的层次结构，有利于保持政治与文化之间的张力，使文化的发展更符合内在规律；整合型文化非营利组织能够更好地发挥桥梁纽带作用，使政府意志落实有载体，社会需求传达有渠道，形成良性互动格局"[①]。世界三大湾区第三部门的运作基本保持独立，运营资金多来自各界资助，并且形成了良好的运作机制。其借助于组织内部优异的专业型人才，机动灵活地推进湾区发展。目前，与粤港澳大湾区建设相

① 潘娜. 促进非营利组织参与公共文化服务的对策建议［M］//首都师范大学文化研究院. 文化决策参考（2015）. 北京：社会科学文献出版社，2016：36.

关的第三部门存在一些问题，除了在数量和专业领域分布方面严重不足以外，对政府部门或大企业有较强的依附性，缺少组织自身的独立性。加速权威、专业和高水平的第三部门组建与运营，建立完善的监督机制，是助推粤港澳大湾区文化合作的当务之急。

（三）共享稀缺资源

无论是与同步推进的其他地缘城市区块如京津冀、长江经济带等相比，还是与世界三大湾区相比，粤港澳大湾区文化稀缺资源相对不足、文化资源分布不均都是不可否认的事实。湾区东岸城市群的文化资源和发展现状明显优于西岸，因而具有更高的文化势能、更强的凝聚力和传播扩散能力。承认和重视各相关城市之间的资源差异是共享稀缺资源的前提。资源的共享，一方面有利于加快湾区区域性亚文化共同体的建设步伐，使其得以用开放的公共文化设施服务更多的受众，提高湾区居民在邻城参与文化服务和文化活动的概率；另一方面对于联动湾区文化企业，对接城市产业优势也具有较强的促进作用。

（四）整合平台优势

粤港澳大湾区各相关城市都拥有各具特色的文化创新平台，但这些平台体量有别、层级不同，又处于不同的产业链分工位置，因此具有不同的竞争力和互补可能性。在粤港澳区域合作从早期的互补性结构向替代性结构过渡阶段中，这些平台曾因利益博弈和城市本位主义等原因放慢合作速度，加剧竞争态势。但在湾区时代，在"竞合"关系中注重"合作共赢"成为湾区各相关城市业已达成的默契。

目前，政府机关、文化企业和行业协会等平台在推进粤港澳大湾区的文化合作方面发挥了积极的作用。一方面，这些平台举办了诸多粤港澳大湾区的学术会议、文化活动。如腾讯公司于 2017 年 6 月在香港召开"首届粤港澳大湾区论坛"，探讨湾区文化如何"走出去"与"引进来"①；又如中国产学研投融资联盟等第三部门于 2017 年 8 月在深圳举办"首届粤港澳大湾区文创产业发展论坛"，以"跨联·共生·共创"为主题，对大湾区文化创意产业的合作与发展进行了探讨。② 诸如此类，粤港澳大湾区的文化合作正通过政府、企业、第三部门等多方合作搭建的平台，以理论引领、经验交流、资源整合等多种形式稳步推进。另

---

① 洪霞. 首届粤港澳大湾区论坛在港召开，腾讯推动粤港澳青年计划 ［EB/OL］. （2017 – 06 – 29）［2018 – 03 – 01］. http://paper.dzwww.com/dzrb/content/20170629/Articel26002MT.htm.

② 王俊. 首届粤港澳大湾区文创产业发展论坛举行 ［EB/OL］. （2017 – 08 – 16）［2018 – 03 – 02］. http://news.ycwb.com/2017 – 08/16/content_25383096.htm.

一方面，面向粤港澳大湾区的研究平台也不断产生，这些专注于研究粤港澳大湾区的学术机构、智库作为创新智力支持平台，一定程度上推进了大湾区的文化合作。如粤港澳大湾区研究院、粤港澳发展研究院、大湾区文化创新研究联盟等，这些应湾区而生的研究机构凭借学术实力、科研专长、地缘优势，为粤港澳大湾区文化合作提供了智力支持。但需要警惕的是，随着粤港澳大湾区概念的火热，诸多以"粤港澳大湾区"命名的创新平台和活动层出不穷，其质量、影响力和规模也良莠不齐。如何甄选优秀平台，整合优势平台资源，"建立一套行之有效的合作机制、互补机制、叠加机制，形成基于创新能力区块整合的协同冲击力，在协同创新的更高平台上确立粤港澳大湾区在全球市场的竞争性创新优势"[1] 至关重要。

（五）培育多元文化

世界三大湾区都是多元文化荟萃之地，在互动共生的文化生态中不断创造新的文化生机。粤港澳大湾区既有丰富的民间文化资源，又有鲜活的国际文化元素；既有成熟的制度文化，又有多样化的非制度文化，呈现出多元共生的文化面貌和精彩纷呈的文化形态。从纵向的历史轴来看，有农耕文化、商业文化、海洋文化、侨乡文化；从横向的地缘轴来看，有岭南文化、客家文化、中原文化、广府文化等；物质性的文化资源有岭南宗祠、庙宇、厅堂、馆所等；非物质性的文化资源有语言、音乐、舞蹈、习俗、节庆等；政治、文化名人资源有孙中山、康有为、梁启超、李小龙、叶问、黄飞鸿等；此外，港片和粤语流行歌曲也曾经红遍大江南北。总之，传统文化与现代文化、本土文化与外来文化、海洋文化与大陆文化、农耕文化与商业文化、契约文化与诚信文化在粤港澳大湾区蓬勃生长、交融共生。

建构粤港澳大湾区区域性亚文化共同体，设计湾区文化合作制度，并不是谋求这些城市的文化同质化，而是让每个城市自身的文化特色不断被放大，促其在建设湾区的历史潮流中最大限度地发挥文化特色，获得更多的发展向度，实现"各美其美，美美与共"的合作范式。粤港澳大湾区文化共同体的建构和文化发展潜能、区域文化影响力都取决于湾区城市群之间的配合程度，即城市之间的文化资源"有机互动，互补共生"的态势。在粤港澳大湾区文化共同体建构的宏观视野下，我们应找准粤港澳大湾区的文化功能定位，努力建构相关城市群的文化身份识别符号，发挥各城市群成员的文化优势，摒弃狭隘的地方利益和本位主义，本着竞合原则对其进行功能定位和分工布局。

---

[1] 王列生，车达. 新机遇下大湾区文化创意产业的腾飞［N］. 中国社会科学报，2017－10－19.

正如雷蒙德·威廉斯所言，文化共同体是一种非常复杂的组织形态，这种组织将需要持续不断地加以调整和重新规划。粤港澳大湾区文化合作也将伴随湾区文化共同体的组织建设步履，在湾区经济一体化和文化一体化进程中不断丰富其内涵，完善其路径。粤港澳大湾区文化合作将以开放的胸怀、包容的气度"拥海抱湾，合群通陆"①，引领湾区城市群经济社会整体发展和制度创新进入社会主义新时代。

作者简介：黄玉蓉，深圳大学文化产业研究院研究员，美国纽约大学艺术与公共政策系访问学者；曾超，任职于深圳市宝安区文体旅游局。

---

① 申勇. 湾区经济的形成机理与粤港澳大湾区定位探究［J］. 特区实践与理论，2017（5）：42－46.

粤港澳大湾区文化融合的几个问题

杨竞业　杨维真

摘要： 研究粤港澳大湾区文化融合问题具有多方面的重大意义。在研究方法上，要从一般性与特殊性、世界性与地域性、外生性与内生性之间的关系上把握文化融合的基本关联，从一元性、创新化、时代化、现实化、全面化、现代化上把握文化融合的现实要求；在研究内容上，要注重从文化的内在特性及其结构要素上把握文化融合的阻碍因素；在发展举措上，要在思想观念、政策制度、民族情感、交往实践和产业创造等领域融合发展，提升粤港澳大湾区人民的安全感、获得感、幸福感、认同感。

关键词： 粤港澳大湾区　文化融合　文化认同

《粤港澳大湾区发展规划纲要》（以下简称《纲要》）发布以来，如何推进和实现粤港澳大湾区文化融合受到广泛关注，不少学者从多学科、多维度展开研究，迄今已取得了一些研究成果，形成了若干基本共识。但是，这个问题需要持续进行理论创新和实践创新。本文拟从课题研究的重大意义、主要方法、存在问题和解决问题的主要举措等方面进行探讨，以期促进粤港澳大湾区文化融合问题的研究。

一、研究粤港澳大湾区文化融合问题具有重大意义

进入新时代，文化的重要作用空前凸显。文化是一个国家、一个民族的灵魂。文化兴国运兴，文化强民族强。《纲要》的发布及粤港澳大湾区建设的稳步推进，为社会主义文化创新提供了更丰富的素材，也为粤港澳大湾区文化融合创造了更充分的条件。因此，自觉推进粤港澳大湾区文化融合具有多方面的重大意义。

首先，研究粤港澳大湾区文化融合问题，是建设文化强国、文化强省的需要。从党的十六大提出建设文化强国的战略目标以来，中国文化现代化建设取得

了重大历史性成就。20 年的实践证明，文化强国建设需要整合全国各地的资源以发挥优势，需要凝聚各个阶层的共识以聚合力量。建设粤港澳大湾区，推进三地文化融合，既有利于整合全国各地资源、凝聚各个阶层的文化共识，也有利于建设文化强省强区、提升中华文化自信，稳步推进中国文化现代化建设。

其次，研究粤港澳大湾区文化融合问题，是协调推进"四个全面"战略布局、统筹推进"五位一体"现代化建设的需要。全国是一盘棋，全面建成小康社会是党的十九大提出的要决胜完成的奋斗目标。能否协调推进"四个全面"战略布局、统筹推进"五位一体"现代化建设，不仅考验我党的战略定力以及各级干部贯彻落实政策的执行力，而且检验全国各族人民为实现美好生活而自觉奋斗的自信力、创造力。推进三地文化融合，有利于建立全面深化改革和大开放新格局，形成创新创造合力，决胜建成全面小康社会。

再次，研究粤港澳大湾区文化融合问题，是全面准确贯彻落实"一国两制"，打造中国南部经济文化增长极的需要。文化融合契合文化全球化时代追求文化发展与文化安全的大趋势。对此，日本文化人类学家青木保指出："在当今世界，文化是关系到一个国家、一个社会、一个地域'安全保障'的重大问题。"[①] 在中华民族走向伟大复兴的道路上，粤港澳三地遵循党的集中统一领导，推进三地文化发展繁荣，增进大湾区人民的文化认同，既有利于全面准确落实"一国两制"，也有利于创新发展岭南文化，形成中国南部经济文化增长极。

最后，研究粤港澳大湾区文化融合问题，是建构"一带一路"建设重要支撑区，促进亚洲乃至世界文化交流和文明对话的需要。粤港澳大湾区建设是"一带一路"建设的重要组成部分，前者对后者具有重要支撑作用，后者对前者具有重大促进作用。文化交流和文明互鉴是推进大湾区建设与"一带一路"建设的前提及基础。推进和实现大湾区文化融合，有利于提升粤港澳三地人民的获得感、幸福感、认同感，彰显中国文化包容创造的恒久魅力，形成中华文明的重大辐射效应。

总之，研究和推进粤港澳大湾区文化有机融合，既有利于大湾区取得巨大经济效益、产生强大科技创新效应，有利于大湾区保持安定政治局面、形成优越生态环境，也有利于大湾区协调推进文化事业和文化产业的全面发展，把粤港澳大湾区建设成为世界一流的高质量发展的湾区。

---

① 青木保. 多文化世界 ［M］. 唐先容，王宣，译. 北京：中国青年出版社，2008：108.

二、研究粤港澳大湾区文化融合的方法问题

"文化融合"向来存在异质文化与本土文化的融合和同质文化圈层内部的融合两个类型。粤港澳三地同宗同源、同文同种,文化传统同属岭南文化,粤港澳大湾区文化融合属于同质文化圈层内部的融合。因此,需要明确粤港澳大湾区文化融合的基本关联和现实要求。

(一)要正确认识粤港澳大湾区文化融合的基本关联

世界湾区和粤港澳大湾区的关系存在一般性与特殊性、世界性与地域性、外生性与内生性的关系。正确把握这三个基本关系,既是正确处理中国与世界的关系的内在需要,也是建设粤港澳大湾区、推进中国湾区文化融合的必然要求。

第一,粤港澳大湾区的建设和发展具有一般性与特殊性相统一的特征。纽约湾区、旧金山湾区、东京湾区是世界湾区,这些湾区具有面积广、人口多、经济体量大、创新水平高、辐射性强等特点。从文化层面看,它们具有思想观念开放、文化人口众多、科研院所密集、创新能力强劲、制度体制稳健、文化实力强大等特点。这是世界湾区的一般特征。粤港澳大湾区是一个高起点规划、高标准建设、高质量发展的中国特色湾区,它具有后发优势,也具有特殊性,体现了中国文化特性。

第二,粤港澳大湾区的建设和发展具有世界性与地域性相统一的特征。巨大的经济辐射力、重大的文化影响力、前沿的科技创新力、宏大的治理调控力,这是世界湾区的基本特征。每一个湾区都属于特定国家,受所属国家传统和民族文化影响,具有鲜明的地域特色。粤港澳大湾区以世界湾区为目标推进建设,走向并融进当代世界,其世界性定位显著;它建立于珠三角地区都市圈,深受中华文化和岭南文化影响。

第三,粤港澳大湾区的建设和发展具有外生性与内生性相统一的特征。从内生性来看,建设粤港澳大湾区贯注了党的重大决策,贯彻了国家的重大战略,体现了民族的重大使命,拓展了人民的未来福祉。因此,它需要依靠中国的力量、依靠中国人自己的力量来建设。从外生性来看,粤港澳大湾区是一个向世界开放的大平台,是"一带一路"建设的重要支撑区,它需要世界范围内一切支持中国事业的友好国家、企业和人士参与投资、建设,需要吸纳世界优秀文化。

总之,建设粤港澳大湾区,推进大湾区文化融合,对于中国而言,将形成经济资源的虹吸效应、金融资源的融通效应、科技资源的抬升效应、人才资源的集

聚效应等；对于外国而言，将形成中国制造的发散效应、中国创新的辐射效应、中国故事的传播效应、中国精神的共鸣效应。粤港澳大湾区将成为充分体现共商、共建、共享原则的世界级人文湾区。

（二）要全面把握粤港澳大湾区文化融合的现实要求

从理论和实践、历史和现实的多重维度考察，推进粤港澳大湾区文化融合需要全面把握六个方面的现实要求。

第一，坚持党的指导思想的一元性。推进粤港澳大湾区文化融合，党委政府部门必须坚持马克思主义的一元性指导地位，把习近平新时代中国特色社会主义思想贯彻和运用到粤港澳大湾区文化融合发展的全过程。坚持党的指导思想的一元性与推进粤港澳三地文化融合是内在统一的。前者的作用在于定方向、指路线、抓顶层、把全局、促发展，后者的担当在于举旗帜、履职责、兴文化、育人才、展形象，两者共同促进中华文化融合发展、行稳致远。

第二，贯彻国家战略理论的创新化。《纲要》坚持以习近平新时代中国特色社会主义思想为指导，从五个维度规划了粤港澳大湾区的发展定位：一是充满活力的世界级城市群，强调其经济创造功能；二是具有全球影响力的国际科技创新中心，强调其科技创新功能；三是内地与港澳深度合作的示范区，强调其合作创构功能；四是"一带一路"建设的重要支撑，强调其对外交往贸易功能；五是宜居宜业宜游的优质生活圈，强调其生活休闲功能。《纲要》的实施是国家理论和改革实践的融合性发展，是国家治理现代化和文化现代化的创造性发展。

第三，推动民族复兴事业的时代化。实现中华民族伟大复兴中国梦内含三个本质性内容，即实现国家富强、民族振兴、人民幸福。从国家层面看，两岸统一，中国完成全面统一，这是民族复兴的重大标志。从民族层面看，56个民族的整体素质和发展能力得到全面提高，这是民族复兴的文化标志。从人民层面看，各阶层人民的安全感、获得感、幸福感全面提升，居民生活质量整体提高，这是民族复兴的现实标志。建设粤港澳大湾区是推动民族复兴事业的重要抓手，是弘扬中华民族文化的重要平台。

第四，传承优秀文化传统的现实化。中国进入了文化发展新时代，党和国家为创造中华文化新辉煌提供了前所未有的优越条件。这些条件最直接地体现在党和国家从战略、制度、政策、资金、人才、平台、设施等方面全方位支持文化现代化建设，把党内政治文化、国家革命文化、民族优秀传统文化和社会主义先进文化高度统一起来，推动中华优秀传统文化创造性转化、创新性发展。

第五，发展高端文化产业的全面化。发展高端文化产业是粤港澳大湾区建设一个不可或缺的重要工程。这个工程重在创造高质量文化产品，建立现代化文化产业体系、高效的市场体系，重在完善文化经济政策、健全文化生产管理机制，也重在塑造新型文化业态、培育高端文化建设人才。建设一个具有科学化、规范化、生态化、高端化、智能化、全面化等特征的文化产业发展系统，既是粤港澳大湾区文化产业发展的基本趋势，也是三地文化融合的力量源泉。

第六，推进区域文化事业的现代化。文化事业是"血脉"，是文化产业的发展保障；文化产业是"躯体"，是文化事业的重要支撑。建设粤港澳大湾区要同等重视文化事业和文化产业。推进粤港澳大湾区文化事业现代化，要在高质量发展文化产业的基础上推进文化事业的协调发展、平衡发展，逐步实现文化事业与文化产业的充分发展。只要做强文化产业，做实文化事业，就能推进三地文化深度融合，创新岭南文化。

总之，在建设粤港澳大湾区过程中，要充分把握推进三地文化融合的现实要求。在此基础上，进一步找出影响或制约粤港澳大湾区文化融合的阻碍因素，以及克服这些不利因素的有效举措。

三、粤港澳大湾区文化融合的主要阻碍

文化是人类的本质力量的对象化。文化的内在特性植根于人类的本质力量。粤港澳文化融合既存在有利条件，也存在阻碍因素。这些阻碍既来自文化的内在特性，也来自文化的结构要素。

从文化的内在特性来看，粤港澳大湾区文化融合的阻碍因素主要有如下四个：

第一，粤港澳大湾区文化的自在性过于稳定。大湾区文化是岭南文化的一部分。诚如李权时等学者所指出："岭南文化是一种原生型、多元性、感性化、非正统的世俗文化。"① 它具有求实性，但过于务实；它具有创新性，但全面、持续的创新精神不够；它具有包容性，但对于利益分享仍带有一定的阻碍性；它具有求利性，但存在自利欲过强的特性。这就是说，粤港澳大湾区文化内蕴的局限性不容易完全消解。

第二，粤港澳大湾区文化的超越性过于狭隘。文化具有超越于物质生活之上的精神的向上性、境界的崇高性、发展的未来性。文化的向上性在于它不在流俗中庸俗化，而是能紧跟时代步伐，跃进到现代化的前沿；文化的崇高性在于它不在本能和感性的满足中迷失自身，而是追求向上性、高品质、大境界；文化的未

---

① 李权时，李明华，韩强. 岭南文化［M］. 修订本. 广州：广东人民出版社，2010：16.

来性在于它和思想性的反思相同构，见微知著，目光远大，胸怀世界，追求前沿性发展。但是，粤港澳大湾区存在对流俗性、感性化追求过多，对创造性、理想性追求不够等不足。

第三，粤港澳大湾区文化的功利性过于明显。文化是人们对生活传统的坚持和欣赏，是对美好情怀与创新精神的表达。美国学者乔纳森·弗里德曼指出，文化是意义实践的产物，是"将意义赋予世界的社会性的情景化的行动产品"①。这就说明，意义是人们在交往行动中创造出来的，人们不能把"意义实践"诉诸利益计算，即文化不能完全功利化或"被功利化"。粤港澳大湾区人对文化的实用性要求较高，功利性追求比较明显。

第四，粤港澳大湾区文化缺乏综合化发展。粤港澳大湾区的文化发展欠缺联动机制、共享平台、融合框架、系统规划、世界视野，体现在以下四个方面：①市际之间的文化管理、文化产业部门联动不足；②粤港澳大湾区的文化研究院、文化创新论坛、文化信息技术共享平台等尚未有机融合；③由文化人才培养、文化资金筹划、文化项目创立、文化产业布局、文化信息宣传等要素构成的融合框架尚未建立；④与国家中长期发展规划有效对接的文化发展系统规划尚未形成。

从文化的结构要素来看，粤港澳大湾区文化融合的阻碍因素主要有如下四个：

第一，观念文化会通不够持续。21世纪以来，中国内地经济中高速发展，物质资本厚实积累，人民生活质量大幅提高，安全感、获得感、幸福感全面提升。澳门依托横琴新区获得持续稳健发展，澳门同胞干劲颇足，热情有为。但香港经济增速滞后，生活成本提高，贫富差距拉大，民心普遍浮躁，居民幸福感有所下降。这与香港的爱国主义教育不足、家国情感弱化、民族精神培育不多、营商环境变差等大有关系。反思现实，不难发现，粤港澳三地人民在发展观念层面的交流会通不够深入。

第二，制度文化沟通不够适切。港澳回归以来，某些人片面强调香港、澳门与祖国内地的制度差异，以期保持港澳某些独特优势，把"港人治港、澳人治澳、高度自治"等同于"港人治港、澳人治澳、完全自治"，这是对中国化的国家统一理论"一国两制"认识不透彻、对国家大一统的文化传统把握不全面的一种外在表现。因此，从宣传国家法律到落实地方法治，从讲清国情历史到解决现实问题，粤港澳三地都要充分做好制度沟通与文化宣传工作，否则就会影响粤港澳大湾区的文化融合进程。

---

① 乔纳森·弗里德曼. 文化认同与全球化过程［M］. 郭建如，译. 北京：商务印书馆，2004：112，356.

第三，事业文化交往不够畅通。相比于经济贸易和商贸管理事务，粤港澳三地之间的事业文化交往不够密切和畅通。已有的交往多局限于教育部、中联办、港澳办与港澳特区政府协商开展的某些项目的建设交往，以及在粤一些高校、科研院所与港澳特区开展为数不多的教育、科技、文化、艺术、环保等事业性交往。由于宽领域、多面向、深层次交往的欠缺，导致人们视野狭窄、体验单薄，对三地的事业文化缺乏全面、客观的认识，这在一定程度上阻碍了粤港澳大湾区文化的顺利融合。

第四，产业文化融通不够深入。从建设人文湾区的目标来看，着眼于建设一批具有市场观念先进、产业资本雄厚、高新技术发达、经营机制灵活和管理经验丰富的文化产业集团，是人文湾区高质量发展的必然要求。以广深佛为主体的文化产业体量比较大，但文创技术、艺术及运营管理的能力和水平相对落后；香港、澳门的文化产业体量比较小，但文创的管理能力和水平相对比较高。这说明，粤港澳大湾区的文化产业布局不均匀、发展不平衡，文化产业融通不够深入。

总之，推进粤港澳大湾区文化融合，需要完善机构设置，创新体制机制，合理配置资源和资金，充分配备人才和人力，需要各个方面、各个领域、各个系统全面发力，以高度的文化自觉去解决大湾区文化融合过程中存在的障碍，实现大湾区的制度契合、社会和合与文化融合，推进岭南文化的创新发展。

四、推进粤港澳大湾区文化融合的若干举措

粤港澳大湾区文化融合的最高价值目标是在共商共建的基础上实现发展共享，在政策沟通、道路联通、贸易畅通、货币融通的基础上实现民心相通，在创新实践"一国两制"基础上推进中华民族伟大复兴。因此，粤港澳大湾区要在思想观念、政策制度、民族情感、交往实践和产业创造等领域进一步融合发展。

（一）要更新粤港澳大湾区的观念认知

这些观念主要包括：一要把握"新时代"内涵。"新时代"是指创新的时代、高质量发展的时代、中华民族走向伟大复兴的时代。大湾区要树立新观念，融入新时代。二要植入新发展理念。新发展理念是指"创新、开放、绿色、协调、共享"理念，是与新时代相适应的科学发展理念。大湾区要以新发展理念为引领，建设人文湾区、绿色湾区。三要传承中华优良传统。港澳地区向来有持守"天地人君亲师"的传统，即不忘敬天法祖、孝亲顺长、忠贞爱国、尊师重教。大湾区人民要在传承传统基础上，共同参与建设国家，更多奉献社会，共享发展

成果。从根本上看，大湾区人民要自觉认知国家发展足音，更新时代观念，走在时代前列。这是大湾区文化融合的重要前提。

（二）要深化粤港澳大湾区的制度认识

香港、澳门两个特别行政区是创新实践"一国两制"的地区。粤港澳虽然存在地区制度差异，但这些差异并不是天然永恒的。建设大湾区要逐步缩小制度差异，走向协同发展。因为任何制度设计与运行都应当服务于国家统一发展。"一国"与"两制"的关系是先与后的关系、总体与具体的关系。"一国"是根本前提，"两制"是具体政策，"两制"要服务于国家发展大业才有价值。因此，不能片面强调"一国两制"中的制度差异，不能排斥和否定国家的集中统一领导，而要探索解决具体问题的"一事三地""一规三地""一策三地"，使之与国家宪法、特别行政区的基本法相适应。这是推进大湾区文化融合的制度保障。

（三）要增强粤港澳大湾区的情感认同

当今时代，国际经济低迷，一些国家和地区的文化传统断裂，单边主义肆意横行，霸权主义傲慢虐行，分裂主义暗中潜行，恐怖主义制造暴行，这些问题深深困扰世界各国人民。面对这样的时代问题，大湾区要肩负支撑"一带一路"建设的使命，厚植爱国根基，守护中华传统，弘扬民族精神，增强大湾区人民包括身份认同、历史认同在内的情感认同。加拿大学者威尔·金里卡对此指出："处于相同文化社群中的人们彼此拥有共同的文化、语言和历史，正是这些东西规定了他们的文化成员身份。"[1] 粤港澳三地拥有相同的"文化成员身份"，这是大湾区文化融合的精神纽带。

（四）要提升粤港澳大湾区的交往认可

"文明因交流而多彩，文明因互鉴而丰富。"[2] 这说明，文明交流互鉴、文化多元共生、发展包容共进是互相适应、高度一致的关系，它对推进大湾区文化融合极富指导意义。2012 年以来，中国教育部、文旅部着力打造内地与港澳地区的文化交流品牌项目；大湾区建设广深港澳科技走廊，促进三地青少年文化交流往深里走、往实里走、往心里走；国家支持合乎条件的港澳同胞申领内地居住证，为其在粤投资置业、干事创业、入学兴学、就业旅游提供便利，获得港澳同胞的普遍赞誉。这是文化交往实践的整体性出场，也是大湾区文化融合的实践基础。

---

① 威尔·金里卡. 自由主义、社群与文化［M］. 应奇，葛水林，译. 上海：上海译文出版社，2005：129.
② 习近平. 习近平谈治国理政［M］. 北京：外文出版社，2014：258.

（五）要增进粤港澳大湾区的文化认同

文化认同是"以有意识的具体的特定文化构型为基础的社会认同"，是具有自知之明的"文化自觉"。[①] 结合上述观点来看，把深圳建设成为中国特色社会主义先行示范区，树立社会主义先进文化标杆，形成"具体的特定文化构型"，就是新时代的文化自觉。这种文化自觉体现在建设大湾区过程中，一方面要实现交通设施便利化，追求高端科技创新化，坚守教育传统中国化，发展文化产业多样化；另一方面要坚定中华文化自信，正确树立中国标识，积极讲好中国故事，自信展现中国形象，充分释放中国魅力，鲜明呈现中国特色，不断增进对粤港澳大湾区的文化认同。

总之，粤港澳大湾区文化融合的过程，是全面准确贯彻"一国两制"方针，充分发挥粤港澳整体优势，深化内地与港澳交往合作，提升粤港澳大湾区在国家经济发展和对外开放中的支撑引领作用的过程；是港澳同胞同内地人民共担民族复兴的历史责任、共享祖国繁荣富强的伟大荣光的过程；是三地在精神文化、物质文化、事业文化和产业文化等领域消除阻碍因素、克服发展短板、促进交融会通、实现综合创新的过程；是三地人民的安全感、获得感、幸福感、认同感得到充实、丰富和提升的过程。

作者简介：杨竞业，广东省社会主义学院教授、硕士生导师；杨维真，中山大学国际金融学院研究人员。

[①]　费孝通. 文化与文化自觉［M］. 上册. 北京：群言出版社，2012：263.

粤港澳大湾区文化认同路径研究

梁建先

摘要：打造高度的区域文化自信，拥有强大的区域文化软实力，对实现粤港澳大湾区经济协同发展、建设经济高度发达湾区有着重要的战略意义。推进粤港澳大湾区文化认同，必须在打破制度壁垒、促进文化产业发展、整合媒介资源、推动文化教育的实践途径上下功夫，才能建成具有真正意义的人文和谐湾区。

关键词：粤港澳大湾区　文化认同　制度　文化产业　媒介　教育

自 2005 年首次在官方文件中提出"湾区"理念发展方向，粤港澳大湾区就步入了如何打造成为世界级一流湾区的进程。而粤港澳大湾区作为一个由香港、澳门两个特别行政区和广东省的广州、深圳、珠海、佛山、中山、东莞、惠州、江门、肇庆九市组成的城市群，有着复杂的现实背景，即一个国家、两种制度、三个关税区、四个核心城市。不论是在经济发展水平上，还是在政治、文化、教育、医疗、服务上，大湾区的城市之间都存在着很大的差异。随着大湾区国家发展战略计划的实施与推进，粤港澳城市在逐步加强各要素之间的交流合作，但粤港澳大湾区要成为更强的经济实体，向世界一流的纽约、旧金山、东京湾区看齐，必须打造强有力的文化支撑，才能使其更好地融合为一个整体。为此，区域内的文化价值链认同与融合成为大湾区当下发展面临的首要问题。

众所周知，粤港澳大湾区不仅是一个地域概念、一个经济单元，而更应是一个有着共同语境的文化符号。任何经济建设都离不开人文的交流合作，经济的发展为文化的融合、交流提供了基础条件，文化的认同与融合成为经济交融和发展的核心及灵魂。三地 11 个城市如果没有实现文化的全面交流合作，那么大湾区经济的发展只能是 11 个城市的简单相加，而无法实现经济整体的最大公约数发展。相反，如果三地 11 个城市能充分实现文化的融合发展，树立强大的区域文化自信，展现强大的区域文化软实力，必然带来粤港澳大湾区经济协同发展，在较短的时间内建设成为一个经济高度发达的湾区，以及具有一定文化特色的人文湾区。

一、粤港澳大湾区文化认同的理论逻辑

文化认同，通常认为它包括两个层面的内容：一方面，它是认同主体的一种智性选择，体现了认同主体的价值诉求和文化内涵；另一方面，它体现了文化各层面和各要素的主动协同与耦合。美国著名人类学家乔纳森·弗里德曼在其一本专著中以古地中海地区人与文化文明的发展变化为例进行研究探讨，揭示了文化融合在地中海文明产生和发展中所起的重要作用。不仅如此，他还对夏威夷人等其他几个古人种在民族国家认同上进行了大量比较分析，强调了文化发展对社会、民族国家的重大意义。弗里德曼的文化研究给了我们深刻的启示：一定区域内的主体如能实现高度的文化认同，生成比较完整统一的思想意识，就能形成汇聚文化的强大合力，从而大大推进整体的社会实践发展。美国经济学家泰勒·考恩也强调了跨文化认同是"人类共同体最稳固而长久的黏合剂"①，同时他还指出当下全球化背景更需要实现跨文化的认同。因此，从实践经验层面来看，实现粤港澳大湾区文化认同，一方面，必须是个体及群体作为主体的一种智性选择。据"世界银行的统计显示，全球 60% 的经济总量、75% 的大城市、70% 的工业资本和人口集中在距离海岸 100 公里以内的湾区及其直接腹地"②。这些数据充分表明世界湾区已经拥有得天独厚的资源条件，不论是湾区内个体主体还是群体主体，抑或是一定的社会上层建筑的主动诉求，都想要寻求更好的经济发展机遇与更好的人文生活条件。另一方面，粤港澳大湾区由于地域接近，因而有着诸多相似或相同的文化因子，如共享的岭南文化命脉以及相对较为统一的粤语语系，故形成了比较活跃的广府地方传统文化特色，在粤菜、粤曲、粤剧、岭南民间艺术和绘画等领域充分显示了文化主动协同的融合特质。

二、粤港澳大湾区文化认同的实践路径

当下，中国经济正以良好的发展势头前进，在融入世界经济体系中获得了很大的发展机遇，同时也面临诸多挑战。如何为中国经济注入新鲜血液、寻求新的经济发展动力，成为中国高层设计者们要考虑的首要问题。在此背景下提出的粤

---

① 泰勒·考恩. 创造性破坏：全球化与文化多样性 [M]. 王志毅，译. 上海：上海人民出版社，2007：12.
② 刘毅，杨宇，康蕾，王云. 新时代粤港澳大湾区人地关系的全球模式与区域响应 [J]. 地理研究，2020，39（9）：1951.

港澳大湾区建设，确实顺应了新时代发展潮流。粤港澳三地政府在国家政府指导下迅速启动了湾区设计规划，在 2019 年国务院颁发的《粤港澳大湾区发展规划纲要》（以下简称《纲要》）中，对湾区提出了更高层面的规划要求，即要塑造人文湾区，强调了湾区文化软实力建设的重要性。因此，推进粤港澳大湾区文化认同，提高湾区文化活力，成为推动湾区经济可持续发展的强大支撑。

（一）打破制度壁垒，提供自由宽松平台空间

不可否认，粤港澳虽然在地缘、历史上有诸多相似之处，但在制度、思想、文化、经济水平、价值观念等层面还存在很多差距。粤港澳一个国家两种制度，由于行政管理、法律制度、文化管理体制不同，要形成跨制度、跨境地的文化认同，还需要打破某些僵硬的制度和思想壁垒，打通文化交流互通的渠道，提升湾区内文化对话与交流，打造粤港澳大湾区人文交流共享新空间。早前有专家学者以"促进区域文化融合，推动粤港澳大湾区建设"为题开展实地座谈调研，"通过座谈了解到，三地对通关不便反映强烈，希望能够更加便利化。建议三地适当放宽文化、教育等专业人员文化交流出入境限制，对文化交流中'物流'通关给予优惠政策"①。粤港澳各地政府也在积极寻求打破各种障碍壁垒，如前海蛇口、横琴等自贸区早在《纲要》发布前，就已认识到政策、关税、法律、税收等制度上的差异，为大力吸引港澳人才、技术、服务、企业等开展了深入的政策探索。深圳前海管理局官网的政策及数据显示，凡属在前海梦工场创业、就业的港澳青年，可享受场租减免，以及住房、跨境通信、交通等补贴；在人才引进方面也列出了惠民措施，如根据学历高低一次性给予大专、本科、硕士、博士分别 1 万元、1.5 万元、2.5 万元、3 万元的租房资助，享受每年 3 600 元的交通资助，在购房、医疗等方面同样享有与内地居民相同的待遇。这一系列措施的实施，很快就吸引了大量港澳青年。统计显示，截至 2019 年上半年，前海深港青年梦工场累计孵化创业团队 388 个，其中港澳台及国际团队 190 个；截至 2019 年 8 月底，前海累计注册港企 11 731 家，注册资本 12 393.08 亿元，实际利用港资 25.17 亿美元，占比 90.4%。②

《纲要》的颁布使得制度、政策层面打开了交流通道。在诸多有力措施的保障下，随着大湾区内金融、电子、互联网、运输、高科技等行业的兴起，尤其在人工智能、智慧城市等方面开始展露特色，打造"文化硅谷"的呼声也越来越高涨，横杠在湾区内的各种政策制度、思想认识、价值观念等束缚、壁垒被现实

---

① 张永飞. 人文是无形力量，是最高竞争力：粤港澳大湾区人文交流合作座谈会综述［J］. 中国政协，2018（19）：45.

② 石爱华，赵亮. 从文化认同视角审视香港发展机遇与应对策略［J］. 南方建筑，2019（6）：36.

发展需求逐渐打破。只有突破这些障碍，提供一个更有利于所有生产要素自由流动的空间平台，才能使大湾区人不断获得作为湾区人的荣誉感和认同感，才能摈弃互相之间的分歧与矛盾，以更加开放、包容、积极的姿态，在各自的文化差异背景下寻求共同话语，建设一个真正意义上的大湾区文化共同体。

（二）寻求优势互补，促进大湾区文化产业发展

促进高质量的文化产业发展所带来的高水平的文化产品，在很大程度上与文化融合和认同是一种共生共赢的关系。尤其是文化产业作为当下新模式、新产业的发展重点所在，必然忽略不了区域内文化存在一定差距的问题。但文化融合在粤港澳区域内有着天然的优势。一方面，从文化根脉的角度看，粤港澳原本就是岭南文化一体同脉发展而来，它们在族群、语言上有着高度的同一性，只不过由于近代历史、殖民侵略的原因，导致了三地政治制度的不同，从而在文化上出现了不同程度的分化。但在日常性的语言、性格特征特别是思想观念、风俗习惯等方面都存在着原生文化的高度契合，而重拾文化融合话题，让出现分化的文化再度相互吸收、调和以至融为一体有着强大的文化基础。另一方面，从经济的角度来看，粤港澳地区已经是中国经济发展的前沿阵地，区域内的金融、科技、人才、服务等多个行业已经相互渗透。尤其是在政府各种导向、政策的指引下，粤港澳大湾区在文化贸易、交流、合作上不断向新的阶段迈进，为进一步的文化交流、融合打下了基础。

不过，从当前区域内 11 个城市的文化现状来看，要实现真正意义上的人文湾区，成为未来世界级的大湾区经济实体，还需要从文化现实的角度出发来考虑。更准确一点来说，粤港澳城市之间在文化产业的发展程度上还存在着很大的差异。尽管《纲要》赋予了"人文湾区"的崭新目标，并强调了促进文化产业发展和文化交流合作的意义，但大湾区内文化产业的发展极不平衡。研究者对 2018 年各市的统计年鉴、广东省文化产业统计概览等统计资料以及各市政府部门网、粤港澳文化资讯网等相关数据进行分析显示，各市在文化产出指数上表现出了明显的差异，其中第一梯队的广州、深圳、香港高出第二梯队的东莞、惠州、佛山、澳门、珠海至少四倍以上，高出第三梯队的中山、江门、肇庆五至八倍；在文化交流供给指数上，香港大大领先所有城市，是广州、深圳的两倍多，几乎是珠海、东莞、佛山、惠州、澳门、江门的十倍，是排名最后的肇庆的八十倍。[①] 研究者还对文化设施供给、文化投入供给等方面进行了全面的数据统计。

---

① 陈荣，杨代友. 粤港澳大湾区城市文化产品供给能力比较研究［J］. 华南理工大学学报（社会科学版），2020，22（5）：7.

总体来说，大湾区内各个城市尽管有着各自的文化优势，但区域发展不平衡是事实。香港、广州、深圳的文化产业发展较为成熟；东莞、佛山、澳门处于第二梯队，在文化产业发展上还有较大空间；而第三梯队的惠州、珠海、江门、肇庆、中山，文化产业的发展程度远远低于第一梯队。因此，可以充分利用第一梯队丰富的文化资源优势以及较好的文化产业规模来做强做大，助力、扶持具有较高品牌知名度以及较大规模的文化产业企业，不仅要扩大其区域影响力，使其产品能在大湾区域内起到一定的辐射作用，还要充分利用在区域内的转移趋势，从而减小差距实现带动第二、三梯队城市的文化产业发展。总之，要想实现大湾区 11个城市文化产业发展的最大公约数，就只能在求同存异的基础上大力促进城市之间的文化融合，特别是文化产业链的整合。有了这样的基础，粤港澳大湾区城市群的建设就能在文化相融中寻求一致的话语体系，克服不同文化之间的分歧疏离，从而实现优势互补、功能整合、品质提升，从文化内源上实现系统的融汇整合。

（三）整合媒介资源，提高文化传播力度

粤港澳大湾区文化认同的最高目标就是实现大湾区城市群内大众主体包括身份认同、历史认同在内的情感认同，并在此基础上实现政策宽松、贸易畅通、人才自由、货币融通的协同发展，向世界级大湾区发展看齐。加拿大著名社会学研究学者金里卡在谈到群体与文化认同之间的关系时提出："处于相同文化社群中的人们彼此拥有共同的文化、语言和历史，正是这些东西规定了他们的文化成员身份。"[1] 因此，要在粤港澳大湾区让民众拥有共同的大湾区文化身份，就必须整合各种媒介资源，提高文化传播的力度，才能实现湾区城市群的文化融合。

一方面，要挖掘大湾区城市中的典型文化特色和文化资源。例如，对中山而言，要大力发掘与孙中山先生相关的文化资源。《纲要》就谈到了这点，"支持中山深度挖掘并弘扬孙中山文化资源"，孙中山文化资源既是中山市的，也是大湾区重要的文化支撑。早在 2011 年中山就推出了孙中山文化节，比较成功地打造了城市文化品牌，成为中山市的标志性活动。但这位伟大的历史名人作为宝贵的文化资源，不能局限在中山一城，他的人生轨迹遍布大湾区内多座城市，更应该将其作为大湾区文化品牌来推广、传播。同样，对于佛山而言，这座城市也是有着深厚的历史文化底蕴，蕴藏着丰富的文化资源，如武术、龙舟、粤剧、剪纸、陶艺、美食等。佛山充分利用这些文化资源，打造"旅游＋文化"项目，全力推动佛山的旅游、休闲、文化的发展。其实，佛山拥有的这些文化资源也是

---

① 威尔·金里卡. 自由主义、社群与文化［M］. 应奇，葛水林，译. 上海：上海译文出版社，2005：129.

粤港澳地区甚或岭南文化的特色，完全可以提炼成为大湾区品牌的文化资源。而广州也有更多可挖掘的文化资源优势，因为广州一直以来就是岭南文化的中心地，引领了岭南文化的发展方向。从广东作为改革开放的前沿阵地以来，广州推出了许多自己的文化品牌，如大型综艺节目《美在花城》，《广州日报》成为华南地区发行量、影响最大的报纸，还有《外来媳妇本地郎》《外来妹》等典型广州题材的影视作品。特别是近年来，广州在传承广府文化、提升广州文化影响力方面取得了很大的进步，通过不断交流创新，在打通制度障碍、拓宽平台空间上取得了明显的成效，如打造了"广州文化周""我们，广州""丝路花雨"等著名文化品牌。当然，大湾区内其他城市也有诸多可挖掘的传统文化资源，只有善于将它们整合，才能在文化搭台的基础上唱好经济发展这出戏。

另一方面，要充分利用科技的力量，利用传统媒体和新媒体的各自优势，如报纸、电视、电台，以及微信、微博平台上的各种小视频，通过精心的制作与设计，展现粤港澳地区的历史文化、改革开放的成果或故事以及大湾区的伟大蓝图等，将整合后的文化资源通过各种媒体的传播、引导，继而形成强大的影响力，为文化认同提供有利的条件。

（四）推动文化教育，完善大湾区精神家园

没有文化凝聚力的湾区，就是没有生命力、不可持续发展的湾区。打造有归属感和文化认同的大湾区，实现既有共同文化特质又能以不同文化元素交流沟通，首先要在教育上下功夫，尤其是传统文化教育。作为文化传播不可或缺的方式，加强教育是实现文化融合和认同的又一个重要突破口。著名社会学研究学者李宗桂在接受记者采访时谈道："粤港澳大湾区青年人应该构建中华文化共同体意识，光大粤港澳是一家的家国情怀，以中华优秀传统文化作为粤港澳大湾区建设的精神纽带，形成对现时代的文化认同、价值认同和民族认同。"李教授看到了粤港澳三地年轻人加强教育的焦点，即民族文化的共同性和共同价值。诚如他所言，中华优秀传统文化是延续民族发展的强大精神支撑，几千年来生生不息并屹立于世界民族之林，是中华民族的根基，也是中华民族的精魂。而当下粤港澳三地在政治、经济、文化、法律等的不同影响下，呈现出了多元的文化现实，相对来说，港澳地区由于在长期的发展中受外来文化的影响，特别是年轻一代对于民族传统文化的认知相对较为薄弱，因此加强年轻一代对传统文化的学习，有利于增强其民族意识与国家意识。为此，学校的课程设置在弘扬优秀传统文化方面应大力加强，让不同年龄层次的学生都能很好地接受祖国优秀文化的浸润，使得他们对自己祖国、民族、命运和同胞有更深刻的认识，从而内化为对优秀传统文化的认同感与自豪感，让他们积极主动传播和弘扬中华文化，自觉反对那些损害

民族国家的言论与行为。

同时，还可以将优秀的传统文化教育成果在大湾区推广传播，如 2018 年以"粤韵国风恰少年"为主题的粤港澳大湾区岭南优秀传统文化教育成果展在广州举行，来自粤港澳大湾区城市群的中小学校参加了成果展，其中在书法、团扇制作、编织工艺、粤绣、纸版画、珐琅画等方面，展现出了年轻一代对岭南传统文化的热爱，并自觉形成了传承岭南优秀传统文化的担当与责任。将传统文化中蕴含智慧的内容通过课程讲解和成果展览的方式，渗透到年轻一代的心灵深处，自然就能让他们发自内心地认同并产生归属感。

再有，在推动教育的方式上还可以进一步深化，充分利用粤港澳大湾区的教育优势，开展合作办学，打造高水平的粤港澳教育集团，为区域内的年轻人提供一个自由交流的平台，增进粤港澳年轻一代的融合。目前，教育部已经在逐步完善相关政策，为香港、澳门等地的学生在广东地区的入学、就业、生活提供更多优惠的措施，增加他们在内地学习生活工作的自由感、安全感和归属感，为未来大湾区建设提供更多优秀人才。《羊城晚报》的统计数据显示，截至 2020 年 7 月，共有 380 所内地（大陆）高校具备招收港澳台学生资格，1.62 万名香港学生在内地高校就读。其中，广东地区共有 52 所本专科院校可招收香港学生，就读港生近 8 000 人。①

总之，粤港澳大湾区无论是在文化认同可行性的理论前提下，还是在现实操作的路径上，都已经具备相当条件并且协同发展势不可挡。正如作为一座连接香港、澳门与内地的交通之桥，港珠澳大桥已经通行并发挥着巨大的作用，而凝聚香港、澳门与内地的"文化之桥"也已经在高速的建设之中。只要不断打通"制度之桥""文化产业链之桥"，搭好"文化资源之桥""教育之桥"，握好粤港澳大湾区内作为最高竞争力的人文指挥棒，那么，促进大湾区城市之间的交流合作，不断增强区域内的文化融合，实现思想文化和价值观念上的认同，真正落实习近平总书记关于建设国际一流湾区和世界级城市群的宏伟目标，便指日可待。

作者简介：梁建先，暨南大学中文系副教授。

---

① 孙唯，陈亮.教育部：支持符合条件的香港高校在粤港澳大湾区开展合作办学［N］.羊城晚报，2020 - 10 - 15.

教育篇

香港推动"去殖民化教育"的回顾与前瞻

黄晶榕

摘要： 自 20 世纪 90 年代香港回归以来，香港在行政体制、司法体制、教育体制、学校教材等任一方面均未涉及去殖民化工作，这无疑是造成近年社会乱局的重要原因之一。本文通过对亚洲各国去殖民化历程的对比分析，梳理得到相应经验；同时对香港去殖民化教育进行回顾，从宏观和微观的角度发现香港教育存在的问题，并对香港推动去殖民化教育提出相应建议。

关键词： 香港教育　去殖民化　一国两制

一、前言

20 世纪初，联合国成立时，成员国只有 40 多个；21 世纪初，成员国已增加到 190 多个。也就是说，整个 20 世纪，世界上有 150 多个国家获得独立和解放，这是人类历史上从未有过的巨大进步。[①] 香港的情况虽然有点不同，根据清政府与英国先后在 1842 年、1860 年、1898 年签订的《南京条约》《北京条约》《展拓香港界址专条》，香港实际上已被英国殖民统治 155 年，直至 1997 年才回归祖国。

世界上任何一个曾经被别国进行过殖民统治并重获民族解放的国家或地区，都会进行大量、细致的去殖民化工作。但回归后的香港几乎没有任何这方面的动作，行政体制、司法体制、教育体制、学校教材，一项都未触及，因而造成今天的社会乱局。[②] 难怪连美国《外交政策》杂志在 2019 年 8 月 13 日也发表文章称，世界很多地方仍在吞食当年大英帝国留下的"恶果"，香港民众和克什米尔人就

---

① 金一南. 香港问题的关键：去殖民化工作基本没做［EB/OL］.（2016 – 05 – 20）. https://www. hswh. org. cn/wzzx/xxhq/yz/2016 – 05 – 20/37869. html.

② 金一南. 香港问题的关键：去殖民化工作基本没做［EB/OL］.（2016 – 05 – 20）. https://www. hswh. org. cn/wzzx/xxhq/yz/2016 – 05 – 20/37869. html；徐宗懋. 香港去殖民化的必要性［EB/OL］.（2019 – 09 – 10）. https://www. chinatimes. com/opinion/20190910004500 – 262104?chdtv.

在为英国留下的烂摊子买单。①

香港主权回归祖国已 25 年，政治持续动荡，比较突出的事件包括：2003 年的"反基本法 23 条立法"、2012 年的"反国教事件"、2014 年的"占领行动"和 2019—2020 年的"反修例暴乱"等。这些事件都有大量师生参与非法活动，且暴力程度惊人，直接影响了市民的安居乐业，更危害到国家安全。这不得不让人产生疑问：回归后的香港到底出了什么问题？

有见及此，很多有识之士或媒体评论都不约而同地指出，香港不能再"养殖为患"，不及早开展"去殖民化教育"（Decolonial Education），怎么会有未来？

二、亚洲各地推行去殖民化的经验

第二次世界大战后，世界上各个反殖民或是现今的后殖民、内部殖民的论述与运动，都是借由族群的自我觉醒来达到政治、经济、文化、社会的自主与解放，追求被压迫族群的民主、人权、自由和公义。② 且看亚洲各国或各地如何在独立后推行去殖民化工作：

印度独立后，大多数城市名称由原先的英式拼法改为印式拼法。越南早就在各地竖立了民族英雄的塑像，城市以至街道名称也都越南化了。菲律宾马尼拉街道都是以民族英雄来命名的，市中区的黎萨尔公园即是纪念菲律宾的国父。马来西亚，原来英国人留下的一堆皇后大道、国王街等，都被改为马来的名称，主要是纪念该国的民族英雄。③ 日本人在朝鲜半岛殖民的总督府建筑宏伟，是日本当局权力的标志。它在战后一度成为韩国政府的总部，但民间对这栋建筑物感到不满，认为这是韩国人的耻辱，因而在 1996 年，终于将它拆除，消除了日本殖民统治的烙印。④

抗战胜利后，我国台湾回到了祖国怀抱。由于日本统治者在岛内长期推行以泯灭台胞民族意识、殖播奴化思想为目的的殖民教育，因此光复初期，清除日本殖民教育之遗毒成为当务之急。从 1945 年台湾光复到 1949 年国民党败退台湾期

---

① 范凌志，王雯雯，陈青青，等. 去殖民化，新加坡有哪些方面值得香港学？［N］. 环球时报，2019 – 09 – 03.

② 程雪. 公民 VS 国民，恋殖 VS 去殖，公民教育深陷两大困境［EB/OL］.（2020 – 05 – 03）. https://www.hk01.com/深度报道/468481.

③ 金一南. 香港问题的关键：去殖民化工作基本没做［EB/OL］.（2016 – 05 – 20）. https://www.hswh.org.cn/wzzx/xxhq/yz/2016 – 05 – 20/37869.html；徐宗懋. 香港去殖民化的必要性［EB/OL］.（2019 – 09 – 10）. https://www.chinatimes.com/opinion/20190910004500 – 262104?chdtv.

④ 邱立本. 香港需要去殖民化的反思［J］. 亚洲周刊，2020（25）；徐宗懋. 香港去殖民化的必要性［EB/OL］.（2019 – 09 – 10）. https://www.chinatimes.com/opinion/20190910004500 – 262104?chdtv.

间，国民党在台湾重建了教育体系，实施的去殖民化教育一定程度上解决了日本殖民教育所遗留下的各种问题，为中国文化在台湾的传承、弘扬打下了基础。首先，国民党政府在"国防最高委员会中央设计局"之下设立"台湾调查委员会"，全面调查当时在台湾政治、经济以及文化教育等方面的日本殖民统治烙印。其次，制定教育施政目标，即要"协助台胞发扬民族意识，使之在精神上与祖国同胞完全融合"①，及厘定实施策略，即"一方面要充分利用日本人所留下的技术教育的基础，另一方面要彻底消除他们在教育上所注入的毒素"②。最后，确定推行措施，包括以下四个方面：①救急之策：对岛内原有教师的甄审录用面向全国征召；②以国民党在大陆的既有制度为蓝本发展师范教育；③全面推行国语教育，增进民族认同；④废除"双轨制"的殖民教育制度，实行与大陆接轨的教育。③ 而在 1949 年蒋介石败退台湾后，更取消了日语教育，停用日式教材，禁用日本名字，比如"岩里政男"，最后就只能叫李登辉了。④ 与此同时，台湾积极推动以北京语音为基础音的"国语运动"，和回归大陆、认识祖国的"中国文化"与"民族精神"教育，以至重新振兴中国传统的宗教信仰等。⑤

近几年，常有香港媒体将中国香港与曾是英国殖民地的新加坡作对比。新加坡于 1965 年建国时，李光耀便把英国人留下来的公务员重新梳理，对他们的身份进行严格审查，然后加以再培训，最后要求所有公务员宣誓效忠新加坡。香港《亚洲周刊》的一篇评论文章在探讨如何去殖民化时提道，李光耀采用的是"自主创新"模式，有机整合了东西方制度的精粹。⑥ 尹瑞麟⑦指出，新加坡精英们的去殖民化不是一个抽象的理论追求，也不是一个混乱的历史时刻，而是一个细致的国家建设故事——在保留积极的殖民地遗产的同时，去除消极面，并带领人民"向贫穷和落后宣战的长远战略，在新加坡形成共识，既为新加坡政府赢得最可靠的政治正当性，集聚了必要的物质和财政条件，也为新加坡政治秩序提供了长期稳定的社会制度保障"⑧。

---

① 陈鸣钟，陈兴唐. 台湾光复和光复后五年省情：上册 [M]. 南京：南京出版社，1989.
② 朱家骅. 朱家骅先生言论集 [M]. 台北：中央研究院近代史研究所，1977.
③ 袁成毅，贝原. 战后初期国民党在台湾的"去殖民化"教育述论 [J]. 民国档案，2009（1）：118 - 126.
④ 金一南. 香港问题的关键：去殖民化工作基本没做 [EB/OL].（2016 - 05 - 20）. https://www.hswh. org. cn/wzzx/xxhq/yz/2016 - 05 - 20/37869. html.
⑤ 胡逢祥. 战后台湾"去殖民化"的中国文化回归战略及其实践平议 [J]. 文史哲，2018（6）：91 - 109，165.
⑥ 范凌志，王雯雯，陈青青，等. 去殖民化，新加坡有哪些方面值得香港学？[N]. 环球时报，2019 - 09 - 03.
⑦ 尹瑞麟. 新加坡的"去殖民化"：《小邦大治》书评 [EB/OL].（2018 - 06 - 18）. https://www. gushiciku. cn/dc_tw/107522576.
⑧ 欧树军，王绍光. 小邦大治：新加坡的国家基本制度建设 [M]. 北京：社会科学文献出版社，2017.

从以上的论述我们不难总结出以下三方面的经验：

第一，去殖民化需要政府周详的规划和"由上而下"强有力的领导才有成事的可能。

第二，采取去殖民化策略，包括：一是想尽办法，尤其要从政治层面和教育层面争夺概念的设计权和解释权，主动消除殖民统治的影响，如中国台湾；二是拥抱殖民统治精神，从中寻求执政的代表性与正当性，并转移目标、凝聚共识，合力建构未来国家发展的故事，如新加坡。

第三，无论采取哪一种去殖民化策略，都需要从政治、社会、文化以及学校教育等多方面入手，前者包括公务员政治效忠、更改地名和处理地标、推广国语以及复兴传统文化、宗教信仰等；后者包括教育体制的改革、教育目标的制定、教师的审查与培训、教与学语言的选择、课程开设与教材编写等。

三、香港推动去殖民化教育的回顾

去殖民化教育是去殖民化的核心，是接受或给予系统教学的过程，特别是在中小学和大学。[1] 代入香港的情景，就是要通过教育，将回归后香港特区华人居民的英国心赶走，使香港人成为表里如一的中国人。Zavala 指出，去殖民化教育的策略包括：①反对/讲故事（Counter/Story Telling）：对殖民时期的生活经验进行分析和反思；②康复（Healing）：重新寻找替代性的知识体系作为未来生存、恢复和社会发展的来源；③回收（Reclaiming）：恢复自身与该地历史和土地的关系。[2]

香港《亚洲周刊》评论说：香港殖民管治虽已湮没，但去殖民化行动从未真正起步，原有制度不但保留，更被神化；而国民教育受压而退、中国历史课程更是自动放弃，"民族纽带自断，英殖阴魂长存"[3]，年轻人因而对自身的国家和

① BAKER M. Decolonial education: meanings, contexts, and possibilities. interpreting, researching & transforming colonial/imperial legacies in education. American Educational Studies Association, Annual Conference. Seattle, Washington, 2012.

② ZAVALA M. Decolonial methodologies in education [M] // Encyclopedia of educational philosophy and theory. Singapore: Springer, 2016.

③ 牛汝辰. 香港去殖民化教育应从更改殖民色彩的地名开始 [J]. 测绘科学, 2017, 42（12）: 63-68; 徐宗懋. 香港去殖民化的必要性 [EB/OL]. (2019-09-10). https://www.chinatimes.com/opinion/20190910004500-262104?chdtv; 陈文鸿. 走出欧美阴霾，还原国家文明 [N]. 大公报, 2018-10-20; 范凌志, 王雯雯, 陈青青, 等. 去殖民化，新加坡有哪些方面值得香港学？[N]. 环球时报, 2019-09-03.

文化冷漠。① 新华社时评指出，香港校园似乎成了可以肆无忌惮鼓吹歪理邪说、攻击"一国两制"、诋毁民族国家的法外之地；回归近 25 年，香港中小学教育至今仍没有进行去殖民化，更没有建立与"一国两制"相适应的教育体制。② 难怪出现类似教师在课堂上板书时使用简体字、学校在推行普教中都会受到无理攻击，及教师带队回内地交流要面对政治压力的畸形现象。③

对于去殖民化的大是大非问题，香港回归以来一直存在一些所谓学者的奇谈怪论甚至惑众之言。如有岭大学者（如罗永生）竟然公开表示："香港没有必要去殖民化，去殖化与再殖化无异。"④ 有香港中文大学学者（如沈旭晖）则说："英国殖民者引进的制度设计和文化，与香港本土社会发展深刻交织，早已无分你我，所谓去殖民化并不需要，也不可能将港英时代的一切文化制度设计统统抛掉；何况其中不少有益的特质，已经内化到香港自身文化当中。"他进一步指出，"不少香港本土主义者认为，北京自身是否亦带着后殖民因素，来实践国家民族主义，试图将香港各方面纳入其统治，对昔日本土精英和港英政权共同建构的社会文化一笔勾销、推倒重来，亦似不言而喻。"⑤ 而港大学者（如朱耀伟）则信口雌黄称："香港邮政局去除邮筒皇冠徽号是文化自阉和向中国献媚的行为。"⑥ 类似的歪理邪说充斥着香港社会，学校教育一直都被这种气氛笼罩着。

众所周知，香港回归祖国 25 年，香港教育当局曾尝试推动国民教育，例如：1998 年推行中学母语教学政策⑦（教育署），2012 年提出要设立"德育及国民教育科"⑧（课程发展议会）等，但最终都以失败告终。2001 年的课程改革更是反其道而行，教育当局主动取消了初中中国历史科为必修科，取而代之的是初中的生活与社会科或综合人文学科，并增加了高中通识教育科作为必修科⑨（课程发展议会），重蹈殖民主义时期"暗抑中史"的覆辙⑩，结果导致今天大部分年轻

① 陈祖儿. 年轻人为何憎恨中国？[EB/OL]. (2020 - 03 - 31). https://www. master - insight. com/？p = 142616.
② 新华社. 香港须创建新教育体制去殖民化 [EB/OL]. 凤凰卫视，2020 - 05 - 16.
③ 黄晶榕. 国民教育，势在必行 [N]. 大公报，2020 - 04 - 24.
④ 罗永生. 英皇冠被消失，学者称港面对"再殖民化"[N]. 新报人，2015 - 12 - 18.
⑤ 沈旭晖. 国际关系视角看"去殖民化"[EB/OL]. (2015 - 11 - 23). https://www1. hkej. com/dailynews/international/article/1188196.
⑥ 朱耀伟. 英皇冠被消失，学者称港面对再殖民化 [EB/OL]. (2015 - 12 - 18). http://spyan. jour. hkbu. edu. hk/2015/12/18.
⑦ 香港教育署. 中学教学语言指引 [M]. 香港：政府印务局，1997.
⑧ 课程发展议会. 德育及国民教育科课程指引（小一至中六）[M]. 香港：政府物流服务署，2011.
⑨ 课程发展议会. 学会学习：课程发展路向 [M]. 香港：政府物流服务署，2001.
⑩ 叶国洪. 殖民地社会中的民族意识：香港回归前后的公民教育 [J]. 香港教师中心学报，2002（1）：125 - 130.

人对国史不认识，迷失了自己的国族身份①；而初中的生活与社会科或综合人文学科（有些学校则以初中通识科的形式呈现）和高中的通识教育科更成为反中乱港的毒瘤，培养出一批又一批反社会、反国家的青年②。难怪香港特区前行政长官董建华在 2019 年 7 月 1 日暴徒冲击立法会事件后，坦承青年出问题的重要原因，是他任内始推行的通识教育失败；而上任行政长官林郑月娥也批评有人借着教育在校园散播歪理，并直指通识科"被渗入"，用作毒害学生的平台，再不能让教育成为"无掩鸡笼"，故政府于 2020 年清楚交代通识科的前景。

有分析指香港回归后无法做好去殖民化教育工作，原因很多，包括：①缺乏有识见和领导力的政治人物与教育领袖；②宏观的教育体系和教育政策有缺陷；③微观的学校课程和教学实践无监管。③

就宏观的教育体系和教育政策而言：其一，香港教育领导无力。回归后教育体系中的主要官员及其庞大的官僚系统都没有或缺乏足够的学校教育经验，当中不少人更是因为不想当教师继而转职至教育部门的。这些人熟读理论和政策，善于讲程序，但并不一定有足够的专业知识和能力引领教育发展。此外，更有部分局方人员或因个人对国家、对特区的政治制度和教育政策有不同的立场，故执行政策时往往阳奉阴违或力度不足，导致政策未能落实到位。其二，教育当局自废武功。殖民统治时期遗留下来的校本管理政策赋予民间办学团体和各类资助学校过大的权力，使教育当局变成无牙老虎，与学校之间只能维持松散结合的关系；再加上双方对于香港整体教育目标的理解不一、关注不同。在此关系下，局方很多政策和指令根本难以直接与迅速下达至学校，故整个教育体系的互动能力和对外的应变能力都受到削弱，包括在价值教育方面未能做好去殖民化工作。

就微观的学校课程和教学实践而言：其一，课程缺乏监管。香港回归后曾进行过翻天覆地的教育改革和课程改革，教育当局虽然能够制定出崇高的教育目标和完美的课程指引，供教科书出版商和教师作为课程规划或教学实践时参考。但基于成本效益，出版商对教科书的编写并不严谨，甚至被别有用心的编者所操控，传递一些类似港独学者戴耀廷那种"公民抗命"和"违法达义"等破坏社会和谐的意识。而教育当局对于教科书的审批往往又过于草率，接近没有监管，通识科就是其中一例。在繁重的工作压力下，学校课程往往受坊间的教科书所主导，教师对课程的理解很容易在不知不觉间出现偏差。至于校本课程，以及用报刊和网络信息作为教材，更是接近零监管，同样容易出现教学误导，继而影响到

① 何汉权. 从历史教育看"去殖民化""去中国化"［EB/OL］.（2015 - 10 - 01）. https://www. master - insight. com/?p = 24071.

② 黄晶榕. 再论通识教育科的前景与出路［N］. 大公报，2020 - 06 - 05.

③ 黄晶榕. 香港的教育有什么病［N］. 大公报，2020 - 01 - 03.

学生的思想。其二，教学监督无力。在读书志在求分数、进大学以及考评只考知识和能力的社会现况下，大部分学校对价值教育的重视并不足够，不同背景的办学团体（包括约53%由西方教会开办的中小学）和校方对教师应教哪些政治与社会方面的核心价值有不同的立场、理解和选择，故局方和校方根本难以对前线教师的日常教学工作进行适当的引导与监管。再加上部分别有用心的教师蓄意误导学生，导致不少年轻人思想残缺，容易出现"读书越多"价值观越扭曲的社会现象。难怪早前有一位小学常识科教师在上网课时，竟然告诉学生鸦片战争是大英帝国为了帮助大清消灭鸦片的"正义之战"。

此外，考评被政治操控。尤其是通识教育科和历史科，回归后一直被别有用心的人士所操控，试题倾向于"恋殖"和"回殖"，并引导学生恶意攻击特区和祖国的政治与社会制度，继而产生"倒流效应"，影响到学校的课程与教学。2020年香港中学文凭试历史科试题竟然出现"日本侵华是否利大于弊"的题目，而通识教育科特意以"新闻自由与社会责任两难"为题，掩饰和美化香港当前大多数新闻从业员专业操守低劣的事实。翻查回归后的历届公开试题，上述情况屡见不鲜，不禁令人气愤！

在以上种种困局中，如果没有中央出手，单寄望特区政府和学校领导自觉且有效地做好香港去殖民化教育工作，简直是痴人说梦！

四、香港推动去殖民化教育的前瞻

香港在去殖民化的道路上几乎没有起步，但世界上有很多成功的经验值得我们学习。简单而言，要做好去殖民化教育，特区政府须"由上而下"进行全面调研，然后作出顶层设计，并凝聚共识，塑造出一个适切的社会环境和学校氛围，共同执行相关政策。

（一）特区政府须成立去殖民化专责部门

特区以至中央政府可参照驻港国安公署的模式和70多年前的台湾经验，从制度上做起，成立一个由行政长官领导、中央驻港官员担任顾问的"去殖民化公署"此等高层次的专责部门，或扩展当前驻港国安公署的职能，全面检讨并制定香港的去殖民化政策及发展路向，并及早在教育层面形成切实可行的实施方案，率先在教育领域推进去殖民化进程。如国民政府在1944年4月于"国防最高委员会中央设计局"之下设立"台湾调查委员会"，对殖民地台湾进行全面调研，并提出去殖民化建议。其后，即1945年，国民政府教育部又广邀300多位教育界代表于重庆讨论台湾的去殖民化教育目标与方略，然后形成政府政策，同年公布实施。

（二）教育当局须审查教育人员的政治操守

香港回归后特区政府创作了很多教育改革的口号，但是教育政府部门体制的改革完全没有进行，负责教育的官员的素质以及升迁方法侧重年资，缺乏适切在职培训的指标，非常封闭和落后。① 当中很多官员，在推动国民教育时，根本无心无力，难以依靠他们带领学校推动去殖民化教育政策。故特区政府可参考新加坡的经验，首先对教育局、考评局内部人员及受政府资助学校的校长和教师的政治操守作出全面的审查和提出明确的要求，并道明违反操守需要承担的相应后果，然后加以政治和师德培训，更要其宣誓拥护特区基本法和效忠香港特区政府。这样将有助于杜绝别有用心的局方人员和前线教育工作者狼狈为奸，透过课程、教材、教学和考评等手段对学生进行"恋殖教育"和灌输反社会、反国家的思想。如新加坡1965年建国时，李光耀便把英国人留下来的公务员重新梳理，对他们的身份进行严格审查，然后进行再培训，最后要求所有公务员宣誓效忠新加坡②；台湾情况类同。中央政府在2020年7月1日开始施行《公职人员政务处分法》，禁止公职人员持有外国国籍或居留权，违规者一律"清除国内公职及待遇"，连退休人员也会被取消养老金和医疗保险。③ 香港虽然不至于要照办，但特区政府要是想做实事的话，应该迈出这重要一步，不能再接受众多公务员和受政府资助机构的高层员工都拥有外国国籍，因为他们并非向特区政府效忠。现任广播处处长梁家荣，拥有美国国籍，却担当香港特区政府广播系统的主管，把香港电台变成反中乱港的宣传机器，这就是一个鲜明的例子。

（三）教育当局须梳理好教育与政治的关系

列宁曾经说过："所谓教育不问政治，教育不讲政治，都是资产阶级的伪善说法。"事实上，教育的基本目的有二：一是培养学生的求生本领和生活智慧，二是为自身社会和国家培养德才兼备的接班人。④ 因此，教育不完全是客观和中

① 胡恩威. 香港教育局必须彻底改革［J］. 亚洲周刊，2020（31）.
② 范凌志，王雯雯，陈青青，等. 去殖民化，新加坡有哪些方面值得香港学？［N］. 环球时报，2019 - 09 - 03.
③ 杨立门. 为美国拿起武器［EB/OL］.（2020 - 07 - 31）. https://eastweek.my - magazine.me/main/97551.
④ 黄晶榕. 校园应否谈论政治？［N］. 大公报，2020 - 07 - 03.

立的，而是弥漫着意识形态，发挥着政治功能①②，具有"鲜明的主权属性"③，其立场必然是以自身社会和国家的利益为依归。诚如法国马克思主义哲学家路易·阿尔都塞（Louis Althusser）所言："在成熟的资本主义社会形态中占据统治地位的意识形态国家机器，便是教育。"④ 换言之，教育当局"先要打破教育非政治化的信条"⑤，不应再害怕政治干预校园⑥，而是应该重新夺回学校进行政治教育的话语权，想清楚学校应该"讲什么政治""如何讲政治"和"谁来讲政治"。当中尤其需要关注中小学的课程实施和评估问题，包括课程、教材、教法和考评如何能够不折不扣地引导学生厘清两个关键问题：第一，西方哲学和施政模式具有"二元对立，非此即彼"的冷战思维倾向，而东方哲学和施政模式则强调"阴阳相依，万物并育"的互惠共生理念；第二，社会主义和资本主义的本质特征与政治理念之异同。

（四）教育当局须着手编写人文及社会学科课本

纵观坊间采取措施之前的人文及社会学科相关的教科书，"恋殖"色彩浓厚，反社会、反国家和煽动仇恨的意识强烈，且随处可见，难以靠小修小补来改善。学者霍秉坤、叶慧虹、黄显华从教科书研究、审书尺度、审书取向、教科书内容质素四方面分析，发现教育局一直在教科书审定机制中扮演重要角色，但现时教科书仍长期充斥着大量反华反共的内容，显示政府对教育的管理存在问题。⑦ 故建议教育当局吸取教训，改变政策，夺回政治、社会与历史概念的设计权和解释权，做法可仿效内地的《中小学教材管理办法》，借鉴把思政、语文、历史等教材由国家统一编写审核及使用的经验⑧，优先处理本地小学常识科和中学综合人文学科、生活与社会科、通识教育科、历史科（中国史及世界史），成立具有高专业水平和政治操守的"教科书编辑委员会"，统一编写教材，并免费提供给全港师生使用。与此同时，教育局除了要运用自身的力量外，也可邀请合

① 梁韦诺. 解决香港教育问题，先要打破"非政治化"的信条 [EB/OL]. (2020 - 06 - 28). https://www.guancha.cn/LiangWeiNuo/2020_06_28_555546.shtml.
② 评论编辑室. 香港的问题真是"教育政治化"吗？[N]. 香港01，2020 - 07 - 13.
③ 中联办. 支持香港建立健全与"一国两制"相适应教育体系 [N]. 香港新闻网，2020 - 06 - 12.
④ ALTHUSSER L. Ideology and logical state apparatus [M] //Lenin and philosophy. New York and London：Monthly Review Press, 1971.
⑤ 梁韦诺. 解决香港教育问题，先要打破"非政治化"的信条 [EB/OL]. (2020 - 06 - 28). https://www.guancha.cn/LiangWeiNuo/2020_06_28_555546.shtml.
⑥ 黄晶榕. 校园应否谈论政治？[N]. 大公报，2020 - 07 - 03.
⑦ 霍秉坤，叶慧虹，黄显华. 香港课本编选机制：教育局的角色 [J]. 教科书研究，2010，3（2）：27 - 62.
⑧ 教育部. 中小学教材管理办法 [EB/OL]. (2020 - 01 - 07). http://www.gov.cn/zhengce/zhengceku/2020 - 01/07/content_5467235.htm.

适的局外人士组成专业团队，加强到校观课指导和检查校本教材。这样，将有助学校"实践课程"回到官方"理想课程"精神的原点，消除教材所潜藏着的"殖民阴魂"，避免学校演变成为周厚立口中所指的"制毒工厂"①。

（五）教育当局须推动学校加强史、地及文化教育

钱穆先生曾于1951年这样讲过："欲其国民对国家有深厚之爱情，必先使其国民对国家以往历史有深厚的认识。欲其国民对国家当前有真实之改进，必先使其国民对国家以往历史有真实之了解。"② 当前香港学校最核心的教育议题，就是引导学生认清"我是谁"③，而要做到这一点，应该逐步要求所有小学和初中学生接受系统化的中国历史、中国地理和中国文化教育，而其课程内容则要符合"一国两制"的精神和基本法的规定，引导学生认清自己同时具备"香港居民""中国国民"和"世界公民"的身份，而不至于持续跌落在"香港人"和"中国人"二元对立的概念困局中。有前线教育领袖（何景安、何汉权、黄晶榕等）曾向中央和特区政府提出仿效澳门的经验，建立"香港回归祖国博物馆"；也有资深公关从业员（如陈祖儿）认为中文科是导引学生认识中国文化，培养对中国感情的主要源头，因此需重视本科文化传承与价值教育的功能。④ 笔者认同有关观点，学校加强史、地及文化教育将有助香港教师引导学生认祖归宗，建立起"根在中国"的观念。⑤

（六）教育当局须扩大传统爱国学校的规模

在1997年之前，香港的爱国教育，根在俗称的"左治五世"中学，即五间传统爱国中学，分别是汉华、培侨、香岛、福建和劳校（即今日的创知中学），其教师主要是爱国的教联（香港教育工作者联会）会员。虽然这些学校在1991年前并没有获得港英殖民地政府任何的津贴补助，毕业生更受尽歧视，不能申请政府工作；由于其教学资源不足，学生的英文水平也不高。然而，就是在这资源匮乏的环境，培养出大量的爱国人士，许多人更加成为今日爱国阵营的稳定栋梁。⑥ 然而，香港回归已25年，此种爱国学校的数目依然不多，全港约1 100所

① 周厚立. 香港教育必须去殖民化［EB/OL］.（2020 – 05 – 22）. http://paper. wenweipo. com/2020/05/22/PL2005220002. htm.

② 钱穆. 国史新论［M］. 4 版. 花莲：东华大学出版社，2018.

③ 黄晶榕. 国民教育，势在必行［N］. 大公报，2020 – 04 – 24.

④ 陈祖儿. 年轻人为何憎恨中国？［EB/OL］.（2020 – 03 – 31）. https://www. master – insight. com/？p = 142616.

⑤ 黄晶榕. 国民教育应多重进路且情理兼备［N］. 大公报，2021 – 03 – 10.

⑥ 周显. 另起炉灶，增加爱国学校［EB/OL］.（2019 – 10 – 08）. https://www. thinkhk. com/article/2019 – 10/08/36964. html.

中小学，爱国学校只占 1.5%^①，而基督教和天主教开办的教会学校却占 53%。这完全是教育官员的惰性造成今天倾向港英政府的思想教育，并由反中乱港的教师组织控制着大部分前线教师，故不管特区政府投入多少资源，也无法扭转强大的惯性力。"纵观历史，对付传统惯性的方法只有一个，就是另起炉灶。中国的优势是，炉灶本来就在，不用另起，只要把现有的扩大就是了。"^② 换言之，教育当局要痛定思痛，及时作出政策调整，加速增加爱国学校的数目。只有这样，才能有效发挥去殖民化教育的示范作用。

（七）教育当局须调整国民教育的目标与策略

教育局负责德育及公民教育的总课程发展主任曾表示香港学校普遍已将推动国民教育列作重要的发展目标，本港中学生对国家的认同程度持续上升：他们认同自己中国人的身份，也认同自己爱国家。他进一步指出，教育当局是透过增拨教学资源、提供师资培训、制作教学资源、举办教学活动来推动国民教育。^③ 但众所周知，此乃掩耳盗铃、自欺欺人的讲法。未能承认工作的不足，又谈什么改革呢？胡恩威^④指出，国民教育的目标就是要带领学生认识中国近代政治社会体制（改革开放）下的公民角色和责任，及建立起对中国人的文化认同。要教这两点，第一是认识国情，教学生有关中国社会主义政治体制的基本知识；第二就是文化，教学生中国文化的基本知识、儒释道、书法水墨、诗词歌赋。简单来说，就是学习中国历史、中国哲学和中国艺术。只有把这些知识有系统地教导给学生，学生才会有能力去理解，并从认识到认同，成为一个正常的国民。

（八）教育当局须着手刹停或改革高中通识教育科

通识教育科一直被批评是"反中乱港""播独"和"散播仇恨"的教育平台，致使一批又一批的学生受害。^⑤ 此刻要拨乱反正，谈何容易？首先，在当前"藩镇割据"、教育管理分权制度下，教育当局要得到众办学团体、学校管理层

① 梁韦诺. 解决香港教育问题，先要打破"非政治化"的信条 [EB/OL]. (2020 – 06 – 28). https://www.guancha.cn/LiangWeiNuo/2020_06_28_555546.shtml.
② 周显. 另起炉灶，增加爱国学校 [EB/OL]. (2019 – 10 – 08). https://www.thinkhk.com/article/2019 – 10/08/36964.html.
③ 张永雄. 学校推行国民教育：十年回顾与发展 [N]. 文汇报，2007 – 06 – 18.
④ 胡恩威. 香港教育局必须彻底改革 [J]. 亚洲周刊，2020 (31).
⑤ 李辉. 香港通识教育的六大问题 [EB/OL]. (2019 – 07 – 08). https://www.facebook.com/hkeducationwatch/posts/1112554665581708/；黄晶榕. 再论通识教育科的前景与出路 [N]. 大公报，2020 – 06 – 05；黄晶榕. 反对通识科改革的言论站不住脚 [N]. 大公报，2021 – 02 – 24；杨晖. 毁人的香港通识教育问题必须要解决 [EB/OL]. (2019 – 08 – 28). https://page.om.qq.com/page/OGaONeWxUrp7AE – ph5_OPZAg0.

乃至教师团体的支援与合作，使通识教育科回归教育并健康发展，几乎是困难重重。其次，新高中设有四个核心科，重文（中、英、通必修，偏重语文元素）轻理（只设有数学必修）的课程设置，已导致香港近年在数理、科学与科技教育方面出现危机。这从香港学生参加"国际学生能力评估计划（PISA）"，数学和科学表现持续下降可见一斑。最后，本地大学招生并不看重此科。故建议教育当局尽快刹停通识教育科的师资培训，并分三年协助通识教育科教师转型，以回归自己的专业（大部分通识教育科教师大学时期都不是修读此科的），或逐步转移到课程内容相近、教学策略类似的生活与社会科或综合人文学科之类的学科继续任教。如果无法刹停现行的通识教育科，也要拨乱反正，彻底改革此科的课程架构、教学内容和考评方式，甚至更改学科名称等。

（九）教育当局须优化当前政策，深化两地教育交流

要想重振香港社会凝聚力、激发社会活力，在教育体系中推行"去殖民化"是特区政府当下最重要的任务之一。[①] 一方面，两地教育部门可优化政策，在现有两地姊妹学校的基础上，创造条件，促进两地中学师生到对方学校进行一段较长时间（例如一学期）的工作或学习。另一方面，要加强鼓励本地大学与内地高校进行教师交流、学生交换、学分互认、课程互联互通等，让两地大学的师生有更多交流和学习的机会，从而加深了解，增强国民凝聚力和向心力。有学者认为依托当前粤港澳大湾区和"一带一路"的平台，各地加强教育合作将有助提升香港年轻人对国家的认同感，并加速香港融入国家的发展大局中，可达到去殖民化教育的目的。[②]

（十）教育当局须完善"概念命名"，强化"一国意识"

香港回归后一连串政治社会事件，可见本土主义逐渐呈现出极端化、合流化、西化的新趋势[③]，"恋殖"阴魂未散，故学校有必要加强法治教育，在协助学生消除"恋殖"心态的同时，积极建构"国民身份"认同。学习我国宪法第31条和第62条，有助学生理解设立香港特区的宪制基础，及特区与中央存在着从属关系；学习基本法第1条、第18条和第23条，有助学生加深理解"一国"是"两制"的根和本，及全国人大常委会颁布国安法的缘由及法律依据；学习国安法，有助学生认清国家的安全需要和安全底线，避免走入误区，做出危害特

① 赵可金. 香港教育殖民化问题亟待解决［N］. 环球时报，2015 – 05 – 21.
② 卓泽林. 粤港澳大湾区教育合作发展的价值与策略［J］. 华南师范大学学报（社会科学版），2020（2）：71 – 80；赵可金. 香港教育殖民化问题亟待解决［N］. 环球时报，2015 – 05 – 21.
③ 赵浚，陈祉杉. 香港本土主义思潮异化及其化解途径［J］. 统一战线学研究，2020，4（3）：62 – 67.

区和国家安全的事。而为了帮助学生厘清香港特区与国家的关系，建议教育局、出版社、学校以至考评局，日后在课程、教材、教学或进行评估时，应完善概念的命名，包括把我们过往惯称的宪法叫作"国家宪法"，把基本法叫作"特区基本法"，把国安法叫作"特区国安法"。这样，将潜移默化地影响师生，在斩断"回殖"幻想的同时强化"国家"和"特区"的宪制关系，建构"一国"和"两制"的整体意识。①

（十一）教育当局要着手推动国家通用语言文字，促进民族融合

诚如康淑敏、黄晶榕、刘彩祥所言："语言具有延续民族历史、传承民族文化的功能，是去殖民化的关键要素之一。"普通话是中华民族的共同语言，是现代汉语的标准语。因此，香港有必要更积极地推广国家通用语言文字，这样将有助于增强特区居民对国家的认同并融入国家发展大局中。为此，建议特区政府采取以下措施：首先，政府应发挥带头示范作用，积极提升全体公务员及立法会议员的普通话能力，并规定各级官员和立法会议员在公开场合以普通话发言，这样将潜移默化地确立普通话的官方地位。与此同时，公务员升职时，更要通过国家语委的普通话测试，这样才会引起各级官员对普通话足够的重视。其次，教育当局应为学校扫除不必要的政治障碍，确立"普教中"的教学语言政策，并分三至五年在全港官立及资助学校实施。与此同时，语文科更应有系统地向学生介绍汉字的简化规则，以便学生能够读懂内地图书，增强对国家的认识。最后，教育当局一方面应加强"普教中"语文教师的培训，另一方面宜逐步鼓励并培训其他学科教师运用普通话作为课堂教学语言。这方面的工作，可借助内地师范大学尤其是大湾区的力量协助。与此同时，建议特区政府设立奖励机制，对于能够纯熟地运用普通话作为课堂教学语言的教师作出一定的奖励，如增加一个薪级点，或做满若干年享有若干个月有薪进修假期，或于申请升任高级职位时作为必要条件等。②

五、结语

香港回归祖国 25 年，至今仍未能建立起与"一国两制"相适应的教育体系，无力消除殖民教育的遗毒。造成今天困局的原因很多，就教育因素而言：一是特

① 黄晶榕. 学校应加强"一国两制"的法治教育［N］. 大公报，2021-01-27.
② 黄晶榕. 香港应积极推广国家通用语言文字［N］. 大公报，2021-04-14.

区政府由始至终都不敢承认教育具有政治功能，反而不断强调政治要远离校园，更何谈着手处理去殖民化教育这个政治议题；二是回归后具备家国情怀、有政治识见、勇于承担社会责任的教育官员和前线教师数量实在太少，不足以扭转困局；三是回归后的国民教育策略出了问题，倾向于通过宣传、推广和资助学校推动国民教育活动，忽略了国民教育的关键是对"课程和教材"的研究与设计，及对"课程实施者"的培训与监督，故难以根本性地改变年轻人"恋殖"的心态和对现代中国政治体制和社会文化的误解与偏见；四是教育当局过分下放权力给民间的办学团体和学校，招聘校长和教师时只关注学历与招聘程序，完全忽略对相关人士进行职前与在岗的政治审查、培训和监督，故才会使有些学校变成"播独工场"和"反中基地"。

诚如梁启超所言："天下最伤心的事，莫过于看着一群好好的青年，一步一步地往坏路走。"① 如果特区政府尤其是教育当局再不警醒，尽早做好去殖民化教育工作，香港一代又一代的年轻人将持续被部分西方国家和本地别有用心的人所洗脑，变得偏激、暴戾，最终坠入反社会、反国家的深渊而无法自拔，类似 2014 年的"占领行动"和 2019 年的"修例风波"将可能再次发生。

又如习近平总书记所言："一国是根，根深才能叶茂；一国是本，本固才能枝荣。"② 笔者殷切盼望中央以至特区政府能够吸取 2019 年中发生、为期一年多的"反修例暴乱"之教训，痛定思痛，下定决心，排除万难，及早成立"去殖民化公署"此等专责组织，广泛咨询、深入研究，为香港制定全盘的去殖民化政策；然后要求特区各个政策局包括香港教育局与教育部紧密沟通，领导全港大学、中学、小学、幼儿园关注课纲教本和教师问题，并合力从制度层面和意识形态层面把去殖民化教育工作做好，努力消除英国殖民统治香港 155 年的"遗毒"，推动广大师生从国家、民族、文化三方面"渐进同化"，从而唤醒自身的国家和民族身份。

作者简介：黄晶榕，香港创知中学校长，博士。

---

① 梁启超. 为学与做人［M］//梁启超. 梁启超清华大学演讲录. 北京：东方出版社，2015.
② 习近平. 习近平在庆祝香港回归祖国 20 周年大会暨香港特别行政区第五届政府就职典礼上的讲话［EB/OL］. (2017 – 09 – 04). http://topics.gmw.cn/2017 – 09/04/content_26004857.htm.

香港中小学国安教育的成效、问题及对策

夏　泉　孙清忠　雷　丹

摘要：稳定、安全的社会环境是保持香港、澳门长期繁荣稳定的题中之义。香港国安法实施一周年，法治成效有目共睹。本文从香港中小学教育视角出发，梳理了香港在中小学国安教育方面取得的初步成效；同时也指出香港中小学国安教育存在的短板，并针对其中的短板提出若干切实可行的建议，为未来香港中小学国安教育指明方向。

关键词：国安教育　香港中小学教育　香港国安法

习近平总书记在庆祝中国共产党成立 100 周年大会上指出，要"落实中央对香港、澳门特别行政区全面管治权，落实特别行政区维护国家安全的法律制度和执行机制，维护国家主权、安全、发展利益，维护特别行政区社会大局稳定，保持香港、澳门长期繁荣稳定"[①]。这为国家安全工作和香港的"人心回归"指明了前进方向，提供了根本遵循。香港国安法实施一周年，法治成效有目共睹。在国安法的推动下，香港在教育领域正开展系统的制度检讨，试图寻求适应香港国安法的新治理秩序。

一、一年多来香港中小学国安教育取得初步成效

香港国安法的实施、中央完善香港特区选举制度、"爱国者治港"政策的稳步推进，使得香港社会对维护国家安全的认识逐步提高，香港真正踏上"一国两制"正确轨道，更加积极融入国家发展大局。紫荆研究院 2021 年 6 月发布的最新民调显示，逾七成受访香港市民满意国安法实施成效，大多数市民从国安法实

---

① 习近平. 在庆祝中国共产党成立 100 周年大会上的讲话［EB/OL］. (2021 – 07 – 15). http://www.gov.cn/xinwen/2021 – 07/15/content_5625254. htm.

施后社会安定、市民安居乐业的变化中，切实感受到法律实施带来的好处。^① 特区政府在香港中小学积极推行国安教育已取得初步成效。

第一，香港中小学国安教育的整体环境得到根本改善。一是中央颁布国安法补齐了国安漏洞。2020 年 6 月 30 日，全国人大常委会通过香港国安法，由原来不设防到立法，补齐法律漏洞，使得国安教育有法可依，对香港黑暴分子起到极大震慑作用。二是设置国安执行机构，香港特区政府坚决履行维护国家安全的宪制责任。设立中央驻港国安公署并赋予特别管辖权和对香港执法机构的监督指导权，实现了国家常规管制权力在香港的合法落地。香港教育局增设首长级的"教育局副秘书长（特别职务）"一职，近期还申请增设新职位，负责统筹监察学校执行国安教育情况，彰显特区政府落实国安教育的巨大决心。三是统筹推进国安教育工作。国安法实施后，香港教育局一年内 15 次致函学校要求推展国安教育，先后公布《香港国家安全教育课程框架》及 15 个科目的国家安全教育课程框架，向中小学提供行政和教育指引，要求各类中小学校推行国安教育。^② 同时，向公营及直接资助计划学校发放恒常"全方位学习津贴"，支援学校开展国安教育学习活动。^③ 国安立法和执行机制的落实为香港中小学开展国安教育提供了坚实的基础保障。

第二，香港舆论氛围由喧闹渐趋理性。一是香港以往片面强调治权，忽视国家主权的舆论氛围被彻底扭转，正本清源、清理教育界港独毒素的舆论氛围已经形成。如香港教协以"教师组织"名义纵"独"煽暴、祸乱香港，长期的"洗脑式"教育制造不利于国家安全的氛围。^④ 在国安法的震慑、香港特区政府与社会各界的声讨之下，香港教育局全面终止与香港教协的工作关系，教协遂于 2021 年 8 月 10 日宣布解散，并启动解散程序。二是重视香港国安教育、"爱国者治教"的良好氛围初步形成。香港特区政府官员通过各种方式向国际社会介绍香港国安法，多次重申香港国安法使"一国两制"框架更加牢固，让香港行稳致远。香港各大政团举办全港市民签名活动等支持香港国安法及特区推出的各项落实举措，宣传推广香港国安法。^⑤

① 新华社. 国安家安已定 良政善治在望——香港国安法实施一年间 [EB/OL]. (2021 - 07 - 05). http://www.locpg.gov.cn/jsdt/2021 - 07/05/c_1211226399. htm.
② 杨润雄. 学校开展国家安全教育 培养学生承担公民责任 [EB/OL]. (2021 - 06 - 27). https://www.edb.gov.hk/tc/about - edb/press/insiderperspective/insiderperspective20210627.html.
③ 立法会二十题：在学校推行国家安全教育 [EB/OL]. (2021 - 09 - 01). https://www.info.gov.hk/gia/general/202109/01/P2021090100307. htm.
④ 新华社. "教协"解散咎由自取 香港教育迎来重回正轨历史契机 [EB/OL]. (2021 - 08 - 11). http://m.xinhuanet.com/2021 - 08/11/c_1127751195. htm.
⑤ 张晓曦. 综述：香港国安法一周年 特区各界全力落实 [EB/OL]. (2021 - 06 - 20). https://www.chinanews.com.cn/ga/2021/06 - 20/9503229. shtml.

第三，香港中小学教育状况由乱转治。一是香港国安法的落实，对恢复正常的教学秩序发挥了不可替代的重要作用。国安法给香港校园带来的改变，从根本上扭转了以前一些学生不尊重国旗国歌的违法现象，学校不再出现所谓的"政治行为艺术"。① 调查显示，过半受访学校表示已预备好推行国安教育。香港中小学已恢复正常的教学秩序。二是一些香港学生乱港组织纷纷宣布解散，广大中小学生对"一国两制"、国家安全等概念有了较全面准确的认识。"香港众志""学生动源"等"港独"组织纷纷停运或解散。2019 年部分学生被裹挟参加"反修例"活动，甚至因涉嫌违法而被捕，如今这一趋势已根本逆转。

第四，香港中小学国安教育开始得到积极实施。一是高中通识教育科改为"公民与社会发展科"。该课程已于 2021 年 9 月开始在中四年级推行，由"'一国两制'下的香港""改革开放以来的国家"和"互联相依的当代世界"3 个主题组成，重视培养国民身份认同，强调法治学习。二是加强中小学教师国安教育培训。香港教育局为全港中小学校安排了一系列全面系统的国安教育教师专业发展课程，通过加强相关职前师资培训和基本法测试、举办国安教育到校教师工作坊等，帮助教师准确把握国安教育的理念和宗旨。三是编制国安教育教材教学资料。香港教育局持续开发学与教资源，设立"国民教育"网上平台，整合与国民教育、国安教育相关的学与教资源和推广活动，推出电子简报形式的官方教材。目前，其已为中四年级"'一国两制'下的香港"主题发了 12 套简报。② 四是积极开展国安教育活动。举办全方位的国安教育学习活动，包括推出"《基本法》学生校园大使培训计划"系列活动，前往内地参观及交流，举办关于香港、国安教育的线上游戏、问答比赛、升旗仪式等。

二、香港中小学国安教育存在的问题及面临的挑战

香港国安教育虽已取得初步成效，但囿于各种主客观因素仍存在一些短板。从内部教育来看，香港社会尚未普遍形成接受国安教育的良好氛围，香港中小学国安教育在制度完善、师资建设、教材统筹诸方面还存一些不足；从外部环境来看，香港国安法在实施过程中仍面临国际大气候和香港小气候的影响，为国安教

育的开展带来潜在的风险和挑战。①

第一，香港社会尚未普遍形成接受国安教育的良好氛围，中小学国安教育制度尚待进一步完善、落实，"人心回归"尚待持续推进。一是香港特区政府和香港全社会一起落实国安法、捍卫国安法的新局面仍待进一步拓展。2021年8月香港民意研究所民调显示，56%的受访者对香港未来的政治环境没有信心。有部分香港中产阶层忧虑国安法颁布后的香港局势，携子女移民。据加拿大移民部数据，加拿大新的特殊签证项目自2021年2月推出至5月中旬，已有近6 000名香港居民申请。另有相关数据显示，英国自2021年1月31日推出BNO留英计划"5+1"方案至当年12月底，BNO签证共批出约9.8万宗。二是香港教育局仍需强化落实中小学国安教育的具体举措。民调显示，四成六受访学校承认未准备好推行国安教育，分别有七成九中学及八成半小学学校管理层认为执行上有困难。香港中小学在维护国家主权、安全、发展利益方面的制度文件及具体措施仍有缺失，现有文件中的冲突也没有梳理修改，学校没有出台相应的国安教育管理规定；国安教育设立工作小组或专责人员仍不到位；香港教育局国安教育专责职位时限太短，新职位属于有时限首长级编外职位，仅为期6个月。三是课程改革需进一步完善。公民与社会发展科中关于内地考察的资源、安排等各项详情，香港教育局尚未公布。考察后的专题研习没有明确的考评标准，且不是一个强制要求，不会计算在文凭考试成绩上，没有统一的报告表述格式、字数规限、评分准则等。

第二，香港中小学国安教育师资建设亟须加强。一是教师国安教育业务能力有待提升。国安教育涉及国安法、基本法、宪法等内容的教授，大部分教师对法律条文本身缺乏认识和理解，对开展国安教育感到吃力。二是部分教师不愿意讲授相关课题。为避免出错，部分教师避教部分课题或者依书直教，不敢进行辩论、问答等教学环节设计，教学场景沉闷。三是国安教育师资培训名额不足。香港教育局近期推出国安有关课题的网上课程培训，但场次和名额不足，培训课程很快额满。四是个别中小学教师表面支持国安法，隐性宣传"港独"。教协虽已解散，但其对教师的影响短期内不易消除，个别教师仍存在对香港国安法的抵触、对抗情绪，仍有教师隐形"播独"。

第三，香港中小学国安教育教材编制及统筹存有漏洞。有关调研显示，在香港人对于推展国安教育课程的主要疑虑的观点中，香港教育局在课程内容及教材设计上的支援不足占比高达两成。根据2021年8月25日教育局局长杨润雄对立法会张国钧议员就公民与社会发展科有关教材的答复可知，该科目前教材缺失。

---

① 张建. 香港国安法实施一周年评估：成效与挑战［N］. 中评社，2021－08－14.

尽管教师可下载教育局提供的相关学与教资源，也可选取其他合适的教学材料，或自行编写校本教材，但这些参考材料并非教科书，无须按既定机制送审，教材统筹使用仍存有漏洞。①

第四，香港社会仍存在国内外反中乱港势力袭扰国家安全教育工作。对香港维护国家安全构成威胁和挑战的因素包括：外部方面，美西等势力力图继续提供资金及培育外国代理人在港搞破坏，利用香港政治事件攻击中国，阻挠国家发展；内部方面，反中乱港分子仍不死心，企图通过网络、艺术、书刊等散播"港独"及破坏意识，本土恐怖主义、极端思想潜伏社会。香港社会内外反对势力采用各种软干扰，利用各种媒体，通过各色各样的文化渗透手段，继续对香港中小学生"洗脑"，暗中竭力对中小学生传播"港独"病毒，并攻击国安法实施，干扰国家安全教育工作。如"香港言语治疗师总工会"推出儿童绘本《羊村十二勇士》，煽动孩童对政府及香港司法的憎恨和不守法行为。

三、加强和完善香港中小学国安教育的对策

香港国安法的贯彻实施是一个长期、复杂的系统工程，需要在中央和香港间、国家法和香港法间、香港本地各派势力间衔接磨合、交叉博弈。② 香港国安教育同样需要各方面的磨合。香港特区政府应进一步落实、完善好香港国安教育的制度、师资、课程、教材建设及社会氛围营造，持续推进香港中小学的国安教育，培育维护国家统一和民族团结的爱国爱港青少年。

第一，继续完善国家安全立法和香港基本法第 23 条立法，使国家安全意识在香港社会深入人心，达到"人心回归"。通过改革和制度约束解决国安教育中存在的各种问题，建立起与"一国两制"事业相适应的新法治教育体制。一是在成功推行香港国安法的基础上，继续完善香港社会各领域的法律法规，如基本法第 23 条、教育法、新闻法及社团法立法等，以彻底扫除反中乱港与分裂势力。二是编制《香港中小学国家安全教育指导纲要》等文件，结合香港教育及制度的实际，培育学生国民认同和国安意识。三是加大对学校存在的反主权、反政府等政治活动的管理，优化校园育人环境。强化中小学国安教育推行力度，强调"校本原则"不适用于国安教育。四是中小学增设中层管理人员，安排人员统筹国情国安教育，以更有效开展相关工作。

① 立法会七题：公民与社会发展科 ［EB/OL］. (2021 - 08 - 25). https://www.info.gov.hk/gia/general/202108/25/P2021082500271.htm.
② 饶戈平. 香港特别行政区维护国家安全法：学习与解读 ［J］. 港澳研究，2020 (3)：3 - 9, 93.

第二，加强香港中小学国安教育的师资队伍建设，落实好"爱国者治教"。一是将国安教育作为香港中小学教职人员就职的基本要求，并建立一整套完善、切实可行的监督、考核、考察体系，"把好进口，打通出口"。二是加强在职中小学教职人员和教师、教育管理人员国安教育教学培训。安排教师进行法律常识教育培训，解决教师由于法律知识不足而感到吃力的问题。三是增加网上课程培训的场次和名额，举办更多针对不同岗位教师的国安培训课程，为教师提供到校讲座、参观和分享会等。四是定时评估任教教师的执行表现，切勿沦为形式主义、走过场。辨别"两面人教师"，不仅要在思想上对他们进行改变、教育，更要把"黄师"的生存空间压缩到最小。五是为香港中小学增派专业的国安教育及公民与社会发展科专门教师。

第三，继续落实课程改革，抓好国安法教材建设。一是探讨将国安教育纳入文凭试，以推动学校真正落实国安法教育。二是明确赴内地考察的考核标准、重点与目标，鼓励、促进各学校以学生专项研习模式开展内地考察项目，涉及学习评估，并将学生学习表现载于成绩表，提高师生的参与及重视程度。联合内地政府为香港中小学提供优质的内地考察项目。香港教育局应改变价低者得的内地考察团招标模式，容许采用议价方式，以达成优质教育成效考量。三是加快国安教育教材编制及统筹进度，香港教育局应尽快启动国安教育相关科目的教材编写工作，可对现有教材进行遴选和改编。四是香港教育局应做好国安教育教材的审核及校本教材的监察工作。

第四，采用多种切实可行的方式丰富学校国安教育的内容和渠道。一是香港特区政府要加大国安教育投入，举办各类国安教育活动。例如将社会公共资源统筹用于学校国安教育，提升国安教育的能见度，使之成为香港中小学生日常生活的一部分，让青少年对国家安全观入脑入心。加强国安教育平台建设，使香港中小学生可以在香港不定期参加国安教育展览或其他相关实践活动。二是香港学校应按照教育局的部署和要求，全方位开展国安教育。在国民教育的基础上，学校应促进学生认识国家的历史、文化、宪法和基本法以及其他方面的发展，并从中强化有关国家安全的元素。同时，要严密监督教材使用及教师在国安教育方面的教学情况，确保教师符合专业操守。

第五，加强与内地交流交融，营造有利中小学展开国安教育的良好社会氛围。一是提高国安教育在香港中小学生赴内地交流的比重。积极推动内地与香港中小学间交流学习常态化，设置专项资金、配备服务组织、构建机制保障；充分发挥内地与香港结对姊妹学校的联动作用，深入发掘姊妹学校在开展香港学生国安教育方面的潜力。与内地政府加强互通，尤其是抓住粤港澳大湾区建设契机，组织香港中小学生赴湾区考察，参观湾区军事设施、国安教育基地和展览，让其亲身参与感受国家的强大和国安的重要性。二是为香港学校开展国安教育营造社会氛围。利用互联网新媒体等传播手段，经常性、系统性开展网络主题教育和宣传活动，有效扩大国安教育网上宣传覆盖面和影响力。

总之，香港国安法的颁布实施，从制度体系上强化香港同胞的中华民族共同体意识。香港维护国家安全，不仅要完善立法、执法、司法工作，而且要大力开展国安教育，普遍提升全民的国家安全意识。香港中小学生是香港的未来，是实现中华民族伟大复兴的中坚力量，更是"一国两制"的见证者、参与者与传承者。在香港中小学积极推进国安教育，构建以"一国两制"与"人心回归"、爱国爱港与国家认同为指向的法治教育体系，将铲除"港独"祸源，极大增强香港青少年的家国意识和国家民族认同感，铸牢香港青少年的中华民族共同体意识，进而促进香港"一国两制"事业沿着正确轨道行稳致远。

作者简介：夏泉，暨南大学党委副书记兼中央四部委铸牢中华民族共同体意识研究基地主任，研究员，博士生导师；孙清忠，博士，副研究员，MPA硕导，暨南大学高教研究与评估中心/湾区办主任，南洋理工大学访问学者；雷丹，暨南大学湾区办主任科员。

自组织理论视角下粤港澳大湾区高校联盟研究

孙清忠　孙轶林

摘要：粤港澳大湾区高校联盟作为一个复杂的混沌自组织系统，具有开放性、非平衡性和非线性自组织特征。研究基于自组织理论视角，对粤港澳大湾区高校联盟进行多维度分析，进而深入分析高校联盟发展中存在的主要问题与原因，在共商、共享、共建基础上，提出粤港澳大湾区高校联盟发展的建设思考，以期为高校联盟的良好发展提供参考。

关键词：自组织理论　高校联盟　问题归因　共同治理

一、引言

由于位置相近、文化相融，粤港澳大湾区之间高校的合作交流由来已久。粤港澳高等教育合作大体可以归结为三大阶段：第一阶段是起步阶段，大致为新中国成立后至改革开放前。在这一阶段，粤港澳的高等教育合作才开始，在当时的历史环境下，广东高等教育逐步扩大规模，港澳的高等教育进入飞速发展时期，粤港澳三地的高等教育合作主要表现为零星的交流，单向交流较为突出，主要是部分港澳青年赴粤上学，形式比较单一，还没有形成组织间系统的合作。第二阶段为全面合作阶段，主要为改革开放后至 2019 年。在这一阶段，粤港澳高等教育合作全面展开并快速发展，主要表现为多层次交流，粤港澳高校互招本科生和研究生，联合办学、协同科研、机构间交流成为常态等，学术交流活动日渐丰富，校际的交流关系也逐步得以建立并成立了具有组织形态的联盟。如 1985 年暨南大学就联合香港大学和香港中文大学培养研究生，开展"研究班"形式的继续教育；20 世纪末，中山大学、广州中医药大学纷纷与香港大学、香港美加中医药针灸研究院等联合举办课程，共同培养人才；21 世纪开始，广东省高校与香港高校展开人才培养合作，包括"2＋2"模式、交换生等。2016 年 11 月，中山大学、香港中文大学和澳门大学发起成立粤港澳高校联盟；2018 年 11 月，暨南大学、中山大学、华南理工大学等 11 所高校联合倡议成立粤港澳大湾区高校在线开放课程联盟等。第三阶段为深化融合阶段，主要指 2019 年至今。这一阶段更多体现的是组织间的合作，尤其以签订多方合作内容的高校间的联盟形式居多。例如，举办粤港合作教育专责小组会议、签署《关于加强粤港高等教育交流合作备忘录》、举办粤港澳琼高校交流事务负责人会议、成立粤港澳各类高校联盟等。

二、粤港澳大湾区高校联盟的内涵与外延

"战略联盟"（Strategic Alliance）的概念最早由美国 DEC 公司总裁简·霍普罗德和管理学家罗杰·内格尔共同提出。战略联盟指的是由两个或两个以上有着共同战略利益和对等经营实力的企业，为达到共同拥有市场、共同使用资源等战略目标，通过各种协议、契约而结成的优势互补或优势相长、风险共担、生产要素水平式双向或多向流动的一种松散的合作模式。[①] 我们认为，粤港澳大湾区高校联盟属于战略联盟的一种形式，其高校具有各自的优势或资源，通过组织间的合作与交流，实现长期的双赢或多赢。它是基于粤港澳三地高校，以一定契约形式进行关系缔结、确立发展理念和目标及规定行为规范，以共商、共享、共建为基本原则，以促进高等教育资源实现再优化、再配置，着力解决涉及粤港澳三地高校合作与发展问题的高校间协作组织。[②] 粤港澳大湾区高校联盟不是一个简单拼凑的组织系统，而是一个高度复杂的混沌自组织系统，其发展顺应了世界高等教育和经济社会发展的趋势，通过联动互补、抱团发展方式，利用各自资源在人才培养、科学研究、科技创新、社会服务和文化传承等方面促进交流合作，以集体力量和团队优势发挥作用，达到"共赢""共生"的目的。

粤港澳大湾区高校联盟有不同的分类。综合性联盟有粤港澳高校联盟、粤港澳高校工科联盟等；功能性联盟有粤港澳大湾区高校在线开放课程联盟、粤港澳大湾区法学教育与人才培养联盟等；区域性联盟有粤港澳大湾区西岸科技创新和人才培养合作联盟等；学科专业性质联盟最多，有粤港澳大湾区物联网显示联盟、粤港澳高校生物电子学联盟、粤港澳高校精神与神经疾病联盟、粤港澳高校会计联盟、粤港澳高校智慧校园联盟等。

---

① 朱以财，刘志民."一带一路"高校战略联盟建设的现状、困境与路径 ［J］. 比较教育研究，2019，41（9）：3 - 10.
② 徐小洲，罗弦，冯建超. 高校国际联盟的发展模式与战略构想 ［J］. 教育发展研究，2020，40（9）：22 - 28.

目前，粤港澳大湾区高校联盟在发展中还存在许多制约因素、瓶颈问题有待解决。本文把粤港澳大湾区高校联盟作为一个复杂的自组织系统，利用自组织理论对其进行多维度分析，进而找出制约粤港澳大湾区高校联盟发展的问题与原因，提出促进粤港澳大湾区高校联盟发展的对策建议。

三、自组织理论视角下粤港澳大湾区高校联盟多维度分析

高校联盟作为一种组织系统，具有典型的自组织特征。从开放性上看，联盟处于政产学研系统之中，作为独立的组织，打破了高校、政府、企业、行业等的壁垒，通过开放共享，实现彼此间利益最大化；从非平衡性上看，高校联盟作为以人才培养、科学研究、社会服务等为主要功能的复合组织，其内部包含着"校—院—系""学科—专业"等不同的子系统，由于层级、信息、资源、机会的差异性，各子系统之间形成了既交叉融合又相互竞争的非平衡状态；从非线性上看，高校联盟中的各所高校与企业、科研团队以及合作的各机构之间不是简单的线性关系，不存在上下科层制隶属关系，扁平化、网格化特征较为明显。基于此，粤港澳大湾区高校联盟通过签订协议、制定章程、完善制度等获得自主性发展动因，通过吸纳新成员、扩充机构、争取经费使组织得到快速成长，通过举办各种论坛进行开放式交流，围绕人才培养目标发展体现组织的核心功能，联盟的最终使命是为社会发展服务。

高校联盟是相对独立完整的共同体，有其自身的特性和维系纽带。粤港澳大湾区高校联盟既是区域性合作共同体，也是利益和文化共同体。联盟的构成要素、特征和维系纽带相互作用，使联盟具有自组织特征。

（一）多元融合非线性的自组织治理方式

粤港澳大湾区高校联盟需强化组织的协同治理。联盟中的港澳高校采用"政府—中间机构—高校"的共同治理模式，强调学术自治和校院共治，注重分权治理。联盟中的广东高校主要采用党委领导下的校长负责制，更多体现的是科层制管理模式。"高校联盟是彼此无隶属关系的多元主体组成的复合型组织，由多个高校主体融合成一个复杂的组织系统，在决策与执行、命令与服从之间的界线是非线性模糊的和动态的。在联盟的集体行动中，各行动者是主体间的关系而非主

客体的关系。"① 这种治理模式有三个重要特征：一是采用高校联盟理事会共同管理，三地校长为轮值理事长；二是以解决问题为治理导向，比如粤港澳在线开放课程联盟主要目的是解决粤港澳三地课程互选、学分互认等人才协同培养问题；三是表现为网络式和项目式治理形态，即强化联盟间网络式协同，以项目带动治理。

（二）非平衡状态的组织结构

粤港澳大湾区高校联盟由于资源获取、发展程度不一等原因处于非平衡状态。按照耗散结构理论，高校联盟作为一个远离平衡态的非线性开放系统，其内部的高校不断与政府、企业等社会外界产生交换，在其中的部分高校由量变达到质变时，高校综合水平将发生突变，由原有的状态形成新的稳定的宏观有序结构。在粤港澳大湾区高校联盟中，高水平的高等院校为广东省学科研究奠定了基础，广东省一共设立了13个重点实验室，1 239个博士学位授权点，其人才培养变得更加轻松和快速；香港有更多高水平的大学或院校，其中包括香港大学在内的5所大学进入了全球高校排名前100位，在大湾区三地中数量最多；澳门高等教育则专注发展差异性，比如旅游、宗教信仰等。大湾区内高校资源和发展的不均衡情况相对于其他区域联盟更为明显，各所高校通过学习对方优势，弥补劣势和短板，追求突变点，推动联盟向新的稳定结构发展。

（三）打造国际科技创新中心的组织核心职能

打造国际科技创新中心是粤港澳大湾区建设的核心。粤港澳大湾区高校联盟在国际科技创新中具有重要的优势，聚焦国际科技合作与学术交流，集聚一流学者和培养拔尖创新人才，有助于建成具有国际影响的区域科创基地。众所周知，港澳有科研的优势，广东有技术研发优势和科研成果转化的广阔市场。2005年至2013年，香港各大学纷纷联合广东省高校成立"伙伴实验室"，2018年香港的16家伙伴实验室摘掉了"伙伴"的尾巴，更名为国家重点实验室；澳门也获批2家国家重点实验室，数量达到4家。这极大推动了粤港澳高校间开展实质性合作研究工作。2018年粤港澳大湾区的高校数量为173所，香港中文大学等6所香港高校在深圳设立了72个科研机构。港澳的大学、科研机构也在广东兴建了一批产学研合作和成果转化基地，借助生物医药、通信技术、环境等专业联盟，发挥高校间科研的集成优势，为打造国际科技创新中心奠定了良好的基础。

---

① 刘志民，朱以财. "一带一路"高校战略联盟发展的实然审视与应然向度：价值哲学视角［J］. 高校教育管理，2020，14（1）：16-28.

121

（四）"文化育人"的组织独特优势

粤港澳大湾区三地拥有共同的文化传统，但是由于历史际遇、文化制度、社会建设等原因，三地形成了各具特色的文化氛围。《粤港澳大湾区发展规划纲要》提出了人文湾区的建设要求，粤港澳大湾区三地的文化融合发展成为必然的趋势。湾区内成立了多个推进文化交流的高校联盟，如粤港澳大湾区文化创新研究联盟、粤港澳大湾区文学联盟、粤港澳大湾区中文联盟，加强对学生的爱国教育，提升学生中华文化素养，培养文化共识，强化对祖国的认同感。

（五）在线联动优势明显的开放组织特性

传统交换生因高昂成本限制，人数往往较少，而由联盟推进的在线课程可以有效解决这一问题。特别是粤港澳大湾区高校间的交流相对于其他区域联盟存在额外的通关成本，湾区内的联盟无疑降低了交流成本。联盟的信息化建设推动了教育资源的共享，共建各类优质在线开放课程，搭建开放互通的在线平台，实现粤港澳三地教育教学资源共享，推动联盟高校间课程互选和学分互认等。基于在线的授课形式给予学生更大选课学习的自由，粤港澳大湾区在线课程的发展在疫情期间也起到了极大的作用。

（六）协同性提升了自组织效力

自组织理论认为系统各要素之间的协同是自组织过程的基础，系统内各序参量之间的竞争和协同作用是系统产生新结构的直接根源。一些粤港澳大湾区高校联盟的发声，极大影响了政府政策的制定，如教育部及广东省政府印发了《推进粤港澳大湾区高等教育合作发展规划》等文件。通过联盟组织形式提出建议，定期就大湾区高校合作及高等教育发展进行研讨，有利于推动粤港澳大湾区联席会议制度的形成。此外，联盟提出共同诉求，共同研究湾区规则衔接，如有关法律、金融、教育、科技等。

四、自组织理论视角下粤港澳大湾区高校联盟问题归因

高校联盟的研究专家弗里茨·格鲁普认为："原则上的认同和行动上的认可之间存在着令人懊恼的遥远距离。"[①] 粤港澳大湾区高校联盟发展刚刚起步，存

---

① 孔德琳. 共同利益界定、权力配置与制度设计：高校联盟内部治理结构探析［J］. 高教探索，2018（6）：10.

在许多自组织发展中的问题。下面对存在的问题进行简单总结,并对产生问题的原因进行归纳。

(一) 契约性淡化

简单的规则对各种契约关系的规范,一般通过制度安排来实现。但粤港澳大湾区高校联盟存在契约性淡化问题,主要有三点:一是缺少规章制度,虽然有高校联盟章程,但依然缺乏相应的规章制度来发挥联盟的重要作用;二是体制不一的限制,广东高校和港澳高校的体制不一样,因而管理体制、经费使用、权益分配、产权保护等也不一样,造成具体合作领域的契约空白;三是现有的粤港澳大湾区高校联盟不是独立的法人,在一定程度上制约了其自主性的发展,对各组成单位约束有限。

(二) 协同性不足

高校协同发展是粤港澳大湾区高校联盟发展的重要范式。但从目前发展情况看,高校联盟中,除了发起方高校设立专门机构负责联盟日常运作与沟通外,大部分参与高校均只由负责工作的部门承担相应的联系工作,协同性不足。究其原因,首先是政策性因素,比如,由于合作双方对合作项目的要求和标准不统一,往往会在某些方面出现分歧,并且缺乏特定的管理组织或委员会进行协调,由此导致合作项目难以推动;其次是高校联盟发展的投入不足,大部分联盟没有专门的经费;最后是由于刚刚起步,联盟建立的共享共建平台还是偏少,而许多合作都需要在这种平台上实现。

(三) 合作呈现表面化

粤港澳大湾区高校联盟内各高校的合作容易停留在形式上,缺乏真正的深层次交流与合作。有的是受当地政府或行政关系的影响,建立联盟之前并没有深入考察和研究,导致成立后的联盟管理面临种种困难,久而久之因缺乏管理而松散;有的联盟之间没有形成利益和资源共同点,导致高校间缺乏实际运作动力,再加之缺少相关的监督管理机制,盟友关系并不牢靠,致使联盟停留于表面,所签订的协议项目停留在纸上,没有得到进一步落实。

(四) 合作机制不完善

联盟高校间的合作大多停留在签署协议、召开会议等浅层次阶段,很多联盟的机制不够完善。联盟长远发展的战略性、体制性的顶层设计较少;涉及成员间权利、义务的内容较为宏观,不具有一定的约束性;合作的保障机制欠缺,没有具体可操作的措施,保障的多元利益设计较少,只是成员利益内容的简单叠加。

五、基于自组织理论的粤港澳大湾区高校联盟建设思考

（一）增强联盟发展的独立自主性

粤港澳大湾区高校联盟作为一个自组织系统，为实现其使命，应该发挥其自主性动因，增强联盟发展的独立自主性。首先，增强联盟独立发展的意识，强化联盟的组织属性，借助协议、章程、制度等强化组织发展的自主性，借助联盟会议、内部组织的交流等形式增强组织外部生存能力；其次，营造联盟协同合作发展的氛围，注重联盟"和而不同"环境的打造；最后，持续加强联盟自我发展能力，粤港澳大湾区高校联盟作为一个开放共享的系统，要实现可持续发展，必然要从外部环境中获取信息、人力、经费等异质性资源，这就必须提升自主获取资源的能力，加强与外部主体的协同性，充分利用高校的科研优势，积极与政府、企业、行业等进行交叉交流协同，深度对接粤港澳经济社会发展的实际需求，实现互通有无、共同发展的良好态势。

（二）优化完善联盟制度化保障

制度建设是破解当前粤港澳大湾区高校联盟发展困境的首要选择，也是其共同行动的前置基础。[①] 因此，高校联盟应首要推动交流合作的法制化建设，借助法律法规的约束力，有序地推进联盟发展。从"环太平洋大学联盟""国际研究型大学联盟""东亚研究型大学协会"等具有全球影响力的联盟组织发展看，各成员高校将交流合作置于法律框架内执行，特别重视制度建设，使联盟得以快速发展。目前，从外部环境看，政府可以出台有关联盟的指导意见，从成立、运行、合作交流乃至退出都有规范性的要求；从内部环境看，联盟要强化自身的制度建设，明确联盟的管理体制、运行机制、共享原则等，以制度保障组织的发展。

（三）加快提升联盟实质性合作水平

目前，粤港澳大湾区高校联盟发展取得了很多成果，但对大湾区发展和"一带一路"建设的贡献还远远不足，应该加快提升高校联盟的实质性合作水平。一

---

① 蔡炜，耿丹青. 粤港澳大湾区高等教育合作发展体系建设结合点的思考［J］. 高教探索，2019（12）：42－47.

是要充分发挥自主性动因，注重以自组织形式结盟，减少行政影响，开展学科优势等利益相近的专项合作。二是应充分发挥高校联盟在科技创新中的优势，积极成立或鼓励科技中介机构做好科技成果转化工作，形成科技创新的良性循环。三是要对科技创新的各个环节加强监督，规范合作、成果转化流程，提升产学研一体化发展水平。

（四）共建创新型人才培养模式

粤港澳大湾区高校联盟作为创新型人才培养重要阵地，必须积极主动进行人才培养的变革以适应国际经济社会发展的需求，共建创新型人才培养模式。比如，先从课程互选、学分互认、资源共享开始进行创新型人才培养的探索；加大引进境外优质教育资源到境内办学的力度，推动粤港澳大湾区高等教育跨越式发展，引进港澳高校到高教资源薄弱的地市合作办学或者设立校区；开展本科以上层次人才培养并推动粤港澳联合培养研究生。

（五）树立区域认同和文化认同的理念

对于粤港澳大湾区高校联盟来说，从文化角度看是多元文化的相互融合。作为高等教育发展共同体，联盟应在其内部培育维系组织有序运行的价值共识，即从内部建构一种"共生、共建、共享"的联盟文化基因，实现联盟文化与区域文化的结合，注重"一国两制三法域"下和而不同理念的打造，尊重彼此文化差异，营造认同和共融的联盟新文化，更好地发挥联盟服务区域经济社会发展的重要功能。

作者简介：孙清忠，博士，副研究员，MPA硕导，暨南大学高教研究与评估中心/湾区办主任，南洋理工大学访问学者；孙轶林，暨南大学高教研究与评估中心科员，硕士。

粤港澳大湾区高等教育合作规则对接初探

李 良

摘要：《粤港澳大湾区发展规划纲要》的颁布明确提出了要推动教育合作发展，建设人才高地的发展目标。完成这个任务的重要路径在于高等教育建设与深度合作，推动三地教育领域协同创新发展。粤港澳大湾区高等教育相关要素的互融互通和政策协同对接，是实现粤港澳大湾区发展目标的保障。找准高等教育合作层面的支持条件及现存问题，明确高等教育合作发展基础，充分考虑三地区域差异化特点，加强顶层设计，制定专项法律和政策，完善政策协调对接机制，推动粤港澳三地高等教育交流合作便利化、规范化和可持续化。

关键词： 粤港澳大湾区　高等教育　合作机制　规则对接

引　言

建设粤港澳大湾区（以下简称"大湾区"）是习近平总书记亲自谋划、亲自部署、亲自推动的国家战略，是新时代推动形成全面开放新格局的新举措，也是推动"一国两制"事业发展的新实践。2019 年 2 月 18 日，中共中央、国务院印发《粤港澳大湾区发展规划纲要》（以下简称《纲要》），对大湾区建设作出了全面部署，制订了翔实的行动计划，明确提出要推动教育合作发展，建设人才高地，为粤港澳三地高等教育事业发展带来了新机遇。《纲要》作为纲领性的指导文件，为大湾区教育建设既定了向又定了调，明确了粤港澳三地教育关系是一个合作关系的大背景。通过新时代的教育合作，谋求大湾区教育的高质量发展尤其是高等教育的发展，具有十分重要且特殊的使命和作用。高等教育合作有赖于教育协同管理，但管理的协同效应并不会自发产生，它的产生、持续和维护需要特定的机制体制作为保障。通过开展研究，有助于推动粤港澳三地高等教育合作规则对接，为其他国际教育合作提供有益借鉴。

一、内地与港澳教育规则的差异

（一）教育环境的差异

"一个国家、两种制度、三个关税区和三个法律体系"是内地与港澳教育规则对接中所遵循的基本原则和前提条件，也是粤港澳大湾区区别于世界其他三大湾区的最主要特点。港澳特别行政区在行政地位、立法权、决策权等方面享有比广东省更大的自主权，因此在很大程度上对三地教育合作的开展产生对等性和灵活性等方面的影响，这种特殊现状决定了大湾区教育对接的复杂性和困难性。

（二）粤港澳高等教育办学层次的差异

《广东省推进粤港澳大湾区建设三年行动计划（2018—2020 年）》明确指出，要推动大湾区高等教育合作，鼓励港澳青少年到内地学校就读，推进大湾区学校互动交流。众所周知，香港汇聚了国际一流的教育资源。在 2022 年 QS 世界大学排名中，香港的 22 所高校（见表 1）中有 3 所位列前 50 名，香港大学（第 22 名）、香港科技大学（第 34 名）、香港中文大学（第 39 名）；而广东省共有 160 所高校（见表 2），仅有 2 所位列前 300 名，中山大学（第 260 名）、南方科技大学（第 275 名）。纵使地处大湾区内地 9 市的高校有 130 所，但整体教育水平与港澳差距仍然较大，其中本科层次仅有 59 所，其余均为专科层次。

表 1　拥有学士或学士以上学位授予权的香港高等学校名单

东华学院	香港科技大学
宏恩基督教学院	香港高等教育科技学院
明爱专上学院	香港浸会大学
明德学院	香港能仁专上学院
岭南大学	香港理工大学
香港大学	香港教育大学
香港中文大学	香港演艺学院
香港公开大学	香港恒生大学

（续上表）

香港伍伦贡学院	珠海学院
香港城市大学	港专学院
香港树仁大学	耀中幼教学院

注：根据教育部公布拥有学士或学士以上学位授予权的香港高等学校名单整理所得，依笔画排序。

表2　广东高校名单一览表

序号	学校名称	主管部门	所在地	办学层次	备注
1	中山大学	教育部	广州市	本科	
2	暨南大学	中央统战部	广州市	本科	
3	汕头大学	广东省	汕头市	本科	非湾区
4	华南理工大学	教育部	广州市	本科	
5	华南农业大学	广东省	广州市	本科	
6	广东海洋大学	广东省	湛江市	本科	非湾区
7	广州医科大学	广东省	广州市	本科	
8	广东医科大学	广东省	湛江市	本科	非湾区
9	广州中医药大学	广东省	广州市	本科	
10	广东药科大学	广东省	广州市	本科	
11	华南师范大学	广东省	广州市	本科	
12	韶关学院	广东省	韶关市	本科	非湾区
13	惠州学院	广东省	惠州市	本科	
14	韩山师范学院	广东省	潮州市	本科	非湾区
15	岭南师范学院	广东省	湛江市	本科	非湾区
16	肇庆学院	广东省	肇庆市	本科	
17	嘉应学院	广东省	梅州市	本科	非湾区
18	广州体育学院	广东省	广州市	本科	
19	广州美术学院	广东省	广州市	本科	
20	星海音乐学院	广东省	广州市	本科	
21	广东技术师范大学	广东省	广州市	本科	

（续上表）

序号	学校名称	主管部门	所在地	办学层次	备注
22	深圳大学	广东省	深圳市	本科	
23	广东财经大学	广东省	广州市	本科	
24	广东白云学院	广东省教育厅	广州市	本科	民办
25	广州大学	广东省	广州市	本科	
26	广州航海学院	广东省	广州市	本科	
27	广东警官学院	广东省	广州市	本科	
28	仲恺农业工程学院	广东省	广州市	本科	
29	五邑大学	广东省	江门市	本科	
30	广东金融学院	广东省	广州市	本科	
31	电子科技大学中山学院	广东省教育厅	中山市	本科	民办
32	广东石油化工学院	广东省	茂名市	本科	非湾区
33	东莞理工学院	广东省	东莞市	本科	
34	广东工业大学	广东省	广州市	本科	
35	广东外语外贸大学	广东省	广州市	本科	
36	佛山科学技术学院	广东省	佛山市	本科	
37	广东培正学院	广东省教育厅	广州市	本科	民办
38	南方医科大学	广东省	广州市	本科	
39	广东东软学院	广东省教育厅	佛山市	本科	民办
40	广州城市理工学院	广东省教育厅	广州市	本科	民办
41	广州软件学院	广东省教育厅	广州市	本科	民办
42	广州南方学院	广东省教育厅	广州市	本科	民办
43	广东外语外贸大学南国商学院	广东省教育厅	广州市	本科	民办
44	广州华商学院	广东省教育厅	广州市	本科	民办
45	湛江科技学院	广东省教育厅	湛江市	本科	民办、非湾区
46	华南农业大学珠江学院	广东省教育厅	广州市	本科	民办
47	广州理工学院	广东省教育厅	广州市	本科	民办
48	北京师范大学珠海分校	广东省教育厅	珠海市	本科	

（续上表）

序号	学校名称	主管部门	所在地	办学层次	备注
49	广州华立学院	广东省教育厅	广州市	本科	民办
50	广州应用科技学院	广东省教育厅	广州市	本科	民办
51	广州商学院	广东省教育厅	广州市	本科	民办
52	北京理工大学珠海学院	广东省教育厅	珠海市	本科	民办
53	珠海科技学院	广东省教育厅	珠海市	本科	民办
54	广州工商学院	广东省教育厅	广州市	本科	民办
55	广州科技职业技术大学	广东省教育厅	广州市	本科	民办
56	广东科技学院	广东省教育厅	东莞市	本科	民办
57	广东理工学院	广东省教育厅	肇庆市	本科	民办
58	广东工商职业技术大学	广东省教育厅	肇庆市	本科	民办
59	东莞城市学院	广东省教育厅	东莞市	本科	民办
60	广州新华学院	广东省教育厅	广州市	本科	民办
61	广东第二师范学院	广东省	广州市	本科	
62	南方科技大学	广东省	深圳市	本科	
63	深圳技术大学	广东省	深圳市	本科	
64	北京师范大学—香港浸会大学联合国际学院	广东省教育厅	珠海市	本科	合作办学
65	香港中文大学（深圳）	广东省教育厅	深圳市	本科	合作办学
66	深圳北理莫斯科大学	广东省	深圳市	本科	合作办学
67	广东以色列理工学院	广东省	汕头市	本科	合作办学
68	顺德职业技术学院	广东省	佛山市	专科	
69	广东轻工职业技术学院	广东省	广州市	专科	
70	广东交通职业技术学院	广东省	广州市	专科	
71	广东水利电力职业技术学院	广东省	广州市	专科	
72	潮汕职业技术学院	广东省教育厅	揭阳市	专科	民办、非湾区
73	深圳职业技术学院	广东省	深圳市	专科	
74	广东南华工商职业学院	广东省	广州市	专科	
75	私立华联学院	广东省教育厅	广州市	专科	民办

（续上表）

序号	学校名称	主管部门	所在地	办学层次	备注
76	广州民航职业技术学院	交通运输部（中国民用航空局）	广州市	专科	
77	广州番禺职业技术学院	广东省	广州市	专科	
78	广东松山职业技术学院	广东省	韶关市	专科	非湾区
79	广东农工商职业技术学院	广东省	广州市	专科	
80	广东新安职业技术学院	广东省教育厅	深圳市	专科	民办
81	佛山职业技术学院	广东省	佛山市	专科	
82	广东科学技术职业学院	广东省	广州市	专科	
83	广东食品药品职业学院	广东省	广州市	专科	
84	广州康大职业技术学院	广东省教育厅	广州市	专科	民办
85	珠海艺术职业学院	广东省教育厅	珠海市	专科	民办
86	广东行政职业学院	广东省	广州市	专科	
87	广东体育职业技术学院	广东省	广州市	专科	
88	广东职业技术学院	广东省	佛山市	专科	
89	广东建设职业技术学院	广东省	广州市	专科	
90	广东女子职业技术学院	广东省	广州市	专科	
91	广东机电职业技术学院	广东省	广州市	专科	
92	广东岭南职业技术学院	广东省教育厅	广州市	专科	民办
93	汕尾职业技术学院	广东省	汕尾市	专科	非湾区
94	罗定职业技术学院	广东省	云浮市	专科	非湾区
95	阳江职业技术学院	广东省	阳江市	专科	非湾区
96	河源职业技术学院	广东省	河源市	专科	非湾区
97	广东邮电职业技术学院	广东省	广州市	专科	
98	汕头职业技术学院	广东省	汕头市	专科	非湾区
99	揭阳职业技术学院	广东省	揭阳市	专科	非湾区
100	深圳信息职业技术学院	广东省	深圳市	专科	
101	清远职业技术学院	广东省	清远市	专科	非湾区
102	广东工贸职业技术学院	广东省	广州市	专科	

（续上表）

序号	学校名称	主管部门	所在地	办学层次	备注
103	广东司法警官职业学院	广东省	广州市	专科	
104	广东亚视演艺职业学院	广东省教育厅	东莞市	专科	民办
105	广东省外语艺术职业学院	广东省	广州市	专科	
106	广东文艺职业学院	广东省	广州市	专科	
107	广州体育职业技术学院	广东省	广州市	专科	
108	广州工程技术职业学院	广东省	广州市	专科	
109	中山火炬职业技术学院	广东省	中山市	专科	
110	江门职业技术学院	广东省	江门市	专科	
111	茂名职业技术学院	广东省	茂名市	专科	非湾区
112	珠海城市职业技术学院	广东省	珠海市	专科	
113	广州涉外经济职业技术学院	广东省教育厅	广州市	专科	民办
114	广州南洋理工职业学院	广东省教育厅	广州市	专科	民办
115	惠州经济职业技术学院	广东省教育厅	惠州市	专科	民办
116	肇庆医学高等专科学校	广东省	肇庆市	专科	
117	广州现代信息工程职业技术学院	广东省教育厅	广州市	专科	民办
118	广东理工职业学院	广东省	广州市	专科	
119	广州华南商贸职业学院	广东省教育厅	广州市	专科	民办
120	广州华立科技职业学院	广东省教育厅	广州市	专科	民办
121	广州城市职业学院	广东省	广州市	专科	
122	广东工程职业技术学院	广东省	广州市	专科	
123	广州铁路职业技术学院	广东省	广州市	专科	
124	广东科贸职业学院	广东省	广州市	专科	
125	广州科技贸易职业学院	广东省	广州市	专科	
126	中山职业技术学院	广东省	中山市	专科	
127	广州珠江职业技术学院	广东省教育厅	广州市	专科	民办
128	广州松田职业学院	广东省教育厅	广州市	专科	民办

（续上表）

序号	学校名称	主管部门	所在地	办学层次	备注
129	广东文理职业学院	广东省教育厅	湛江市	专科	民办、非湾区
130	广州城建职业学院	广东省教育厅	广州市	专科	民办
131	东莞职业技术学院	广东省	东莞市	专科	
132	广东南方职业学院	广东省教育厅	江门市	专科	民办
133	广州华商职业学院	广东省教育厅	广州市	专科	民办
134	广州华夏职业学院	广东省教育厅	广州市	专科	民办
135	广东环境保护工程职业学院	广东省	佛山市	专科	
136	广东青年职业学院	广东省	广州市	专科	
137	广州东华职业学院	广东省教育厅	广州市	专科	民办
138	广东创新科技职业学院	广东省教育厅	东莞市	专科	民办
139	广东舞蹈戏剧职业学院	广东省	广州市	专科	
140	惠州卫生职业技术学院	广东省	惠州市	专科	
141	广东信息工程职业学院	广东省教育厅	肇庆市	专科	民办
142	广东生态工程职业学院	广东省	广州市	专科	
143	惠州城市职业学院	广东省	惠州市	专科	
144	广东碧桂园职业学院	广东省教育厅	清远市	专科	民办、非湾区
145	广东茂名健康职业学院	广东省	茂名市	专科	非湾区
146	广东酒店管理职业技术学院	广东省教育厅	东莞市	专科	民办
147	广东茂名幼儿师范专科学校	广东省	茂名市	专科	非湾区
148	广州卫生职业技术学院	广东省	广州市	专科	
149	惠州工程职业学院	广东省	惠州市	专科	
150	广东江门中医药职业学院	广东省	江门市	专科	
151	广东茂名农林科技职业学院	广东省	茂名市	专科	非湾区
152	广东江门幼儿师范高等专科学校	广东省	江门市	专科	
153	广东财贸职业学院	广东省	清远市	专科	非湾区

（续上表）

序号	学校名称	主管部门	所在地	办学层次	备注
154	广州幼儿师范高等专科学校	广东省	广州市	专科	
155	广东汕头幼儿师范高等专科学校	广东省	汕头市	专科	非湾区
156	广东梅州职业技术学院	广东省	梅州市	专科	非湾区
157	广东潮州卫生健康职业学院	广东省	潮州市	专科	非湾区
158	广东云浮中医药职业学院	广东省	云浮市	专科	非湾区
159	广东肇庆航空职业学院	广东省教育厅	肇庆市	专科	民办
160	湛江幼儿师范专科学校	广东省	湛江市	专科	非湾区

注：民办为民办大学，其他为公办大学，非湾区为广东省大湾区9市以外的大学。本表不含军事类院校。统计时间截至2021年9月。

（三）粤港澳高等教育办学机制的差异

粤港澳高等教育在宏观、中观、微观等层面同样存在显著差异（见表3）。在宏观层面，在教育理念上广东受政府管理和指导较港澳方面突出，在教育经费来源上以政府拨款为主而港澳办学经费来源渠道较广，在办学体制上广东以公立学校占据绝大多数而港澳学校以私立为主。在中观层面，在教育管理体制上广东高校多为党委领导下的校长负责制而港澳高校采取的是董事会领导下的校长责任制，办学自主权更大。在产学研转化方面广东产业链完备，产学研联系更为紧密，但也体现出前沿基础研究薄弱的特点；港澳基础研究实力较强但受发展空间限制，产学研融合具有较大的提升空间。在微观层面，广东高校课程教材内容更新较慢，更注重理论性，实践性有待提高，而港澳高校许多专业与国际接轨，理论与实践相结合做得更好；在语言教育层面，港澳也表现出传统的英文、葡文教学的国际化优势。以上三个层面的异同导致粤港澳大湾区在推进教育规则对接融合时要克服更多障碍，付出更多的努力和探索。

表3 粤港澳高等教育方面的差异对比

	指标	广东	港澳
宏观层面	教育理念	受政府管理和指导较多	积极不干预政策、实行大学自治
	拨款体系	政府拨款为主,校外资助较少,办学经费较为紧张	特区政府与校外资助相结合,办学经费充足
	办学体制	以政府举办为主,民办高校规模较小 公立106所,民办50所,合作办学4所	公立高校与私立高校相辅相成 港:公立8所,私立14所 澳:公立4所,私立6所
	教育质量	国际化开放程度低 拥有8所"双一流大学"(中山大学、华南理工大学、暨南大学、广州中医药大学、华南师范大学、广州医科大学、华南农业大学、南方科技大学),与香港顶尖大学相比仍有差距	国际化开放程度高 港:5所入围QS世界大学排名前100名(香港大学、香港科技大学、香港中文大学、香港城市大学、香港理工大学) 澳:办学质量相对较弱
中观层面	教育管理体制	多为党委领导下的校长负责制,办学自主权受限	董事会领导下的校长责任制,办学自主权较大;国际化、专业化的管理方式
	产学研转化能力	丰富的科研平台和产业园,产学研合作关系密切,但前沿性科技研究薄弱	港:较强的基础研究能力,然而科研成果转化渠道少,产学研融合较为局限 澳:科研能力相对较弱
微观层面	课程设计	课程教材内容相对滞后;理论较强,实践较弱	拥有许多与国际接轨的专业;理论与实践相结合
	语言教育	普遍采用国语教学	港:采用"两文三语"教学 澳:采用"三文四语"教学

注:根据国家教育局、广东省港澳事务办公室等公开资料整理所得。

（四）价值观念的差异

内地一直以来都重视国民的爱国主义教育，从小培育青少年的爱国情怀以及对民族、社会的责任感。香港地区施行的是公民教育，奉行的是实用主义，在政治、历史、国民教育等方面几乎缺失或监管落实不到位。近年来，虽然香港加强爱国教育、民族责任感教育等，但不断爆出的"占中事件""反修例风波"也预示着在国家认同和民族认同的观念教育上，香港教育界仍需付出较多努力。澳门青年的国民身份认同感虽高于香港，但是其国民行动力不高，国民教育仍有较大改进空间，到内地学习、就业的意愿和比例较低。文化价值观的差异使粤港澳在教育制度、教育理念等交流对接中产生巨大的屏障。

（五）评价体系的差距

在评价体系方面，内地教育评价主体单一，主要以政府为主导，教育部往往既承担"教练员"又承担"裁判员"的双重角色。近年来开展的"破五唯"评价体系建设是对评价标准的进一步完善，"双一流"和高水平大学建设也是对教育评价的再升级，目前已开展两期的考核评估，多元的评价体系仍在不断推进构建当中。而港澳高等教育评价主体多样化，由半官方的学术评审局、民间组织及国际顾问团等组成，评价指标涉及教育制度、学术水平、院校设置、教育质量、人员操守等多方面，可以实现对高等教育质量进行较为综合全面的评价，因此评价相对客观公正。

二、高等教育合作层面的支持条件及现存挑战

广东具有毗邻港澳的独特区位优势，在地域上相连、经济上相依、文化上相通，并具备在经济和高等教育领域合作的良好传统。广东与香港、澳门的合作与交流，常作为内地对外开放的重要探索，这其中粤港澳高教领域深度合作有理由成为一个重要抓手，也可以成为新时代高等教育机制体制改革与创新的突破口之一。相较于与国外高教机构的合作办学，粤港澳三地的高等教育合作仍属于同一个国家内不同地区间的合作，不涉及教育主权等问题，其合作与交流在可操作性上更容易实现。① 教育领域因有其特殊性，实现对外开放可在特定区域内先行试

---

① 蒋尊国，卢建红. 协同育人视角下粤港高教的深度合作研究［J］. 广东第二师范学院学报，2014，34（6）：12－16.

验。国家推进粤港澳大湾区建设的考量之一，是将大湾区作为改革探索的试验田，在"一国两制"框架下，利用制度差异，为全面对外开放探索经验。大湾区内不同教育体系的存在，也为探索合作模式和路径提供更多可能。在此过程中可以充分借助港澳搭起中国教育走向世界的桥梁，充分探索融合对接，助推教育强国建设。

大湾区高等教育合作同样面临着现实挑战，主要有制度差异、行政壁垒、城市分工、产业转型升级等。[①] 有学者认为，粤港澳社会融合问题主要是粤港、粤澳的社会政策衔接问题造成港澳同胞在内地的教育、医疗、养老以及工作生活的相关问题。[②] 国际创新型人才流动时，当地能否为其子女提供国际化教育是重要的参考指标。港澳采用国际化教育体系，与国际教育资源深度对接，因此港澳会成为他们的优先选择；而内地教育领域在专业结构、课程设置、管理模式等方面与国际先进水平存在差距，对外合作的深度和广度也不足。三地教育领域合作缺乏系统性的顶层设计。"一国两制"下的"教育跨境"合作存在体制机制障碍，涉及学制期限、考试制度、学历互认等。对于港澳籍及外籍教师的资格互认仍存在制度障碍，师资配备难以实现国际化。在"一国两制"大背景下，粤港澳三地法律制度各有特色，大湾区面对三地不同制度的整合，亟须建立起符合大湾区特质的现代创新治理机制，规则对接是大湾区制度整合的必经之路。

三、粤港澳大湾区高等教育合作的发展基础

从合作的历程来看，大湾区的高等教育合作可分为 3 个阶段。[③] 第一阶段为 1949 年至 1978 年的起步阶段，香港和澳门学子大量赴粤求学，广东省针对港澳学子在政策上给予一定倾斜；第二阶段为 1979 年至 1996 年的发展阶段，粤港澳各高等教育机构开展学生互招、交流互访、合作互办等互动活动，校际的交流关系逐步发展；第三阶段为 1997 年至今的深化阶段，自香港和澳门相继回归，粤港澳高等教育合作在内容上更加广泛、形式上更加多样。进入 21 世纪以来，粤港澳高等教育合作进一步深化，国家对于大湾区教育融合发展出台的一系列政策极大地推动了三地合作发展。在《纲要》等政策文件的积极影响和推动下，港

① 谢爱磊，李家新，刘群群. 粤港澳大湾区高等教育融合发展：背景、基础与路径［J］. 中国高教研究，2019（5）：58 – 63，69.
② 谢宝剑. "一国两制"背景下的粤港澳社会融合研究［J］. 中山大学学报（社会科学版），2012，52（5）：194 – 200.
③ 谢爱磊，李家新，刘群群. 粤港澳大湾区高等教育融合发展：背景、基础与路径［J］. 中国高教研究，2019（5）：58 – 63，69.

澳各界积极回应，相继出台了相应的政策文件，如香港特别行政区政府推出"科技人才入境计划"、澳门特别行政区政府出台《澳门中长期人才培养计划——五年行动方案》，为粤港澳三地加强合作，尤其在高等教育领域积极推动政策对接打下坚实基础。

从合作的发展方向来看，大湾区的高等教育合作将基于泛珠三角区域长期的教育合作基础，立足进一步突破行政区划壁垒，促进机构、项目、人才等要素的有效流动，打造充分融合的世界一流区域性教育系统。粤港澳高等教育合作虽然不是新事物，但随着"粤港澳大湾区建设"这一国家战略的提出与实施，大湾区高等教育合作有望进入融合发展的新阶段。这对粤港澳三地的政府及教育主管部门提出了统一战略规划、寻求资源有效流动和高效配置的新要求。

四、粤港澳大湾区高等教育合作发展政策的特点

大湾区的高等教育系统是在"一国两制"体系中开展的，要以中央和粤港澳三地协商的方式共同推进，这一显著特征区别于其他世界级湾区，在一定程度上提供了制度创新的契机。从合作的政策制度来看，2009 年以来，在《珠江三角洲地区改革发展规划纲要（2008—2020 年)》等文件的积极影响和推动下，粤港澳各界积极努力加强合作，尤其在合作办学领域积极推动并实现了新的突破。教育部公布《2012 年内地部分高校免试招收香港学生办法（试行)》，规定 2012 年起对香港学生豁免港澳台联招考试，内地部分高校可依据香港中学文凭考试成绩择优录取香港学生。目前，内地与港澳地区的高等教育合作主要参照 2003 年 9 月 1 日起实施的《中华人民共和国中外合作办学条例》及其实施办法，但随着形势的快速发展，也显示出不少不适应的地方。国家没有专门的法律法规，导致内地高校与港澳高校的联合培养项目缺乏明确的政策指引。因政策所限，粤港澳教育合作方面遇到不少难题，对合作合法性、持续性等缺乏有效保障，一定程度上削弱了三地合作的积极性。

从合作的形式来看，大湾区的高等教育合作具有以下两个特点：一是基层探索多样，但尚缺乏顶层设计。大湾区的高等教育合作多是自由松散的，往往是校际自发的交流与合作，缺乏政府自上而下主导的制度性安排，缺少促进长期教育合作的整体性规划与思路。二是功能性合作占主导，制度性安排不成熟。大湾区高等教育合作主要基于自愿的原则所建立的非制度化合作关系，通常表现为不同机构之间的交流与合作，通常合作项目完结，交流合作也随之结束。尽管中央政府和三地政府先后出台多项政策文件对大湾区高等教育的合作与发展加以统筹，

但总的来看，专门性、制度性安排仍然较少，缺乏系统性。当前三地社会政策衔接和社会资源整合还存在不少壁垒，亟待研究解决。

从合作的制度衔接来看，由于三地在教育观念、体系、制度、质量管理等方面存在差异甚至是矛盾，使得高等教育合作对接推行起来困难重重。[①] 从法律的角度来说，粤港澳高等教育合作的法律基础既不是国内法，也不是国际法，而是包括港澳基本法、世界贸易组织框架制度、《内地与香港关于建立更紧密经贸关系的安排》（CEPA），以及《粤港合作框架协议》和《粤澳合作框架协议》等相关行政协议在内的复合性规则体系。[②] 虽然大湾区内大学之间的合作取得了显著进步，已由单向、单一化合作走向双向、多元化合作发展，但大湾区内高等教育合作仍然处于粗放阶段。[③] 由于体制与机制、资源与实力、文化与价值等方面存在不对等的问题，教育文化方面的交流与合作缺乏有效配套的政策衔接。教育和科技领域合作明显滞后的根本原因在于体制机制上的壁垒，制度上的一些障碍影响了合作的深化。

五、粤港澳大湾区高等教育合作政策对接的策略路径

（一）加强顶层设计

大湾区高等教育合作协同发展首先需要清晰的战略定位和顶层设计，亟须通过中央政府主导的协同来提升大湾区教育合作发展的质量和水平。[④] 但需注意的是，在推动协同的同时，不可忽视来自港澳特区政府的反馈对接，应发挥特区政府推进粤港澳高等教育合作发展的独特作用，促进两者的相互协同与衔接，从而形成双向互动效应，这对于深化大湾区教育合作发展具有更为重要的现实意义。

粤港澳三地政府在与市场、社会的关系上存在较大的差异，在教育合作领域，港澳特区政府的职能与广东政府的职能又有所不同。因此，在推进三地教育合作方面，港澳特区政府也必须重新审视现有政策的弊端，充分考虑"一国"的前提范畴，把"一国两制"作为推进三地协调对接的总方针。[⑤] 各方应在确保

① 卢晓中. 推动粤港澳大湾区教育合作发展的思考 [J]. 中国高教研究, 2019 (5)：54 – 57.
② 马化腾, 王晓冰, 谈天, 等. 粤港澳大湾区：数字化革命开启中国湾区时代 [M]. 北京：中信出版社, 2018：183 – 184.
③ 许长青. 高水平合作, 高质量发展, 推动粤港澳大湾区建设 [J]. 现代教育论丛, 2019 (1)：8 – 11, 20.
④ 李均. 整体推进粤港澳大湾区高等教育协同创新发展 [J]. 现代教育论丛, 2019 (1)：11 – 13, 19 – 20.
⑤ 马进保. "一国两制"下的粤澳司法合作与机制构建 [J]. 学术研究, 2008 (10)：79.

国家利益的前提下依法施政，将国家利益和地区利益有机统一起来，推动三地高等教育有机融合，以适应大湾区发展战略的需要。

（二）制定专项法律和政策

在尊重粤港澳意识形态差异和文化多样性的前提下，可借鉴欧盟1999年发表的《博洛尼亚宣言》（Bologna Declaration）所确立的欧洲高等教育一体化原则，基于"一国两制"框架下，充分利用三地政策和制度优势，在高等教育管理体制、目标、质量等方面先行先试。[①] 为促进大湾区高等教育合作发展，中央政府可给予法律和政策上的支持，如突破《中华人民共和国中外合作办学条例》的框架，制定更宽松、更务实的合作办学条例；参照内地与港澳经贸关系上的CEPA，建立教育共同市场，创建教育领域的"CEPA"；甚至考虑出台如"大湾区教育宣言""大湾区教育合作计划"等适应当前区域合作的专项方案，赋予特殊政策倾斜，支持更多先行先试的机制体制改革。

（三）完善政策协调对接机制

一是继续凝聚政策和规则标准对接共识。政策对接是落实各项发展战略的具体体现，规则标准对接是深化互信合作的基本保障。[②] 找到彼此利益的契合点，形成共商共建共享的最大合力。二是不断创新政策对接方式。经过多年的实践，粤港澳三方共同探索形成了战略对接、规划对接、机制对接、项目对接的有效工作方式。接下来，三地结合规则的各自特点和差异，应以更加灵活的方式加强政策对接。三是完善粤港澳社会政策体系的协调方式。粤港澳三地政府必须适应区域深度一体化发展变化的客观情况，制定完善粤港澳社会政策体系，赋予其更强的政策协调性和整合能力。

（四）便利人才往来流动

应着手制定施行更加便利开放的通关出入境政策，进一步简化便利人员往来流动。在公安出入境部门协调支持下，建立港澳籍人才"一签多行""一站式通关"等信息化平台，在粤港澳大湾区内推行往来人员"一次性、简化性、便利性"的查验方式，在大湾区内推广适用范围，有效加速粤港澳科技人才、教育人才的交往交流互动便利。寻求突破人员交通、出入关等的阻碍瓶颈，便于更加开

---

① 李均. 整体推进粤港澳大湾区高等教育协同创新发展 [J]. 现代教育论丛，2019（1）：11－13，19－20.
② 宁吉喆. 进一步加强政策规则对接 共促"一带一路"走深走实行稳致远 [J]. 宏观经济管理，2019（5）：3－4.

放自由的人才政策对接，以此促进高层次人才的流通与聚集。①

（五） 推进职业资格互认

要实现智力资源的良好流动，在职业资格对接上要加快做好互认试点，尽快推进职业资格一体化进程。逐步取消对港澳专业人员的各种限制，允许港澳地区取得专业资格的人员到大湾区提供专业服务。同时，港澳地区地应认可大湾区内颁发的各类职业资格认证，做到湾区内部职业资格认证的有效衔接。利用行业协会与行业会员联系，通过粤港澳行业协会的合作与交流，组织推动职业资格互认，推动职业资格考试科目豁免、合理设置考试场地来化解就业市场竞争阻碍，扩大"一试三证"范围，达成有助于资格互认的协议，共同推动职业资格互认的进程。

（六） 推进学分互认

通过创新形式的高等教育合作，进一步吸引广大港澳青年主动融入国家发展大局。依托粤港澳大湾区高校联盟、专业联盟、粤港澳大湾区高校在线开放课程联盟等各类大湾区创新合作平台，加强各地学科和专业的互学互选，开放共享教育资源，推行三地学分互认和跨校选课，推动三地青年学生互动交流，构建区域教育融合高地。三地教育机构可联手共建大湾区实验室合作平台，依托粤港澳大湾区实验室的建设计划，搭建高水平的科研合作机制，在科研和学术层面创新合作模式，打破固有的合作制度限制和障碍。

（七） 激发多种形式的办学模式

内地高等教育以公办教育为主要模式，而港澳地区民办教育占主流地位。这在推进湾区内部高等教育对接的过程中，免不了因教育主管机构的异同而造成衔接上的障碍。高等教育作为助力打造国际科技创新中心的重要智力支撑，内地教育应向多元化发展，逐步提升民办教育的比重，发挥民办教育的创新活力，多渠道提升内地高等教育水平。港澳地区应适度提高公立学校的办学数量，做到各类型高校比例协调，扭转当前公立学校比例过低的现状；同时，通过行政手段的协调，纠正社会层面"被融合""被规划"的不正心态，通过教育增强港澳居民的民族和国家认同感，提高国家意识和爱国精神。

---

① 游霭琼，周仲高. 集聚人力资源建设粤港澳大湾区人才高地 ［M］//广东省社会科学院. 粤港澳大湾区建设报告（2018）. 北京：社会科学文献出版社，2018：187.

（八）拓宽教育资金来源渠道

大湾区内地高校的教育经费来源绝大多数靠政府的财政支持，应积极拓宽教育资金的来源渠道，鼓励办学主体多渠道筹措办学资金，推动办学经费来源多样化。发动社会资本、国有资本和政府资本以多维度组合的方式投入教育领域，探索社会资助或建立教育基金会的大学经费运营模式。激活市场化为主体的资本力量投入教育，充分发挥市场对优质教育资源的配置能力，不断提升教育资源的投入，提升湾区高等教育投入与经济发展之间的匹配程度。

六、结语

大湾区高等教育合作规则对接，应从加强顶层设计入手，在中央政府主导下，按照《纲要》《深化粤港澳合作　推进大湾区建设框架协议》等政策范本，创新粤港澳高等教育发展统筹协调机制，完善配套相关法规，为高端人才流动、要素流动等创造便利条件，为职业资格互认等就业创业终端扫除障碍，为高等教育的全链条协同发展创造支撑条件。同时，注重中央与地方间的双向有益互动，提升政策和规划的协调对接水平，消弭各种法律政策障碍，改革合作交流的体制机制，实现资源的高效配置，降低合作交流成本，推动粤港澳三地高等教育合作交流便利化、规范化和可持续化。

作者简介：李良，暨南大学湾区办助理研究员。

经济篇

粤港澳大湾区产业协同集聚对区域创新的溢出效应研究

钟　韵　秦嫣然

摘要： 产业协同集聚是产业发展至高级阶段的产业关联表现形态。对单一产业集聚的研究表明，集聚对区域创新具有积极意义。本文以粤港澳大湾区为研究区域，试图探讨产业协同集聚对区域创新的溢出作用。研究选取了2003—2019年的面板数据，从多空间尺度运用 EG 修正指数和 DCL 指数测度了产业协同集聚的特征，并运用空间杜宾模型分析了产业协同集聚对邻近地区创新的溢出效应，以期对粤港澳大湾区建设国际科技创新中心提供有益的思路。研究发现：①大湾区已经存在低水平的产业协同集聚现象；②珠三角地区的产业协同集聚度要高于大湾区，其中科技服务业与制造业的产业协同集聚度最高；③都市圈尺度下的比较发现，广州和深圳两大都市圈的产业协同集聚度居大湾区领先水平；④港澳生产性服务业与珠三角制造业的产业协同集聚度低于珠三角内部生产性服务业与制造业的产业协同集聚度，显示出生产要素未能高效便捷流动导致港澳近年来与珠三角制造业的经济关联度不及珠三角各地间的经济关联度；⑤大湾区尺度下的产业协同集聚度与区域创新水平均不具有显著的空间相关性，珠三角地区尺度下的结果则均为显著，对珠三角地区的实证结果显示，产业协同集聚溢出效应显著提高了邻近地区的创新水平。

关键词： 产业协同集聚　区域创新　特征　溢出效应　多尺度

引　言

产业协同集聚是指在某一特定空间内不同产业在区域中高度集中的现象①，是产业发展至高级阶段产业经济关联关系的一种表现形态。Gordon 等②的研究发现，单一产业的集聚对于区域创新存在溢出作用，存在集聚经济的地区，企业创新倾向会更强。Scott③、陈建军等④指出产业集聚有利于新产品和技术的产生，促进地区技术进步。但是，当前研究对产业协同集聚是否存在创新溢出性这一问题的探究尚不多见。究其原因，是由于并非所有具有单一产业集聚的地区，都已出现多产业协同集聚。当推动单个产业集聚的动力还不足以推动协同集聚产生，在集聚出现的地方将可能看不到协同集聚的出现，如 Helsey 和 Strange⑤。Jacobs 等⑥的实证研究显示，产业协同集聚多形成于知识交流密集的区域，存在经济关联的企业出于面对面交流的需求，会布局在相邻的区位；产业发展程度越高的区域或知识密集型特征越显著的产业之间，越有可能形成协同集聚，如 Hansda⑦、Andersson⑧。钟韵和秦嫣然⑨的实证研究发现，与长三角城市群相比，珠三角城市群的服务业之间的关联更加紧密，协同集聚水平相对更高。

---

① ELLISON G, GLAESER E L. Geographic concentration in U. S. manufacturing industries：a dartboard approach ［J］. The journal of political economy. 1997, 105 （5）：889 - 927；DURANTON G, HENRY G O. Testing for localization using micro-geographic data ［J］. The review of economic studies. 2005, 72 （4）：1077 - 1106；陈建军, 刘月, 陈怀锦. 市场潜能、协同集聚与地区工资收入：来自中国 151 个城市的经验考察 ［J］. 南开学报（哲学社会科学版）, 2016 （1）：77 - 88.

② GORDON I R, MCANN P. Innovation, agglomeration, and regional development ［J］. Journal of economic geography, 2005, 5 （5）：523 - 543.

③ SCOTT A J. Technopolis：high-technology industry and regional development in southern california ［M］. California：University of California Press, 1993.

④ 陈建军, 胡晨光. 产业集聚的集聚效应：以长江三角洲次区域为例的理论和实证分析 ［J］. 管理世界, 2008 （6）：68 - 83.

⑤ HELSEY R W, STRANGE W C. Coagglomeration, clusters, and the scale and composition of cities ［J］. The journal of political economy, 2014, 122 （5）：1064 - 1093.

⑥ JACOBS W, KOSTER H R A, VAN OORT F. Co-agglomeration of knowledge-intensive business services and multinational enterprises ［J］. Journal of economic geography, 2014, 14 （2）：443 - 475.

⑦ HANSDA S K. Sustainability of services-led growth：an input output analysis of the indian economy ［J］. Reserve bank of India occasional papers, 2001, 22 （1 - 3）：73 - 118.

⑧ ANDERSSON M. Co-location of manufacturing & producer services：a simultaneous equation approach ［R］. Working paper, 2004.

⑨ 钟韵, 秦嫣然. 中国城市群的服务业协同集聚研究：基于长三角与珠三角的对比 ［J］. 广东社会科学, 2021 （2）：5 - 15 + 254.

当前研究多在探究产业协同集聚的形成机制，如 Ellison、Glaeser 和 Kerr① 以及 Kolko② 的研究发现，产业协同集聚的产生主要受到知识溢出、产业关联与劳动力共享等外部性因素的影响。但是，对产业协同集聚效应的关注目前较为有限。已有的效应研究主要聚焦于产业协同集聚的经济影响，认为产业协同集聚可以促进经济增长、提高生产效率，如陈晓峰和陈昭锋③、陈建军等④，在不同规模的城市中这一作用存在差异，如豆建民和刘叶⑤。对于产业协同集聚的创新效应，尤其是对邻近地区创新的影响，还少有研究涉及。

本文认为，区域内产业之间的协同集聚关系可以为区域内部的经济关联研判提供新的视角。粤港澳大湾区是我国经济活力最强的区域之一，区域内经济关联性强，生产性服务业与制造业均处于国内领先水平。对大湾区内局部地区的研究发现，产业协同集聚的特征已经显现，如钟韵等⑥。本文以粤港澳大湾区为研究对象，首先，以粤港澳大湾区、珠三角地区、都市圈等不同的空间尺度为计量单元，分析该区域生产性服务业与制造业间的协同集聚与区域创新的特征；进而，选取 2003—2019 年的数据运用空间计量分析方法，探讨该区域生产性服务业与制造业协同集聚对区域的创新溢出作用，以期从协同集聚的视角揭示粤港澳大湾区产业发展对创新的作用，并为粤港澳大湾区创新水平的提升提供有益的思路与依据。

一、研究设计

（一）研究思路

粤港澳大湾区"一国、两制、三个关税区"的特殊性导致港澳与珠三角九个城市的产业联系和珠三角内部城市间的联系存在差异。同时，香港和澳门对于产业分类的口径亦与内地存在差异。因此，为探讨港澳与珠三角生产性服务业和

① ELLISON G, GLAESER E L, KERR W R. What causes industry agglomeration? evidence from coagglomeration patterns [J]. The American economic review, 2010, 100 (3): 1195 –1213.
② KOLKO J. Urbanization, agglomeration, and coagglomeration of service industries [M]. Chicago: University of Chicago Press, 2010.
③ 陈晓峰，陈昭锋. 生产性服务业与制造业协同集聚的水平及效应：来自中国东部沿海地区的经验证据 [J]. 财贸研究，2014，25 (2): 49 –57.
④ 陈建军，刘月，邹苗苗. 产业协同集聚下的城市生产效率增进：基于融合创新与发展动力转换背景 [J]. 浙江大学学报（人文社会科学版），2016，46 (3): 150 –163.
⑤ 豆建民，刘叶. 生产性服务业与制造业协同集聚是否能促进经济增长：基于中国 285 个地级市的面板数据 [J]. 现代财经（天津财经大学学报），2016，36 (4): 92 –102.
⑥ 钟韵，赵蓓蕾，李寒. 广州市制造业与生产性服务业协同集聚与空间相似性 [J]. 地理科学，2021，41 (3): 437 –445.

制造业的协同集聚特征，本研究试图采用多尺度分析方法：通过比较粤港澳大湾区与珠三角在同一时期内的产业协同集聚度，分析港澳与珠三角之间的经济关联度；基于广东省 2020 年在《广东省建立健全城乡融合发展体制机制和政策体系的若干措施》（以下简称《若干措施》）中提出的三大都市圈①概念，通过比较三大都市圈的产业协同集聚度，分析大湾区内部产业协同集聚的空间格局，以及港澳与三大都市圈的经济关联度；通过产业协同集聚度与创新水平的对应分析，厘清大湾区内协同集聚与区域创新之间的特征关系；进而，分析协同集聚对区域创新的溢出效应。

以往的研究出于数据限制，往往难以通过指数的方式定量测度港澳与内地之间的经济联系。本文使用多尺度的分析方法，将有助于揭示港澳地区与珠三角的经济关联，立足于大湾区内部的产业协同集聚度，探讨大湾区内部协同集聚对区域创新的溢出效应。

（二）方法与数据

1. 分析方法

（1）协同集聚度分析。

本文首先将利用协同集聚指数测度协同集聚水平，分析生产性服务业与制造业的协同集聚特征。使用了两种测度方法：一是从经济关联视角，使用 Ellison 和 Glaeser② 提出的 *EG* 修正指数［详见公式（1）］；二是从空间关联视角，使用 Kopczewska③ 提出的 *DCL* 指数［详见公式（2）］。

EG 修正指数是基于就业数据对比区域内部不同产业之间的就业密度相较于该区域平均就业密度的差异，从而分析两个产业在该区域内部的协同集聚水平。若协同集聚指数计算结果为负，则表明产业协同集聚尚未产生。具体计算公式如下：

$$EG_{AB} = \frac{\sum_{m}^{M}(S_{mA} - x_m)(S_{mB} - x_m)}{1 - \sum_{m}^{M}x_m^2} \tag{1}$$

---

① 分别为广州都市圈、深圳都市圈和珠江口西岸都市圈。

② ELLISON G, GLAESER E L, KERR W R. What causes industry agglomeration? evidence from coagglomeration patterns ［J］. The American economic review, 2010, 100 (3): 1195 – 1213.

③ KOPCZEWSKA K. Comment to XCL co-agglomeration index: distance-weighted improved DCL index ［J］. Papers in Regional Science, 2016, 95 (4): 903 – 1010.

其中：EG_{AB} 为 A 产业和 B 产业的协同集聚程度；m 为地区；S_{mA} 和 S_{mB} 分别为 A 产业和 B 产业在地区的就业人数占整个城市群的 A 产业和 B 产业就业人数的份额；x_m 为地区内所有产业的平均就业比重。EG_{AB} 值越大，协同集聚度越高。

DCL 指数是基于企业 POI 数据的测算结果，以单个产业内的企业间平均距离作为基准，将两个产业间的企业距离平均值与基准值进行比较。DCL 值若小于基准值，则视为两个产业之间存在协同集聚。若大于基准值，则视为两个产业之间不存在协同集聚。具体计算公式如下：

$$DCL = \frac{\sum_{A \neq B} d_{ij}}{n_{AB}} : \frac{\sum_A d_{ij} + \sum_B d_{ij}}{n_A + n_B} \tag{2}$$

式中，DCL 指数表示产业 A 和 B 的协同集聚程度，i、j 表示属于不同产业部门的两个企业，d_{ij} 为企业 i 和企业 j 之间的欧氏距离。分母表示同一产业内的企业平均距离，分子表示不同产业间的企业平均距离。若 $DCL < 1$，表示存在协同集聚。

（2）溢出效应分析。

溢出效应分析通常先利用莫兰指数测度变量的空间自相关性，若显著则可继续选取合适的空间计量模型进行实证研究。常用的空间计量模型主要有三类，即空间滞后模型（SLM）、空间误差模型（SEM）和空间杜宾模型（SDM）。空间滞后模型主要是考察被解释变量的空间依赖性，空间误差模型则是引入了一个误差项来考察解释变量的空间扰动相关性。考虑到空间杜宾模型既研究解释变量的空间依赖性，又纳入被解释变量之间的交互影响，较为适用于本文所研究的问题，因此将采用空间杜宾模型进行实证分析。

本文的被解释变量是区域创新水平（Inn），以城市历年专利授权数据衡量；核心解释变量为生产性服务业与制造业的协同集聚度（coagg）。[①] 考虑到区域创新水平还受到经济发展和科技水平的影响，以及粤港澳大湾区具有明显的外向型经济特征，本文参考相关研究选取了以下控制变量：①经济发展水平（pGDP），以城市的人均地区生产总值衡量；②产业结构（indus），以服务业产值与制造业产值的比重衡量；③科技投入（tech），以城市科学技术支出衡量；④劳动力投

---

① 借鉴陈国亮等（2012）和杨仁发（2013）的方法，将协同集聚度用区域内集聚水平的相对差异表示：

$$coagg_{cijt} = 1 - \frac{|agg_{cit} - agg_{cjit}|}{agg_{cit} + agg_{cjit}} \text{。} \quad agg_{cit} = \frac{E_{tir} / \sum_i E_{tir}}{\sum_c E_{tir} / \sum_{c,i} E_{tir}} \text{式中，} agg_{cit} \text{为区位商指数。}$$

入（uni），以城市高等教育在校学生人数衡量；⑤外商直接投资（FDI），以城市实际利用外资衡量（如魏守华等①、张浩然等②）。

2. 数据来源

鉴于内地与港澳对行业统计口径的差异，根据数据的可获得性与本研究需要，本文中珠三角地区的生产性服务业包括信息传输、计算机服务和软件业（简称信息服务业），金融业、租赁和商务服务业（简称商务服务业），科学研究、技术服务和地质勘查业（简称科技服务业）；港澳的生产性服务业包括金融、保险、地产、专业及工商服务业等。③ 其中，珠三角地区就业数据来源于《中国城市统计年鉴》，港澳就业数据来源于《中国统计年鉴》，反映区域创新水平的专利授权数据来源于中国研究数据服务平台（CNRDS）以及香港知识产权局。其余数据来源还包括各地市统计年鉴数据，以及使用大数据方法所挖掘的高德地图企业 POI 数据。

二、协同集聚的特征及其与创新的关联分析

已有研究显示，协同集聚指数不仅可以从经济关联视角反映产业的协同集聚水平，亦可从空间关联视角探究产业在同一区域内的空间分布情况，关联度越强的产业越倾向于协同集聚。此处采用前述公式（1）和（2）分别计算粤港澳大湾区、珠三角、都市圈三个尺度下 2003—2019 年生产性服务业与制造业的协同集聚指数，并根据计算结果开展特征及关联性分析。

（一）粤港澳大湾区已出现产业协同集聚现象但协同集聚度较低

运用 EG 修正指数公式分别计算三个尺度下生产性服务业与制造业的协同集聚度，以反映产业间的经济联系强度。计算结果显示，粤港澳大湾区尺度下，生产性服务业与制造业在检验期内协同集聚指数均为正，反映出大湾区内已经存在产业协同集聚现象。但协同集聚指数均较低，最大值仅为 0.004，检验期末 EG

---

① 魏守华，吴贵生，吕新雷. 区域创新能力的影响因素：兼评我国创新能力的地区差距 [J]. 中国软科学，2010（9）：76 – 85.

② 张浩然，衣保中. 基础设施、空间溢出与区域全要素生产率：基于中国 266 个城市空间面板杜宾模型的经验研究 [J]. 经济学家，2012（2）：61 – 67.

③ 《中国统计年鉴》的统计口径中香港的服务业行业共有 5 个，本文选取了其中的"金融、保险、地产、专业及工商服务业"作为所研究的生产性服务业；澳门的服务业行业有 10 个，本文选取了"金融业"和"不动产及工商服务业"作为所研究的生产性服务业。

修正指数较期初增长近七倍（见图1）。虽然当前粤港澳大湾区整体的产业协同集聚平均水平仍然较低，但整体呈现上升的趋势。可见，在近年来粤港澳地区经贸合作的一系列制度安排的推进下，大湾区的生产性服务业与制造业之间的产业关联整体呈现加强的趋势。珠三角尺度和都市圈尺度下的产业协同集聚度计算结果显示（见图1、图2），除珠江口西岸都市圈外，珠三角尺度和都市圈尺度下的协同集聚度均高于粤港澳大湾区尺度下的协同集聚度；而且，广州都市圈和深圳都市圈的协同集聚度又高于珠三角尺度下的协同集聚度。

根据多尺度的 *EG* 修正指数比较可见，由于跨境的制度差异，人员、货物、资金、信息等生产要素还未能实现跨境高效便捷流动，大湾区的经济一体化尚未形成，导致粤港澳大湾区尺度下的经济关联度相对较低。由此推测，港澳的生产性服务业与珠三角城市的制造业之间的经济关联不及珠三角内部生产性服务业与制造业的经济关联。

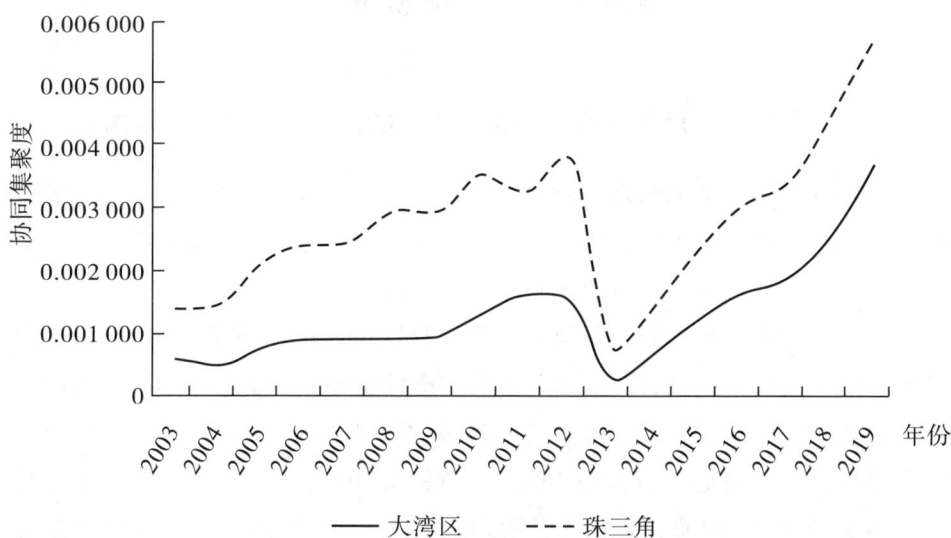

图1　2003—2019年大湾区和珠三角产业协同集聚度

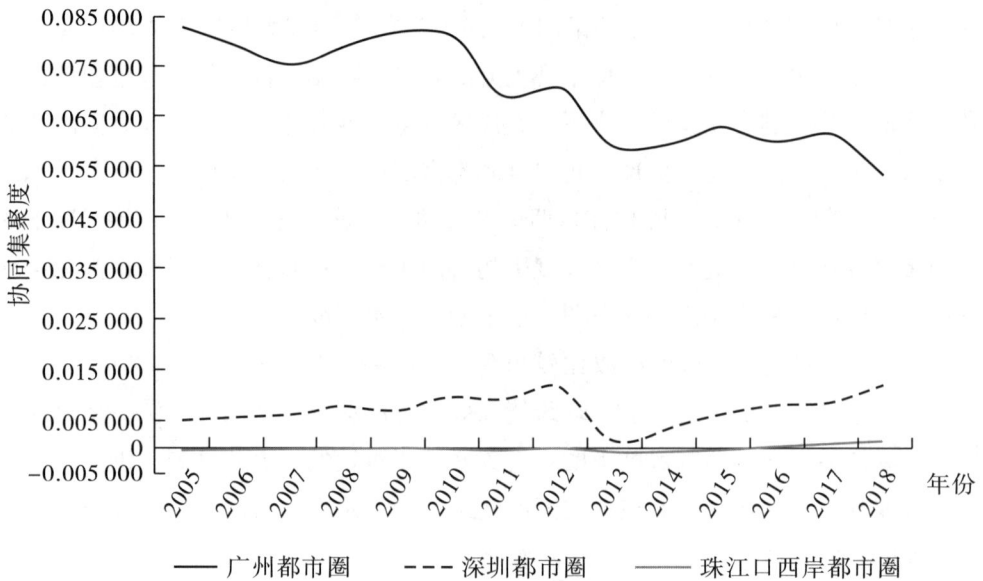

图 2　2005—2018 年三大都市圈产业协同集聚度

（二）珠三角内科技服务业与制造业之间的协同集聚度相对最高

前已述及，从经济关联视角看，珠三角内的产业协同集聚指数高于大湾区。本部分试图从空间关联视角，通过细分服务行业与制造业的 *DCL* 指数值①，分析哪些生产性服务业行业与制造业之间的协同集聚度最高。

珠三角地区的生产性服务业及其细分行业与制造业的 *DCL* 值均小于 1，说明在空间关联的测度方法下，珠三角地区的生产性服务业与制造业亦呈现协同集聚现象，且生产性服务业各细分行业与制造业之间均存在协同集聚（见表 1）。其中，科技服务业与制造业组合的 *DCL* 指数最小，即生产性服务业四个细分行业中，科技服务业与制造业之间的空间关联度最大。钟韵等②对广州生产性服务业与制造业的空间相似性研究显示，科技服务业与制造业企业的空间相似性最明显。可见，近年来珠三角科技创新服务业增速迅猛，科技服务业与制造业之间呈现出良好的空间关联性。这一现象对于协同集聚的创新溢出效应，具有积极的影响。科技服务业与制造业的空间关联度高，不仅有利于共享新基建、交通通信设施以及其他配套的生产服务设施，而且可以促进隐性知识的交流、提高对新技术

① 由于港澳地区的企业地理位置信息数据暂无法获取，此处使用的是大数据挖掘技术获得的珠三角地区企业地理位置数据。此处使用的企业 POI 数据来源于高德地图，更新时间为 2021 年 6 月底。

② 钟韵，赵蓓蕾，李寒. 广州市制造业与生产性服务业协同集聚与空间相似性［J］. 地理科学，2021，41（3）：437 – 445.

和新产品的吸收力，产生创新的溢出效应。

表1　2021年珠三角地区产业协同集聚水平

行业组合	DCL 指数
生产性服务业与制造业	0.936 448
金融业与制造业	0.880 955
科技服务业与制造业	0.815 860
商务服务业与制造业	0.929 972
信软服务业与制造业	0.883 579

（三）广州都市圈与深圳都市圈的产业协同集聚度处于区内领先水平

2020年，广东省委和省政府印发的《若干措施》中明确指出了都市圈的概念，提出要科学制订广州、深圳、珠江口西岸、汕潮揭、湛茂都市圈发展规划，其目的在于增强区域内部的产业专业化分工协作。可见，都市圈是推进区域合作的一个值得重视的空间尺度。因此，本研究选取了广州都市圈、深圳都市圈和珠江口西岸都市圈①展开分析。

我们首先运用 EG 修正指数分别对三大都市圈的生产性服务业与制造业的协同集聚度进行测算；进而，为探讨港澳与三个都市圈的经济关联，将港澳数据分别加入三大都市圈，对其协同集聚度再行测度。

表2　不同区域的 EG 修正指数

		2003 年	2008 年	2013 年	2018 年	2019 年
组1：不包含港澳数据	广州都市圈	0.004 369	0.078 481	0.059 553	0.053 844	0.021 341
	深圳都市圈	0.001 378	0.007 674	0.000 967	0.011 815	0.014 381
	珠江口西岸都市圈	−0.000 556	−0.000 672	−0.001 324	0.000 773	0.000 654

---

① 根据本文的研究需要对三个都市圈进行分类，其中，广州都市圈包括广州、佛山、肇庆，深圳都市圈包括深圳、东莞、惠州，珠江口西岸都市圈包括珠海、江门、中山。

（续上表）

		2003 年	2008 年	2013 年	2018 年	2019 年
组2：包含港澳数据	广州都市圈	0.001 139	0.000 657	0.000 567	0.001 026	0.002 669
	深圳都市圈	0.000 497	0.000 925	− 0.000 071	0.005 186	0.006 639
	珠江口西岸都市圈	0.000 343	− 0.001 926	− 0.002 567	− 0.002 451	− 0.003 009

  一方面，从协同集聚度测算结果可见（见表2、图2），在不包含港澳数据的情况下，广州都市圈的 EG 修正指数最高，深圳都市圈次之。广州作为省会城市具有吸引力，以其为核心的都市圈内部的经济关联度较高。另一方面，从协同集聚度的增长速度看，深圳都市圈的 EG 修正指数的增长幅度最为明显，2003—2019 年，深圳都市圈的 EG 修正指数增长近 10 倍。究其原因，我们认为这与地区经济发展水平及产业发育成熟程度密切相关。2020 年，广州都市圈和深圳都市圈的 GDP 均在四万亿元左右，远高于珠江口西岸都市圈（约为 1 万亿元）。将检测期内三大都市圈的服务业发展水平与协同集聚度的关系进行分析（见图3）可见，三大都市圈的 EG 修正指数与服务业发展水平呈正相关关系，拟合线在 5% 的水平上为正。由此显示，较高的产业发展水平，促使地区生产性服务业与制造业的协同集聚度呈现上升的趋势。

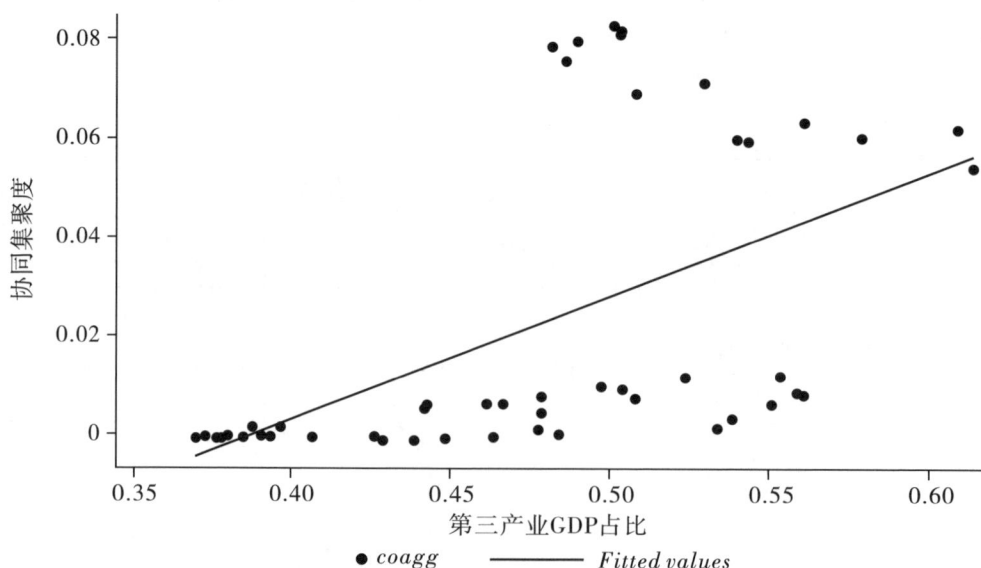

图 3　三大都市圈产业协同集聚度与服务业发展水平关系

那么，港澳与这三个都市圈内的城市的经济关联度有何差异？一方面，将港澳数据分别加入三个都市圈的群组后计算显示（见表2），组2的*EG*修正指数相比组1均有所下降，这再次印证了前述研究推测：当前港澳生产性服务业与珠三角制造业之间的经济关联度不及珠三角区域内两大产业间的经济关联度。另一方面，加入港澳数据后，广州和深圳两大都市圈的*EG*修正指数整体仍然呈现上升的趋势。珠江口西岸都市圈加入港澳数据后，检测期内协同*EG*修正指数大部分为负值，由此显示港澳与珠海、中山、江门的产业关联远低于其与广州都市圈和深圳都市圈的产业关联。

（四）粤港澳大湾区产业协同集聚度与区域创新水平呈现出关联性

为了检测粤港澳大湾区产业协同集聚度与区域创新之间的关系，本文根据检测期内大湾区各城市的协同集聚度与其当年的专利授权量，绘制了相关散点图并进行拟合分析（见图4）。结果显示，拟合线斜率大于零，且在5%的水平上显著，说明产业协同集聚度与区域创新水平呈正向关联，即生产性服务业与制造业协同集聚程度越高的城市，其创新水平相对越强；反之，区域创新要素的发展，有助于产业的成熟与完善，也将促进区域产业协同集聚度提升。数据显示，检测期内粤港澳大湾区的国内专利授权总量增长近21倍，国内专利授权量从2003年的23 168件增长到2019年的479 673件。提升原始创新能力是大湾区在科技创新发展方面的重要工作，广州、深圳的国家计算中心，以及东莞的散列中子源等国际前沿的高科技、多学科应用中心和重大科学装置，为粤港澳大湾区的科创水平提升提供了硬件基础。同时，随着大湾区内产学研交流的增加，区内合作更加频繁，产业间的协作联动效应亦有助于提升区域创新水平。

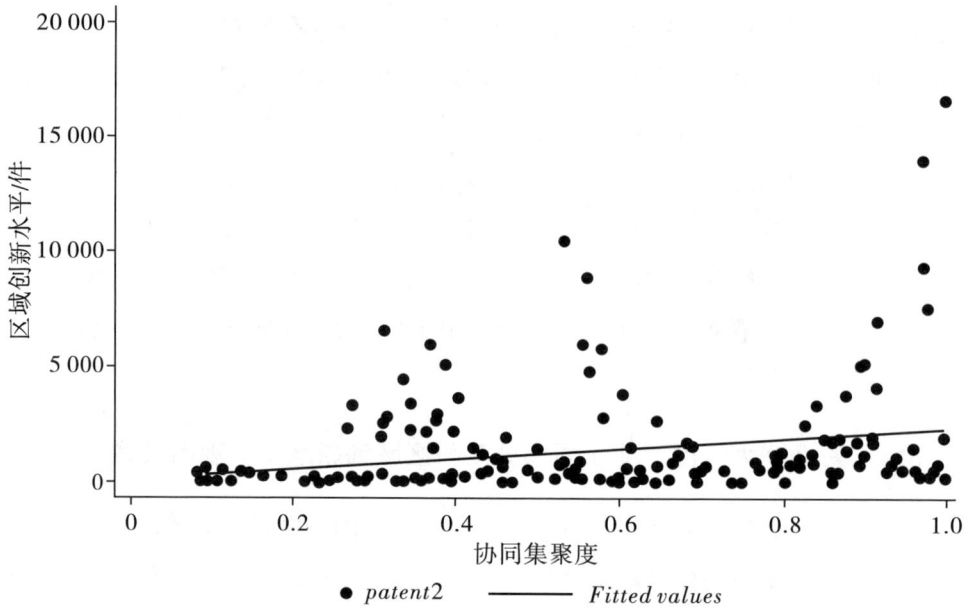

图4　粤港澳大湾区产业协同集聚度与区域创新水平的关联

三、模型估计与实证分析①

（一）理论基础

已有研究发现，协同集聚加快了人才、资本和技术等要素的流动速度，推动了新技术和应用的区域传播，对区域技术创新存在显著促进作用，如 Muller②；集聚外部性促进了企业的创新，如 Jacobs 等③。生产性服务业与制造业协同集聚主要通过两个路径推动区域创新水平的提升，一是通过生产性服务业集聚所带来的知识交流和技术扩散推动，二是通过生产性服务业与制造业之间的相互作用促进知识产生和扩散。一方面，生产性服务业通常具有知识密集、技术密集属性，集聚区内的企业得益于便捷的面对面交流和接触，通过共享基础设施、技术服务

---

① 受数据限制，因缺少澳门的科技投入和 FDI 数据，因此在实证研究部分不包括澳门。

② MULLER, E. Innovation interactions between knowledge-intensive business services and small and medium-sized enterprises：an analysis in terms of evolution, knowledge and territories ［J］. Springer science & Business media, 2012.

③ JACOBS W, KOSTER H R A, VAN OORT F. Co-agglomeration of knowledge-intensive business services and multinational enterprises ［J］. Journal of economic geography, 2014, 14（2）：443 – 475.

等资源，加速知识和技术的扩散，从而增强区域创新水平，如彭向和蒋传海[①]、原毅军和高康[②]；另一方面，生产性服务业和制造业的协同集聚为存在空间局限性的黏性知识共享提供了便利，通过近距离地交流互动实现知识在地区间的溢出作用，最终推动区域创新水平提升，如 Baptista 和 Swann[③]。

（二）空间自相关性检验

在运用空间计量模型进行实证分析前，需要先判断粤港澳大湾区和珠三角地区的区域创新水平及产业协同集聚度这两个变量是否存在空间自相关性。本文使用全局莫兰指数（Global Moran's I）检验空间自相关性，具体公式如下：

$$I = \frac{\sum_{i=1}^{n} \sum_{j=1}^{n} W_{ij}(X_i - \bar{x})(X_j - \bar{x})}{\sum_{i=1}^{n}(X_i - \bar{x})^2} \tag{3}$$

式中，X 为待检测变量。W 为经济距离矩阵，以各市的 GDP 水平来表示区域经济发展对创新产出的支持作用。具体空间权重矩阵为：

$$W_{ij} = \begin{cases} \dfrac{GDP_i \times GDP_j}{D_{ij}^2}, & i \neq j \\ 0, & i = j \end{cases} \tag{4}$$

其中，D 为两城市之间的地理距离，GDP 为城市 2003—2019 年的平均地区生产总值。

计算结果显示（见表 3），2003—2019 年，在粤港澳大湾区尺度下，区域创新水平的莫兰指数基本呈负显著，产业协同集聚度的莫兰指数也有八年为负显著。在珠三角地区尺度下，区域创新水平和产业协同集聚度的莫兰指数大部分为正。2007—2019 年，珠三角地区的创新水平呈较显著的空间正向自相关性，反映出近年来珠三角地区各城市创新水平在空间上存在较强的依赖性，本地的创新水平受到邻近地区的影响。另外，珠三角地区的产业协同集聚度的莫兰指数在检

① 彭向，蒋传海. 产业集聚、知识溢出与地区创新：基于中国工业行业的实证检验［J］. 经济学（季刊），2011，10（3）：913 – 934.
② 原毅军，高康. 产业协同集聚、空间知识溢出与区域创新效率［J］. 科学学研究，2020，38（11）：1966 – 1975，2007.
③ BAPTISTA R，SWANN P. Do firms in clusters innovate more？［J］. Research policy，1998，27（5）：525 – 540.

测期内大部分年份均通过显著性检验，呈现出先上升后下降的趋势，亦能说明当前产业协同集聚存在明显的空间自相关特征。考虑到粤港澳大湾区尺度下，两个变量不呈现正显著的空间自相关性，将影响空间计量分析的回归结果，因此以下仅对珠三角地区产业协同集聚的溢出效应进行空间杜宾模型检验。

表3 区域创新水平和产业协同集聚的莫兰指数

年份	粤港澳大湾区		珠三角地区	
	Inn	*coagg*	*Inn*	*coagg*
2003	− 0.305	− 0.062	0.134	0.019
2004	− 0.322	− 0.019	0.155	− 0.354
2005	− 0.377	− 0.143	− 0.003	0.226
2006	− 0.426 *	− 0.133	0.108	0.402 * *
2007	− 0.461 *	− 0.238	0.231 *	0.418 * *
2008	− 0.457 *	− 0.336	0.187	0.485 * *
2009	− 0.457 *	− 0.339	0.351 * *	0.544 * * *
2010	− 0.426 *	− 0.312	0.485 * *	0.588 * * *
2011	− 0.484 * *	− 0.436	0.418 * *	0.388 * *
2012	− 0.496 * *	− 0.532 *	0.289 * *	0.408 * *
2013	− 0.526 * *	− 0.849 * * *	0.366 * *	− 0.911 * * *
2014	− 0.515 * *	− 0.875 * * *	0.210 *	− 0.817 * * *
2015	− 0.489 *	− 0.972 * * *	0.200	− 0.796 * * *
2016	− 0.449 *	− 0.957 * * *	0.259 *	− 0.799 * * *
2017	− 0.453 *	− 0.925 * * *	0.425 * *	− 0.791 * * *
2018	− 0.414	− 0.784 * * *	0.435 * *	− 0.767 * *
2019	− 0.466 *	− 0.809 * * *	0.248 *	− 0.788 * * *

注：＊＊＊、＊＊、＊分别表示莫兰指数在1%、5%和10%的水平下显著。

（三） 实证及检验

本文对珠三角地区构建了空间杜宾模型，并对部分变量做了对数化处理。此外，本文将解释变量与控制变量设置为滞后一期的值，以解决内生性问题。空间杜宾模型具体设置为：

$$ln\_Inn_{i,t} = pwln\_Inn_{j,t} + \alpha_1 coagg_{i,t} + \beta_1 wcoagg_{j,t-1} + \alpha_2 ln\_controls_{i,t-1} + \mu + e$$

$$(5)$$

为了确保回归结果的可靠性，避免因遗漏变量导致的内生性问题，本文加入了五个控制变量，分别为经济发展水平、产业结构、科技投入、劳动力投入以及外商直接投资；并且分别在固定效应模型和随机效应模型下进行了回归，分析了珠三角地区产业协同集聚对区域创新的溢出效应。对于存在两三个缺失值的变量，使用上一年的值进行插补。

表4　珠三角地区的空间杜宾模型回归结果

变量	回归系数	
	（1）	（2）
L. wcoagg	− 0.242 0 （0.174 0）	1.463 3*** （0.309 8）
L. lnpGDP	0.262 2** （0.107 4）	0.084 9 （0.091 7）
L. lndus	− 0.034 5 （0.100 5）	− 0.159 0* （0.091 5）
L. lntech	0.192 3*** （0.036 3）	0.161 1*** （0.033 5）
L. lnuni	0.282 9*** （0.073 5）	0.405 2*** （0.079 2）
L. lnFDI	0.012 7 （0.038 0）	0.015 0 （0.030 1）
rho	0.434 3*** （0.086 9）	− 0.160 3 （0.153 2）
固定效应	×	√
R-squared	0.796	0.752

注：***、**、*分别表示变量在1%、5%和10%的水平下显著，L.表示滞后一期的变量。

表 4 列出了面板空间杜宾模型估计系数，列 1 为随机效应回归结果，列 2 为固定效应回归结果。根据结果可见，在控制了时间及个体双固定效应后，除经济发展水平和外商直接投资变量外，所有解释变量均通过假设，在 10% 的水平上显著。固定效应下，模型的 rho 系数不显著，说明被解释变量对周边地区的空间溢出作用尚不显著。由列 2 可知：

（1）生产性服务业与制造业协同集聚度呈现显著的正向影响。这说明产业协同集聚对邻近地区区域创新水平具有促进作用，显著性高达 99%，且加入固定效应后变量依然显著。本地的生产性服务业与制造业协同集聚度每提高 1%，邻近地区创新水平可以提升 1.463 3%。可见，在珠三角地区，生产性服务业与制造业的相互依赖和关联性越来越强，产业的空间邻近加强了企业之间的信息和知识交流。产业间的经济关联增强，有利于科技成果的转化以及流通，降低企业的研发成本和风险。产业协同集聚通过提升企业间的共享、匹配和学习能力，从而提高创新产出的效率。这一效应不仅有助于提升本地创新水平，也会溢出到邻近地区，影响其创新水平。

（2）经济发展水平变量为正，但不显著。珠三角是我国经济最发达的地区之一，区域内部的经济交流频繁，不仅可以通过经济合作带来的知识溢出和资源共享提升区域创新水平，而且能吸引更多的人才和创新型企业进驻，通过创新要素的集聚提升创新水平。粤港澳大湾区科技创新产业发展具有良好基础，大力发展科技创新产业是当前大湾区各大城市的共识。而珠三角整体经济发展水平较高，且各地都将科创作为发展重点，在科创方面的投入力度空前，导致这一变量对于区域创新的作用不显著。

（3）产业结构变量呈负显著。分析中产业结构的指标采用服务业产值与制造业产值的比重，由分析结果显示，这一比重每提升 1%，区域创新水平将下降 0.159 0%。由此反映出实体经济对珠三角地区发展的重要性：服务业发展处于初级阶段时，区域产业发展往往将加大服务业占比列为地区经济建设的重点；而进入新发展阶段，尤其是在双循环新发展格局的构建中，应注重增强制造业在产业体系中的地位，加快推进制造业升级转型，以创新引领制造业转型升级。

（4）科技投入变量呈现出显著的正向效应。科技投入是区域创新水平的重要影响因素，有助于新知识和新技术的产生。根据表 4 结果显示，科技投入每增加 1%，区域创新水平提高 0.161 1%。政府的自主研发有助于降低企业的创新投入风险以及地区创新活动发展，推动了地区整体的创新发展和技术进步。2019年，珠三角地区的科学技术支出达到 2 962.36 亿元，占广东省 GDP 比重达到 3.41%。在高投入的带动下，珠三角地区的区域创新水平也不断增长，科研实力显著增强。

（5）劳动力投入变量正显著。劳动力投入每增加 1%，区域创新水平将提高 0.405 2%。人才间和企业间的便捷交流，有助于降低知识传播成本和信息成本，如曲如晓等[①]。珠三角城市在高职和普通高等院校培养方面相对具有优势，教育质量的提升促进了知识的生产和专业化人力资本的积累，从而为创新提供了良好的人才储备。为了吸引更多国内外人才，人才补贴、税收、住房等优惠措施频出。2020 年，珠三角地区共发放补贴资金 23.9 亿元，近 9 000 人受益。科技人才不断向珠三角地区集聚，有助于推动区域创新水平提升。

（6）外商直接投资变量对区域创新的影响为正，但不显著。外资水平越高，不仅可以为本地创新活动提供更多的资金，而且有助于引进海外的先进技术、设备与管理经验，通过国际知识技术溢出效应提升本地企业的创新活力和能力，如王伟光等[②]。虽然珠三角地区的经济外向性特征显著，但由于各城市之间外资引进水平差距较大，导致外商直接投资对区域创新的作用并未体现。

如前所述，空间杜宾模型主要使用了经济距离矩阵进行实证分析。为了验证回归结果的稳健性，本文进一步通过更换空间权重矩阵以及加入新控制变量的方式重新进行了估计。具体做法如下：

首先，用地理距离矩阵替换前文的经济距离矩阵，再次进行估计。其中，地理距离采用了两个城市之间距离平方的倒数。接着，加入了新的控制变量。一是政府规模变量（gov），以各城市每年一般财政预算支出占 GDP 的比重衡量，反映政府对市场资源配置的干预程度；二是研发投入情况变量（rdcost），以各城市每年的 R&D 支出衡量。根据表 5 的检验结果可知，在更换空间权重矩阵以及加入新控制变量的情况下，产业协同集聚对区域创新的影响始终显著为正，其余解释变量的系数和符号变化情况也较为稳定，因此本文的估计结果稳健。

表 5　稳健性检验回归结果

变量	回归系数		
	变换空间权重矩阵	加入新控制变量 gov	加入新控制变量 rdcost
L. wcoagg	0.784 2*** (0.241 1)	1.541 2*** (0.309 0)	1.649 4*** (0.313 8)

① 曲如晓，李婧，杨修. 国际人才流入、技术距离与中国企业创新［J］. 暨南学报（哲学社会科学版），2021，43（6）：91 – 106.

② 王伟光，马胜利，姜博. 高技术产业创新驱动中低技术产业增长的影响因素研究［J］. 中国工业经济，2015（3）：70 – 82.

（续上表）

变量	回归系数		
	变换空间权重矩阵	加入新控制变量 *gov*	加入新控制变量 *rdcost*
L. ln*pGDP*	0.122 8 (0.087 2)	0.079 9 (0.089 7)	0.113 0 (0.090 2)
L. ln*dus*	−0.005 2 (0.082 8)	−0.240 9** (0.095 2)	−0.266 4*** (0.096 6)
L. ln*tech*	0.132 1*** (0.032 6)	0.163 6*** (0.033 1)	0.156 2*** (0.032 9)
L. ln*uni*	0.290 9*** (0.079 4)	0.403 3*** (0.079 4)	0.410 9*** (0.079 4)
L. ln*FDI*	0.049 6* (0.029 0)	0.006 6 (0.029 7)	0.001 9 (0.029 9)
L. gov		−1.453 2* (0.829 7)	−1.770 4** (0.838 5)
L. ln*rdcost*			0.002 9 (0.011 7)
rho	−0.376 9*** (0.127 7)	−0.152 9 (0.152 6)	−0.141 5 (0.152 2)
固定效应	√	√	√
R-squared	0.780	0.746	0.709

注：＊＊＊、＊＊、＊分别表示变量在1%、5%和10%的水平下显著。

结　论

本文试图以协同集聚为切入点，从大湾区、珠三角和都市圈三个空间维度，分析粤港澳大湾区的产业经济关联关系，并进而分析协同集聚对区域创新的溢出效应。研究发现，首先，当前在大湾区、珠三角及都市圈尺度下均已出现了生产性服务业与制造业协同集聚的现象；而且，区域尺度越小，区域内部经济联系越密切，产业协同集聚度越高。其次，基于珠三角地区的实证分析显示，生产性服务业与制造业协同集聚对区域创新存在溢出效应，即本地产业协同集聚度越高，越有助于提升邻近地区的创新水平。最后，珠三角9市间的产业经济关联高于港澳生产性服务业与珠三角制造业之间的协同集聚度。究其原因，近20年来珠三角各地的生产性服务业发展迅速，而港澳生产性服务业与珠三角制造业合作的一些制度性壁垒始终未能消除，因此导致港澳生产性服务业与珠三角制造业之间的经济关联度不及珠三角区域内产业间经济关联度的现象。由此可见，进入新发展阶段，在推进粤港澳大湾区市场一体化的进程中，加快生产要素的跨境便捷流动是促进港澳与珠三角地区的产业经济关联的当务之急。

为了促进粤港澳大湾区的区域创新发展，建议可以从推进区域经济一体化入手，增强粤港澳大湾区内部的经济联系，从而更好地发挥产业协同集聚的创新溢出效应。通过推动大湾区的规则衔接，利用"新基建"进行基础设施创新，从而提高区域内部的互联互通水平，促进区域内部的产业合作，在生产、分配、交换、消费等多个环节实现生产方式和商业模式革新，进而提高创新水平与效率，有助于早日将粤港澳大湾区建设成为国际科技创新中心并实现经济高质量发展。

作者简介：钟韵，暨南大学经济学院教授、博士生导师；秦嫣然，暨南大学经济学院博士研究生。

粤港澳大湾区产业融合驱动全要素生产率增长研究

摘要：根据粤港澳大湾区 11 个城市 2001—2018 年的时空面板数据，应用耦联评价法与 DEA-Malmquist 指数法测算大湾区制造业与生产性服务业的产业融合水平、全要素生产率增长及分解指标，绘制产业融合与全要素生产率的时空演化与拟合图，研究发现粤港澳大湾区城市制造业和生产性服务业产业融合与全要素生产率增长之间存在一定程度的空间关联关系，耦联度表现为负向关联，耦联协调度表现为正向关联。首先，应用地理探测器中的因子探测器分析，初步定量确立大湾区产业融合是城市全要素生产率增长的驱动因素。其次，利用空间面板杜宾模型，实证检验大湾区产业融合驱动全要素生产率增长的空间经济效应以及具体作用路径，研究发现产业融合耦联度表现为负向影响，且存在负向空间滞后作用；耦联协调度表现为正向促进作用，且存在空间溢出效应。最后，提出三点建议：建立梯度式产业融合发展层级体系、重视全要素生产率增长及分解指标的周期性特征、倡导产业深度协调发展与深度融合。

关键词： 产业融合　生产性服务业　制造业　全要素生产率增长　粤港澳大湾区　DEA-Malmquist 指数　地理探测器

　　工业 4.0 背景下，制造业和现代服务业融合发展是经济新常态下工业经济转向服务经济的必然趋势，也是当前复杂经济形势、国内国外双循环大背景下制造业与服务业高质量自主发展的必经之路。改革开放以来，粤港澳大湾区内陆 9 个城市的产业结构逐步实现从低水平工业化向高水平制造化、服务化的转变，并在习近平总书记亲自谋划、部署和推动与《粤港澳大湾区发展规划纲要》（以下简称《纲要》）的引领下，逐步缩小与世界三大湾区（纽约湾区、旧金山湾区和东京湾区）的差距。大湾区内部制造业与现代服务业的融合正在逐步推进，在新一代信息技术的助推下，整体呈现高端制造服务化与服务互联网化的趋势，为大湾区打造世界一流城市群提供重要的产业支撑。然而，大湾区内部仍然存在城市竞争下的产业技术创新的重复性投入、城市间产业融合壁垒仍然显著、产业分工与协同演进仍处于较低水平等一系列问题。这些问题短期内会阻碍资源要素在大湾区内部的合理流动配置、阻碍城市内部与城市间产业融合，长期会拖累大湾区创新效率的提升，严重减缓大湾区经济空间结构由圈层梯度分布向空间网络结构演变的节奏，制约大湾区经济高质量发展，不利于《纲要》的有效落实。为此，探究大湾区产业融合发展与全要素生产率提升时空演化特征，揭示产业融合驱动全要素生产率增长空间关系与作用机制，对于推动港澳大湾区高质量发展、加快打造世界顶级湾区城市群建设具有重要意义。

现有产业融合相关研究较为丰富，主要集中于产业融合的经济效应，尤其是对产业绩效、创新效率以及经济增长的作用越来越受到学术界的关注。[1] 部分学者指出产业融合对经济增长和经济效率提升有显著的正向促进作用。李琳等研究发现制造业与信息业的产业融合对制造业创新效率有显著的正向影响[2]；綦良群等研究发现区域装备制造业与生产性服务业融合系统对装备制造业创新绩效具有显著正向影响[3]。还有学者指出产业融合对经济增长的作用并不显著。此外，现有研究较少直接分析产业融合对城市一级全要素生产率的经济驱动效应以及可能存在的空间效应[4]，叶锋等利用省际面板数据实证分析发现农村产业融合发展对农业全要素生产率存在直接的提升效应[5]。研究数据方面主要集中在国家与省级层面[6]，较少研究将粤港澳大湾区这一空间尺度作为实证研究对象。因此，有必要对产业融合与城市全要素生产率关系问题进一步深入，并通过探究产业融合和全要素生产率增长分解指标的关系来深入剖析空间关系与作用机制。

据此，本文以粤港澳大湾区 11 个城市为空间研究对象，通过城市层面数据探究产业融合、全要素生产率增长的空间分布特征，深入分析产业融合驱动城市全要素生产率的空间关系与作用机制。

① 刘海英. "大数据 + 区块链"共享经济发展研究：基于产业融合理论 [J]. 技术经济与管理研究，2018 (1)：91 – 95.
② 李琳，罗瑶. 中国产业融合对制造业创新效率的影响研究 [J]. 区域经济评论，2019 (1)：84 – 94.
③ 綦良群，高文鞠. 区域产业融合系统对装备制造业创新绩效的影响研究：吸收能力的调节效应 [J]. 预测，2020，39 (3)：1 – 9.
④ 梁威，刘满凤. 我国战略性新兴产业与传统产业耦合协调发展及时空分异 [J]. 经济地理，2017，37 (4)：117 – 126.
⑤ 叶锋，马敬桂，胡琴. 产业融合发展对农业全要素生产率影响的实证 [J]. 统计与决策，2020，36 (10)：87 – 91.
⑥ 李晓钟，陈涵乐，张小蒂. 信息产业与制造业融合的绩效研究：基于浙江省的数据 [J]. 中国软科学，2017 (1)：22 – 30.

一、理论基础、模型设定与数据来源

（一）理论基础

地区制造业与服务业的产业融合对全要素生产率（创新效率、经济效率）的影响作用可以从产业融合过程角度出发，通过分析产业融合驱动力来分析产业融合如何推动地区全要素生产率的发展。以往研究表明，一是技术创新与技术扩散，如 Geum 等[1]；二是行政约束放松，如李美云[2]、刘名远等[3]；三是需求演化，如 Hauschildt 等[4]；四是商业模式创新，如 Chesbrough[5]。因此，产业融合驱动全要素生产率增长的作用机制可以概括为四个方面：创新扩散效应、制度效应、需求效应以及管理效应。

（二）产业融合与全要素生产率测算

1. 产业融合评价

以往产业融合研究的空间尺度大多集中在省级层面，对于产业融合的测度手段主要包括专利系数法、投入产出法、熵指数法、集中度法等[6]，其中应用比较广泛的为投入产出法与耦联评价法[7]。由于大湾区市级层面数据缺乏投入产出法必需的产业间投入产出数据，因此，本研究借鉴陶长琪等的研究方法，选择耦联评价法测度粤港澳大湾区 2001—2018 年制造业与生产性服务业的融合水平。耦联评价法（或称耦合协调度模型）旨在通过引入物理学中的耦合概念，描述两

① GEUM Y, KIM M S, LEE S. How industrial convergence happens: a taxonomical approach based on empirical evidences [J]. Technological forecasting and social change, 2016, 107: 112-120.
② 李美云. 国外产业融合研究新进展 [J]. 外国经济与管理, 2005 (12): 12-20, 27.
③ 刘名远, 李桢. 战略性新兴产业融合发展内在机理及策略路径 [J]. 经济与管理, 2013, 27 (11): 88-93.
④ HAUSCHILDT J, SALOMO S. Innovations management [M]. Mu-nich: Vahlens Handbücher, 2007.
⑤ CHESBROUGH H. Business model innovation: It's not just about technology anymore [J]. Strategy & Leadership, 2013, 35 (6): 12-17.
⑥ CAVIGGIOLI F. TECHNOLOGY FUSION: Identification and analysis of the drivers of technology convergence using patent data [J]. Technovation, 2016, 55: 22-32; WANG Z, PORTER A L, WANG X. An approach to identify emergent topics of technological convergence: a case study for 3D printing [J]. Technological forecasting and social change, 2019, 146: 723-732.
⑦ 陶长琪, 周璇. 产业融合下的产业结构优化升级效应分析：基于信息产业与制造业耦联的实证研究 [J]. 产业经济研究, 2015 (3): 21-31, 110; 李晓钟, 杨丹. 我国汽车产业与电子信息产业耦合发展研究 [J]. 软科学, 2016, 30 (11): 19-23.

个及以上系统之间相互作用、彼此影响以及有序协调程度。[①] 以往研究指出，耦联评价模型中的耦联度与耦联协调度在概念内涵上有所不同，"耦联度"主要是度量两个及以上系统（子系统）之间相互作用、相互影响强弱程度的指标，用耦联度的大小代表；"耦联协调度"则是度量系统间相互作用中良性耦合程度的指标，主要体现系统有序化的趋势。

制造业与生产性服务业之间发生的融合可以看作两个系统之间的耦联作用，其通过协调互动来相互影响，促进两个系统的共生演化。制造业与生产性服务业的耦联系统由各自的子系统组成，子系统由独立的评价指标体系构成。耦联评价法通过引入功效函数，并应用 TOPSIS 法对耦联评价中功效函数指标进行综合评价处理，用于计算最终的产业融合水平评价值，进而获得子系统的功效评价水平即子系统的发展水平，再依据耦联评价法来测度产业系统的耦联度 CP 与耦联协调度 CR。本研究仅罗列功效函数、CP 与 CR 的计算公式 [公式（1）、（2）]，具体测算步骤、方法以及评价标准详见陶长琪等的研究，这里不作赘述。

$$a_{ij} = \begin{cases} (m_{ij} - m_{ij\min}) / (m_{ij\max} - m_{ij\min}) & \text{正指标} \\ (m_{ij\max} - m_{ij}) / (m_{ij\max} - m_{ij\min}) & \text{负指标} \end{cases} \quad (1)$$

$$CP_k = 2\sqrt{\frac{M_k \cdot S_k}{(M_k + S_k)^2}}$$
$$TC_k = 2\sqrt{(\alpha \cdot M_k) \cdot (\beta \cdot S_k)} \quad (2)$$
$$CR_k = 2\sqrt{CP_k \cdot TC_k}$$

式中：a_{ij} 为子系统子指标的功效系数；m_{ij}、$m_{ij\max}$、$m_{ij\min}$ 为对应指标值及上下限；M_k、S_k 分别为根据评价体系综合测算出的 k 市的制造业与生产性服务业发展水平；CP_k、TC_k、CR_k 分别为 k 市制造业与生产性服务业耦联系统的耦联度、综合协调系数以及耦联协调度；α、β 为产业发展权重，根据产业重要度来估算。据此得到 4 个耦联指标，即用 $\{M_k, S_k, CP_k, CR_k\}$ 来定量刻画粤港澳大湾区制造业与生产性服务业的产业融合水平。

以往关于产业融合的相关研究中，产业融合评价指标体系的构建逻辑主要有两种：一种是从产业要素角度，评价维度主要有要素投入、组织结构以及制度要

① 吴文恒，牛叔文. 甘肃省人口与资源环境耦合的演进分析 [J]. 中国人口科学，2006（2）：81-86，96；张沛东. 区域制造业与生产性服务业耦合协调度分析：基于中国 29 个省级区域的实证研究 [J]. 开发研究，2010（2）：46-49；王少剑，方创琳，王洋. 京津冀地区城市化与生态环境交互耦合关系定量测度 [J]. 生态学报，2015，35（7）：2244-2254.

素等①；另一种主要从规模效率角度，评价维度主要有经济规模、发展潜力与市场效率等②。由于耦联评价模型中第一部分主要是对评价指标体系应用功效函数进行综合评价，基于规模效率角度构建的评价体系较为准确地考察具体产业的综合发展水平，因此本文以规模效率为纲，兼顾历史研究以及数据可得性原则，选取产业规模、结构潜力以及发展效率三个维度综合考察大湾区制造业与生产性服务业的发展水平，具体评价体系见表1，在此基础上应用功效函数和TOPSIS法测算城市产业融合水平。

表1 制造业与生产性服务业耦联评价指标体系

一级指标	二级指标	具体指标
产业规模	产业增加值	生产性服务业/制造业的产业增加值（亿元）
	产业就业人口	生产性服务业/制造业的就业人口（万人）
结构潜力	增加值增长率	生产性服务业/制造业产业增加值的年增长率（%）
	增加值占比	生产性服务业/制造业产业增加值占地区生产总值的比重（%）
	就业人口占比	生产性服务业/制造业的就业人口占地区总就业人口比重（%）
发展效率	人均产出	生产性服务业/制造业的产业增加值与就业人口比值（万元/人）
	产值集聚	以产业增加值计算的产业区位商
	人口集聚	以就业人口计算的产业区位商

2. 全要素生产率测算

以往关于城市全要素生产率的研究方法主要采用DEA-Malmquist指数法与随机前沿SFA方法，鉴于DEA-Malmquist指数无须设定生产函数以及其对全要素生产率分解的便捷性，选其作为粤港澳大湾区城市全要素生产率测算与分解的研究方法，如式（3）所示，大湾区城市具体全要素生产率应用Stata计算。

---

① 陶长琪，周璇. 产业融合下的产业结构优化升级效应分析：基于信息产业与制造业耦联的实证研究［J］. 产业经济研究，2015（3）：21-31，110；李晓钟，杨丹. 我国汽车产业与电子信息产业耦合发展研究［J］. 软科学，2016，30（11）：19-23.
② 李琳，罗瑶. 中国产业融合对制造业创新效率的影响研究［J］. 区域经济评论，2019（1）：84-94.

$$\underbrace{M_{t+1}^i\ (x_t^i,\ y_t^i,\ x_{t+1}^i,\ y_{t+1}^i)}_{TFPCH} = \underbrace{\frac{D_{t+1}^i\ (x_{t+1}^i,\ y_{t+1}^i)}{D_t^i\ (x_t^i,\ y_t^i)}}_{EFCH} \cdot \underbrace{\left[\frac{D_t^i\ (x_t^i,\ y_t^i)}{D_{t+1}^i\ (x_t^i,\ y_t^i)} \cdot \frac{D_t^i\ (x_{t+1}^i,\ y_{t+1}^i)}{D_{t+1}^i\ (x_{t+1}^i,\ y_{t+1}^i)}\right]^{1/2}}_{TECH}$$

$$\tag{3}$$

投入与产出数据方面，根据以往研究，本文选取城市自身的地区生产总值（实际 GDP）指标作为唯一的城市产出变量，城市实际 GDP 数据以 2000 年为基期作为不变价格，结合各年 GDP 指数测算研究所需的实际 GDP，且将名义 GDP 与实际 GDP 的比例作为平减指数对其他包含可变价格信息的数据进行平减处理。由于粤港澳大湾区"一国、两制、三关税区"的特殊格局，根据数据可得性与完备性原则，本文仅仅选取物质资本与人力资本作为大湾区城市的投入变量来测算全要素生产率。物质资本变量通过永续盘存法对各年实际固定资产投资总额进行存量运算获得。这里令第 t 年城市 i 的物质资本存量为 K_t^i，根据永续盘存法可知其计算公式为：

$$K_t^i = K_{t-1}^i\ (1 - \delta) + I_t^i/P_t^i \tag{4}$$

式中：δ 为固定资本折旧率；I_t^i 为 t 年城市 i 的名义固定资产投资总额（未剔除价格因素）；I_t^i/P_t^i 为剔除价格因素后的实际固定资产投资额（由于缺少大湾区 11 个城市各年份固定资产指数等数据，无法通过获取与测算固定资产平减指数来剔除价格因素，因而根据以往研究采用 GDP 平减指数对名义固定资产投资总额数据进行平减）。折旧率与基期资存量的设定借鉴 Hall 等[①]的研究，令 $\delta =$ 0.06，基期资本存量＝基期实际固定资产投资额/10%。人力资本变量相对而言更难获取贴近模型本身的指标数据，以往研究主要采用平均受教育年限或年均从业人口来度量城市地区的人力资本水平。鉴于粤港澳大湾区现有数据无法完全满足平均受教育年限指标对教育结构数据的要求，因而选择年均从业人口数据来作为人力资本的代理变量。

（三）模型构建与变量设定

本文主要研究粤港澳大湾区制造业与生产性服务业产业融合对全要素生产率增长的驱动作用，模型设定基础主要源自包含产业融合的 C - D 型生产函数，推导如下：

---

① HALL R E, JONES C I. Why do some countries produce so much more output per worker than others? [J]. The quarterly journal of economics, 1999, 114 (1): 83 - 116.

$$TFP_{it} = \frac{Y_{it}}{K_{it}^{\mu k} L_{it}^{\mu l}} = A_{it} F(CP_{it}, \ CR_{it}) \Rightarrow \ln TFP_{it} = \ln A_{it} + \alpha_{CP} \ln CP_{it} + \alpha_{CR} \ln CR_{it}$$

$$（5）$$

加入控制变量 Z 的影响，基准模型如下：

$$\ln TFP_{it} = \alpha_{CP} \ln CP_{it} + \alpha_{CR} \ln CR_{it} + \beta \ln Z_{it} + \mu_i + \varepsilon_{it} \qquad （6）$$

式中，i 代表粤港澳大湾区城市个体；t 为 2001—2018 年；TFP_{it} 代表城市全要素生产率；K_{it} 代表资本要素；L_{it} 代表人力资本要素；A_{it} 代表技术要素；（CP_{it}，CR_{it}）代表产业融合。考虑到产业融合对全要素生产率增长的影响作用可能存在空间溢出效应，因此本文引入空间面板数据模型来估计产业融合对全要素生产率增长的空间作用，模型设定如下（这里只罗列空间面板杜宾模型，具体空间面板模型的选择在后续实证分析中处理）：

$$\ln TFP_{it} = \rho W \ln TFP_{it} + \alpha_{CP} \ln CP_{it} + \alpha_{CR} \ln CR_{it} + \delta_{CR} W \ln CP_{it} + \beta \ln Z_{it} + \mu_i + \varepsilon_{it}$$

$$（7）$$

式中，$W \ln TFP_{it}$ 代表核心变量大湾区全要素生产率的空间滞后变量，反映周边城市全要素生产率增长对自身的影响；$\{W \ln CP_{it}, \ \delta_{CR} W \ln CR_{it}\}$ 代表产业融合的空间滞后变量，表征周边城市产业融合对该城市全要素生产率增长的影响。

此外，为了进一步考察产业融合驱动全要素生产率增长的作用渠道，本文将考察产业融合指标对全要素生产率增长分解指标即技术效率增长与技术进步增长的影响作用，分别构建空间模型如下：

$$\ln EF_{it} = \rho W \ln TFP_{it} + \alpha_{CP} \ln CP_{it} + \alpha_{CR} \ln CR_{it} + \delta_{CP} W \ln CR_{it} + \beta \ln Z_{it} + \mu_i + \varepsilon_{it}$$

$$\ln TE_{it} = \rho W \ln TFP_{it} + \alpha_{CP} \ln CP_{it} + \alpha_{CR} \ln CR_{it} + \delta_{CP} W \ln CR_{it} + \beta \ln Z_{it} + \mu_i + \varepsilon_{it}$$

$$（8）$$

根据以往研究，这里选取年均就业人口代表劳动力投入水平（L），当年实际利用外资金额代表外资依存度（FDL），进口总额代表外贸依存度（Imp），政府一般预算财政支出总额代表政府干预作用（FisEx），GDP 中第三产业与第二产业的产值比值代表产业结构（IndS）。综上，本研究所有变量的含义、符号以及具体代理指标见表 2。

表2 模型变量与指标

变量属性	变量名称及符号	具体指标
被解释变量	全要素生产率增长（TFPCH）	根据DEA-Malmquist指数法计算得出（取对数）
	技术效率增长（EFCH）	
	技术进步增长（TECH）	
解释变量	产业融合—耦联度（CP）	根据耦联评价法计算得出
	产业融合—耦联协调度（CR）	
控制变量	劳动力投入（L）	年均就业人口（万人）（取对数）
	外贸依存度（Imp）	进口总额（亿元）（取对数）
	外资依存度（FDI）	外商直接投资（亿元）（取对数）
	政府干预（FisEx）	一般预算财政支出（亿元）（取对数）
	产业结构（IndS）	第三产业产值/第二产业产值（%）

（四）数据来源

本研究以粤港澳大湾区11个城市为空间研究对象，根据数据可得性、连续性、全面性原则，选取11个城市2001—2018年共18个年份的空间面板数据，模型中所涉及的变量以及评价指标数据源于国研网市级数据、对应年份的《中国城市统计年鉴》《广东统计年鉴》《香港统计年刊》《澳门统计年鉴》以及其余9个城市的统计年鉴，城市间地理距离为旅行时间距离；模型中受价格变化影响变量GDP、物质资本等均通过相应的平减指数进行平减来剔除价格因素的影响。此外，生产性服务业数据根据《生产性服务业统计分类（2019）》的细分产业类别进行筛选加总获得。

二、产业融合与全要素生产率增长时空演化分析

（一）产业融合时空演变

根据构建的产业融合评价指标体系，限于篇幅仅选取2006年、2012年、2018年3个时间截面，以制造业与生产性服务业系统的耦联度 CP 与耦联协调度 CR 两个指标来考察粤港澳大湾区制造业与生产性服务业产业融合的时空演变。

从表3可见，3年中大湾区制造业与生产性服务业系统的耦联度大多数在0.9以上，表明这3年大湾区制造业与生产性服务业系统的耦联关系密切，大多数城市处于高水平耦联状态；3年来大湾区内部不同城市制造业与生产性服务业系统的耦联度呈现不同的方向变化，表明耦联度变化趋势存在一定程度的空间异质性。此外，3年中大湾区制造业与生产性服务业系统的耦联协调度普遍较低，大多数处在［0.1，0.2］这个区间，产业融合系统的耦联关系严重不协调，表明粤港澳大湾区的产业耦联协调关系有待加强。

表3　产业耦联评价分析结果

城市	耦联度 CP			耦联协调度 CR		
	2006 年	2012 年	2018 年	2006 年	2012 年	2018 年
广州	0.950	0.935	0.766	0.191	0.175	0.115
深圳	0.906	0.991	0.866	0.188	0.203	0.233
珠海	0.858	0.960	0.612	0.183	0.180	0.098
佛山	0.902	0.962	0.787	0.187	0.175	0.127
惠州	0.963	0.970	0.999	0.187	0.184	0.197
东莞	0.958	0.868	0.742	0.193	0.153	0.122
中山	0.869	0.860	0.996	0.209	0.145	0.187
江门	0.912	0.970	0.933	0.186	0.168	0.171
肇庆	0.977	0.919	0.936	0.192	0.155	0.145
香港	0.985	0.899	0.996	0.192	0.138	0.178
澳门	0.865	0.918	0.967	0.185	0.149	0.146

为更加明晰刻画大湾区制造业与生产性服务业产业融合系统耦联度与耦联协调度的空间分布特征，本文分别根据2006年、2012年、2018年3个年份的耦联数据绘制粤港澳大湾区产业融合耦联度时空演变图（见附页图1）与粤港澳大湾区产业融合耦联协调度时空演变图（见附页图2），颜色有绿色到红色共5个色带，越红代表该地区指标数值越大。

一方面，从粤港澳大湾区产业融合耦联度时空演变来看，粤港澳大湾区制造业与生产性服务业产业融合耦联度存在显著的空间异质性与空间非均衡性。2006年产业融合耦联度的高值主要集中在广深莞区域，并向西部佛山、中山辐射；2012年耦联度高值区域经过辐射演化，主要分布在两个区域，一个仍然在广深莞区域（向深圳收敛），另一个在珠江澳连域（向珠海方向收敛）；2018年高值点主要收敛于深圳、珠海与肇庆三地。

另一方面，观察产业融合耦联协调度时空演变图可知，粤港澳大湾区制造业与生产性服务业产业融合耦联协调度同样存在显著的空间异质性与空间非均衡性。但与耦联度不同，耦联协调度的时空演化轨迹路径要清晰一些，演化速度也相对慢一些，主要表现为2006年、2012年、2018年3年中耦联协调度都主要集聚于广深莞地区，整体上有向西南辐射的轨迹。

耦联度的时空演化具有明显阶段特征，因此本文将粤港澳大湾区制造业与生产性服务业产业融合的时空演化过程概括为三个阶段：第一阶段是集核期，是改革开放后珠三角"前店后厂"后期阶段，即2006年前后。这一时期珠三角地区主要依靠香港、澳门的资金、技术引入带来大批劳动力要素的集聚，形成以电子及通信设备制造业、电气机械及器材制造业、玩具制造业等制造业与工业化过程中的电子信息、软件服务业等生产性服务业高度耦联融合局面，核心区域就是毗邻香港的广深莞，这三地是珠三角区域的核心城市，2006年前后已经形成高水平的要素驱动型技术跨产业融合局面，主要是电子信息服务业与相关制造业的融合，其他珠三角城市的发展则相对滞后于核心区域（仍远高于广东省内非珠三角城市）。这一阶段，耦联协调度属于集核早期，即随着产业融合耦联度的高水平耦合，耦联度集核区域开始出现小规模自主研发型跨产业技术融合，耦联协调度处于严重失调，即产业间技术壁垒难以依赖要素流动打破。第二阶段是辐射期，是2009年金融危机前后。这一时期大湾区内部耦联度由集核点（广深莞）向西南沿海区域辐射，这是政府倡导产业升级转型与产业空间转移的结果，同样是集聚成本大于集聚收益的结果，西南佛山、中山、珠海等城市较快地承接部分产业链的转移。这一时期，耦联协调度仍处于集核早期阶段，自主研发开始出现一定的规模，但整体协调度仍然严重不足。第三阶段是衰落期。这里所说的衰落并非耦联度数值的降低，而是耦联度背后的产业融合对经济发展的边际效益由盛转衰，由正转负，传统要素驱动型的产业融合逐渐到达技术溢出的天花板，很难再继续往更高水平的技术融合升级，因此这一时期（主要是金融危机后）大湾区内部城市普遍开始寻求自主研发，并通过更主动、科学的技术融合来推动生产性服务业与制造业的跨产业融合。这一期间，耦联协调度开始处于集核期中后期阶段，耦联协调度开始于集核城市慢慢积累转化。

综上，粤港澳大湾区制造业与生产性服务业产业融合存在显著的空间自相关现实特征，且可以初步断定为耦联度由空间溢出向空间负相关转变，耦联协调度处于集核时期，存在一定程度的空间溢出效应。

（二）城市全要素生产率动态变化

根据 DEA-Malmquist 指数法测算出粤港澳大湾区 11 个城市的全要素生产率增长（TFPCH）、技术效率增长（EFCH）与技术进步增长（TECH）。首先从大湾区整体的年均数据来看，如图 1 所示，不难看出如下特征：一是整体趋势上技术效率增长与技术进步增长波动明显，且二者变化趋势基本相反，因此二者乘积全要素生产率增长变化反而较为平稳；全要素生产率增长的变化趋势与技术效率增长步调一致，只是波动幅度较小。由此可见，粤港澳大湾区整体全要素生产率增长主要受技术效率增长影响，技术进步增长的拉动作用仍弱于技术效率增长。二是全要素生产率增长及分解指标的历史数据存在一定的周期变化特征，2005年、2010 年、2015 年分别出现指标数据的波峰/波谷，可简单理解两个波峰/波谷之间相隔的时间为周期，即 10 年左右的时间，这一时间与世界经济的周期性有一定的相似性。从事实层面来说，2005 年前后，大湾区内部城市尤其是以广州、深圳为代表的珠三角地区技术效率的增长主要是由于在传统的电子信息、软件等技术应用层面做到经济效率领先，拿下世界主要的产品出口位置；2008 年金融危机爆发后，大湾区长久以来依赖的外贸经济受到巨大冲击，使得旧式的通过吸收转化知识、技术以及管理理念的要素驱动型技术效率拉动作用显著下降，大湾区内部城市不得不进行技术革新探索，因此这期间技术效率增长大幅下降，技术进步增长大幅上升，直到 2010 年左右这一波调整基本完成；2010 年开始，以新一代信息科技应用为主的互联网经济作为本土商业模式创新代表引领大湾区开始新一波的技术应用期，这一过程持续到 2015 年左右，这期间技术效率增长从波谷反弹，技术进步增长幅度收窄；2015 年开始房地产在大湾区内部开始发热，房价的大幅攀升带来传导性通胀，一定程度上给技术应用企业的经营成本带来制约，不少技术应用企业将资金从技术研发、应用转向房地产投资，使得技术效率增长受到挤出影响，而技术应用一旦受到制约，技术进步增长的土壤就开始发力，2015 年前后区块链技术等新一代数据科学技术出现在应用端，使得大湾区整体的技术进步增长开始复苏。

总的来说，在样本时间内粤港澳大湾区全要素生产率增长及分解指标的时空特征可概括如下：一是粤港澳大湾区全要素生产率增长及分解指标在空间分布上表现出显著的空间异质性；二是粤港澳大湾区全要素生产率增长及分解指标在时间趋势上表现出一定的周期性特征，变化周期为 10 年左右；三是粤港澳大湾区全要素生产率增长主要依靠技术效率增长，技术进步增长的拉动作用在增强但仍弱于技术效率增长的影响力。

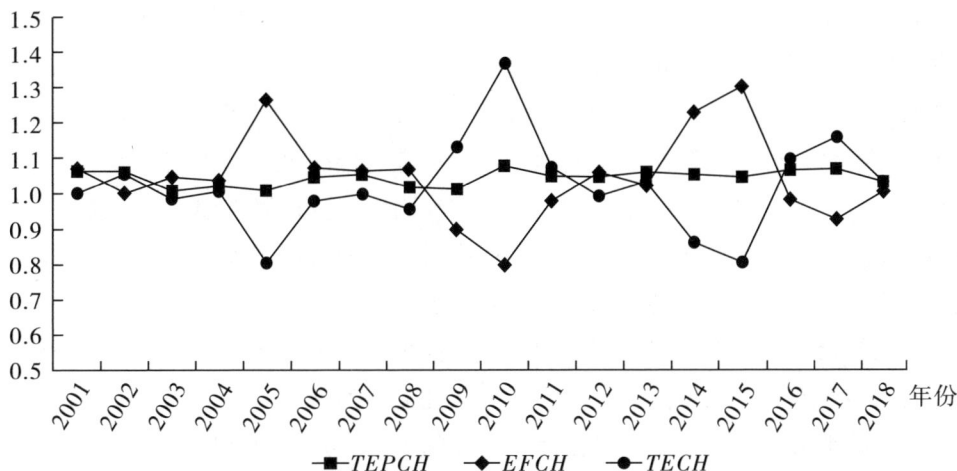

图 1　粤港澳大湾区全要素生产率及分解指标时空增长（2001—2018 年）

（三）时空拟合分析

　　时空拟合分析是在传统经济地理研究中空间拟合的基础上，增加时间维度，考察不同时间截面上关键变量（本文即产业融合与全要素生产率增长）在空间分布上的关联性，主要是通过叠加绘制关键变量的空间分布图，直观地从地图上观察关键变量的空间分布特征异同。关键变量间时空拟合分析是后续地理探测器与空间杜宾模型分析的前提基础，只有关键变量在不同时间截面的空间分布上表现出一定的空间关联特征才能进一步开展基于地理探测器的空间分层异质性分析以及基于空间杜宾模型的空间效应分析。因此，为剖析粤港澳大湾区城市制造业和生产性服务业产业融合与全要素生产率增长之间的空间关联特征，本文绘制产业融合与全要素生产率增长的时空拟合图（限于篇幅，这里不展示耦联度、耦联协调度与技术效率增长、技术进步增长的空间拟合关系），如附页图 3 所示。从附页图 3a 可见，绿色圆圈较大的地区即粤港澳大湾区城市制造业与生产性服务业产业融合耦联度值较高区域往往表现为较低水平的全要素生产率增长（偏向黄绿色），而绿色圆圈较小的地区即产业融合耦联度值较低地区则表现为较高水平的全要素生产率增长（偏向橙红色），足见二者存在一定程度上的空间负向关联作用。从附页图 3b 可见，蓝色圆圈较大的地区即粤港澳大湾区城市制造业与生产性服务业产业融合耦联协调度值较高区域往往表现为较高水平的全要素生产率增长（偏向橙红色），而蓝色圆圈较小的地区即产业融合耦联协调度值较低地区则表现为较低水平的全要素生产率增长（偏向黄绿色），足见二者存在一定程度上的空间正向关联作用。

　　时空拟合图的结果分析表明，粤港澳大湾区城市制造业和生产性服务业产业融合与全要素生产率增长之间存在一定程度的空间关联关系，耦联度表现为负向关联，耦联协调度表现为正向关联，这与以往关于产业融合驱动全要素生产率提升的研究结论不同。本研究认为产业融合对城市全要素生产率增长的驱动作用跟城市所处经济社会发展阶段、空间地理位置等有直接的关系，不同发展时期、不同空间区位下产业融合的驱动作用迥然不同。因此，分析粤港澳大湾区城市制造业和生产性服务业产业融合与全要素生产率增长之间的作用关系需综合考虑产业融合与全要素生产率增长各自的时空分布特征。

时空拟合分析表明应当应用空间面板数据来实证考察粤港澳大湾区产业融合与全要素生产率之间的空间关系。空间分异性与空间自相关是空间数据的两个并不等同的特征属性，逻辑上二者是相互补充的关系，是完成空间数据分析的两个重要环节。因此，从空间数据的不同分析维度出发，实证部分分别通过基于空间分异性的地理探测器分析与基于空间自相关的空间杜宾模型面板数据分析，是共同分析研究粤港澳大湾区产业融合与全要素生产率增长的空间作用关系。

（四）基于地理探测器的全要素生产率增长影响因素分析

地理探测器是研究空间数据的分层异质性的有效工具，主要通过构造 q 值统计量［公式（9）］来刻画分析空间分异的成因以及相关机制。[①] 该工具主要包括 4 个探测器。本研究主要利用因子探测器初步定量分析粤港澳大湾区城市全要素生产率增长的成因，重点分析大湾区生产性服务业与制造业的产业融合对全要素生产率增长的空间异质分布是否存在显著性影响。

$$q = 1 - \frac{\sum_{h=1}^{H} N_h \sigma_h^2}{N\sigma^2} = 1 - SSW/SST$$

$$SSW = \sum_{h=1}^{H} N_h \sigma_h^2, SST = N\sigma^2 \tag{9}$$

式中：h（$h=1$，2，$\cdots$，H）为影响因变量空间分布的因子分层（分类离散变量）；N_h、N 为 h 层和整体的单元数；σ_h^2、σ^2 为对应的因变量方差；SSW、SST 为层内方差和与整体方差和。由此计算的 q 值代表某因子对因变量空间分布的解释程度，取值区间［0，1］。由于地理探测器方法对自变量的数据类型要求为离散型或者分级分类变量，因此本文应用自然断点法对 2001—2018 年因变量以及各解释变量进行分类，附页图 4 为 2006 年全要素生产率增长、产业耦联度、

---

① 王劲峰，徐成东. 地理探测器：原理与展望 [J]. 地理学报，2017，72（1）：116 – 134.

耦联协调度等变量的分类结果图。

利用王劲峰等提供的地理探测器分析工具[1]，对粤港澳大湾区全要素生产率增长空间分异的影响因素进行因子探测分析，分析结果见表4。不同探测因子按照对全要素生产率增长的解释程度排序为：产业结构＞产业融合—耦联协调度＞政府干预＞外资依存度＞劳动力投入＞产业融合—耦联度。产业融合的耦联协调度的影响作用大于耦联度的影响作用，与本文分析逻辑一致，即粤港澳大湾区生产性服务业与制造业的融合过程已经由较为基础的产业关联融合向更深层次的协调融合过渡，这一过程中生产性服务业与制造业产业融合系统的耦联度对于全要素生产率增长的影响作用已经逐步衰减且由正向作用转为负向影响，而产业融合系统的耦联协调度对于全要素生产率增长的影响作用显著为正，且在逐步加强。控制变量方面，产业结构对全要素生产率增长的影响作用最强，凸显大湾区产业结构升级对于全要素生产率增长的重要性；政府干预的影响作用大于外资对于地区全要素生产率增长的影响力，表明2001—2018年期间政府在全要素生产率增长方面所做出的政策制度行为有效地促进城市全要素生产率增长，且内部力量的影响作用已经逐步超越外资对大湾区内部城市全要素生产率增长的影响；以进口总额为指标的外贸依存度对于全要素生产率增长的影响并不显著，且 q 值最低。

表4　因子探测器结果

因子	CR	CP	$IndS$	Imp	FDI	L	$FisEx$
q 值	0.952 262	0.899 217	0.954 017	0.861 529	0.923 578	0.904 324	0.924 089
p 值（sig）	0.007 543	0.025 649	0.093 392	0.156 689	0.066 489	0.014 338	0.073 157
排序	2	6	1	7	4	5	3

三、研究结论与建议

本文根据粤港澳大湾区11个城市2001—2018年的时空面板数据，构建以产业规模、结构潜力与发展效率为评价指标的产业融合评价体系，应用耦联评价法测算大湾区城市个体的产业融合水平即产业融合耦联度与耦联协调度，应用DEA-Malmquist指数法测算大湾区全要素生产率增长及分解指标，透过产业融合

---

① 王劲峰，徐成东. 地理探测器：原理与展望［J］. 地理学报，2017，72（1）：116－134.

和全要素生产率的时空演化与拟合分析，定性考察产业融合与全要素生产率的空间关联关系，在此基础上应用地理探测器中的因子探测器分析，初步定量探究大湾区城市全要素生产率增长的驱动因素，并判断产业融合的影响作用。最后，通过建立粤港澳大湾区产业融合驱动全要素生产率增长空间面板杜宾模型，实证检验大湾区产业融合驱动全要素生产率增长的空间经济效应以及具体作用机制，得到以下研究结论：

（1）粤港澳大湾区各城市生产性服务业与制造业产业融合耦联度整体水平较高，耦联协调度呈现较为严重的失调状态，且城市个体层面产业融合耦联度、耦联协调度存在显著的空间自相关与空间分异特征；产业融合耦联度的时空演化具有明显阶段特征，表现为由初期集核发展向大湾区外围城市辐射扩散；耦联协调度则主要集聚于广深莞区域，辐射扩散过程较慢。初步断定耦联度由空间溢出向空间负相关转变，耦联协调度处于集核时期，存在一定程度的空间溢出效应。

（2）粤港澳大湾区全要素生产率增长及分解指标在空间分布上表现出显著的空间异质性，具有显著的空间溢出效应；且在时间趋势上表现出一定的周期性特征，变化周期为 10 年左右；粤港澳大湾区全要素生产率增长主要依靠技术效率增长，技术进步增长的拉动作用在增强但仍弱于技术效率增长的影响力。

（3）粤港澳大湾区生产性服务业与制造业产业融合的耦联度以及耦联协调度均对城市全要素生产率增长产生显著性影响，但作用机制恰好相反，产业融合的耦联度主要表现为显著的负向影响，且在空间层面有负向的空间滞后影响；而耦联协调度表现为正向显著驱动作用，在空间维度上对周边地区全要素生产率增长有显著正向促进，即存在空间溢出效应。

（4）粤港澳大湾区产业融合耦联度与耦联协调度对全要素生产率的影响主要是通过对城市自身技术进步增长的影响来实现，作用机制为技术进步增长拉动全要素生产率增长。大湾区产业融合耦联度与耦联协调度对技术进步增长的影响具有显著的空间效应，表现为产业融合耦联度对技术进步增长有负向的空间滞后影响，耦联协调度对技术进步增长有正向的空间溢出效应。

综合来看，目前粤港澳大湾区生产性服务业与制造业的产业融合已经迈过要素驱动型被动技术融合而向自主研发型主动技术融合发展，虽然产业融合的耦联度很高，但是代表产业融合协调度与融合深度的耦联协调度仍然处于较低水平，与世界一流湾区相比仍有一定距离。尽管如此，大湾区内部生产性服务业与制造业的产业融合耦联协调度已经正向驱动城市自身全要素生产率增长，并对周边地区产生显著的空间溢出作用，这说明大湾区内部产业融合"深水区"改革已经初具成效，且已经进入黄金发展期，未来大湾区通过自主研发型主动技术融合带来的生产性服务业与高端制造业的深层次融合将显著推动全要素生产率增长，引领粤港澳大湾区经济高质量发展。据此，本文对未来粤港澳大湾区产业融合驱动全要素生产率增长提出以下建议：

（1）产业融合需要政府继续大力倡导产业结构升级、创新发展，以完善大湾区内部城市分工体系为基础，科学引导以科技创新（尤其是基础研究领域）为主的自主研发型技术跨产业融合作为大湾区未来产业融合发展的重点工作，加快旧式要素驱动型技术融合向大湾区腹地辐射扩散；注意大湾区内部城市之间的发展差异，尝试建立健全梯度式产业融合发展层级体系，兼顾中心外围的发展需要。

（2）粤港澳大湾区城市全要素生产率增长在兼顾技术效率增长与技术进步增长的同时，尤其要重视研究全要素生产率增长及分解指标的周期性特征，政府在制定相关高质量发展政策措施时应当遵循相对客观的全要素生产率增长时序演化规律，科学引导技术创新与成果转化工作顺应这个时序趋势，降低违反周期规律所付出的经济社会成本，提高科技创新政府工作效率。

（3）科学倡导产业融合发展，不要继续盲目追求要素推动型的旧式产业融合发展逻辑，需要重视产业深度协调发展、深度融合在未来较长时期内对城市经济效率的关键性拉动作用；注意产业融合的空间溢出效应，努力打破大湾区内部城市之间产业空间融合的制约因素。产业融合空间溢出效应的微观基础是劳动力与技术的空间自由配置，因此制度层面的大胆突破应当围绕人才与技术流动。具体可从以下几方面着手展开：一是进一步简化粤港、粤澳的出入境流程，具体简化方向可考虑定期一签多行、放宽S签证审批限制、进一步便利签注流程（微信出入境公众号办理、增加签注机器布点等）、增加签注类型（根据更具体的出入境理由，如短期求学、业务培训、工作实习等）；二是探索实行粤港澳互信机构出入境配额制度，对经过境内外政府审批认定、互信的合作交流机构发放一定数量的出入境免签配额，缩短产业经济往来人员的流通成本；三是探索设立产业融合导向的专业技术人才、科技创新人才等各级人才出入境绿色通道，将粤港澳大湾区11座城市的人才认定清单进行统筹，派发大湾区人才出入境通关卡或者集成到身份证件、银行卡等证件上，持卡人、持证人可刷卡经绿色通道快捷通关。

作者简介：彭芳梅，博士，中共深圳市委党校教授，研究方向为区域经济、城市经济。

科技篇

粤港澳大湾区建设国际科技创新中心的战略思考

叶玉瑶　王景诗　吴康敏

摘要：基于对全球创新格局与趋势的探讨，以及对国际科技创新中心内涵与特性的解读，本文剖析了粤港澳大湾区当前建设国际科技创新中心所具备的优势与面临的挑战，并对科技创新中心建设提出几点战略性的思考。当前粤港澳大湾区正处于整体迈进知识经济时期，创新要素在地理空间上高度集聚，创新生态条件不断完善，创新全球化的影响在区域内初显，拥有雄厚的制造业基础，市场对创新的需求极为可观，基本具备建设国际科技创新中心的条件。但同时，我们应该看到由于制度障碍以及巨大的区域内部差距，粤港澳大湾区的创新发展还存在创新要素聚而不联、流动不畅，体制机制转换对接困难，关键核心技术受制于人等现实挑战。在充分发挥粤港澳互补优势、补齐短板的基础上，粤港澳大湾区应立足源头创新，将建设国际产业创新策源地作为立区之本；实施产业驱动，将建设国际产业科技创新中心作为核心功能；推进制度创新，将建设协同创新示范区作为关键突破。以源头创新促进产业创新，以制度改革推进协同创新，最终实现粤港澳大湾区创新协同与一体化融合发展。

关键词：国际科技创新中心　粤港澳大湾区　科技创新　协同创新

随着资本追逐知识成为一种愈发显著的全球趋势，科技创新通过影响产业变革与催发新业态，逐渐取代要素驱动和资源消耗支撑的发展方式成为新时代经济发展的原动力，并从根本上引导着城市或地区的主导功能向科技创新转变，世界范围内的城市或地区之间的经济竞争也随之更突出地表现为科技的竞争（Cooke，1997）。① 由于一个国家或地区的创新水平与其经济水平呈正相关，因此在日新月异的全球创新格局中，一些经济基础优良的大城市，尤其是本身占据国际经济中心、金融中心、贸易中心或航运中心地位的国际城市或全球化都市圈更容易抢占先机，利用自身枢纽性节点聚集资源并输出影响的优势，再由创新资源突破地

---

① COOKE P. Regions in a global market: the experiences of wales and baden-württemberg [J]. Review of international political economy, 1997, 4 (2): 349 – 381.

理界限自由流动而编织构成的全球创新网络中转化成为创新枢纽，建设成为全球科技创新资源密集、科技创新活动集中、科技创新实力雄厚、科技成果辐射范围广的国际科技创新中心。作为一个国家综合科技实力的体现和核心依托，科技创新中心在全球价值网格中能够发挥显著增值作用并占据领导和支配地位，这是许多国家和地区为应对新一轮科技革命挑战，增强国家竞争力的重要举措（杜德斌，2018）。① 近年来，纽约、伦敦、东京、新加坡等国际经济中心城市或地区都对建设科技创新中心作出了相应的部署并取得了长足的进展，在澳大利亚智库2thinknow 发布的"2018 全球创新城市指数"排行榜中，东京、伦敦、纽约、新加坡分别位居第一、第二、第四和第六名。② 这些创新先驱的发展历程为其他城市和地区建设具有全球或区域影响力的科技创新中心提供了可借鉴的经验。

在对发达国家或地区建设科技创新中心的研究中，国内大部分学者尝试通过主导因素来总结全球科技创新中心的建设模式，并以此分门别类，以期为国内因地制宜地探索科技创新中心建设路径寻找共性参考。然而，在判断一个城市或地区建设科技创新枢纽节点所依托的要素时，得出的结论从来都不是绝对的。如纽约被认为与伦敦类似，属于强化国际化因素和市场力量的市场主导模式，却也被看作是在将科技创新与国际大都市全面转型升级相结合时，以雄厚人力资源为基础建立起来的；在以本土初创企业与跨国公司等创新活动主体共同推动科技创新的以色列特拉维夫模式中，优良的创新生态系统所体现出来的优势也极为显著（《中国经济周刊》采制中心，2015；张强，2015）。③ 从这些模式中可以得出，一个先进的具有全球影响力的科技创新中心的建设，不是由单一要素驱动的。在科技创新中心发展初期，受城市或地区高校集聚或政府规划新兴经济体等自身条件所具备先导要素的影响，会呈现出差异性发展特征，但在构成科技创新可持续发展的创新生态系统的过程中，高校、企业的良好创新氛围，政府保障，市场融资，以及专业性服务机构等创新支撑要素构建创新体系必要条件的共同作用，才是提升地区乃至国家可持续创新能力的关键（胡曙虹等，2016）。④ 同时，在不同的科技创新中心发展模式中，导向的阶段性结果与某些功能需求在长期内都是可以预见的，如创新要素的集聚、支柱产业的多元化与创新生态环境的不断完善

① 杜德斌. 全球科技创新中心：世界趋势与中国的实践 [J]. 科学，2018，70（6）：15－18，69.
② 2thinknow. Innovation cities™ index 2018：global [EB/OL]. [2019－12－09]. https://www. innovation-cities. com/innovation－cities－index－2018－global/13935/.
③ 《中国经济周刊》采制中心. 全球经典的科创中心模式 [J]. 中国经济周刊，2015（21）：39；张强. 全球科技创新中心建设的国际模式比较 [J]. 品牌，2015（12）：265.
④ 胡曙虹，黄丽，杜德斌. 全球科技创新中心建构的实践——基于三螺旋和创新生态系统视角的分析：以硅谷为例 [J]. 上海经济研究，2016（3）：21－28.

等（杜德斌等，2015）①，这些因素正是决定中国建设全球科技创新中心的关键所在。

以 2015 年 5 月上海市委、市政府发布《关于加快建设具有全球影响力的科技创新中心的意见》为起始，中国为推进全球科技创新中心的建设也作了不少相应部署。为深入实施创新驱动发展战略，在全球视野下对标国际领先的科技创新中心城市和区域，着眼于全球经济科技合作与竞争，除上海之外，北京、深圳、武汉、广州、西安、杭州等城市都先后提出了建设具有全球或国际影响力的科技创新中心的战略目标。2019 年 2 月，在经党中央、国务院同意，正式公开发布的纲领性文件《粤港澳大湾区发展规划纲要》中，更是明确了要将粤港澳大湾区建设成为具有全球影响力的国际科技创新中心，并在对打造世界一流湾区与高质量发展典范的建设愿景进行描绘时，将其定义为首要任务。国外已有的成功案例固然为中国国际科技创新中心的建设征程提供了丰富的参考资料，但目前国内仍处于对这些案例的总结学习阶段，尚无一个成熟的本土案例（文嫮等，2005；苗长虹，2006；王缉慈，2011）。② 因此，如何因地制宜地探索出具有强大带动力的科技创新中心，对中国来说是一个极富挑战的命题。尤其在粤港澳三地独特的制度环境下，如何在粤港澳大湾区深入实施创新驱动发展战略，建立具有全球影响力的国际科技创新中心，已然成为湾区建设中最具有共识性也最具有挑战性的地方。它不仅肩负着带动珠三角地区率先实现创新转型的历史使命，同时还发挥着引导港澳融入国家发展大局的作用。基于上述思考，本文在综合参考全球创新指数（The Global Innovation Index，GII）等国际权威智库报告的基础上放眼于全球，从对全球创新趋势与国际创新中心的内涵分析入手，对当前粤港澳大湾区建设全球科技创新高地和新兴产业重要策源地所具备的整体优势与亟待突破的难题作出基本判断与评价，进一步对这一战略性区域如何综合三地优势发挥合力，跃升为全球创新网络的重要参与者甚至主导者，并通过在创新主体之间建立协同关系，推动科技创新与制度创新双管齐下，加快实现科技创新与实体经济、现代金融和人力资源深度结合，建设一个国际化、产业化且具有创新性的国际科技创新中心提出几点方向性建议。

---

① 杜德斌，段德忠. 全球科技创新中心的空间分布、发展类型及演化趋势［J］. 上海城市规划，2015（1）：76－81.

② 文嫮，曾刚. 全球价值链治理与地方产业网络升级研究：以上海浦东集成电路产业网络为例［J］. 中国工业经济，2005（7）：20－27；苗长虹. 全球—地方联结与产业集群的技术学习：以河南许昌发制品产业为例［J］. 地理学报，2006，61（4）：425－434；王缉慈. 超越集群：关于中国产业集聚问题的看法［J］. 上海城市规划，2011（1）：52－54.

一、全球创新趋势与国际科技创新中心的内涵

（一）全球创新格局与趋势

1. 格局：创新的全球鸿沟

依据《2018 年全球创新指数报告》发布的全球 126 个经济体的创新指数排名，发达经济体在世界创新格局中长期占据鳌头。由于经济体创新水平很大程度上由经济发展水平所决定，因此在全球范围内，发达经济体与欠发达经济体之间的创新鸿沟仍然显著。由图 1 可知，大部分经济体都位于拟合曲线之上，表明创新水平和经济发展水平存在一致性。在全球创新格局中，发达经济体是当仁不让的全球创新引领者，然而在此之中，中国凭借相对于经济发展水平更为突出的创新表现，成为唯一一个跨越创新鸿沟，进入创新引领者行列的中高收入水平经济体（2018 年全球创新指数排名第 17 位）。此外，部分经济体位于拟合曲线内侧，创新表现优于经济发展水平预期，属于创新实现者；位于拟合内环线外侧的部分经济体，显示出创新表现低于经济发展水平预期。总体而言，经济发展水平在很大程度上决定着经济体的创新能力，加之发达国家的跨国公司仍然主导全球生产体系，占据全球价值链中高端，高端要素相对集中于发达国家的趋势依然难以改变，因此在较长时期内，发达国家将仍是全球科学技术的主要源头、人才高地和全球创新的核心地带（马名杰，2016）。[①]

2. 趋势：多极化、全球化、集群化

21 世纪以来，全球创新活动呈现出一些新的趋势性特征，创新多极化、全球化和集群化的趋势日益凸显，创新活动的新版图渐趋形成。

（1）创新多极化。21 世纪以来，中国和其他新兴经济体技术追赶提速，以中国为代表的东亚创新崛起，成为全球创新新版图中的重要标志，传统的美、日、西欧（以德、法、英为代表）大三角格局开始向美、东亚（以中、日、韩为代表）、西欧的新大三角格局转变，全球创新呈现多极化特征（石奇等，2013；马名杰，2016）。[②] 《2018 年全球创新指数报告》显示：中国在普通基础设施（第 3 名）、市场规模（第 2 名）、商业成熟度（第 9 名）、知识和技术产出（第 5

---

① 马名杰. 全球创新格局变化的新趋势及对我国的影响［J］. 经济纵横，2016（7）：108－112.

② 石奇，杜德斌，张祥，等. 全球创新资金的空间格局及其演变特征［J］. 中国科技论坛，2013（11）：124－130；马名杰. 全球创新格局变化的新趋势及对我国的影响［J］. 经济纵横，2016（7）：108－112.

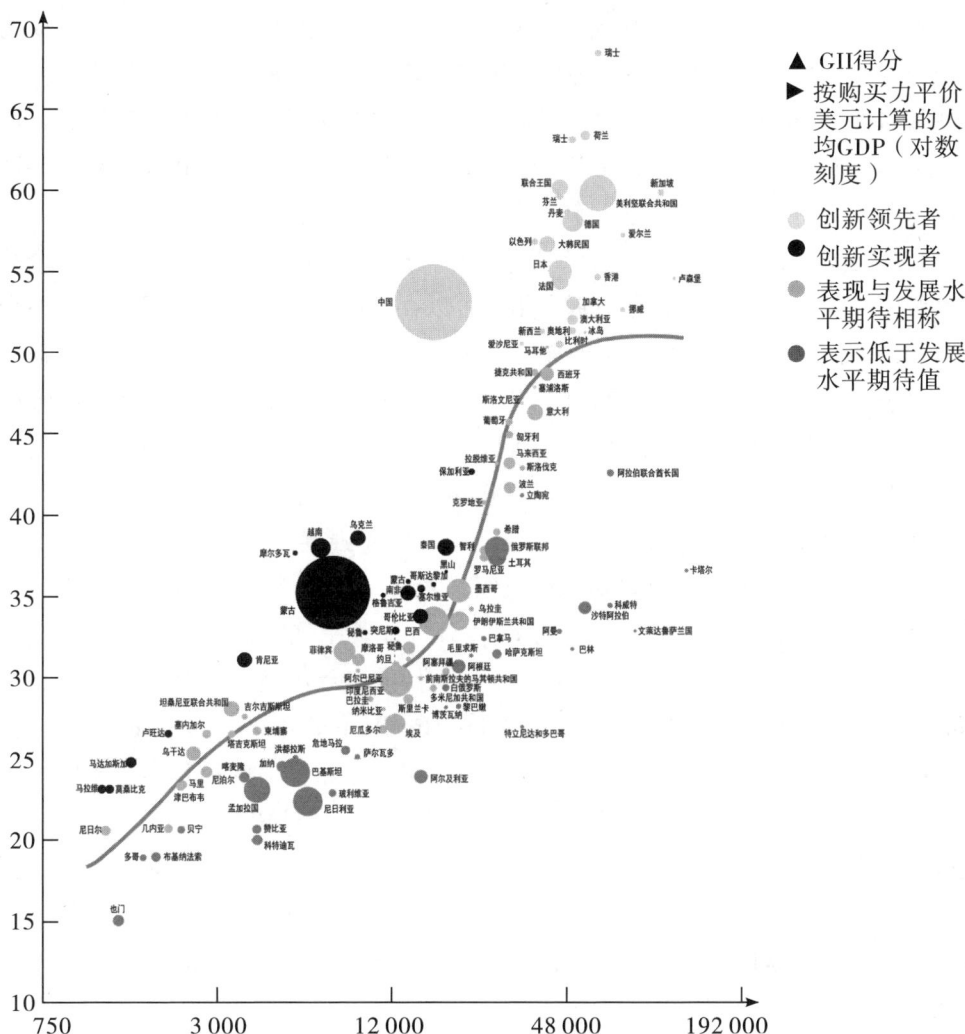

图1　全球经济体的创新表现与经济发展水平

注：圆的大小代表经济体人口规模的大小。

资料来源：《2018 年全球创新指数》。

名）等领域均占绝对优势，排名接近全球创新前十位的经济体，在研究人员、专利、科技出版物数量等方面表现尤其突出，现居世界首位，研发支出仅次于美国。从全球创新投入来看，亚洲国家 R&D 经费支出增速迅猛，占全球比重逐渐上升，促使全球的创新重心向亚洲转移。在创新产出方面，2010 年，获得美国专利及商标局（USPTO）授权发明专利的经济体数量由 20 世纪 80 年代的 78 个增加到 130 个，可见技术产出同样呈现多极化趋势。从跨国公司的创新活动组织来看，新兴经济体的创新投入既丰富了本国的创新资源，也提升了创新环境，使跨国公司在发达国家之外有了更多的选择，因此跨国公司在北美和欧洲发达国家的研发投入倾向于向亚洲新兴经济体转移。2015 年，亚洲超过北美和欧洲成为企业研发支出最高的地区，也成为发达国家企业研发投资的首选地。尽管跨国公司的战略性部门与核心技术研发部门等重心部门仍然布局在欧美等发达国家，但"发达国家研发、发展中国家加工"的传统国际生产格局，表现出由"在新兴国家制造"向"在新兴国家创新"转变的趋势（马名杰，2016）。①

（2）创新全球化。进入 21 世纪后，跨国公司的生产全球化开始向研发全球化升级，知识生产日益专业化与垂直化，可以在全球范围内突破地理界限，整合分散的研究活动、产品开发和工业设计，创新与研发活动全球布局的趋势日益明显，呈现出全球化、网络化等特征（李健等，2016）。② 促成创新全球化趋势的主要因素之一是大型跨国公司在全球创新配置中占据支配地位，这在很大程度上主导着全球企业研发。据统计，全球 500 强企业的研发支出占全球份额 65％ 以上，在全美投资规模最大的前 100 名企业中，研发强度平均达到 12％ 以上（李健等，2016）。③ 此外，据世界知识产权组织统计，2018 年全球通过该组织申请的国际专利数量刷新历史纪录，达到 25.3 万件，其中绝大部分专利申请来自跨国企业。如中国科技巨头华为，以高达 5 405 件的专利申请量位列全球第一，并同时创下 WIPO（世界知识产权组织，World Intellectual Property Organization）史上由同一家公司提交的国际专利申请量纪录之最，紧跟其后的有日本三菱电机株式会社（2 812 件）、美国英特尔公司（2 499 件）、美国高通公司（2 404 件），以及中国中兴通讯（2 080 件）等。主要因素之二是跨国公司在全球布局创新资源的步伐提速。全球研发支出最多的 1 000 家企业中，绝大多数企业在海外开展研发。在研发全球化过程中，研发合作不断增多并形成专业分工，企业研发外包渐成趋势（马名杰，2016）。④

（3）创新集群化。由于创新具有黏性，在由跨国公司主导的研发功能全球扩散所导向的创新组织网络构建发展过程中，诸如美国硅谷、中国台湾新竹等特定区域，通过集聚较多的研发机构与活动，成为全球或区域创新网络中的核心，使全球创新呈现出明显的集群化特征（马名杰，2016）。全球创新指数（GII）从 2017 年开始引入全球 PCT 专利等空间大数据信息用于识别全球创新集群，2018 年又增加了科学出版物数据，通过对专利发明人和科学出版物作者进行地理编码，在全球范围内识别出 192 个创新集群并排名。从结果上看，这些创新集群主

---

① 马名杰. 全球创新格局变化的新趋势及对我国的影响［J］. 经济纵横，2016（7）：108 - 112.
② 李健，屠启宇. 全球创新网络视角下的国际城市创新竞争力地理格局［J］. 社会科学，2016（9）：25 - 38.
③ 李健，屠启宇. 全球创新网络视角下的国际城市创新竞争力地理格局［J］. 社会科学，2016（9）：25 - 38.
④ 马名杰. 全球创新格局变化的新趋势及对我国的影响［J］. 经济纵横，2016（7）：108 - 112.

要分布在北美、欧洲和东亚，其中美国的创新集群数量最多，共有 26 个，主要位于东海岸、西海岸以及五大湖地区；其次是中国，拥有创新集群 16 个，主要分布于京津冀、长三角、粤港澳大湾区以及长江经济带，其中深圳—香港成为排名仅次于日本东京—横滨的全球第二大创新集群；此外，德国拥有 8 个创新集群，英国和加拿大分别拥有 4 个创新集群，日本拥有的 3 个创新集群中，东京—横滨集群位列全球首位，大阪—神户—京都集群和名古屋集群也名列前茅。

（二）国际科技创新中心的内涵

从全球创新的趋势分析中可以看出，创新全球化并非扁平化的过程，创新的黏性以高度集聚的方式体现于某些区域之中。这些区域由于拥有优越的地理区位、优良的创新环境以及雄厚的产业基础，对于人才、技术、资本等创新要素具有天然的吸引力，也因此成为全球创新网络中的枢纽性节点城市。节点城市利用网络通道不断吸纳外部资源，并对外输出其影响力，当其集聚力和辐射力超越国界并影响全球时，便成为国际科技创新中心（杜德斌，2018）。[①] 目前在国际上还有一些与科技创新中心类似的概念，从不同角度对这类区域的描述作出了更详细的补充。如 Gassmann（1999）[②] 提出的"研发枢纽（R&D Hub）"概念，指跨国公司海外研发活动在空间上集聚于某个城市，形成一种与母国联系更为紧密的全球化组织与管理模式；又如 Ernst（2009）[③] 等提出的"创新枢纽（Innovation Hubs）"概念，从全球创新网络地方镶嵌的视角分析了跨国公司研发力量集聚于某些特定城市的现象，并根据节点城市在全球创新网络中承担的不同创新功能，进一步将"全球创新枢纽"划分为全球卓越中心、高级枢纽、追赶者与"新前沿"四类。国内研究中，与这类理论具有相似之处的概念还有杜德斌等（2016）[④] 提出的"国际产业研发中心"，即一个城市或地区因集聚众多的跨国公司全球性和区域性的研发机构而成为世界新产品与新技术的创新源地，以及"国际研发城市（International R&D City）"等概念，这些概念从全球创新网络—节点视角为解读国际科技创新中心功能与结构提供了丰富的依据。杜德斌等（2016）提取与上述观点的相同之处并进行综合分析与总结，对国际科技创新中心的功能与基本特征形成基本描述：一个科技创新中心至少应具备科学研究、技术创新、产业驱动和文化引领四大功能体系，并且体现出空间集聚性、功能支配性、结构

① 杜德斌. 如何提升国际科技创新中心策源能力［N］. 解放日报，2018 - 07 - 10.
② GASSMANN O, ZEDTWITZ M V. New concepts and trends in international R&D organization［J］. Research policy，1999，28（2/3）：231 - 250.
③ ERNST D. A new geography of knowledge in the electronics industry? Asia's role in global innovation networks ［J］. Policy studies，2009，54.
④ 杜德斌，何舜辉. 全球科技创新中心的内涵、功能与组织结构［J］. 中国科技论坛，2016（2）：10 - 15.

层次性、产业高端性和文化包容性五类特征。

对全球创新格局、趋势以及全球创新网络—节点特征的认识，有助于从多方面深入理解国际科技创新中心的内涵。从发展阶段上看，由于区域创新水平在很大程度上取决于相应区域的经济发展水平，因此科技创新中心是需要所在区域或城市具备一定的经济社会支撑能力才能催化的产物。从集群化的观点来看，科技创新中心集聚大学、科研机构、科技企业、人才、技术、资本等创新要素，是世界创新资源的集聚中心，创新黏性明显。从全球化的观点来看，国际科技创新中心作为全球创新网络中的枢纽性节点，集聚跨国公司总部、研发总部，掌控全球创新资源配置权，是世界创新资源的集聚中心和创新活动的控制中心。从创新中心的功能来看，国际科技创新中心兼具科学研究、技术创新、产业驱动功能，既拥有划时代的科学成果，能够引领国际前沿，又拥有颠覆性技术成果，成为技术创新策源地，从而能够引领科技革命和新兴产业可持续地交替发展。

二、粤港澳大湾区建设国际科技创新中心

将粤港澳大湾区建设成为具有国际影响力的国际科技创新中心，不仅是支撑其自身长远发展的首要任务，同时还是构筑中国创新发展新格局的重要战略，其实施的每一举措对于区域乃至国家而言都将影响深远。因此这种因地制宜的探索不能是鲁莽的，对国外经验的参考与借鉴不能是盲目的。要牢牢把握粤港澳大湾区建设国际科技创新中心的历史机遇，必须对其在当前经济社会条件下所具备的特殊优势、发展的各种可能及潜力进行科学的判断。

（一）整体迈入知识经济时代

当前的大湾区正处于由要素驱动向创新驱动转变的新的历史时期。2016 年粤港澳大湾区以 1.38 万亿美元的 GDP 总量超越旧金山湾区，与东京湾区以及纽约湾区的差距均缩小至 5 000 亿美元以内，从经济总量上可判断大湾区正在迈入世界一流湾区梯队（见图 2）。2017 年，大湾区 GDP 达到 1.6 万亿美元，如将大湾区视作一个经济体，其经济总量已超过世界第 12 大经济体俄罗斯，根据三大湾区目前的经济增长态势进行预测，大湾区的经济总量将在 5 年内超过东京湾区和纽约湾区。从收入水平上看，目前大湾区人均 GDP 突破 2 万美元，以世界银行高收入国家人均国民收入 1.2 万美元的标准作为参考，大湾区已经进入高收入发展阶段。2018 年广东省科技情报研究所对外发布的《粤港澳大湾区与世界三大湾区创新能力对比研究》报告中显示，大湾区的科技成果的总量规模已经接近

或者超过其他三大湾区。据统计，2017 年大湾区专利申请已达 17.6 万件，远高于纽约湾（1.2 万件）、旧金山湾（3.5 万件）以及东京湾（2.2 万件）三大湾区的总和，且大湾区 PCT 国际专利产出正处于高速增长阶段，PCT 国际专利申请占比为 5.79%，国际影响力具备较大增长空间。在论文发表上，2017 年粤港澳大湾区发表 SCI 论文 3.7 万篇，在 4 个湾区中仅次于纽约湾区（9.4 万篇），2008—2017 年，粤港澳大湾区共发表高被引论文和热点论文 3 401 篇。综上，根据全球创新与经济发展水平的关联性进行判断，大湾区已整体迈进知识经济新时代。

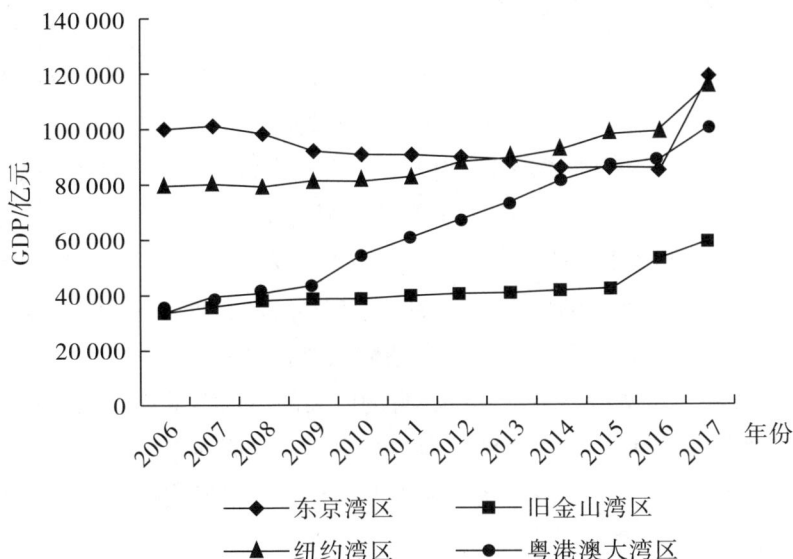

图 2 世界四大湾区 GDP 总量发展趋势

（二）创新要素高度集聚

创新要素高度集聚是粤港澳大湾区建设国际科技创新中心的重要基础。对大湾区大学、科研院所、高新技术企业等创新要素的热点分析表明，创新要素在粤港澳大湾区高度集聚，主要集中于环珠江口湾区，尤其是环珠江口东岸的广—深延伸至香港的走廊地带。据统计，大湾区内拥有各类高等院校 170 多所，约占全国的 6%，其中香港拥有 4 所世界排名前 100 位的高校（依据 2019 年 QS 世界大学最新排名，香港大学、香港科技大学、香港中文大学、香港城市大学进入全球百强），相较于旧金山、东京、纽约三大湾区，粤港澳大湾区的科教力量不仅在总体数量上取得优势，而且在计算机科学、数学、电子工程学等领域均已位列世界前 30 名，达到世界领先水平；大湾区集中分布科研院所 800 多家，在科技创新链前端的技术、专利积累以及后端的科技成果转化等方面能力突出，在全国乃至全球具有重要影响力，主要研究领域涵盖生物医疗、现代农业、信息技术、金融、城市发展、自然环境等，并触类旁通，不断拓展至相关领域，向新领域延伸探索。除高等院校与科研院所，粤港澳大湾区还拥有一批极具活力的引擎企业，这些企业是产业科技创新的主体，也是科技创新投入的主力军。据广东省科技厅发布数据统计，当前大湾区内高新技术企业已逾 3 万家，世界 500 强企业及独角兽企业分别有 17 家与 35 家，湾区内上市企业达到 2 199 家，平均研发费用已经超过 2 亿元。

（三）市场红利催生创新需求

市场红利是粤港澳大湾区建设国际科技创新中心的最大优势。粤港澳大湾区被认为是继纽约湾区、旧金山湾区、东京湾区之后的世界第四大湾区。如表 1 所示，从面积上看，粤港澳大湾区国土面积 56 500 平方千米，大于纽约、旧金山、东京三大湾区面积之和。2016 年，粤港澳大湾区总人口 6 765 万，机场旅客吞吐量 1.75 亿人次，远高于其他三大湾区；粤港澳大湾区经济总量达到 1.38 万亿美元，已超越旧金山湾区；港口集装箱吞吐量方面，粤港澳大湾区以 6 520 万标箱的数量，超出其他三大湾区的总和。粤港澳大湾区在人口、经济总量以及人流、物流方面的优势，从侧面反映了其所具有的巨大的市场需求和市场投资能力。加之粤港澳大湾区的市场具有典型的外向型特征，既有面向内陆的广阔腹地，也有面向东南亚乃至全世界的广阔市场，庞大的市场需求将形成可观的市场红利，从而催生巨大的创新需求。

表1　2016 年四大湾区主要发展指标

指标	粤港澳大湾区	纽约湾区	旧金山湾区	东京湾区
面积/万平方千米	5.65	2.15	1.79	1.35
人口/万人	6 765	2 370	768	4 383
GDP/万亿美元	1.38	1.83	0.82	1.86
港口集装箱吞吐量/万 TEU	6 520	485	227	766
机场旅客吞吐量/亿人次	1.75	1.3	0.71	1.12
代表产业	金融、航运、电子、制造业、互联网	金融、航运、科技	电子、互联网、生物	装备、制造、钢铁、化工、物流
第三产业产值占比/%	62.20	89.40	82.80	82.30
世界 100 强高校数量/所	4	2	3	2

（续上表）

指标	粤港澳大湾区	纽约湾区	旧金山湾区	东京湾区
世界 500 强企业数量/家	17	22	28	60
R&D 占 GDP 百分比/%	2.10	2.80	2.80	3.70
GFCI22 排名	香港 3；深圳 20；广州 32	2	16	5

注：①数据来源：亿欧智库，《创新引领粤港澳大湾区的产业新机会——粤港澳大湾区产业创新情况及企业研究报告》；②CFCI22 意指"全球金融中心指数"。

（四）制造业基础支撑产业创新

强大的制造业基础为粤港澳大湾区的产业创新提供了有力支撑。珠三角是名副其实的"世界工厂"，工业总产值占全国的 1/8 左右，占全世界工业总产值近5%，尤其在纺织、服装、电子及通信设备、电气机械及器材、玩具等工业品方面，占据世界相当大份额。近年来，珠三角装备制造业工业增加值均保持 10%以上的增速，通用航空、机器人应用、节能环保、新能源汽车等高端装备业增长突出，产业集群初具规模。粤港澳大湾区在制造业领域的优势不仅体现在生产环节，更体现在科技创新环节，强大的科技创新能力是支撑产业创新的关键。根据《粤港澳大湾区协同创新发展报告》，粤港澳大湾区创新机构共计 510 个，与制造业相关的创新机构共计 403 个，占近 80% 的比例，其中电气机械及器材制造业、电子及通信设备制造业领域的创新机构高达 40%。从粤港澳大湾区的专利成果来看，相关研发也主要集中于计算机、通信和其他电子设备制造业以及电气机械和器材制造业等领域，2015—2017 年新型行业专利总量共 238 227 件，占专利总数的 82%。

（五）软、硬件要素构筑创新生态

创新生态环境主要是指为创新活动的正常运行提供必要的物质、精神及制度保障，其涵盖的内容既包括基础设施、技术与经济存量等硬件因素，也包括社会制度、法律体系、社会习俗与文化、社会网络等软件因素（胡曙虹等，2016）。[①]从硬件因素上看，粤港澳大湾区世界级的空港群与海港群优势明显，高速公路网密集且通达度高，拥有完善的基础设施网络。2017 年，粤港澳大湾区以 2.02 亿

---

① 胡曙虹，黄丽，杜德斌. 全球科技创新中心建构的实践——基于三螺旋和创新生态系统视角的分析：以硅谷为例［J］. 上海经济研究，2016（3）：21–28.

人次的客运量位列全世界大都市圈机场群首位，700 多万吨的航空货运吞吐量基本与纽约、伦敦、东京三大都市圈机场群货运量总和相当，航空客货总量保持高位增长，年均增速超过 8%，而同期受到金融危机影响的纽约、伦敦、东京三大机场群近 10 年内的年均增速尚达不到 2%；同时，广州、深圳、香港均为国际枢纽港口，在英国劳氏 2016 年全球港口百强的排名中悉数跻身前十；此外，大湾区拥有全球最密集的高速公路网，高速公路网刻度达到（8.16km/100km^2），高于东京、巴黎、伦敦三大都市圈。从软件因素上看，粤港澳大湾区兼具营商环境良好与多元文化交融的优势。营商环境能够折射出城市或区域的创新制度环境，根据世界银行 2018 年依据开办企业、办理施工许可证、获得电力、登记财产、获得信贷、保护中小投资者、纳税、跨境贸易、执行合同和办理破产这 10 个领域的指标，对全球 190 个经济体的营商环境作出排名，中国香港排名第 5，仅次于新西兰、新加坡、丹麦和韩国；在中国广电总局 2018 年以基础设施、人力资源、金融服务、政务环境、法制环境、创新环境等因素为评价指标对中国城市营商所作的排名中，深圳、广州分列第 3、第 4 位，仅次于北京、上海。除创新制度环境外，一个城市的创新文化与创新氛围对催生创新活动也至关重要。据《广东省统计年鉴 2018》统计，在粤港澳大湾区 6 700 多万的总人口中有约 45% 为流动人口，其中深圳、东莞、中山等城市的外来人口比例超过 50%，是名副其实的新移民城市，多元文化交汇的特征明显。崇尚冒险、不甘失败的移民特质与宽容失败、激励草根、开放包容的地域文化相互渗透所形成的滋养创新的土壤和创新文化，将大大激发各类创新主体的创新热情。

（六）创新全球化影响初步显现

近年来，粤港澳大湾区涌现出华为、中兴、美的等一批具有全球影响力的国际领先企业，开始在全球范围内进行资源配置，初步形成"全球研发 + 全球应用 + 全球服务"的全球战略布局。以华为为例，业务遍及全球 170 多个国家和地区，服务世界 1/3 以上人口，在全球设有 16 个研发中心，28 个联合创新中心，成为全球领先的信息与通信技术（ICT）解决方案供应商。在领先企业的引导下，粤港澳大湾区的前沿领域创新也持续加快，一批成果填补了国际空白，并开始"重塑"全球价值链条，进一步引领世界产业格局。以智能手机行业为例，粤港澳大湾区内的华为、中兴通讯等公司连续多年稳居全球企业 PCT 国际专利申请排行榜前三，市场占有率节节高升，迅速成为全球高端智能手机主要生产商。在世界知识产权组织的统计中，2018 年全球通过该组织申请的国际专利数量已达到创纪录的 25.3 万件，为这个数字作出巨大贡献的华为申请国际专利数量排名全球第 1，中兴排名第 4，另外 9 家湾区内企业申请专利数量排名均在全球前

20 位。与此同时，粤港澳大湾区已经形成了具有全球化影响的全球城市区域。如前所述，香港—深圳已经成为仅次于东京—横滨的全球第二大创新集群。据澳大利亚创新研究机构 2thinknow 指数对全球城市创新能力的评估，粤港澳大湾区共有 8 个城市入选 2018 年全球创新城市 500 强，分别是香港、深圳、广州、澳门、东莞、珠海、佛山、中山；该指数的评估内容还包括将城市分成不同的层级：顶级城市称为核心，第二层级为枢纽，第三层级为节点；其中香港是唯一的核心型城市，深圳、广州为枢纽型城市，澳门、东莞、珠海、佛山、中山为节点型城市。① 从全球城市体系的角度来看，在 2018 年 GWC（Globalization World Cities）世界城市排名中，香港、广州、深圳都已入围世界一线城市。

三、粤港澳大湾区建设国际科技创新中心的主要挑战

尽管当前粤港澳大湾区的区域社会经济基础、高度集聚的创新发展驱动要素、日渐完善的创新环境以及巨大的市场需求都为国际科技创新中心的建设提供了优良的发展前提，但要在这一战略区域中构筑创新发展新高地，尚存许多亟待突破的瓶颈。在区域经济高速增长过程中，发展不平衡的差异特征愈发显著；虽然粤港澳大湾区整体创新要素丰富且集聚，转化能力突出（王志民，2018）②，但三地制度差异阻碍创新要素自由流动的症结依旧突出；在粤港澳大湾区内积极培育具有核心竞争力的本土创新型龙头企业，在近年来不断实现科技成果转化大跨步的同时，在数十项关键技术上仍然未能摆脱对进口的依赖。这些现阶段尚未能破解的难题与粤港澳大湾区建设国际科技创新中心的优势相生相伴，都是从整体上影响着粤港澳三地科技创新协同发展的制约性条件。

（一）巨大的区域内部差距

尽管从总量上看，粤港澳大湾区的人口总量、经济总量和创新水平在世界湾区中均处于显著地位，但在空间分布上，由于社会经济和创新要素高度集聚于环珠江口核心区域，导致整个区域内部存在着巨大的内外圈层差距和东西两岸差距。在经济总量和开发密度方面，东岸地区远高于西岸地区，内圈层远高于外圈层，且这种差距正呈现不断扩大的趋势（见图 3）。在粤港澳大湾区这个包含"9 + 2"城市的战略区域中，经济总量规模排行第 1 的香港，其 GDP 总量是肇庆

---

① 王志民. 把握粤港澳大湾区发展机遇 携手打造国际科技创新中心 [N]. 学习时报，2018 - 08 - 31.
② 王志民. 把握粤港澳大湾区发展机遇 携手打造国际科技创新中心 [N]. 学习时报，2018 - 08 - 31.

的近 10 倍。如何缩小区域差距，促进区域的一体化发展，成为提升区域国际竞争力、建设国际科技创新中心所面临的一大挑战。

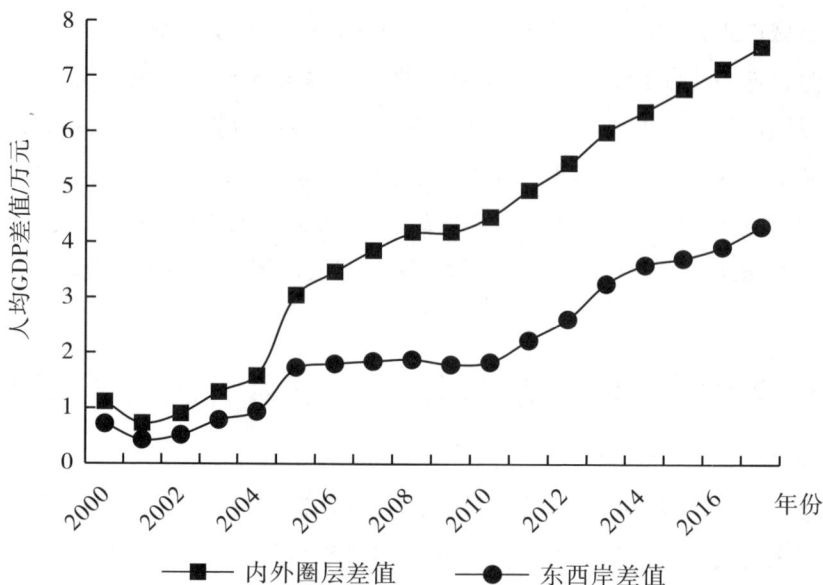

图 3　珠三角东西岸、内外圈层人均 GDP 差值变化

（二）一体化的制度障碍

粤港澳大湾区是世界上最为独特的一个区域，空间尺度关系复杂（安宁等，2018）①，拥有"一国两制"独特的制度环境，分属 3 个关税区、3 个法域，流通 3 种货币，并因此面临不同体制、不同政治制度、不同关税区、不同法律制度之间转换对接所带来的巨大挑战。创新要素聚而不联、流动不畅，体制机制转换对接困难成为影响粤港澳大湾区协同创新的最大障碍。如在人员流动方面，港澳人员在内地从事经济活动的个人身份为境外人士，执业必须持有相应资格证明，且境内外在社保、医保等方面的待遇未能实现同步，诸如此类的不便利在很大程度上影响了人才的高效流通；在资金方面，港澳投资仍被视为外商投资，在行业准入方面受到诸多限制；粤港澳三地在科技成果转化方面也存在制度壁垒，港澳无法直接进入内地市场，因而难以在粤港澳大湾区中完整而流畅地结合产业链与创新链。

---

① 安宁，马凌，朱竑. 政治地理视野下的粤港澳大湾区发展思考 [J]. 地理科学进展，2018，37（12）：1633－1643.

（三）关键核心技术受制于人

尽管珠三角作为"世界工厂"，在制造业方面优势突出，且近年来在智能制造领域成果频涌，制造业升级成果初显，但先进制造业发展依然存在产业核心技术少、核心技术不够尖端的短板。2018年，《科技日报》以亟待攻克的核心技术为主题推出报道（高博，2018）①，指出中国在芯片、平板显示、锂电池隔膜等几十项关键技术或零部件方面仍依赖进口，其中提及的绝大部分技术或零部件，在粤港澳大湾区布局的产业中均有涉及。以新能源汽车为例，近年来，粤港澳大湾区新能源汽车产量快速增长，然而，动力电池、电机、电控和智能终端等关键零部件，燃料电池系统和核心部件，以及动力电池电解质、正负极材料等关键材料的核心关键技术仍然有待完善，纯电动汽车续航里程短、充电时间长、电池寿命短，以及燃料电池在价格和技术上存在的瓶颈目前都尚未取得突破。

四、粤港澳大湾区建设国际科技创新中心的战略思考

通过以上对粤港澳大湾区国际科技创新中心建设的全球背景以及其自身优势、挑战的分析，本文认为，粤港澳大湾区应把握建设国际科技创新中心的战略机遇，发挥优势、直面挑战、弥补短板，紧抓源头创新、产业创新、制度创新三大战略方向，将建设国际产业创新策源地、国际产业科技创新中心以及我国区域协同创新示范区作为战略目标，切实推进粤港澳国际科技创新中心建设。

（一）源头创新，建设国际产业创新策源地

习近平总书记指出："核心技术的根源问题是基础研究问题，基础研究搞不好，应用技术就会成为无源之水、无本之木。"基础及应用基础研究，是高新技术及颠覆性技术产生的源泉。工业革命历史证明，科学革命是产业变革的基本前提。制造业"缺芯少核"的瓶颈最终都可追溯到数学、物理、材料、化学、工程等基础研究领域的短板上。因此，必须深刻认识基础及应用基础研究在创新链条中的源头作用，深刻认识基础及应用基础研究对建设国际科技创新中心的战略意义。可以说，提高源头创新的能力，建设国际产业创新策源地，是大湾区建设国际科技创新中心的立区之本。其一，要加强创新基础设施和平台的建设，推进散裂中子源、江门中微子实验站、强流重离子加速器装置、加速器驱动嬗变研究

---

① 高博. 这些"细节"让中国难望顶级光刻机项背［N］. 科技日报，2018－04－19.

装置等国家重大创新基础设施建设，积极部署国家超级计算中心广州中心和深圳中心扩容升级，推进与中科院共建太赫兹国家科学中心、寒武纪智能超算平台等具有国际影响力的区域创新合作平台。其二，要培育和集聚创新人才，吸引高端人才流入大湾区，激发大湾区的发展活力，建设国际人才聚集高地。其三，要加强基础与应用基础研究，着眼于国际科学前沿领域，对接国家基础研究重大布局，从自身优势产业及未来发展的关键领域出发，建设位居全国前列的基础科学研究中心和具有全球重要影响力的原始创新高地。其四，要加紧突破卡脖子技术，引导创新要素集中投向核心技术攻关，在芯片、新材料等领域取得关键核心技术突破。

（二）产业驱动，建设国际产业科技创新中心

产业创新既是粤港澳大湾区最大的优势所在，亦是其核心功能。珠三角是名副其实的"世界工厂"，强大的制造业基础将为粤港澳大湾区的产业创新提供有力支撑。粤港澳大湾区应充分发挥强大的制造业基础与产业创新能力，把握人工智能、量子信息技术、生物技术为代表的新一轮科技变革给产业创新带来的机遇，促进科技成果转化，加快智能制造、智慧城市、金融科技、医疗健康等重点领域产业技术创新。其中，智能制造领域以机器人、无人机以及芯片为代表。机器人方面，广东范围内机器人重点企业有 188 家，依托珠三角机器人产业集群优势，全省工业机器人产量在 2018 年上半年已占全国的 1/5；无人机方面，粤港澳大湾区民用无人机企业占全球民用无人机市场的 70%，广东在消费级无人机方面占据全球市场的 90%；芯片方面，虽然中国在每年消耗全球 54% 的芯片，但芯片自主生产率尚不到 30%，而粤港澳大湾区拥有国际芯片巨头，如华为、中兴等一批创新力极强的本土企业，大湾区在芯片自主制造上取得突破性进展的前景光明。智慧城市领域同样蕴藏着广阔的市场空间。据亿欧智库预测，未来 5 年全球智慧城市市场规模复合增长率将超过 30%，而粤港澳大湾区在智能战略、技术能力、领域渗透和创新方面都具备明显优势与发展潜力。在金融科技领域，粤港澳大湾区可充分发挥香港、深圳、广州作为国际金融中心的优势，加快区块链、互联网、大数据、人工智能、云计算等技术的应用升级，促进金融科技创新发展。粤港澳大湾区在医疗健康领域同样具有广阔的科技创新前景，目前已拥有深圳、广州、珠海、东莞等万亿级生物医药产业集群，大数据、人工智能等新技术在此领域都已得到广泛应用。

（三）制度创新，建设协同创新示范区

协同创新，使大湾区各城市之间形成合力，是提升国际竞争力的关键所在，

也是粤港澳大湾区国际科技创新中心最具竞争优势和潜力的地方。香港、澳门作为世界自由贸易港，市场机制灵活，国际化程度高，在经济运行、社会治理、规则标准、政府管理等方面与国际接轨程度深。广东省作为内地经济总量最大的省份，是改革开放的先行区，其中珠三角区域更是具有全球影响力的制造业基地。粤港澳三地在经济发展和创新功能上具有很强的互补性，共建科技创新中心之举将放大香港、澳门在基础研究、人才培养、现代金融和知识密集型服务以及国际化等方面的优势，促进大湾区企业、技术、标准走出去，与全球创新网络深度融合。同时，通过港澳与广东的实体经济互动延伸产业链和创新链，开拓广阔的市场空间，将有利于保持港澳长期繁荣与稳定，支持港澳融入国家发展大局。协同创新，首先是制度上的创新，需要从体制、机制上积极探索、先行先试，以打破制度壁垒，发挥整合优势。为打通机制体制，粤港澳三地政府在空间战略层面与体制机制上进行了一系列积极探索，提出了建设深港、珠澳、南沙3个创新特别合作区的战略构想。未来要充分发挥特别合作区"制度多元，空间相连、结果可控"的综合优势，从营商环境、创新资源流动、创新扶持政策及制度供给等方面，积极探索实现人才、资本、信息、技术、科研物资等要素的完全自由跨境流动的新机制。同时要加强与国际规则的对接，形成与国际接轨的科技创新生态环境，构建内生高效、共生关联的湾区科技生态体系，全力推动湾区内科技金融、营商环境、知识产权体系建设、科技成果转化等方面的创新合作，引领湾区前沿科技突破及战略性新兴产业的创新发展。

五、结论与讨论

打造一个全球科技创新资源高速自由流动、科技创新活动集中活跃开展、自主研发成果在全球范围内具有引领性并广泛辐射的国际科技创新中心，不仅是中国为取得更加突出的创新表现以实现全球创新引领所作出的战略选择，更是自中美贸易摩擦以来，对自主研发引领性创新技术提高重视，摆脱核心关键技术掣肘的一种深刻觉醒。要建设全球科技创新高地和新兴产业重要策源地，需要聚焦新兴产业与关键核心技术，促成科技成果转移转化，并达到壮大区域内部实体经济的目的；需要实现与全球科技创新体系的高度对接，能够紧跟国际前沿，并以优越的创新生态环境引流世界高端创新资源。粤港澳大湾区这一战略区域无疑高度符合上述前提。虽然目前粤港澳大湾区制度藩篱所造成的湾区内部创新要素流动不畅以及产业核心技术少且不够尖端等短板仍然突出，但其国际一流科技力量与高端科技资源荟萃、基础研究实力雄厚的区域整体优势，以及科技成果转化市场广阔且转化迅速、对接国际标准的司法和知识产权保护制度健全、各类科研资金募集便利等三地互补优势所蕴含的巨大潜力更不容小觑。与此同时，粤港澳大湾区分属于 2 种体制与 3 个独立关税区所造成的科技合作障碍，也赋予了这一战略区域实施科技创新和制度创新"双轮驱动"的特殊使命，每一项如港珠澳大桥、广深港高铁等跨境基础设施的投用，每一项制约创新要素自由流动及开放共享的制度障碍通过相应举措均得到突破，都是为中国的国际科技合作提出值得推广借鉴的有效思路，起领先带头的示范作用。本文在全球层面上就粤港澳大湾区建设国际科技创新中心这一重要战略扎实的基础条件与尚处被动地位之处作出综合研判，再进一步讨论中又着重强调了粤港澳三地未来在协同创新工作开展中持续提高自主创新能力与在丰富多元的区域中营造更优质的科技"软环境"的重要性与必要性。然而全球创新格局的日新月异与粤港澳大湾区内部创新生态系统的代谢更迭，意味着三地合力打造国际科技创新中心所要面临的形势与可获得的机遇也会不断变化。在此背景下，当前为如何建设国际科技创新中心所提供的理论支撑，都将随着粤港澳大湾区协同创新在源头创新、制度环境、创新生态链条等方面的不断进展与突破中，得到指向下一阶段性目标的补充。

作者简介：叶玉瑶，博士，广东省科学院广州地理研究所研究员，研究方向为城市群与区域发展战略；王景诗，广东省科学院广州地理研究所国土助理工程师；吴康敏，广东省科学院广州地理研究所助理研究员。

香港在建设粤港澳大湾区国际科技创新中心中的作用

游玎怡　李芝兰　王海燕

摘要： 建设粤港澳大湾区国际科技创新中心，需要明确香港的角色，并促使其更好地发挥作用。香港在4个方面具有独特优势：①高水平大学集群与自由的学术氛围，培育出大量创新人才；②基础研究优势，并在与大湾区其他城市的互动中促进技术创新；③一流的现代服务业，可为企业发展提供法律、金融等方面的支撑；④全球视野和良好国际形象，提升大湾区国际化水平。但同时，香港也在产业发展、创新政策实施和创业成本等方面有不少教训。善用"一国两制"，加强两地互动，既有助于香港在已有的良好基础上探索形成新的、更加符合科技创新具体要求的优势领域，实现自身突破，也有利于贡献其独特智慧，辐射大湾区建设，并推动我国科技体制改革，促进创新事业发展。

关键词： 粤港澳大湾区　国际科技创新中心　香港　"一国两制"

粤港澳大湾区（以下简称"大湾区"）的概念于2015年在我国关于"一带一路"建设的相关规划中首次正式提出，随后于2016年纳入国家"十三五"规划纲要。2017年，为加强内地同香港、澳门的互利合作，"推进大湾区建设"先后被写入当年的政府工作报告和党的十九大报告，成为国家战略。"建设什么样的大湾区""如何建设大湾区"等问题受到社会的广泛关注和热议。2019年2月，中共中央、国务院印发《粤港澳大湾区发展规划纲要》，"建设什么样的大湾区"的问题在国家层面得到初步解答。其中，建设国际科技创新中心被列为重要目标之一，要求"深化粤港澳创新合作，构建开放型融合发展的区域协同创新共同体""建设全球科技创新高地和新兴产业重要策源地"。

大湾区由香港、澳门两个特别行政区和广东省广州、深圳、珠海、佛山、肇庆、惠州、东莞、中山、江门九个城市组成，在总面积5.6万平方公里的土地上，运行着两种制度、三个单独关税区，是深化改革开放中全新的探索和实践。

从历史上看，在大湾区城市特别是深圳的改革中，香港的作用必不可少。香港不仅提供了一种发展的经验和范式，还通过两地互动，深刻影响着深圳的制度设计和变迁，使其成为"特区中的特区"。① 从当今科技创新的实践看，香港有着开放包容的文化氛围、健全的法律环境、高水平的大学集群和良好的科研基础②，理应对大湾区科技创新作出独特贡献。解构香港在科技创新中的优势和不足，探讨"一国两制"对于构建更具活力的科技创新中心的重要意义和发挥作用的方式，有助于回答"如何建设大湾区国际科技创新中心"的问题。

一、香港的优势与强化方向

香港在科技创新中的优势集中体现在各类人才的培养、法律环境、配套服务与国际市场等方面，与以深圳为代表的内地城市具有明显的互补性。但这些优势大多诞生在香港的传统发展轨道之中，要真正贡献于大湾区国际科技创新中心建设，还必须向着科技创新的总体目标调整、发展和强化，孕育出新的、更贴合科技创新具体要求的优势领域。

（一）教育与人才培养

（1）人才是创新的关键，实践肯定了香港在培养和输送高水平创新人才方面的作用。在大湾区 22 位"独角兽"企业掌门人中，有 4 名香港人和 2 名曾在香港高校就读的内地人。这种人才培养优势，不仅是因为香港拥有中国密度最高的世界一流大学集群，还因为其开阔的视野和宽松的氛围，有利于培育好奇心、怀疑和质问意识与自由探索精神，从而释放人的个性和潜能、强化主体意识、提升创新能力。③

（2）与大湾区其他城市相比，香港对海外人才的吸引力更强，这种吸引力又正向促进香港的高校发展和人才培养。大疆创新科技有限公司（以下简称"大疆"）创始人曾多次感激香港科技大学的培养，表示"假如我没有去香港，便不会取得今天的成就"。内地学生占香港高校博士生总数的七成左右，并普遍表示受其良好的研究氛围、完善的研究生培养体系、专业的教员队伍和国内外声誉等因素吸引。大湾区天使投资人也表达了对港校毕业生的偏爱，肯定了他们在技术能力、钻研精神、国际视野等方面的优势。

---

① 曾珠. 深圳经济特区的竞争优势和发展前景：对深圳 25 年改革的回顾与思考 [J]. 特区经济，2005 (6)：14 - 16.
② 辜胜阻，曹冬梅，杨嵋. 构建粤港澳大湾区创新生态系统的战略思考 [J]. 中国软科学，2018 (4)：1 - 9.
③ 韦家朝. 经验与特色：高等教育的香港模式 [J]. 国家教育行政学院学报，2012 (4)：73 - 77.

尽管存在"香港高校排名高，但所培养人才的结构与科技创新、产业发展的要求不相符合"的批评，但这种结构化问题，主要源于当前香港理工科毕业生缺少就业岗位、所获报酬偏低的现实状况。随着与大湾区其他城市互动的频繁和科创产业的发展，理工科毕业生将获得更多高报酬就业岗位和创业机会，学生的专业选择意愿和高校的人才培养结构也将发生相应转变。依托现有的良好运行体系，香港有能力培养出更多创新创业人才和产业技术人才。

（二）基础研究与应用发展

根据创新的链环—回路模型，创新可能源于知识创造/基础研究，也可能基于潜在市场，直接通过知识应用/技术开发进行设计。[①] 但从长期来看，创新离不开知识创造，必须通过基础研究，不断补充新知识进入知识存量体系，以补偿知识应用中的边际效益下降。[②] 中共中央政治局常委、国务院总理李克强指出："基础研究决定一个国家科技创新的深度和广度，'卡脖子'问题根子在基础研究薄弱。"[③]

（1）香港在基础研究方面具有明显优势，特别是高水平成果和科研影响力长期领跑大湾区。以 2017 年为例，香港科技人员发表论文总数居大湾区第 2 位（广州居第 1 位），而被引论文数量、论文总下载量和引用量均居第 1 位。但同时，香港的应用发展较为滞后，2017 年专利数量仅为深圳的 1/33，在大湾区 11 个城市中排第 8 位。这可能是由于香港的科研以高校为主体，倾向于基础研究和发表论文；深圳则以企业为主体，应用开发和申请专利的积极性更高。

（2）香港高校教员的待遇丰厚而激励单一，成就香港基础科研；大湾区建设则为更好地促进科研成果转化为技术和产品提供了机遇。香港高校教员的研究项目和职级晋升大多仅以论文为产出要求。因此，高校教员的工作聚焦于理论研究，而较少从事工程技术类研究。这在成就香港基础科研优势的同时，也使其缺乏进行技术开发的动力。一方面，高校应当以培养学生和基础研究为主业，香港良好的科研条件、环境和成果对大湾区乃至整个中国的科技创新具有重要意义。另一方面，考虑到这种单一评价体系和创新对应用发展的需求间的矛盾，可适当增加应用类考核指标。同时，应加强港深互动，与大湾区其他城市优势互补，为香港科研团队中有志开展应用研究的群体提供宽松环境和便利条件。通过畅通研

---

① KLINE S J, ROSENBERG N. An overview of innovation ［M］//Studies on science and innovation process. Hackensack, USA: World Scientific, 2009: 173 – 203.

② ROSENBERG N. The commercial exploitation of science by American industry ［M］// Rosenberg N. Studies on science and innovation process. Hackensack: World Scientific, 2009: 7 – 39.

③ 李克强. "卡脖子"问题根子在基础研究薄弱 ［EB/OL］. (2019 – 09 – 04). http://www.gov.cn/guowuyuan/2019 – 09/04/content_5427011.html.

究成果向后端推进的道路，促进香港高水平科研成果为创新服务，使香港真正成为创新策源地，辐射周边区域发展。

（三）现代服务业

（1）香港高度发达的金融、法律等现代服务业，为大湾区高新技术产业融资及其他配套服务打下了良好基础。大湾区中以深圳、广州、佛山等为代表的 9 个内地城市，已经具有良好的产业基础和相当数量的蓬勃发展的初创企业，但金融、咨询、专业服务等行业的发展还相对滞后。香港高度成熟的金融市场、国际投融资经验和配套服务，为大湾区企业提供了有力支撑。2017 年，共有 253 家中国内地企业和 169 家中资背景的企业在香港上市，共筹集资金 4 669 亿港元，为内地企业的发展注入大量国际资本。同时，这些公司也在香港更加完善的市场监管中，利用香港经验和服务业人才，不断优化内部会计和监管制度，树立起良好国际形象。

（2）香港的知识产权保护体系较为完备，有机会在开展知识产权贸易、探索科创保险制度等方面先行先试。知识产权是最经济、有效和持久的创新激励，能够保障知识生产者的私人利得，鼓励更多人在新的高度上不断进行研究开发。[①] 而良好的、令人信任的知识产权制度，必须以整体社会的良好法律框架为依托。香港一流的法律环境和法治实践，在客观上具备保护知识产权的能力，更在主观上避免了因不信任而产生的高昂交易成本。随着与内地互动的频繁，以及将更多视线转向科技创新，香港更加可能探索出符合国际共识和中国国情的知识产权保护体系。要将这种可能变成现实，既要求《内地与香港关于建立更紧密经贸关系的安排》（CEPA）的全面落地、促进关键人才要素的流动，使香港能够直接参与到大湾区的服务供给中；也要求香港积极地进行探索和适应性转变，将传统优势真正转化为满足科技创新需求的服务业，寻求新的发展动力、加强城市间的协同。

（四）全球视野与国际形象

香港的国际城市特质，是大湾区建设国际科技创新中心的重要依托。

（1）做好科技创新，需要全球视野和国际责任。开阔的眼界、包容的心态以及充分的思想交流与观点碰撞，对培育创新人才具有重要意义。香港多元文化中与不同族群和谐与共的特质，培育出着眼全球、目及未来的思维方式，以及更

---

① STIGLITZ J E. Institutional design for china's innovation system: Implications for intellectual property rights［M］// Kennedy D, Stiglitz J E. Law and economics with Chinese characteristics: Institutions for promoting development in the twenty first century. Oxford: Oxford University Press, 2013: 247 – 277.

强的跨文化沟通和协作能力。这有助于在大湾区建设中探寻既有创新性和战略高度又符合国际规范与惯例的解决方案，应对全球挑战，建立国际竞争力。

（2）良好的国际形象可促进"引进来"和"走出去"两大过程，有利于科技创新事业的发展。作为国际自由港，香港开放、包容、法治的形象深入人心，具有很高的国内外声誉。受历史、政治、文化等因素影响，世界上许多国家对中国内地表现出不理解和不信任。"一国两制"使香港有机会成为国外和中国内地的缓冲地带与桥梁纽带，在购买先进仪器、引进海外团队、开展合作研究等方面具有更多弹性。这不仅是香港自身科研的一大优势，更为培养创新人才、辐射带动大湾区科技创新发展作出独特贡献。从吸引和打造国际企业、走向国际市场来看，香港既可以为重视中国市场又心存疑虑的外国资本和企业，提供一种"两全"选择；也可以为中国企业和产品走向世界提供更多经验与便利，共同打造"国际品牌"。

二、香港的探索与前车之鉴

尽管香港具有许多优势也取得一定成就，但自身的科技创新依然面临着制造业空心化、科研成果转化能力弱等严峻挑战。[①] 这些已经暴露出来的、具有警示意义的不足，用自身实践和教训，为大湾区提供了许多前车之鉴。

（1）应正确理解"产业升级"，不可一味追求高附加值产业而完全放弃基础工业与制造。制造业是创意变现的基础，也是区域和国家发展的坚实后盾。缺少产业基础和制造能力，被认为是制约当前香港科技创新事业的重要因素。大疆创始人赞誉"深圳有全球最好的科技产品生产链"，并将研究与开发（R&D）活动从香港转移到深圳；而他对"香港回不去了"的判断，也是基于香港工业体系的缺失。香港科技园公司的负责人同样认为，"（香港）缺少大企业，中游的产品开发、下游的制造业都很不足，研究成果变成产品的机会很小"。这为许多正走在发展第三产业、聚焦高精尖行业道路上的城市发出了警示。

（2）创新政策的稳定性和执行力，对于政策效果有重要影响。21世纪初，香港就曾聚焦科技创新并出台措施，起步早于内地大多数城市。但由于缺少顶层设计、长期规划和内部共识，且"持份者"无意参与、缺少外部资源和助力等原因，许多设想在落地过程中走样、流产。例如，建立于大量优惠政策和财政豁

① 辜胜阻，曹冬梅，杨嵋. 构建粤港澳大湾区创新生态系统的战略思考［J］. 中国软科学，2018（4）：1-9.

免下的数码港，最终成为房地产项目。这不仅耽误了香港发展科技产业、寻求增长新动力的宝贵时机，更降低了百姓对科技产业的信心和对政府的信任，增加了当前发展科技创新事业的阻力，造成长期负面影响。在建立国际科技创新中心的政策推动下，大湾区许多城市加大了对创新的投入，并兴建了大量孵化器、产业园区等，但应当特别注意在实施过程中"勿忘初心"。

（3）以长远眼光看待房地产问题，谨防其对科技创新的挤出。除了要避免与科技创新相关的建设退化为房地产项目外，一般意义上的房价与地价过高也会对科技创新产生负面影响。探讨香港在吸引人才或企业方面的弱点时，房价过高问题被反复提及。一是过高的房价"绑架"了人的自由思想、探索欲望和开拓精神。这既不利于富有创造力的个体的诞生，也抑制了创新人才将创造力转化为实践的动力。二是房价对发展实体经济有重大影响。高房价不仅在创业初期推高进入的成本和风险，也增加了投资建厂并实现产业化的难度。内地的土地政策和房地产行业几乎以香港为范本，发展至今，对于香港已经探明的"雷区"，每一个城市都应当注意和尽力避免。

三、善用"一国两制"，建设国际科技创新中心

在对大湾区建设的已有讨论中，区域一体化、要素的自由流动常被认为是促进发展的关键。[①] 在这一视角下，"一国两制"似乎成为要素流动的壁垒，不利于实现区域一体化。但通过上述对香港在建设大湾区国际科技创新中心中角色与作用的分析，本文认为，"一国两制"正是大湾区的独特之处，善用"一国两制"有利于大湾区国际科技创新中心建设，也将为中国科技创新事业的改革和发展注入新动力。

（1）香港在科技创新中的部分优势，以"一国两制"为前提。善用"一国两制"，促进关键创新要素的非对等流动，能使香港成为扩大开放、推动创新的前沿阵地。其一，香港有着集聚全球创新要素的天然优势。作为国际自由港，香港能够获取很多内地难以得到的信息、技术、设备等重要资源，起到缓冲国际矛盾、促进交流互动的作用。其二，香港享誉全球的法律体系和金融体系，仍需在"一国两制"的框架下运行。尊重社会差异，保持适度壁垒，成就香港独特优势。基于此，香港才可能在大湾区建设中作出独特贡献。其三，香港自由、开放和包容的氛围，有利于培养具有国际视野、掌握前沿知识、富有探索精神的创新

① 覃成林，柴庆元. 交通网络建设与粤港澳大湾区一体化发展［J］. 中国软科学，2018（7）：71－79.

人才。香港在打造人才高地的同时，也要贡献更多高水平科研成果。因此，无论是对于大湾区还是整个中国而言，香港的"独特性"有着重要的战略意义。以"一国两制"而非一体化为分析起点，更有利于增强香港对大湾区的辐射作用，促进国际科技创新中心建设。

（2）"一国两制"使香港成为一片相对独立的政策试验田，无论是经验还是教训，都为大湾区乃至整个中国推动科技创新提供了低成本、并行不悖的试验机会。长期以来，香港政府较少介入实际事务，即使近年为科技创新投入相对较多的资源，其经费总额和项目论证的程序、周期等，也常被认为与大湾区中内地合作方的热情和迅速反应不相匹配。但发展科技创新，对各城市都是全新的挑战，试验道路上犯错难以避免。小心谨慎可能错失良机，但快节奏建设也可能带来资源浪费甚至意想不到的其他后果。以"一国两制"为依托，按照各自偏好的风格行事，可以避免"将鸡蛋放在一个篮子里"的风险；在不同路径上开展差异化尝试并探索解决方案，可为完善科技创新相关制度体系贡献更多经验。

（3）随着共同目标的确立和两地互动的频繁，香港也将成为倒逼内地科技体制改革、促进开放的压力阀。制度差异的存在，使得两地在互动中难免存在摩擦；而为了共同的建设目标，激发和强化两地的优势，就必须共同探索改进方式，通过改革促进发展。大湾区中"9+2"城市，各有特色，在创新资源和基础、社会成熟度和发展水平等方面有很大差异。香港对于改革的作用，并不在于提供教科书式的行动方案，而在于解放思想、促进反思。大湾区其他城市和香港在互动与摩擦中相互学习、借鉴并自我革新，有利于形成与国际科技创新中心的建设目标和要求相适应的制度、政策体系与社会环境。

作者简介：游玎怡，中国科学院科技战略咨询研究院博士后，中国科学院大学、香港城市大学双学位博士；李芝兰，香港城市大学公共政策学系教授、博士生导师；王海燕，中国科学院大学公共政策与管理学院副院长、教授、博士生导师。

澳门在大湾区国际科技创新中心建设中的
作用及粤澳合作策略

欧阳卿

摘要：自澳门回归以来，澳门的科技创新取得了长足进步，科研投入力度逐渐加大，高水平研发成果逐步涌现，创新科技产业发展迅速。作为典型的国际自由港以及大湾区四大核心城市之一，澳门与全球市场尤其是葡语国家具有历史的、广泛的联系，经济运行模式、商业运作准则与国际惯例接轨，在促进粤港澳大湾区创新资源高效配置、建设国际科技创新中心方面发挥着重要作用。然而，澳门科技创新与成果转化也存在土地资源不足、产业结构单一、高端创新资源不足等问题。下一步，澳门应以大湾区穗深港澳科技创新走廊重要支点、珠三角西岸区域科技创新成果转化基地、中葡科技交流合作重要平台作为战略定位，营造鼓励科技创新与成果转化的社会氛围，集聚科技创新资源，进一步发挥自身在粤港澳大湾区国际科技创新中心建设中的作用。广东应进一步完善粤澳跨境科技创新合作机制，携手澳门集聚国内外高端科技创新资源并在大湾区内转化，推进粤港澳大湾区建设综合性国家科学中心和区域性创新高地，形成国际科技创新中心，把大湾区打造成为引领全国高质量发展的重要动力源。

关键词：粤港澳大湾区　粤澳合作　创新科技　科技产业

当前，国家正大力推进粤港澳大湾区国际科技创新中心建设。根据2019年2月中共中央、国务院印发的《粤港澳大湾区发展规划纲要》，粤港澳大湾区的一个战略定位是"具有全球影响力的国际科技创新中心"，要"瞄准世界科技和产业发展前沿，加强创新平台建设，扎实推进全面创新改革试验，充分发挥粤港澳科技研发与产业创新优势，进一步激发各类创新主体优势，建成全球科技创新高地和新兴产业重要策源地"。《中共中央关于制定国民经济和社会发展第十四个五年规划和二〇三五年远景目标的建议》提出，"支持……粤港澳大湾区形成国际科技创新中心"。在粤港澳大湾区建设国际科技创新中心的过程中，澳门作为大湾区四大核心城市之一和大湾区西岸区域中心的地位日益凸显。深化粤澳科技创新合作、推动澳门科技创新发展，既是推动澳门产业结构优化升级、加快经济适度多元化发展的客观需要，也是提升全球科技创新资源配置能力、打造大湾区国际科技创新中心的重要内容。本文将介绍澳门回归以来在科技创新发展方面取得的进展，分析澳门在粤港澳大湾区国际科技创新中心建设中的优势与不足，研究提出澳门在粤港澳大湾区国际科技创新中心建设中应当发挥的作用以及深化粤澳科技创新合作的思路与对策。

一、澳门科技创新发展的基础与现状

自澳门回归以来，澳门特区政府高度重视并大力推动科技创新发展，2000年7月颁布《科学技术纲要法》，2001年8月成立科技委员会，2004年4月成立科技发展基金，2005年10月签署成立内地与澳门科技合作委员会，2010年开始获批设立国家重点实验室。在一系列措施的推动下，澳门特区政府科技创新发展取得了积极进展，初步形成科技创新企业发展迅速、科技领域高端人才迅速集聚、高水平创新成果不断增多的良好态势。

（一）科研投入力度逐渐加大

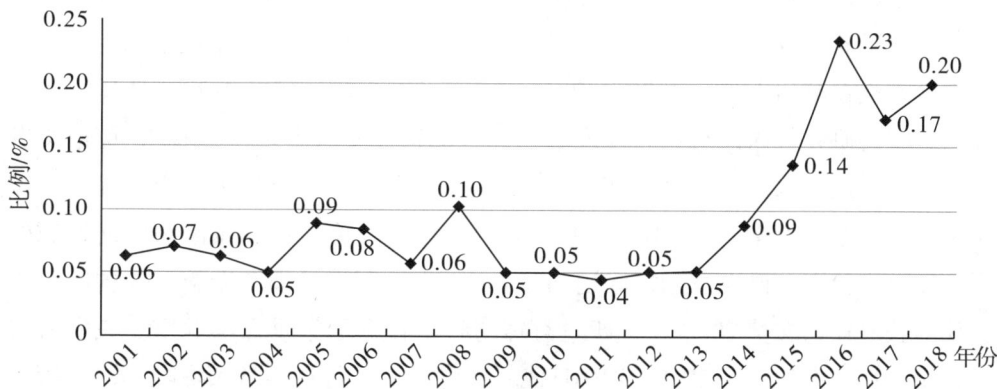

图1　2001—2018年澳门研发投入占GDP的比例

资料来源：澳门统计暨普查局网站，www.dsec.gov.mo。

澳门特区政府通过设立科学技术发展基金与高等教育基金、推出"持续进修发展计划"等措施，加大对教育、科研等领域的资金支持力度，以支持实现科技创新发展的目标。据统计，自2004年设立以来至2018年底，澳门科学技术发展基金累计资助项目972个、资助资金合计11.6亿澳门元。随着资金投入力度的加大，回归以来澳门研发投入占GDP的比例逐年提高，由2001年的0.06%提高

至 2008 年的 0.10%，2016 年达到 0.23%，为近年最高峰，2018 年略降至 0.20%，比 2001 年提高 0.14%。

（二）高等院校科研实力逐步提升

近年来，澳门高等教育体系发展迅速，成为当地科技创新的重要支撑。目前，澳门共有 10 所高等院校，其中澳门大学等公立院校 4 所、澳门城市大学等私立院校 6 所。澳门大学前身为 1981 年 3 月成立的东亚大学，2014 年 8 月迁入位于横琴岛的新校区。目前，澳门大学在 2020 年泰晤士高等教育（THE）世界大学排名中上升至 301~350 名的区间；在 2020 年 QS 世界大学综合排名第 387 名，与 2016 年的第 692 名相比有显著提高。澳门科技大学建校于 2000 年，在 2020 年泰晤士高等教育世界大学排名中位列世界 251~300 名的区间（第 274 名），并进入 2020 年"计算机科学"学科排名前 150 强。①

（三）国家重点实验室建设取得阶段性成效

目前，澳门共有 4 所国家重点实验室。一是中药质量研究国家重点实验室。该实验室设在澳门大学和澳门科技大学，于 2011 年 1 月成立，是国家在中医药领域唯一的国家重点实验室，在中药复杂体系的微量活性成分制备与分析技术、中药作用新机制和药物新靶点的发现、中药外源性有害残留的快速检测等领域取得了高水平研究成果。二是模拟与混合信号超大规模集成电路国家重点实验室。该实验室设在澳门大学，于 2011 年 1 月成立，聚焦模数转换器和低功耗射频晶片两个主要研究方向，是亚洲集成电路设计的顶尖实验室之一，有 18 篇论文发表在本领域最高水平的会议 ISSCC 上。三是智慧城市物联网国家重点实验室。该实验室设在澳门大学，于 2011 年 1 月成立，是全国首个智慧城市物联网领域的国家重点实验室，已在国际权威期刊和会议上发表论文 1 000 余篇，在国际学术会议上获最佳论文奖 20 余篇。四是月球与行星科学国家重点实验室。该实验室设在澳门科技大学，于 2018 年 10 月成立，是天文与行星科学领域唯——个国家重点实验室，主要研究行星物理学、行星地质学和行星化学等学科，相关研究项目获得澳门科学技术奖中的自然科学奖。

（四）高水平科研成果数量快速增长

从商标专利申请情况来看，2018 年，澳门专利申请数量累计 55 项，比 2001

---

① 徐迪威，张颖，卢琰. 科技资源支撑粤港澳大湾区创新发展的研究［J］. 科技管理研究，2019，39（18）：11 – 17.

年增加 48 项；本地居民直接提交的商标申请 2 438 项，比 2001 年增加 2 375 项（见表1）。从论文发表情况来看，2016 年，澳门 SCI 论文发表数量、被引用次数两项指标，从 2004 年的 62 篇、1.03 次/篇分别增加到 1 388 篇、7.98 次/篇。以澳门科技大学中药质量研究国家重点实验室为例，近五年来共发表论文 903 篇，其中 SCI 期刊论文 732 篇、影响因子大于 10 的论文 66 篇；共获授权专利 169 项，其中美国专利 36 项、澳洲专利 119 项、中国专利 14 项。

表1 2001—2018 年澳门商标专利申请数量情况

单位：项

年份	商标	专利		
	本地居民申请数量	本地居民申请数量	非本地居民申请数量	合计
2001	63	0	7	7
2005	560	3	119	122
2010	765	4	58	62
2011	1 240	4	56	60
2015	1 833	3	62	65
2016	1 684	0	51	51
2017	2 030	1	67	68
2018	2 438	1	54	55

资料来源：世界银行 WDI 数据库。

（五）科技创新与成果转化优势领域初步形成

澳门着力推动中医药、智慧城市、电子新材料、博彩科技等科技创新的发展，初步形成具有自身特色的优势领域。在中医药产业领域方面，粤澳合作中医药科技产业园于 2011 年在横琴设立，目前注册企业超过 160 家，其中澳门企业 39 家。据澳门统计暨普查局统计，截至 2018 年底，澳门共有 6 家制造中医药的场所、当年实现收益 4 110.4 万澳门元，共有 125 家销售中医药的场所，当年实现收益 5.9 亿澳门元。在智慧城市建设方面，澳门积极建设云计算中心，打通政府部门间数据及提供跨部门应用，目前云计算中心已投入运作；推出"澳门公共服务一户通"账户及手机应用程序，持续推进公共服务流程优化及电子化；推进智能交通，提升交通效率；提供更多智能医疗服务，开发第二期电子健康记录互通系统。在优化智慧旅游方面，2019 年 3 月，澳门推出"旅游资讯交换平台""旅客洞察应用""智慧客流应用" 3 个旅游科技项目。"旅游资讯交换平台"基于政府云计算平台，收集澳门旅游相关的各类数据资源；"旅客洞察应用"通过大数据技术分析旅客群体的行为属性；"智慧客流应用"通过算法预测各监测景点的人流密度。

（六）澳门与内地科技创新合作取得积极进展

自澳门回归以来，澳门特区政府与内地相关部门开展了多层次、全方位的科技创新合作。一是建立合作机制。2005 年 10 月，澳门特区政府与科技部成立"内地与澳门科技合作委员会"，着力推动中医药、节能环保、电子信息、科学技术普及、海洋等重点领域的合作。2019 年 3 月，澳门特区政府与科技部签署了《内地与澳门加强科技创新合作备忘录》《内地与澳门科技创新合作联合行动计划》，明确两地科技创新领域的合作方向。2020 年 8 月，澳门特区政府经济局与国家知识产权局签署了《关于深化在知识产权领域交流合作的安排》，双方将深化在专利实质审查、发明专利延伸等方面的交流合作。二是搭建合作平台。2019 年 3 月，澳门大学与珠海市签署了《珠海澳大科技研究院与珠海市横琴新区管理委员会合作协议》，在珠海横琴建立产学研示范基地；10 月，珠海澳大科技研究院启用，同时澳门大学还与珠海华发集团成立联合实验室。2019 年 8 月，中国科学院微电子所与豆其国际投资集团（澳门）控股有限公司发起设立中国科学院集成电路创新（澳门）研究院，共同推进中国集成电路产业布局研究及开发。三是开展联合资助研发。内地已实现中央财政科技计划经费入澳使用，目前国家重点研发计划 9 个基础前沿类专项全部对港澳地区开放，内地和澳门联合资助研发的规模不断扩大。

二、澳门在粤港澳大湾区国际科创中心建设中的优势与不足

（一）澳门在粤港澳大湾区国际科技创新中心建设中的优势

1. 区位人文优势

澳门位于我国大陆东南沿海，地处珠江三角洲的西岸，毗邻珠海、紧靠香港，近距中国台湾和东南亚地区，与西江中下游地区联系便利。澳门自古以来就是海上丝绸之路的重要节点，可以在大湾区内地与东盟国家以及葡语国家的沟通联系中发挥桥梁作用。由于地缘关系，16 世纪中叶以来，澳门一直是中西方文

化交流与融合的前沿窗口，文化的地域性、包容性、开放性特征显著。这为粤港澳大湾区增强科技创新领域的国际辐射力提供了区位人文条件。

2. 经济制度优势

建设粤港澳大湾区国际科技创新中心的一个着力点在于引导人员、资本、数据等高端创新要素跨区、跨境高效便捷流动，加快在大湾区内集聚。澳门是典型的国际自由港，实行自由市场经济制度，国际化水平高，属于独立关税区，实行简单及低税率的税制，没有外汇管制，资金进出自由。目前，澳门在美国传统基金会 2019 年度"全球经济自由度指数"排行中居亚太地区第 9 位（43 个经济体）、全球第 34 位（180 个经济体），连续 11 年被评价为"较自由"的经济体。由于与全球市场有着历史的、广泛的联系，市场经济运行模式、商业运作准则与国际惯例接轨，澳门在促进大湾区科技创新领域资源自由流动、高效配置方面发挥着重要作用。

3. 粤澳合作优势

建设粤港澳大湾区国际科技创新中心，要求创新体制机制，便利广东与港澳之间创新要素的高效流动。回归以来，澳门与广东形成全方位、多层次、宽领域的合作与发展格局。在口岸通关方面，珠澳口岸实施了"多点报、多点放"通关机制改革和"通关单电子化"两项通关便利化措施，建成了口岸集中查验场库，搭建了检验检疫监管平台和信息化服务平台；粤澳游艇自由行开通，澳门游艇进出广东更加便利。在制度规则方面，试行单向认可澳门执业资格，实施澳门导游及领队、建筑领域专业人士在横琴便利执业政策。在产业协作方面，在横琴建立粤澳合作中医药科技产业园，2013 年 4 月，粤澳共建"广东省中医药科学院——中药质量研究国家重点实验室（澳门科技大学）联合实验室"；在中山加快推进粤澳合作全面示范区建设和青年创新创业合作；在广州探索建设粤澳合作葡语国家产业园。在创新创业方面，粤澳共建横琴澳门大学产学研示范基地、广州粤澳青创国际产业加速器、珠海横琴·澳门青年创业谷、中山澳中致远火炬创新园，发挥澳门高等教育优势与广东创新人才优势叠加的效应。总体来看，粤澳之间通关、规则、产业、青创等领域的合作不断深化，为创新要素高效流动营造了良好环境。

4. 澳门与葡语国家经贸合作优势

建设粤港澳大湾区国际科技创新中心，需要强化全球范围内的资源配置能力，吸聚高端创新资源。建设中葡平台，是国家赋予澳门在国家发展战略中的重要定位，也是发挥澳门区位优势、推动经济适度多元发展的重要组成部分。近年来，澳门积极打造中国与葡语国家商贸合作服务平台，不断强化与葡语国家的经贸合作。一是沟通联络机制不断完善。"中国—葡语国家经贸合作论坛"在澳门创立，一直发挥联系中国与葡语国家商贸合作服务平台的作用。二是中葡合作平台建设稳步推进。"三个中心，一个平台"（即葡语国家食品集散中心、中葡经贸合作会展中心、中葡中小企业商贸服务中心以及中葡双语人才、企业合作与交流互动的信息共享平台）建设稳步推进，线上平台提供信息咨询与人才交流服务，线下平台提供优质环境及开展实地活动。三是中葡合作发展基金总部落户澳门。先后投资了交通、电信等基础设施以及农业、制造业、能源与自然资源等基础设施领域。澳门与葡语国家紧密的经贸往来优势，为粤港澳大湾区引进境外尤其是葡语国家的创新资源提供了坚实的经贸基础。总体来看，中葡平台是中央政府为澳门发展确立的重要定位，也是新形势下澳门实现经济高质量发展和产业适度多元化、参与粤港澳大湾区国际科技创新中心建设的重要依托与独特优势。

（二）澳门在粤港澳大湾区国际科技创新中心建设中的不足

1. 土地资源不足，制约澳门科技创新发展的空间①

2019 年底，澳门常住人口 68 万人、土地总面积 32.9 平方公里；人口密度 20 668 人/平方公里，比 2005 年增长 21.5%，约是香港的 3 倍、新加坡的 2.6 倍，是全球人口密度最高的城市之一。总体来看，澳门土地利用几近饱和、土地资源不足，经济发展空间狭窄，科技创新发展的市场需求有限，成为制约澳门科技创新发展的重要瓶颈。

2. 产业结构单一，尚未形成与科技创新发展相适应的产业体系

回归以后，澳门积极推进产业多元化，并取得了积极进展。然而，博彩业"一业独大"的状况未有改善，第二产业占整体经济的比重依然偏低。2018 年，澳门制造业占 GDP 的比重为 0.6%，与 2010 年、2015 年基本持平；服务业占比达 95.8%，比 2010 年、2015 年分别提高 0.7 个百分点、3.6 个百分点。这种服务业"极化"与制造业"空心化"并存的产业结构，导致澳门科技创新转化的市场需求不足，高新技术产业发展缓慢。2014 年，澳门高技术产品出口占制成品出口总额的比重仅为 0.16%，低于全球平均水平 16.92 个百分点。②

---

① 张作文. 粤港澳大湾区建设：澳门面对的机遇、挑战及其策略［J］. 港澳研究，2019（2）：62-67，95.
② 资料来源：世界银行 WDI 数据库。

表2　2010—2018 年澳门产业结构变动情况

单位:%

年份	第二产业		第三产业					
	小计	制造业	小计	博彩业	酒店业	饮食业	运输仓储业	金融业
2010	4.9	0.6	95.1	59.2	3.2	1.9	2.4	4.1
2015	7.8	0.6	92.2	48.0	3.8	1.7	2.7	6.2
2016	6.7	0.6	93.3	46.7	4.1	1.8	2.9	6.9
2017	5.1	0.6	94.9	49.1	4.3	1.7	2.7	6.5
2018	4.2	0.6	95.8	50.5	4.7	1.6	2.6	6.6

资料来源:澳门统计暨普查局网站,www.dsec.gov.mo。

3. 高端创新资源不足,科技创新实力不突出[①]

主要表现在:一是高水平研发人才不足。2018 年底,澳门每 100 万人中研发技术人员为 182 人,仅相当于德国(2 007 人)的 1/9,与新加坡(377 人)、香港(315 人)等周边经济体的差距较大。[②] 另据统计,2018 年末,澳门每万人拥有 R&D 研究人员为 35 人,在粤港澳大湾区 11 个城市中排名靠后,低于深圳的 222 人、广州的 64 人,与肇庆的 30 人相当。[③] 二是科研投入力度不足。尽管近年来澳门投入基础研究和应用研究经费逐步增加,但科研投入与 GDP 的比例仍然偏小。2018 年,澳门研发经费支出仅占 GDP 的 0.2%,不仅低于新加坡的 1.94% 和香港的 0.86%,而且低于广东平均水平的 2.61% 以及深圳的 4.34%。[④] 三是高水平科技创新平台载体不足。截至 2018 年,广州、香港和深圳都有 10 家以上国家重点实验室或伙伴实验室,而澳门仅有 4 家。总体来看,澳门研发人员与科研投入不足、高水平科技创新平台载体缺乏,综合科技创新实力在大湾区主要城市、全球主要国家和地区中较为靠后。

[①] 汪雨卉,王承云. 粤港澳大湾区科技创新资源空间配置差异研究 [J]. 科技与经济,2018,31 (1):26 – 30.

[②] 资料来源:世界银行 WDI 数据库。

[③] 根据《广东统计年鉴(2019)》数据计算而得。

[④] 根据《广东统计年鉴(2019)》数据计算而得。

三、澳门在粤港澳大湾区国际科技创新中心建设中的作用及粤澳合作策略

（一）澳门在粤港澳大湾区国际科技创新中心建设中的作用

澳门的独特地理区位决定了其在粤港澳大湾区国际科技创新中心建设中的作用为促进向外发展、加强对内融合，通过引导创新资源的高效配置、增强科技创新发展与成果转化的实力。具体表现在三个方面：第一，大湾区穗深港澳科技创新走廊的重要支点。通过优化澳门与香港以及广州、深圳等珠三角地区创新资源的配置，建立"香港、澳门、广州知识生产—深圳知识转化—珠三角其他地市生产制造"的区域创新合作与发展体系，打造以香港、广州、深圳为引擎，澳门为重要支点，珠三角其他城市为节点的国际科技创新中心核心区。第二，珠三角西岸区域科技创新成果转化基地。强化与珠海、中山等珠江西岸城市的科技联系，将澳门科教研发的优势与珠江西岸先进装备制造的优势有机结合起来，强化澳门在珠三角西岸区域科技创新的带动作用，促进珠江西岸地区创新链与产业链的分工协作，推动珠江西岸地区产业集聚和创新发展。第三，中葡科技交流合作的重要平台。依托澳门在中国与葡语国家经贸合作中的纽带、桥梁作用，结合大湾区兄弟城市的需求，协助粤港澳大湾区其他城市、泛珠三角省市与葡语国家乃至欧盟国家地区开展科技合作交流，引导全球尤其是葡语国家的优质创新资源在粤港澳大湾区内集聚，以此促进大湾区科技创新实力的提高。

新形势下，建议从以下方面着手，进一步发挥澳门在粤港澳大湾区国际科技创新中心建设中的作用：一是加大科技创新发展的政策支持力度。充分发挥政府的引领作用、基础性保障作用，加大研发投入，健全政府投入为主、社会多渠道投入机制，加大对基础前沿研究支持，推动区域重点科技领域的研发和创新。根据经济发展与产业优化的需求，不断完善支持科技创新发展的政策体系，提高政策实施的效率。二是提高高等院校科研水平和国际影响力。争取国家给予政策支持，支持澳门高校建设世界一流大学和世界一流学科（简称"双一流"），增强创新能力和科研能力；增加澳门高校在广东省的招生指标，支持更多学生进入澳门高校就读。三是支持国家重点实验室做大做强。把握我国"重组国家重点实验室体系"的契机，提升澳门国家重点实验室的基础设施和装备水平，搭建具有世界一流水平的公共实验研究平台。依托澳门的中药质量研究国家重点实验室，联合打造国际中药材信息中心、交易中心、定价中心，国际中药质量标准中心、检测中心。支持澳门国家重点实验室加强与国内外一流大学合作，引进境内外一流

人才和一流设备，将实验室打造成为具有国际影响力的学术创新中心、人才培育中心、学科引领中心、科学知识传播普及和成果转移中心。四是构建产学研用一体化的科技创新与产业发展的对接体制。建设科技企业孵化器、众创空间等各类平台载体，打造科技创新共同体。鼓励科研人员携带科技成果或者有效专利创办科技型中小企业，把创新成果转化为现实生产力。建设知识产权交易平台，培育专业化中介服务组织，提高科技创新向产业化应用的转化效率，发挥好产权激励作用。五是推进国际开放创新。贯彻"一带一路"倡议，主动参与国际经济、产业竞争与合作，积极对接国际尤其是葡语国家高端人才、先进技术、资本和研发资源，整合利用全球创新创业资源，积极融入全球创新网络，集聚国际性重大科学发展、原创技术与高新科技产业。

（二）深化粤澳科技创新合作的建议

下一步，广东要依托澳门区位人文、经济制度、经贸联系等优势，进一步完善粤澳跨境科技创新合作机制，携手澳门集聚国内外高端科技创新资源并在大湾区内转化，推进粤港澳大湾区建设综合性国家科学中心和区域性创新高地，形成国际科技创新中心，把大湾区打造成为引领全国高质量发展的重要动力源。具体可从以下方面着手：

第一，进一步完善有利于粤澳创新要素跨境便利流动的合作机制。由于粤澳在制度、法律、文化方面存在较大差异，两地科技合作机制仍需完善，创新资源对接力度有待加强。为此，要在 CEPA 框架下进一步推动在科技人才交流、科研攻关协同、科研资金流通等方面先行先试。一是进一步扩大广东科技创新领域对澳门的开放，放宽科技创新领域对澳门投资者的准入限制，支持粤澳建立更加开放、便利的互联互通跨境流通机制，促进大湾区创新要素的高效流动。二是落实好财政科研资金跨境使用政策，进一步便利资金跨境拨付。三是推动科技人员出入澳门通关签注便利，提升粤澳两地科技人员往来的便利性，为发挥科技成果转化链条上人财物要素活力提供便利条件。

第二，推动粤澳合作建设科研机构与科技基础设施。一是借鉴澳门大学横琴校区、粤澳合作中医药科技产业园等的做法，推动澳门科技大学和澳门理工学院、澳门城市大学等更多高校在珠海横琴办学，以珠海横琴作为粤澳科技合作的平台，联合构建粤澳科技研究院和研发、测试、试验大楼以及粤澳科技合作成果转化、开发基地。二是发挥广东青年创业基地等的平台作用，助力澳门青年更便利在广东创新创业。三是推动粤澳两地机构联合成立创新设计实验室、工业设计研究院、设计工程技术中心等平台，形成集研发、制造、服务模式创新于一体的、资源共享的创新设计集群。四是发挥澳门 4 个国家重点实验室作用，加强在中医药、芯片、智慧城市和物联网、太空科学与深空探测等领域合作。五是协同建设中国与葡语国家之间的技术转移合作平台，支持澳门利用好横琴预留土地深化跨境科技创新合作。

第三，促进粤澳科技人才交流与合作。目前，粤澳科技人才交流与合作有待深化，与两地科技创新发展的需求仍不相匹配。为此，一方面，要探索建立粤澳专业人才的资格认证机制，协同研究确定认证标准、认证方式、考核内容、认证流程等，推进粤澳专业资格互认。要适应新产业、新业态、新技术的发展趋势，推进学校教育与行业企业协同，吸引社会资源投入，形成需求导向的人才培养结构，培养更多的科研创新专才。另一方面，要依托广州留交会、深圳高层会等平台，落实粤澳吸引培养高层次人才的政策，全面引进粤澳高层次科技人才。① 此外，要健全创新激励和保障机制，构建充分体现知识、技术等创新要素价值的收益分配机制，完善科研人员职务发明成果权益分享机制。

第四，构建粤澳科技资源与产业优势相互融合的成果转化链条。总体来看，粤澳科技创新合作缺乏科技创新发展的规划与指引，区域创业创新环境仍不完善，尚未形成高校、科研机构、企业良性协同创新格局，尚未建立起有利于协同创新的激励机制，技术成果转化的市场机制有待健全。为此，要充分发挥澳门高校、研发机构的国际化优势与广东高新技术发展的产业优势，联合构建大湾区国际科技创新中心珠江西岸次中心，形成以澳门为龙头、以珠海为基地、以珠江西岸的中山、江门、珠海等城市为成果转化基地的产学研一体化科技产业链合作格局。② 要发挥大企业引领支撑作用，支持创新型中小微企业成长为创新重要发源地，加强共性技术平台建设，推动产业链上中下游、大中小企业融通创新。

第五，推动粤澳科创金融合作与发展。科技创新发展与成果应用，离不开金融的支持。为此，要完善科技创新的金融支持体系，推进金融、科技与产业融合发展。③ 具体来说，一要通过科技保险、创投基金等方式为粤澳两地初创期和成长期的科创企业提供多元化融资渠道。二要充分发挥澳门与珠海融资租赁、金融资产交易等特色金融服务功能，推动粤澳科技金融产品和产业对接，构建多元化、跨区域的科技创新投融资体系，加大对科技创新业务模式创新、技术开发应

---

① 杨道玲，邢玉冠，李祥丽. 粤港澳大湾区科技创新的优势与短板：基于多源数据的世界四大湾区对比研究 [J]. 科技管理研究，2020，40（10）：105 – 111.

② 辜胜阻，曹冬梅，杨嵋. 构建粤港澳大湾区创新生态系统的战略思考 [J]. 中国软科学，2018（4）：1 – 9.

③ 吕屹云，方凯. 中国区域经济—科技—金融耦合关系研究：基于粤港澳大湾区的对比分析 [J]. 科技管理研究，2020，40（13）：149 – 156.

用的金融支持力度。三要研究设立面向全球的大湾区创新产业发展基金，用于支持原创研发、创新示范项目、创新人才培养、大数据建设等。

作者简介：欧阳卿，广东省社会科学院改革开放与现代化研究所副研究员，博士，主要研究方向为区域经济与社会管理、现代化理论。

粤港澳大湾区科技创新人才政策演化
特征及关系网络分析

孙殿超 刘 毅 王春明

摘要： 科技创新人才政策是政府部门实现科技创新人才资源优化配置及政府价值表达的重要工具手段。本文对粤港澳大湾区"9 + 2"城市2000—2020年的科技创新人才政策进行梳理，对政策文件的内外部属性及关系网络进行分析。研究发现：①大湾区各城市科技创新人才政策数量总体上呈增长趋势，政府价值取向和行政逻辑明显向科技创新转变；②大湾区各城市科技创新人才政策发文主体的不同体现出各地对科技创新人才政策的主导实施程度、重视力度和部门协调程度有所差异；③深圳、珠海、佛山、中山、江门大力引才，人才资源优势逐步凸显，广州、深圳、珠海、佛山、东莞等地注重人才的保障服务，东莞注重人才资源的开发和绩效管理；④大湾区各城市产业发展定位的雷同导致人才发展目标同质化，人才竞争激烈；⑤各地政策文件关系网络呈聚而不联的特征，深圳、珠海政策的聚集程度较高，广州、佛山、肇庆、江门未出现中心性特征或中心性特征较弱。因此，加强科技创新人才政策统筹规划、优化政策表达实施、错位布局共建共享对粤港澳大湾区科技创新人才高地建设具有重要意义。

关键词： 粤港澳大湾区 国际科技创新中心 科技创新人才 人才高地 政策工具

人才是发展的第一资源。中央人才工作会议指出，要坚持"四个面向"深入实施新时代人才强国战略，在北京、上海、粤港澳大湾区建设高水平人才高地。政策工具是政府进行社会治理和价值实现所采用的机制、方式与技术。不同区域由于经济社会发展阶段不同，人才政策工具的类型及其指向性有所差异。根据需求理论，人才政策不仅仅要考虑人才的需求，还要精确考虑地方的发展需求。对区域人才政策进行系统分析能够为政策工具识别、分类、选择提供新思路。①

---

① 郭随磊. 政策工具研究的价值论视角：缘起、机理与拓扑结构 [J]. 云南行政学院学报，2021，23（1）：151 – 162.

科技创新人才政策是实现科技创新中心建设及人才资源优化配置的重要手段。① 《粤港澳大湾区发展规划纲要》提出要将粤港澳大湾区打造成具有全球影响力的国际科技创新中心。科技创新人才的现状与未来决定着国际科技创新中心建设的进展和成就。而现有的研究发现，与大湾区紧密相关的广东科技创新人才政策引才精准度有待提高，创新人才培养流动评价激励机制不完善②，法规条例类人才政策较少③，人才需求型、环境型政策工具缺失④。"投射—实施后"对比分析结果显示，广东省科技创新人才政策实施效果总体欠佳。⑤

以往的研究大都是从国家或省域层面进行分析⑥，并未同时考虑大湾区各城市科技创新人才政策长时间序列和空间上内外部属性的差异及政策间的网络关系。因此，本研究对粤港澳大湾区"9＋2"城市近20年来的科技创新人才政策内外部属性进行分析，通过关系网络分析厘清不同区域科技创新人才政策的时间发展特点和空间关联关系，并据此提出优化政策措施的对策建议，为粤港澳大湾区科技创新人才高地建设提供决策参考。

一、文献回顾

政策文件通过政策的主体、客体、目标和工具等信息反映政府对公共事务价值的表达和行为印记。⑦ 政策研究不仅从宏观层面把握发展的规律，还从微观层面体现政策的演进变迁逻辑。随着公共政策，包括科技创新人才政策在经济社会管理中的作用逐步增强，政策研究的重要性也日渐增强，逐渐形成了相对系统的方法理论。⑧ 科技创新人才政策是人才政策和科技创新政策的细分领域，也是两

① 苗绿，王辉耀，郑金连. 科技人才政策助推世界科技强国建设：以国际科技人才引进政策突破为例[J]. 中国科学院院刊，2017，32（5）：521－529.
② 陈建新，陈杰，刘佐菁. 国内外创新人才最新政策分析及对广东的启示[J]. 科技管理研究，2018，38（15）：59－67；刘佐菁，江湧，陈敏. 广东近10年人才政策研究：基于政策文本视角[J]. 科技管理研究，2017，37（5）：38－42.
③ 刘佐菁，江湧，陈敏. 广东近10年人才政策研究：基于政策文本视角[J]. 科技管理研究，2017，37（5）：38－42.
④ 陈嘉奇，陈曦然，朱汉平. 粤港澳大湾区背景下南沙人才政策优化探讨：基于"政策工具—人力资源管理"模型的分析[J]. 中国人事科学，2021（2）：72－79.
⑤ 周海燕，聂鑫，鲍祥生. 广东省科技人才政策效果评估研究[J]. 广东石油化工学院学报，2019，29（6）：78－82.
⑥ 苏榕，刘佐菁，苏帆. 十九大以来国内科技人才政策新态势分析及其对广东的启示[J]. 科技管理研究，2019，39（20）：129－134.
⑦ 孙锐，孙雨洁. 青年科技人才引进政策评价体系构建及政策内容评估[J]. 中国科技论坛，2020，295（11）：120－128＋146.
⑧ 吕燕. 科技创新政策评估研究综述[J]. 科技进步与对策，2012，29（19）：156－160.

学科交叉的结果。其研究对象分为两类，一类是科技创新人才政策相关的文献[①]，另一类是科技创新人才政策文本[②]，后者相对较多。科技创新人才政策失效或乏力将会导致科技系统不平衡、考核激励失效、科研成果少、研发能力突破难、产业竞争力低下等问题或风险。因此，对科技创新人才政策的研究具有重要的理论和实践意义。

科技创新人才政策形成和发展的时间进程具有阶段性特点。从中国科技创新人才政策[③]、中国海外科技创新人才政策[④]、广东科技创新人才政策[⑤]等可看出，1978 年、2007 年为科技创新人才政策的关键时间节点，以标志性事件的发生或里程碑意义的政策出台将政策的演进分成不同阶段。政策的演进基本经历了起步萌芽、推进发展、优化提升的过程。科技创新人才政策的演进历程与国家政治、经济、科技、教育的发展相辅相成、互适促进。[⑥]

文献计量法、内容分析法、专家访谈法、层次分析法等是科技人才政策研究常用的方法。李燕萍等[⑦]通过文献计量和共词分析研究了中国科技人才政策的整体状况、演变趋势。政策文本内容分析法是一种定量分析与定性分析相结合的语义分析法，可以反映政策文本中非结构化的信息，挖掘隐藏在政策文本后的政策类目。[⑧] 通过社会网络分析方法，采用度数中心性来反映发文部门在发文机构网络中的参与度和重要性，通过中介中心性来度量发文部门在发文机构网络中的纽带或桥梁作用，科技部、人事部、教育部、财政部和国家自然科学基金委扮演着中国高端人才政策的制定者、发布者和促进者的角色。[⑨]

政策工具的分类方法未有一致的定式。国外将创新型人才政策分成供给型、

---

① 罗哲，唐迩丹. 我国人才政策的演变趋势与发展方向：基于 CiteSpace 知识图谱分析［J］. 软科学，2021，35（2）：102－108.

② 韩联郡. 中国科技人才政策演变研究（1949—2009 年）［D］. 上海：上海交通大学，2019；陈敏，苏帆. 改革开放 40 年广东科技人才政策发展历程研究［J］. 科技管理研究，2020，40（7）：53－59.

③ 韩联郡. 中国科技人才政策演变研究（1949—2009 年）［D］. 上海：上海交通大学，2019.

④ 杜红亮，任昱仰. 新中国成立以来中国海外科技人才政策演变历史探析［J］. 中国科技论坛，2012，191（3）：18－23.

⑤ 陈敏，苏帆. 改革开放 40 年广东科技人才政策发展历程研究［J］. 科技管理研究，2020，40（7）：53－59.

⑥ 于飞. 建国 70 年中国科技人才政策演变与发展［J］. 中国高校科技，2019，372（8）：9－13.

⑦ 李燕萍，刘金璐，洪江鹏，等. 我国改革开放 40 年来科技人才政策演变、趋势与展望：基于共词分析法［J］. 科技进步与对策，2019，36（10）：108－117.

⑧ 孙锐，孙雨洁. 青年科技人才引进政策评价体系构建及政策内容评估［J］. 中国科技论坛，2020，295（11）：120－128，146.

⑨ 谭玉，吴晓旺，李明雪. 科技人才评价与激励政策变迁研究：基于 1978—2018 年政策文本分析［J］. 科技与经济，2019，32（5）：66－70.

需求型、环境型，这是国外经典的分类方法。① 国内科技创新人才政策可按政策年度、政策类型、颁布主体和文种类型四个维度进行分类分析②，也可按引进培养类、评价激励类、环境营造类等内容维度分类分析③，还可以将人才引进政策分为奖励型、发展型、保障型进行编码量化研究④。国内外的比较研究将人才政策类型分为培育政策、国际化政策、奖励政策、回流政策、使用政策和居留政策六大类。⑤ 不同的分类方法、分析指标，提供不同维度的研究视角。

政策的目的是实现公共利益，而政策实施的效果一般具有滞后性，需要时间的积累和沉淀，且实施效果较难量化，政策本身与实施效果之间的因果关系还有待考证。因此，关注政策文本本身，从其内外部属性挖掘政策本文信息，提高政策的表达效果，科学合理、精准务实地制定政策更应值得重视。

二、研究方法与分析框架

（一）科技创新人才定义

技能人才、技师、技术人才、科技人才、产业人才、创新人才、高学历人才等在政策文本和学术研究中存在混淆或误用的情况，导致相关概念界定的混乱和模糊。如刘兵等⑥将大专及以上学历的人视为科技人才；杜谦等⑦将有科技才能、参与科技活动，并作出较大社会贡献的人称为科技人才；《国家中长期人才发展规划纲要（2010—2020年）》指出，科技人才是指具有一定专业知识或专门技能，从事创造性科学技术活动，并对科学技术事业及经济社会发展作出贡献的劳动者。创新是科技人才的内核特征和主要追求，故"科技创新人才"的表述更为准确。准确定义、理解科技创新人才的内涵和特点是相关研究的基础。科技创

---

① 薛楚江，谢富纪. 人才政策发展三阶段模型与中国人才政策［J］. 科技管理研究，2020，40（24）：54-59；宁甜甜，张再生. 基于政策工具视角的我国人才政策分析［J］. 中国行政管理，2014（4）：82-86.

② 陈嘉奇，陈曦然，朱汉平. 粤港澳大湾区背景下南沙人才政策优化探讨：基于"政策工具—人力资源管理"模型的分析［J］. 中国人事科学，2021（2）：72-79.

③ 周海燕，聂鑫，鲍祥生. 广东省科技人才政策效果评估研究［J］. 广东石油化工学院学报，2019，29（6）：78-82.

④ 李国锋，孙雨洁. 文献量化视角下人才引进政策评估［J］. 科技管理研究，2020，40（4）：61-72.

⑤ 谭玉，吴晓旺，李明雪. 科技人才评价与激励政策变迁研究：基于1978—2018年政策文本分析［J］. 科技与经济，2019，32（5）：66-70.

⑥ 刘兵，曾建丽，梁林，等. 京津冀地区科技人才分布空间格局演化及其驱动因素［J］. 技术经济，2018，37（5）：86-92，123.

⑦ 杜谦，宋卫国. 科技人才定义及相关统计问题［J］. 中国科技论坛，2004（5）：136-140.

新人才是科学人才和技术人才的略语，包括从事自然科学、人文社科研究和工程应用，进行知识创造、科学发现、技术发明等高密度知识工作的人才，具体指在政府、企业、高校、科研院所、科技中介机构等从事科技管理、科学基础研究、应用技术开发、成果转移转化、科技战略规划与咨询、科学传播和普及、科研支撑服务、科技创业等工作的人才，贯通科技创新价值链的各个环节。

（二）研究框架

通过定量分析、定性分析和文本分析，对粤港澳大湾区"9＋2"城市的科技创新人才政策外部属性、内部属性及关系网络进行研究，分析框架如图1所示。从科技创新人才政策的时间演化特征分析其发展态势，从发文机构的参与程度分析各机构的协作程度。根据政策文本的文种体现的法律效力和用途等外部属性，将政策文件分为法律条规、规划意见、办法方案细则、其他4种类型。根据政策文件的内容或目的等内部属性将政策文件分为引进选拔、培养开发、评价奖励、保障服务、流动配置、综合性6种类型。通过文本分析对关键词频所体现的政策价值导向进行判断。政策文件的发文字号具有唯一识别性，提取出政策文本内的发文字号，根据发文字号之间的引证关系网络可分析不同城市政策间的关联关系。

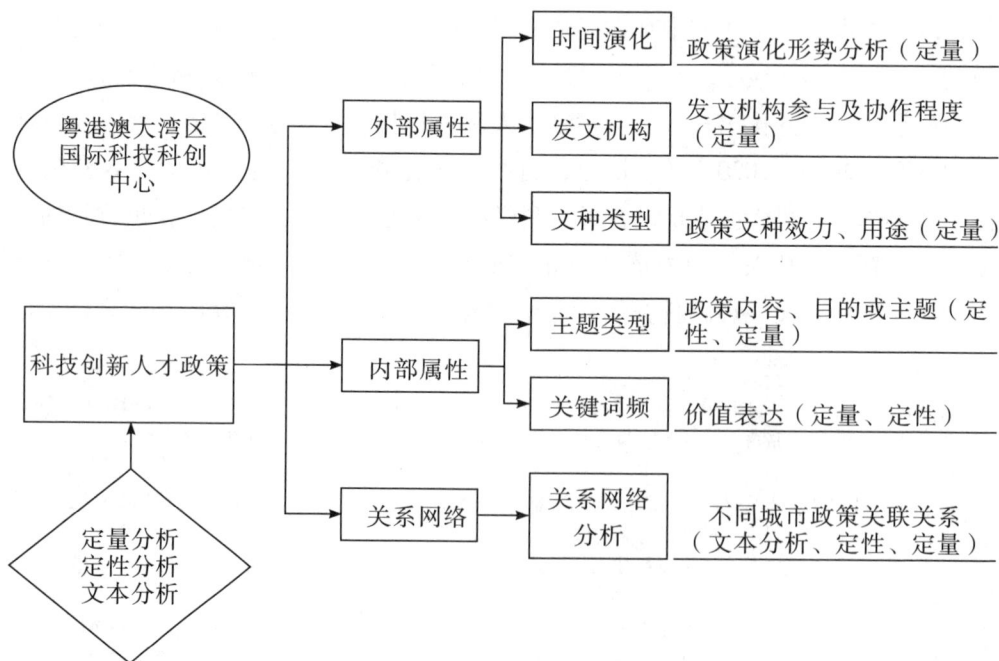

图1 政策文件分析框架模型

（三）数据来源和计算分析

科技创新人才政策涉及需要被广泛知晓和社会关切的事项，以主动公开的文件为研究对象。因此，本文的政策文本数据来源于粤港澳大湾区"9+2"城市人大及其常委会，市委市政府及其办公室（厅），科技、人社、科协等部门正式印发、具有发文字号、公开属性为主动公开的规范性文件。以技术人才、科技创新、产业人才、研究人才、人才工程、职称、高层次、高学历、博士、领军等为关键词，对粤港澳大湾区"9+2"城市的政策文件进行搜集、整理。

2000年中央经济工作会议首次提出制定和实施人才战略，2001年发布的《中华人民共和国国民经济和社会发展第十个五年计划纲要》则专章提出"实施人才战略，壮大人才队伍"。2003年12月，全国人才工作会议出台《中共中央、国务院关于进一步加强人才工作的决定》，强调实施人才强国战略是党和国家一项重大而紧迫的任务。2007年，人才强国战略写进了党的十七大报告和中国共产党章程。党的十八大、十九大、十九届五中全会均提出科技创新驱动发展的重要意义。科教兴国、人才强国、科技创新驱动发展等系列政策文件措施经过约20年的发展，对建设科技强国发挥了重要作用，故选取2000—2020年的科技创新人才政策文件进行分析。共计筛选清洗出251个政策文件。用Origin 9.0进行图表制作，UCINET6进行关系网络分析。

三、粤港澳大湾区科技创新人才政策分析

（一）科技创新人才政策时间演化特点

粤港澳大湾区"9+2"城市科技创新人才政策时间演化特征如图2所示，图2a为各地2000—2020年间科技创新人才政策的总量，从图中可以看出各地科技创新人才政策总量相差较大，其中深圳、珠海、东莞、佛山颁布出台科技创新人才政策频次累计超过30次，广州、中山、江门超过20次，惠州、肇庆、香港、澳门均低于5次。

随着国家人才强国、科教兴国、创新驱动发展战略的相继提出，粤港澳大湾区各城市科技创新人才政策数量从2000年到2020年总体上呈增长趋势（见图2b），政府价值取向和行政逻辑明显向科技创新转变。从时间演化特征来看，粤港澳大湾区科技创新人才政策的发展经历了起步、休眠发展、爆发式发展的过程。2000年，国家实施人才战略，广州、深圳、佛山、江门科技创新人才政策起步发展；2000年至2008年期间，科技创新人才政策发展缓慢，表现为休眠发

展的特征；2010 年左右，各地科技创新人才政策数量出现小的增长；2018 年左右，各地人才政策密集出台，相关政策数量出现了较大的增长，其中 2018 年，珠海和东莞一年出台的科技创新人才政策超过 10 条。江门在 2000 年后即出台相关的政策，行政发力较早，但中间政策出现断层，缺乏政策的连续性和稳定性。深圳、珠海、佛山、东莞等地虽起步较晚，但理念开放、执行力较强，在后期形成不断增长的势头。各城市科技创新人才政策时间演化的差异体现出各地对科技创新的重视程度以及科技创新人才发展行政价值的差异。

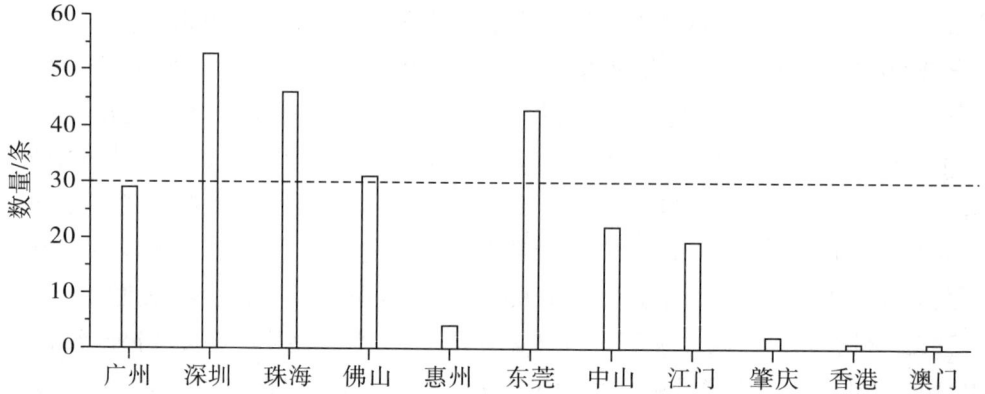

（a）政策总量

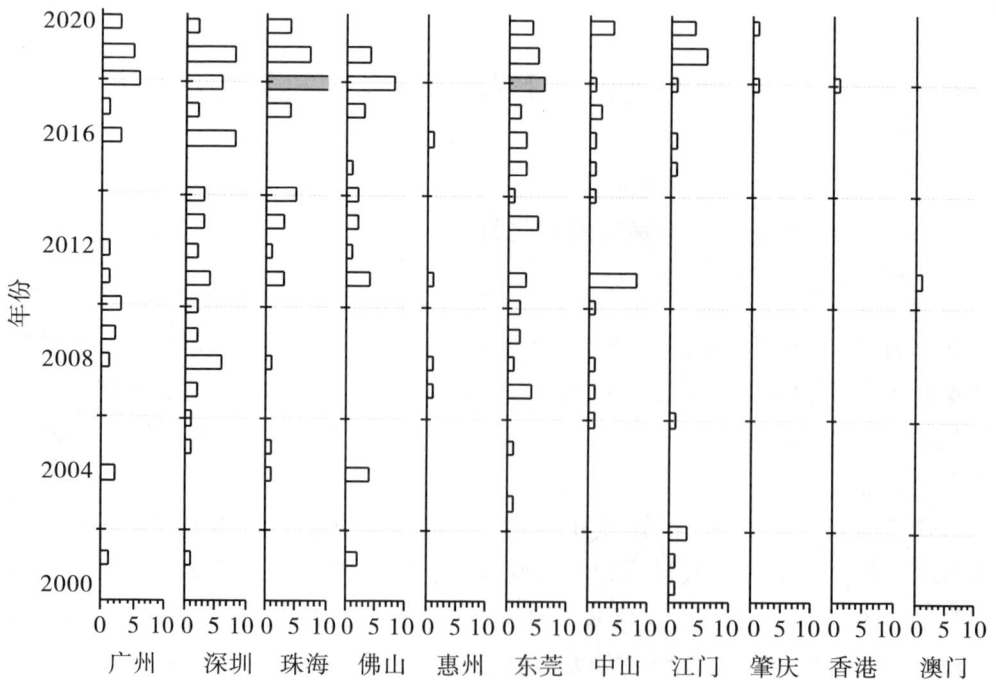

（b）政策年份分布

图2　粤港澳大湾区科技创新人才政策时间演化特征（2000—2020 年）

（二）科技创新人才政策发文机构部门分析

由于香港、澳门与大湾区广东9市法律制度和行政制度的差异，本文分别分析粤港澳大湾区各城市政策文本的发文机构部门特征。香港是由香港创新科技署颁布实施人才入境计划；澳门是由澳门特别行政区政府出台科技创新人才奖励行政法规；大湾区广东9市则是由人大、党委、政府及其组成部门等行政机关颁布实施相关的行政规范性文件。港澳科技创新人才政策发文主体比较单一，大湾区广东9市发文主体则比较多样。从发文主体来看（见图3a），市委、市政府及市政府办公室（厅）、市人社局是大湾区广东9市科技创新人才计划颁布实施的主要单位，住建局、财政局、教育局等单位为配合部门。从发文主体可以看出对科技创新人才政策的主导实施程度和重视力度。广州科技创新人才政策出台主要机构是人社局，深圳主要是市政府，珠海为人社局，佛山为政府办公室，惠州为市委、市政府，东莞为市政府及市政府办公室，中山为市委和人社局，江门为市政府，肇庆为市委、市政府及人才办。值得注意的是，深圳和珠海由人大常委会对人才工作进行了立法，为人才工作提供了法规依据和保障，将地方人才工作推向了新高度。

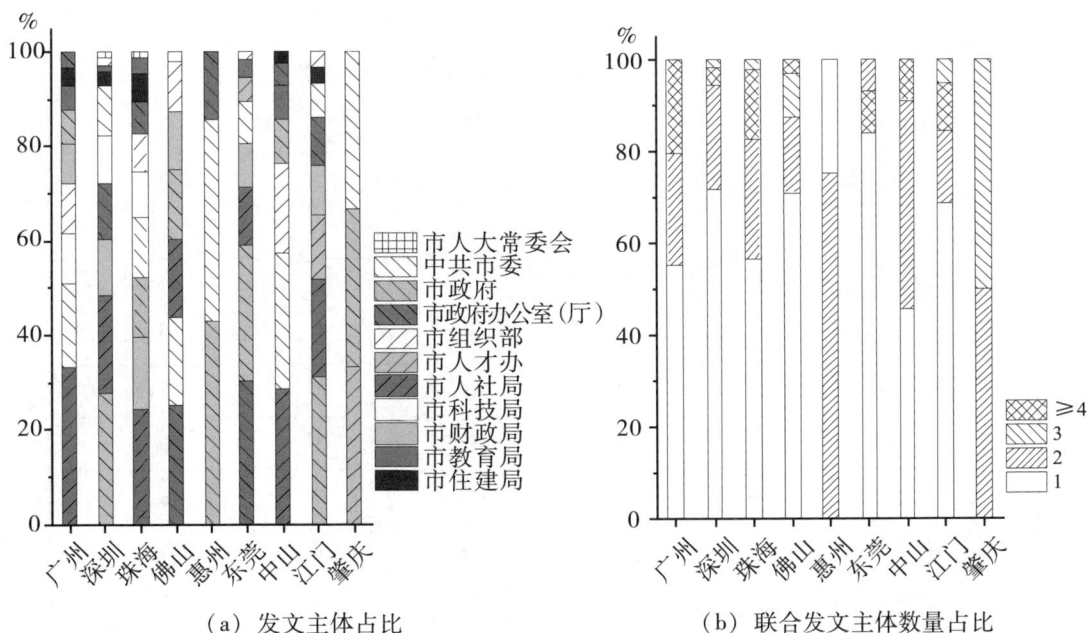

（a）发文主体占比 　　（b）联合发文主体数量占比

图3　科技创新人才政策发文机构部门分析

从图 3b 来看，各地发文机构以 1 个单位独立发文和 2 个单位联合发文为主。广州、珠海多于 4 个单位联合发文的情况占总发文量的比例超过 15%。联合发文体现了多部门协作开展科技创新人才工作的情况，但这种方式有利有弊，虽然能避免政策趋同化，但是过多部门参与或导致政策制定周期较长及牵头单位不清晰等问题。①

（三）科技创新人才政策类型分析

对科技创新人才政策内外部属性进行分析（见表 1），发现广州的科技创新人才政策以保障服务类和综合性政策为主，深圳、珠海以引进选拔和保障服务为主，佛山以保障服务为主，东莞以评价奖励和综合性政策为主，中山以评价奖励和引进选拔为主，江门以引进选拔为主。不同城市政策的内部属性侧重点不同，体现了各地科技创新人才的发展情况和政府施政的价值重点。深圳、珠海、佛山、中山、江门大力引才，人才资源优势逐步凸显；广州、深圳、珠海、佛山、东莞等地注重人才的保障服务，积极解决人才在本地工作的后顾之忧；东莞相对注重人才资源的开发，引育并重，注重绩效管理。人才流动属于人才发展的高级阶段，各地人才流动还未形成有效的政策保障。

表 1　科技创新人才政策内外部属性

	政策类型	广州	深圳	珠海	佛山	惠州	东莞	中山	江门	肇庆
内部属性	引进选拔	3	14	12	8	2	5	6	9	1
	培养开发	3	2	4	1	0	5	0	0	0
	评价奖励	4	11	6	6	1	13	7	1	0
	保障服务	11	17	12	10	0	9	4	4	1
	流动配置	0	0	0	0	0	0	0	0	0
	综合性	8	9	12	6	1	11	5	5	0
外部属性	法律条规	0	3	2	0	0	0	1	0	0
	规划意见	8	5	4	9	1	7	5	6	1
	办法方案细则	19	39	33	22	1	30	13	10	0
	其他	2	6	7	0	2	5	4	3	1

---

① 盛亚，于卓灵. 科技人才政策的阶段性特征：基于浙江省"九五"到"十二五"的政策文本分析［J］. 科技进步与对策，2015，32（6）：125－131.

对外部属性分析发现,法律条规、规划意见、办法方案细则等共同构成的政策体系经过各地不断优化,逐渐形成了较为完善的科技创新人才政策体系。各地政策均以办法方案细则为主,说明各地均重视科技创新人才政策的落地实施。此外,广州、佛山、东莞、江门还出台了相对较多的规划意见,表明其同时注重地方科技创新人才政策的顶层设计。

(四) 科技创新人才政策战略规划

城市的规划定位基于当前的发展基础和未来的发展方向,既有政府对城市发展的定位,也有社会各界主流意识的定位。科技创新人才政策体系的发展受到城市规划定位及产业发展的影响,各城市定位不同,发展重点不同,也将导致科技创新人才政策发展相异,而产业定位的雷同也将导致人才竞争的同质化。对政策文本进行分析,发现粤港澳大湾区广州、深圳、香港、澳门4个中心城市定位各不相同,广州定位为贸易、交通、科教中心,深圳定位为创新创意中心,香港定位为金融、航运、贸易三大中心,澳门定位为国际休闲旅游中心。大湾区其他重要节点城市也依据自身特征和发展方向分别进行了定位分工。然而,生物医药、电子信息、制造业布局重复、定位雷同,广州、深圳、珠海、佛山、中山、肇庆均定位重点发展生物医药,广州、深圳、珠海、佛山、惠州、东莞、中山、肇庆皆重点发展电子信息产业,佛山、东莞、中山、江门、肇庆都重点发展制造业。雷同的产业定位导致科技创新人才发展竞争激烈,人才发展趋于同质化。

各城市相继提出科技创新人才发展战略目标,并出台了一系列的人才工程和政策措施。其中广州、珠海、佛山、惠州、东莞、中山、江门、肇庆提出明确的时间节点和定量的人才发展计划,体现出较强的计划思想,香港、深圳定性提出人才发展目标,香港重点吸引未来科学和未来技术相关的高科技人才,澳门对科技创新人才主要以激励为主。各城市的人才工程引才力度大,优惠措施详尽,政策涉足人才工作的各个环节和人才环境氛围的优化提升,对大湾区科技创新人才队伍的建设发挥了重要的作用,对人才高地的建设积累了丰富的经验。然而,大湾区各城市科技创新人才战略目标无统一的评价标准,人才规模、布局、结构的完备性有待进一步商榷。

(五) 科技创新人才政策关系网络分析

对各地科技创新人才相关的政策文件进行关系网络分析,提取出共同引用网络和关键节点,如图4所示。市级层面,深圳、珠海两地对科技创新人才政策的聚焦程度较高,说明深圳、珠海各部门对科技创新发展达成了共识,行政行为聚焦科技创新;而广州、佛山、肇庆、江门未出现中心性特征或中心性特征不强,说明相关政策文件未形成合力，未形成政策重心。

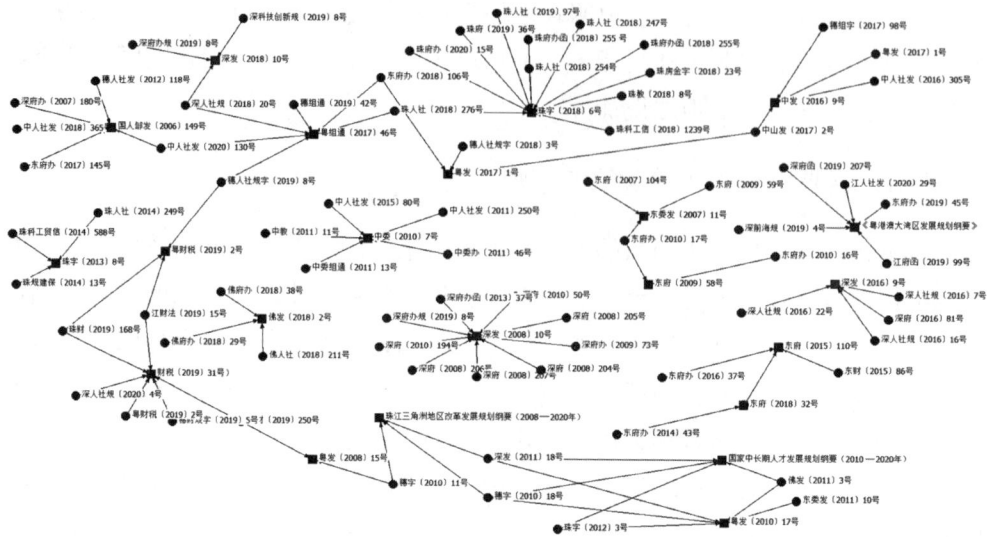

图 4　粤港澳大湾区科技创新人才政策关系网络分析

　　粤港澳大湾区城市间政策文件的关联性不强，并未形成密集交错的网络。主要由国家、省级的文件将各市政策文件串联起来，形成了大湾区科技创新人才政策链。国家层面，《关于深化人才发展体制机制改革的意见》（中发〔2016〕9号）、《财政部国家税务总局关于粤港澳大湾区个人所得税优惠政策的通知》（财税〔2019〕31号）、《珠江三角洲地区改革发展规划纲要（2008—2020年）》、《国家中长期人才发展规划纲要（2010—2020年）》、《粤港澳大湾区发展规划纲要》是科技创新人才政策关键节点文件。省级层面，《关于加快新时代博士和博士后人才创新发展的若干意见》（粤组通〔2017〕46号）、《广东省中长期人才发展规划纲要（2010—2020年）》（粤发〔2010〕17号）、《关于我省深化人才发展体制机制改革的实施意见》（粤发〔2017〕1号）、《中共广东省委、广东省人民政府关于加快吸引培养高层次人才的意见》（粤发〔2008〕15号）在科技创新人才工作方面发挥了重要的指导作用。

四、结论与对策建议

（一）结论

本研究以科技创新人才政策为切入点，对粤港澳大湾区 "9 + 2" 城市 2000—2020 年的科技创新人才政策进行梳理，通过对政策文件的时间演化、发文机构部门、政策类型、人才战略目标及关系网络等属性特征进行研究，得出以下结论：

（1）粤港澳大湾区科技创新人才政策数量总体上呈增长趋势，但各城市对科技创新人才的施政方略有较大的差异。2018 年前后，大湾区各城市科技创新人才政策高速发展，政府价值取向和行政逻辑明显向科技创新转变。但各城市科技创新人才政策文件数量差异较大。经过 20 年的发展，深圳、珠海、东莞科技创新人才政策超过 30 条，肇庆、江门、惠州、香港、澳门不足 5 条。各城市科技创新人才政策发文主体不同，对科技创新人才政策的主导实施程度、重视力度和部门协调程度不同。从内外部属性看，各城市间科技创新人才政策的发展路径和行政逻辑也存在差异。深圳、珠海、佛山、中山、江门大力引才，人才资源优势逐步凸显，广州、深圳、珠海、佛山、东莞等地注重人才的保障服务，东莞注重人才资源的开发和绩效管理。各城市人才流动和激励评价方面的政策文件相对缺乏。科技创新人才政策的差异化发展体现出各地对科技创新的重视程度以及科技创新人才发展行政价值的差异。

（2）粤港澳大湾区尚未协调融合发展。大湾区作为国家参与国际竞争的重要空间载体，是一个有机的整体。然而，大湾区生物医药、电子信息、制造业重复布局、定位雷同，产业定位的雷同也导致人才竞争的同质化。各地政策文件关系网络呈现出聚而不联的特征。深圳、珠海文件的聚集程度较高，广州、佛山、肇庆、江门未出现中心性特征或中心性特征较弱，各城市间未形成密集的网络关系。大湾区各城市科技创新人才价值表达和施政重点未形成有效的协同机制，湾区内各城市在贯彻落实上级科技创新人才政策方面未融合发展。

（二）对策建议

粤港澳大湾区各城市经过多年的实践探索，出台了一系列人才工程和政策措施，丰富了大湾区科技创新政策体系，为大湾区国际科技创新中心人才高地建设积累了宝贵的实践经验。但也存在各地发展不协调、不融合的问题，据此，提出以下优化科技创新人才政策的对策建议：

（1）加强科技创新人才政策的统筹协调力度。科技创新人才工作并非独立的存在，需要协调内外部环境、各方面事项并衔接上下游的发展，需要系统的配套支持政策。加强科技创新人才的顶层设计，建立粤港澳大湾区阳光政务平台，提升科技政策和市场的一体化水平，提升科技竞争力。从科技体系和行政管理体制入手，加强各级政府部门和学会组织的协调联动，加强政府、用人单位、科技创新人才的沟通。探索政府部门、研究机构、专家智库、企业家联盟等多元主体参与介入的科技创新社会治理新模式，为"一国两制"、跨行政区域治理、科技创新协同发展积累理论基础和实践经验。

（2）优化科技创新人才政策的表达。人才工程是一项长久工程，人才工作需与时俱进，根据内外部形势的变化不断优化更新。未来政策的时效性、灵活性、针对性和精准性是粤港澳大湾区科技创新人才政策改革的主要方向。各地还需不断挖掘人才的需求，根据市场需求，考虑影响人才流动和分布的各项因素，科学合理完善科技创新人才政策。对不同学科、不同行业、不同领域的创新人才进行分类评价。从人才的待遇、职业发展空间、行业发展前景等方面优化科技创新人才的激励评价机制，通过政策创新，激发人才活力，提升科技创新人才的创造力和竞争力。

（3）错位发展，共建共享。粤港澳大湾区要建成国际科技创新中心，需各城市明确发展目标，科学合理定位，错位互补发展，避免恶性竞争、同质化发展。健全人才流动体制机制，畅通不同科技创新主体人才流动的渠道和路径，加速人才、技术、资源的流动、环流和回流，通过溢出效应平衡珠江西岸及粤北地区的人才资源。优化科技管理结构，提高政府的治理能力和治理水平，提升科技管理部门的服务意识和专业水平，减少行政干预对科技创新人才的束缚和影响，提高城市发展的硬实力、软实力及人才吸引力。通过区域间人才政策的协同共治与人才队伍共建共享，促进区域协同、融合发展。

作者简介：孙殿超，粤港澳大湾区战略研究院研究人员，理学博士，管理学博士后；刘毅，粤港澳大湾区战略研究院院长，中国科学院地理与资源研究所二级研究员，博士生导师；王春明，研究员，首席分析师，广东省科学院产业创新发展研究引进人才。

青年发展篇

港澳青少年爱国主义教育的实证研究

孙清忠　雷　丹

摘要：培养爱国的港澳学生，对实现香港、澳门的长期繁荣稳定，实现祖国的统一大业和中华民族的伟大复兴具有深远的意义。港澳回归以来，"一国两制"事业取得了令人瞩目的成就，但也存在"变形走样"的挑战，加强青少年爱国主义教育任务刻不容缓。本文通过问卷调研和焦点访谈对港澳籍大学生及港澳留粤大学毕业生共485人进行调查研究，分析了港澳青少年当前爱国主义教育存在的积极方面和主要问题，并针对相关问题提出若干思考与建议。

关键词：爱国主义教育　港澳青少年　国家安全　实证研究

爱国主义是中华民族的民族心、民族魂，是中华民族最重要的精神财富。[①]培养爱国的港澳学生，对实现香港、澳门的长期繁荣稳定，实现祖国的统一大业和中华民族的伟大复兴具有深远的意义。澳门回归15周年之际习近平总书记提出了"继续面向未来加强青少年教育培养"的希望，香港回归20周年之际习近平总书记强调了"着力加强青少年爱国主义教育"的要求，十九大报告提出"发展壮大爱国爱港爱澳力量""增强港澳同胞的国家意识和爱国精神"，明确了发展港澳社会爱国者的数量任务和质量要求。[②]港澳回归以来，"一国两制"事业取得了令人瞩目的成就，但也存在"变形走样"的挑战，如近年来香港接连爆发"反国民教育""占领中环"和"反修例风波"等事件，出现激进香港青年包围、冲击中央政府驻港机构等恶劣行为，挑战"一国两制"原则底线。这说明，香港青少年爱国主义教育出现了极大的问题。2020年6月30日，全国人大常委会通过香港国安法，在其推动下，香港在教育领域正开展系统的制度检讨，多项措施明确"爱国者治教"，以期进一步加强香港青少年的国民教育和国安意识。2021年3月11日，十三届全国人大四次会议以高票表决通过《关于完善香

---

① 中共中央 国务院印发《新时代爱国主义教育实施纲要》[EB/OL].（2019-11-12）. http://www.gov.cn/zhengce/2019-11/12/content_5451352. html.

② 万传华. 习近平关于港澳青年国家观培育重要论述及其思想意蕴[J]. 云南社会主义学院学报，2019，21（3）：20-27.

港特别行政区选举制度的决定》，明确"爱国者治港"原则，为开展爱国主义教育提供强劲的制度保障。但港澳社会特别是香港特别行政区的青少年爱国主义教育还任重道远，因此，对港澳青少年爱国主义教育的现状和问题开展实证分析，并提出探索路径，具有现实价值和重要意义。

一、研究回顾与研究方法

（一）研究回顾

关于"港澳青少年爱国主义教育"的命题研究，目前学界主要有四种类型，第一种是以港澳青少年爱国主义教育为视角开展统战工作研究。如雷娟利[①]以港澳台侨学生的爱国主义教育为视角，阐述了将滇西抗战遗址打造成为统战平台的必要性，提出将滇西抗战部分遗址打造成为专门的港澳台侨学生爱国教育基地的建议对策；李祎妮[②]分析了当前香港新生代青年统战工作面临的新形势和新挑战，提出加强统战工作路径。第二种是针对内地高校的港澳台侨学生开展爱国主义教育的理论构建及实施方法。如龚红月[③]、成志雄[④]、赵阳阳[⑤]等学者对内地高校港澳台侨学生开展爱国主义教育的内涵和必要性做了详细的阐述，并提出了具体的实践方法；祁汉泉、陈友文[⑥]探讨了港澳台侨学生爱国主义教育的特点及实施爱国主义教育的基本做法；司文超[⑦]对内地高校港澳台学生社会主义核心价值观认同教育现状进行了分析。第三种是借"一国两制"实施契机加强全社会的爱国主义教育及其重要性研究。如岳增瑞[⑧]提出"一国两制"思想是新时期爱国主义教育的最好教材；黎军、赵建岭[⑨]，李新[⑩]等认为，结合香港回归、澳门回

① 雷娟利. 将滇西抗战遗址打造成统战平台的思考：以港澳台侨学生的爱国主义教育为视角 [J]. 保山学院学报, 2013, 32 (1)：20 - 23.

② 李祎妮. 香港新生代青年统战工作的挑战与路径探析 [J]. 青年探索, 2017 (5)：107 - 112.

③ 龚红月, 陈列, 李群芳, 等. 我校对侨生和港澳台生进行爱国主义教育的方法及实践 [J]. 暨南学报（哲学社会科学版）, 1996 (S1)：1 - 6.

④ 成志雄. 论高校港澳台侨学生爱国主义教育的必要性 [J]. 经济师, 2011 (12)：93 - 94.

⑤ 赵阳阳. 内地高校境外生爱国主义情怀培育研究 [J]. 山西青年, 2016 (6)：16 - 17.

⑥ 祁汉泉, 陈友文. 港澳台和华侨学生爱国主义教育问题探讨 [J]. 现代哲学, 1995 (3)：58 - 59.

⑦ 司文超. 内地高校港澳台学生社会主义核心价值观认同教育现状分析 [J]. 学校党建与思想教育, 2017 (20)：55 - 56.

⑧ 岳增瑞. 新时期进行爱国主义教育的最好教材 [J]. 理论与当代, 1994 (6)：6 - 7 + 5 - 1.

⑨ 黎军, 赵建岭. 抓住香港回归契机 搞好爱国主义教育 [J]. 兰州大学学报（哲学社会科学版）, 1997 (3)：82 - 87.

⑩ 李新, 张邦诚, 王恩月. 抓住澳门回归机遇 搞好爱国主义教育 [J]. 吉林工学院学报（高教研究版）, 1999 (4)：12 - 13.

归在青年学生中开展爱国主义教育具有重大意义;肖莉[1]认为,爱国主义是"一国两制"实施的前提和精神动力;谢强、蔡晓良[2]认为,习近平总书记丰富和发展了"一国两制"思想,提出了加强爱国主义教育等系列措施;万传华[3]探索新时代"一国两制"区域青少年爱国主义教育叙事方式的中国化理论,并提出了新时代港澳地区青少年爱国主义教育叙事方式的研究构想。第四种是从港澳青少年视角研究如何加强政治认同和文化认同教育。如涂敏霞[4]等认为,对港澳社会中出现的完全没有国家意识的小部分青少年应该采取有效措施,发挥学校教育的基础性作用。康玉梅[5]认为香港的国民教育应当区分它在道德文化层面国家认同与政治层面国家认同中的不同角色,应采用渐进温和的方式探索适合香港的国民教育模式。常乐[6]认为,澳门"爱国爱澳"教育成功最重要的原因,就是自澳门回归以来澳门特区政府制定了一系列国家指向的教育政策。

综上所述,当前学界对于港澳青少年爱国主义教育的研究主要集中在理论建构、意义阐述和路径分析方面,缺乏一手的调查数据和实证分析,同时,针对港澳青少年爱国主义教育的特点和问题,从机制上探讨增强港澳青少年爱国主义教育的相关研究还比较欠缺,因此本文研究的分析维度具有重要的创新价值。

(二) 研究方法

本研究根据自编问卷《港澳青少年爱国主义教育调研》,在 2020 年 12 月至 2021 年 3 月期间,通过问卷调研和焦点访谈对港澳籍大学生及港澳留粤大学毕业生共 485 人进行调查研究,共收集到有效问卷 473 份。为确保调研的效度与信度,还抽取部分港澳籍青少年,通过电话、微信语音等方式对受访者进行访谈,通过开放式问答,多角度了解受访者的想法,以便补充完善问卷的内容。同时还对从事港澳籍学生思想教育工作的一线教师及高校辅导员、在湾区内地发展的港澳籍青年、在内地高校毕业后回到港澳发展的港澳籍青年等进行访谈,深入了解港澳生的思想动态及在内地就业创业的真实想法。此外,通过实地与学校港澳籍学生进行多角度接触,获取研究的第一手感官材料。

---

① 肖莉. 论爱国主义与一国两制 [J]. 前沿,2005 (2): 8 - 10.
② 谢强,蔡晓良. 习近平对"一国两制"思想的丰富和发展 [J]. 中共云南省委党校学报,2017,18 (6): 44 - 48.
③ 万传华. 习近平关于港澳青年国家观培育重要论述及其思想意蕴 [J]. 云南社会主义学院学报,2019,21 (3): 20 - 27.
④ 涂敏霞,王建佶,萧婉玲,等. 港澳青少年国家认同研究 [J]. 青年探索,2014 (2): 27 - 33.
⑤ 康玉梅. "一国两制"下香港特别行政区的国民教育与国家认同 [J]. 环球法律评论,2018,40 (2): 165 - 177.
⑥ 常乐. 教育政策与青年国家认同:"一国两制"的澳门范例及经验 [J]. 深圳大学学报 (人文社会科学版),2020,37 (1): 34 - 41.

（三）样本情况

表1　调研样本基本变量分布表

类别变量		人数	百分比/%
学历类别	预科	142	30.02
	本科	242	51.16
	研究生	38	8.03
	留粤毕业生	51	10.78
年龄类别	1997年以前出生	88	18.60
	1997年以后出生	385	81.40
出生地	香港	190	40.17
	澳门	78	16.49
	其他（注：此处"其他"是指出生在广东、福建等内地省份的港澳籍青少年）	205	43.34
来内地读书前的教育程度	小学	43	9.09
	初中	7	1.48
	高中	355	75.05
	大学	33	6.98
	其他（注：此处"其他"是指出生后一直在内地就读的港澳籍青少年）	35	7.40

二、港澳青少年爱国主义教育调研实证分析

亚里士多德说过："思想的防线是一个国家最廉价和最有效的国防。"[①] 随着香港秩序逐渐由乱转治，由治转兴，港澳青少年的教育问题成为学界最为关注的

---

① 转引自孙柳. 守住生存之魂［N］. 光明日报，2012-04-29.

课题之一，爱国主义教育作为思想政治教育的重要内容，对港澳发展及国家安全意义重大。通过对调研数据和访谈资料的深入分析显示，港澳青少年爱国主义教育的形式多样，但教育内容和水平仍待提升，成效有所差异，仍存在一些亟须解决的困难和问题。

（一）港澳青少年爱国主义教育的积极方面

1. 对港澳与国家关系认知基本清晰

根据调研数据显示，港澳青少年选择"中国人""首先是中国人，其次是香港人/澳门人"的比例为89.21%；同时，85.41%的港澳青少年"在谈及中国人的时候，经常使用'我们'而不是'他们'"；由图1可得知，受访者对于国家的认同感大于中值3，平均值在4以上。可见，港澳青少年对港澳与国家关系认知基本清晰。

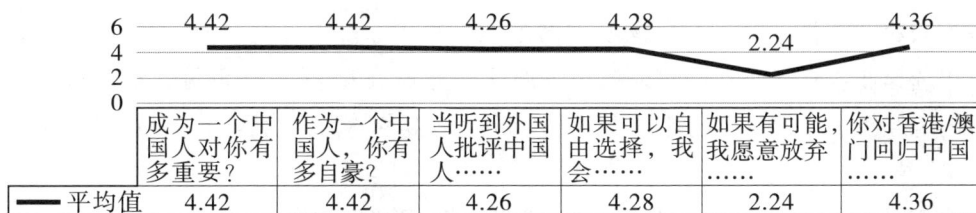

	成为一个中国人对你有多重要？	作为一个中国人，你有多自豪？	当听到外国人批评中国人……	如果可以自由选择，我会……	如果有可能，我愿意放弃……	你对香港/澳门回归中国……
▬ 平均值	4.42	4.42	4.26	4.28	2.24	4.36

图1　港澳青少年国家认同感调研题目

2. 港澳青少年民族认同度高

2020年9月3日，习近平在纪念中国人民抗日战争暨世界反法西斯战争胜利75周年座谈会上的讲话中指出，"爱国主义是我们民族精神的核心，是中国人民和中华民族同心同德、自强不息的精神纽带""爱国主义是激励中国人民维护民族独立和民族尊严、在历史洪流中奋勇向前的强大精神动力"[①]。调研结果显示，64.90%的港澳青少年完全认同自己是中华民族的一分子，29.60%选择认同，认同度高达94.50%（见图2）。在"如果中国内地受到外国军队入侵，你的反应是？"一题中，98.52%的港澳青少年会谴责入侵行为，93.02%愿意给抗击入侵的行动捐款捐物，63.21%愿意接受征兵，加入中国人民解放军并参加战斗。可见，港澳青少年的民族认同度高。

[①] 习近平：在纪念中国人民抗日战争暨世界反法西斯战争胜利75周年座谈会上的讲话［EB/OL］．（2020 - 09 - 03）．http://www.xinhuanet.com/politics/leaders/2020 - 09/03/c_1126449917.html.

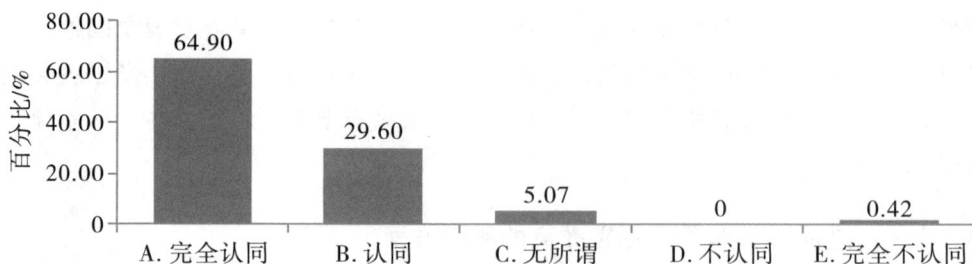

图2　对自己是中华民族一分子的认同

3. 对内地经济认同度较高，部分港澳青少年参与国家发展的意愿较强

根据调研显示，84.36%的港澳青少年认为内地改革开放以来经济社会发展得很好；70.40%的港澳青少年愿意赴内地交流营等进行短期交流学习，69.77%愿意参观考察，64.48%愿意参加粤港澳青年文化之旅。88.16%的港澳青少年毕业后非常愿意或愿意留在内地发展，91.96%的港澳青少年非常支持或支持港澳参与共建"一带一路"与粤港澳大湾区建设等国家战略布局，91.97%的港澳青少年选择非常支持或支持内地招录港澳籍公务员（见表2）。可见，港澳青少年对内地经济发展的认可度比较高，部分港澳学生参与国家发展的主观意愿较强。

表2　参与国家发展意愿调研题目

单位：%

序号	问题	非常愿意/支持	愿意/支持	无所谓	不愿意/不支持	完全不愿意/不支持
1	如果有机会，你是否愿意在内地发展	58.35	29.81	9.94	1.90	0
2	你如何看待香港/澳门参与共建"一带一路"与粤港澳大湾区建设等国家战略布局	65.96	26.00	7.82	0	0.21
3	内地招录港澳籍公务员，对此，你的态度是	68.08	23.89	7.61	0.42	0

4. 对中国政治制度较满意

根据调研结果显示，34.67%、46.72%的港澳青少年完全认同、认同"一国两制"和基本法的落实能够保障香港与澳门未来的社会发展；64.69%的港澳青少年了解"一国两制"和基本法的基本内容，19.45%非常了解（见图3）。可见，港澳青少年基本认同并了解"一国两制"和基本法。从对中国内地社会政治环境满意度来看，港澳青少年对于政治民主、社会公正、内地法治理念、法制环境及共产党执政的满意度平均值均在 3 以上；对中国政治制度（社会主义制度、"一国两制"、民族区域自治制度、人民代表大会制度）的认可程度大于中值 3。可见，港澳青少年对中国政治制度较满意。

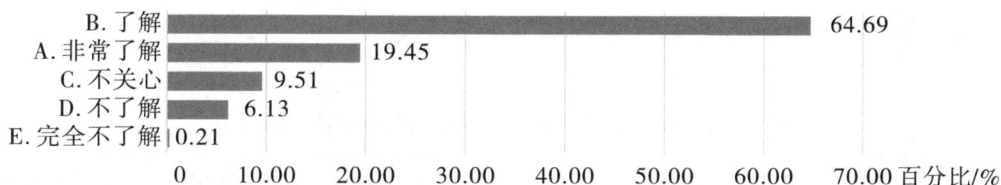

图 3　对"一国两制"和基本法关于香港/澳门依法享有自治权的基本准则与内容了解程度

5. 港澳青少年接受国情教育的形式多样

根据调研发现，74.84%的港澳青少年所在的中小学组织过升国旗、唱国歌等活动；62.79%的港澳青少年所在的中小学组织过中华传统文化知识、诗词、书画比赛等系列活动；56.87%的港澳青少年所在的中小学通过宣传栏、壁板报等宣传形式，开辟国情教育专栏，宣传爱国人士的先进事迹及国家改革开放的伟大成就；40.38%的港澳青少年所在的中小学举办宪法和基本法以及国情、区情的宣传教育系列活动（见图4）。在"你中小学阶段使用的教材中，涉及了哪些与国情教育相关的内容"一题中，有34.67%的港澳青少年选择了"国旗、国徽和国歌"，26.00%选择了"国情及区情"，24.52%选择了"宪法及基本法"。可见，港澳青少年接受爱国主义教育的渠道比较多样。

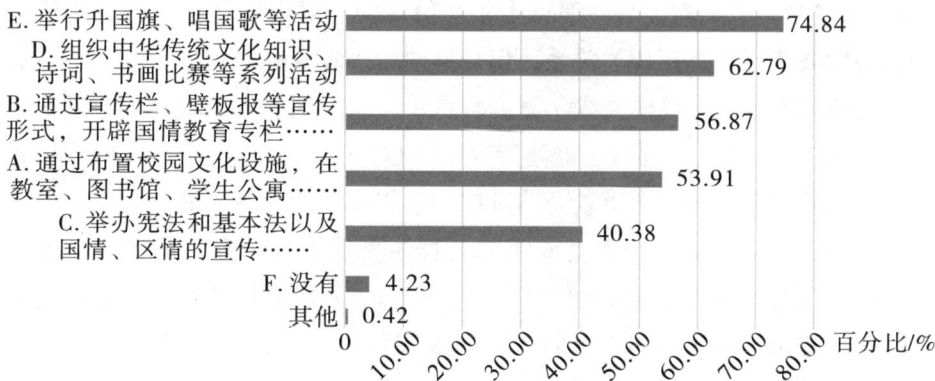

图 4　所在的中小学校通过何种形式创设国情教育的环境和氛围（多选题）

（二）港澳青少年爱国主义教育当前存在的主要问题

1. 港澳本土出生者的国民认同感低于非港澳出生者

根据调研结果，在港澳青少年中，港澳本土出生者的国民认同感低于非港澳出生者（实际上多数为中国内地出生）（见表3）。这些研究发现与香港学者早些年的研究结果基本吻合，即"那些在中国内地出生的香港人比香港本地出生的人具有更强烈的对中国国家的归属感"。

表3 港澳地区出生者与非港澳出生者身份认同的比较

问题	香港出生平均值	澳门出生平均值	非港澳出生平均值
成为一个中国人对你有多重要	4.38	4.12	4.58
作为一个中国人，你有多自豪	4.36	4.12	4.57
当听到外国人批评中国人的时候，你是否会很关心或很在意他们的批评	4.15	4.17	4.39
如果可以自由选择，我会选择做中国人，也不会选择做其他国家的人	4.26	3.94	4.43
如果有可能，我愿意放弃自己的中国国籍移民到更好的国家	2.34	2.45	2.06
你对香港/澳门回归中国是否感到高兴	4.32	4.09	4.51

2. 家庭爱国主义教育与港澳青少年身份认同、对内地社会政治环境满意度及赴内地发展意愿存在正相关关系，但是港澳青少年家庭教育缺乏爱国主义氛围

根据研究发现，在港澳青少年家庭教育中，家人偶尔或没有教导过其热爱中国的比例高达57.48%。同时，港澳青少年父母的受教育程度会对家庭爱国主义教育产生差异影响，对比学历较高的阶层，学历较低的阶层家庭教育中的爱国主义教育更缺乏。与"父母经常会或偶尔会教导热爱中国内容"的港澳青少年相比，选择"父母从来没有教导热爱中国内容"的这部分港澳青少年更倾向于选择自己是"香港/澳门人"或"首先是香港/澳门人，其次是中国人"，他们对中国内地政治民主、社会公正、法治理念、法制环境等方面的满意度相对较低，调研结果显示其满意度低于中值3，来内地发展的意愿更低，选择不愿意或无所谓的比例高达36.2%（见图5）。

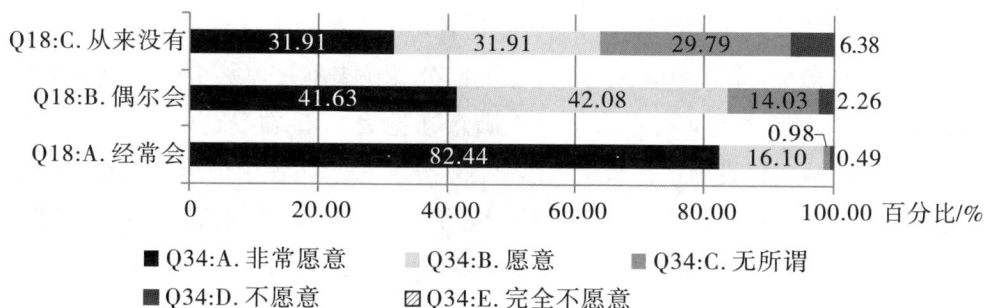

图5 "家人是否会教导青少年热爱中国"与"你是否愿意在内地发展"的交叉图

3. 除内地学校外，官立学校更加注重中华传统文化教育

通过方差分析，发现港澳青少年就读的中小学校的办学性质与学校是否开设中华传统文化相关课程间存在 0.01 水平显著性（$F=2.843$，$p=0.010$）。说明中小学校的办学性质确实会对青少年中华传统文化教育产生差异影响。通过描述性分析进一步探究这种差异影响，结果表明对比其他性质学校，官立学校和内地学校更加注重中华传统文化教育（见表4）。

表4 中小学阶段就读学校办学性质与是否开设专门的中华传统文化课程的交叉表

中小学阶段所就读学校的办学性质	中小学阶段所在学校是否开设了专门的中华传统文化课程		总计
	是	否	
官立学校	76	88	164
津贴/资助学校	33	53	86
直资学校	9	18	27
私立学校	36	40	76
国际学校	3	3	6
内地学校	67	43	110
其他	0	4	4
总计	224	249	473

4. 通识教育课程满意度低，教学内容对培养港澳青少年爱国意识作用有限

调研结果显示，在学校教育方面，受访者对于学校通识教育水平满意度平均值为 2.40 和 2.18，小于中值 3，可得知大部分受访者对于学校开设的通识教育课程以及其中的爱国主义教育水平并不满意（见表 5）。在受访者中小学阶段，与通过布置校园文化设施，在教室、图书馆、学生公寓布置中国历史文化元素等相比，学校举办宪法和基本法以及国情、区情的宣传教育系列活动的比例较低，只有 39.49%。在学校举办的活动中，选择愿意"开设国情教育主题课程"的比例仅为 18.69%。

表 5　港澳青少年对中小学阶段通识教育课程的满意度

	个案数	最小值	最大值	平均值	标准差
你认为通识教育课程是否有助于培养你的爱国意识	473	1	5	2.40	1.043
你对你所在学校开办的通识教育课程是否满意	473	1	5	2.18	0.935
有效个案数（成列）	473				

5. 港澳青少年与内地居民的交往对其爱国意识的增强存在正相关关系，但三地青少年交往的广度与深度不够

通过对"你在学校的朋友主要来自哪里"与"你更倾向于选择何种身份"的交叉分析，可以看出，"朋友来自内地"的这部分港澳青少年选择"中国人"占比 57.1%，选择"首先是中国人，其次是香港/澳门人"占比 38.1%，说明是否与中国内地学生或居民结交朋友，对港澳青少年对"中国人"身份的选择存在正面的影响（见图 6）。但是，调研显示，57.29% 的港澳青少年在学校的朋友主要来自香港/澳门，39.96% 来自内地。在学校住宿安排方面，只有 21.26% 选择了"在宿舍内地学生的比例大"。说明三地青少年深度交往还需加强。

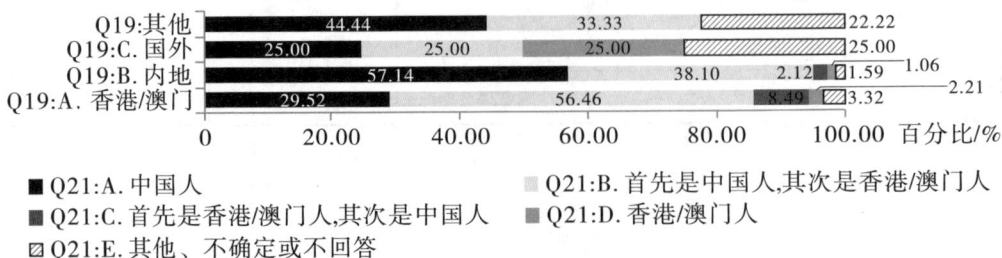

图 6　"你在学校的朋友主要来自哪里"与"你更倾向于选择何种身份"交叉图

6. 港澳青年赴内地发展的意愿与其身份认同呈正相关，来内地发展意愿低的受访者身份认同度低，希望提供多方面支持

据《香港青年就业及大湾区发展指数2020》调查发现，香港青年不愿意到大湾区内地城市发展的比例从2018年的31.0%，上升到了51.1%。根据我们的调研结果显示，只有45.09%受访者愿意来内地实习。同时，来内地发展意愿低的受访者身份认同度低。选择"无所谓"或"不愿意"来内地发展的受访者，在谈及中国人的时候，更倾向于使用"他们"。根据访谈，不愿意来大湾区内地发展的受访者的顾虑主要集中在教育、安全、医疗、税收和薪资水平方面。本研究也对留粤港澳毕业生做了深度访谈，受访者认为内地就业创业资源不清晰，没有平台对资源进行汇总，获取信息渠道鱼龙混杂，且自己对内地的法律法规和行情不了解，创业就业隐形成本较高。在"你认为，国家应该为在内地就业创业的港澳青年提供哪些支持"一题中，选择"加大政策扶持力度""解决从业资格对接问题""在工作生活和权益保障方面提供支持"均超过70%（见图7）。

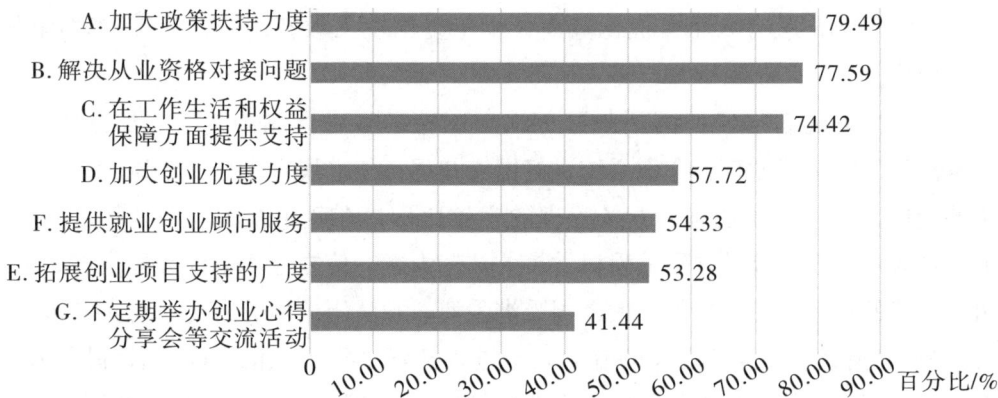

图7　国家应为在内地就业创业的港澳青年提供哪些支持（多选题）

三、关于加强港澳青少年爱国主义教育的思考与建议

马克思主义认为，辩证唯物主义认识论是以实践为基础的能动反映论，实践是认识的来源、目的、归宿和发展动力。因此，人的一切关系和活动，包括思想和观念，必须回到人的实践中才能理解和把握。港澳青少年应在共担共建共享中华民族伟大复兴的奋斗过程中，全面参与国家建设，在实践中逐渐形成个人的国

家意识和爱国精神，达到对国家主体社会主义政治制度的认识、尊重、维护。[①]基于此，增强港澳青少年爱国意识，就是要通过系统的教育清扫"殖民教育"遗毒，从实践出发，重点从顶层设计、家庭教育、学校教育及社会教育等各方面、全方位、多维度合力而为，拉近港澳青少年同祖国内地的心理距离，使之成为具有深厚家国情怀的中国人。

（1）从顶层设计做起，掌握教育主导权，建立健全与"一国两制"方针相适应的国民教育体系。

一是落实中央全面管治权，建议特区政府着手改革现行的"校本管理"体制，逐步收紧至收回学校和办学机构的人事管理、财政及课程推进等事宜的决策权，掌握教育主导权。[②]二是建议专门制定"香港青少年爱国主义教育实施纲要""澳门青少年爱国主义教育实施纲要"及中长期规划，制定并健全爱国主义教育的相关法律性文件，确保工作有法可依、有章可循。三是建立健全与"一国两制"方针相适应的国民教育体系，明确爱国主义教育的性质、内涵、准则、途径、保障措施。

（2）从内部教育入手，优化港澳青少年爱国主义教育内容，系统构建国情教育模式。

一是推进建立与"一国两制"相适应的特区教育体制的进度。加强宪法、基本法、国安法等教育，全面系统讲好国安知识，使港澳青少年了解维护国家安全的责任义务；提高政府开办及管理的学校比例，在政策及人、财、物等资源上，加大对港澳传统爱国爱港爱澳学校的扶持力度，使之成为港澳爱国名校，并树立正确的社会导向。二是加大爱国爱港爱澳教师队伍选培的力度。落实"爱国者治教"，遴选爱国爱港爱澳的有为人士进入教育工作者队伍，确立教师国情教育培养流程，完善港澳教师赴内地专业进修机制，定期开展专责教师国情教育知识的专业培训考核。三是严格把关教材编制的高度。从巩固和发展爱国统一战线，提高港澳青少年爱国意识的高度出发，加强港澳教材的统筹与监管。掌握教材编写和统筹主动权，审核人才培养方案；鼓励内地高校、出版社或在港澳的中资出版机构，建立优质高效的教科书与教材制作基地。四是提升爱国教育教学方式的温度。加大宣传栏、电子屏、国旗下演讲、家访等形式宣传爱国教育的力度，根据港澳话语体系和青少年所能接受的方式进行，以系统塑造港澳学生的国家观念、民族情感与历史意识为方向指南，从港澳学生的认知、情感、心理、行

---

① 万传华. 习近平关于港澳青年国家观培育重要论述及其思想意蕴［J］. 云南社会主义学院学报，2019，21（3）：20－27.

② 全国政协召开双周协商座谈会 围绕"加强港澳青少年爱国主义教育"协商议政 汪洋主持［EB/OL］. ［2021－04－25］. http://www.cppcc.gov.cn/zxww/2021/04/25/ARTI1619313098884114.shtml.

为等层面提升其国家认同感与仪式感。五是重视各个阶层家庭教育的广泛度。加强社区家庭爱国主义教育指导服务，加强社区家长学校或家庭教育服务中心等站点建设，建立专业的家庭教育指导工作队伍，编制家庭爱国主义教育的家长指导手册，提高家长的爱国素养，积极引导家长主动将青少年的发展与国家、民族、社会的发展紧密相连。①

（3）从外部环境浸润，营造爱国主义教育氛围，合力强化国情认知方式。

一是开展深度交流活动，凝聚爱国力量。积极推动内地与港澳各大、中、小学之间交流学习常态化，设置专项资金、配备服务组织、构建机制保障，支持三地学校联合举办青少年论坛、圆桌会议、体育赛事与联谊活动，定期组织师生进行交换学习、交流研讨活动②；充分发挥内地与港澳结对姊妹学校的联动作用，深入发掘姊妹学校在开展港澳青少年爱国主义教育方面的潜力，有针对性地开展相关活动；组织学生游览爱国主义教育基地、历史景点、博物馆，走访著名学府，参观大型科技企业，体验最新科技产品成果，消除青少年人心隔阂，开拓港澳学生家国视野，增进现实体验与促使价值内化。二是加强舆情疏导与传媒互动，营造爱国氛围。加强港澳宣传系统的综合管控，制作更多针对港澳青少年的爱国教育影片、电视剧、纪录片、动画、节目等，增加公共信息发布平台建设的资源投放，以软性内容激发青少年的爱国热情，不断巩固舆论阵地；利用互联网新媒体等舆论传播手段，经常性、系统性开展网络主题教育和宣传活动，有效扩大爱国主义教育网上宣传的覆盖面和影响力。三是培育港澳爱国主义基地，激发爱国热情。在香港，重点培育一批国情教育基地，有针对性地提供多元化的教育活动，让香港青少年从中学习国家历史和文化、"一国两制"、宪法和基本法等方面的知识。在澳门，鼓励学校、青年社团和民间机构充分利用好爱国主义教育基地，让澳门青少年加深对中华传统文化、宪法与澳门基本法的认识。

（4）从湾区融合切入，优化港澳青年就业创业政策环境，提供参与国家发展平台。

一是完善信息服务平台，畅通信息获取渠道。建立港澳青少年赴内地学习实习、就业创业信息、优惠政策等统一发布平台，或设立港澳青少年内地创新创业指南网站，制作符合港澳青少年观感的个案示范和图片、视频讲解指引，增设查询回复功能，让港澳青少年通过网络先行充分了解掌握内地创新创业相关政策、信息，推进港澳青少年就业创业。二是完善就业创业配套政策体系，提高就业创业吸引力。建议为港澳青少年提供更多参与国家事务的体制内岗位工作，包括公

---

① 滕培秀. 新时代家庭爱国主义教育的实施路径 [J]. 教育探索，2020（12）：69 – 72.
② 冯庆想. 内地高校港澳学生国家观的培育：基于实证调查的分析 [J]. 思想教育研究，2019（5）：109 – 114.

务员、事业编岗位等，强化交流，优化创业税收环境，并做好相应医疗、教育、安居等配套服务，最大限度为港澳青少年就业创业提供便利，在工作生活和权益保障方面提供支持。三是降低创新创业门槛和成本，增强港澳青少年归属感。建议在内地创新创业的港澳青少年，可使用港澳居民居住证、港澳居民来往内地通行证等有效身份证件办理人力资源社会保障、银行金融信贷、移动网络认证等各项业务，做到社保、税收、信贷、网络等政策逐步对接并做好政策宣介；推动落实粤港澳三地专业资格互认，解决港澳青少年从业资格对接问题；加大对在大湾区工作的港澳青少年的相关资金补贴和创业优惠力度，降低创新创业门槛和成本。四是做好国家利好政策宣传，引领港澳青少年主动参与国家发展规划和建设。建议港澳特区政府将"大湾区青年就业计划"和"大湾区青年创业资助计划"常态化，扩大宣传面至海外港澳籍留学生，并增加就业及创业资助名额，推动更多年轻人融入湾区发展。

作者简介：孙清忠，博士，副研究员，MPA 硕导，暨南大学高教研究与评估中心/湾区办主任，南洋理工大学访问学者；雷丹，暨南大学湾区办主任科员。

全球化时代的国民教育

——兼论香港青年的国家认同

李朝晖

摘要：香港青年的国家认同不仅直接关乎青年人自身的发展，关乎香港地区的繁荣稳定，而且与维护国家统一，实现中华民族的伟大复兴也有着重要且必然的联系。本文对香港出现的国家认同危机进行背景分析，梳理学界对香港国家问题各个角度的研究，并从香港社会发展现实层面分析了国家认同危机出现的原因，最终对香港的国民教育方式进行深刻而理性的反思，提出了相关政策建议。

关键词：一国两制　国民教育　国家认同　香港

一

香港回归已 20 余年，在香港基本法和"一国两制"的基本方针原则下，香港与内地在政治、经济、文化、社会生活的各个领域紧密联系，取得了诸多的成就。但是，在"一国"的基本框架下如何实现"两制"的和谐共存，如何实现内地与香港的共生和发展，必将是我们长期要面对与解决的重要课题。然而，近些年来所发生的一系列事件，如 2003 年实行"自由行"政策之后的"蝗虫论"骂战、2012 年"反国民教育"风波、2014 年"占领中环"非法集会、2016 年旺角骚乱、2019 年"修例"风波都已经深刻地告诉我们，虽然法律意义上的国家建构已然达成，"但心灵上的建国或政治认同上的建国仍未完成"①，路仍漫漫而修远。与此相应，据英国政府官方网站的消息，自 2021 年 1 月 31 日到 12 月 31 日期间，有 103 900 名港人申请了 BNO 签证［British National Overseas，英国国民（海外）护照］移民英国，97 000 人获批；而香港中文大学传播与民意调查中心自 1996 年起持续展开的调查显示："一方面，较之回归前，认为自己是中国/香

---

① 强世功. 中国香港：政治与文化的视野［M］. 北京：生活·读书·新知三联书店，2010：348.

港身份的（包括'香港人同时也是中国人'和'中国人同时也是香港人'）比例增加了两成左右。自 2008 年起，该比例就接近 65%，一直到 2016 年基本上都维持在这个水平。另一方面，1997 年至 2008 年，只认同自己是'香港人'或'中国人'的比例互有高低；但从 2010 年至 2016 年，只认同自己是'香港人'的比例一直高于只认同自己是'中国人'的比例，2014 年二者的差距更是创下17.6% 的记录，2016 年两者分别为 24.0% 和 12.2%。"① （见表1）

表 1   香港人的身份与国家认同调查（1996—2016 年）

单位:%

调查年份	香港人	香港人同时也是中国人	中国人同时也是香港人	中国人	其他/无答案/拒绝回答	总和（N）
1996	25.2	32.9	14.7	25.7	1.5	100（769）
1997	23.2	31.8	11.6	32.1	1.3	100（302）
1998	28.8	30.0	15.6	24.5	1.2	100（527）
1999	22.8	35.8	17.0	23.5	0.9	100（533）
2002	24.8	36.0	14.5	23.6	1.1	100（500）
2006	21.4	37.9	21.1	18.5	1.1	100（1 013）
2008	16.7	39.8	24.9	17.7	0.8	100（1 014）
2010	17.2	43.9	21.8	16.4	0.6	100（941）
2012	23.3	41.6	22.0	12.5	0.6	100（819）
2014	26.4	41.3	22.0	8.8	1.6	100（810）
2016	24.0	42.8	19.9	12.2	1.1	100（803）

资料来源：《香港人的身份与国家认同调查》，香港中文大学传播与民意调查中心，http://www.com.cuhk.edu.hk/ccpos/b5/research/Identity_Survey%20Results_2016_CHI.pdf。

显然，姑且不论香港中文大学传播与民意调查中心所设的调查选项是否科学，也不论其所调查的样本是否有足够的广泛性与代表性，其调查结果都已经足够说明，尽管回归以来香港特区政府制定了一系列政策推进各级学校的国民教育

---

① 康玉梅."一国两制"下香港特别行政区的国民教育与国家认同 [J].环球法律评论，2018，40（2）：165 - 177.

进程，以唤醒与培养香港新一代的国民意识和爱国意识，并且也取得了一些成绩，但是仍有相当一部分香港人的国民身份认同模糊，这也反映出香港的国民教育存在着深刻而复杂的问题。

国家认同的危机是一切香港乱象与危机的精神根源，这在一定程度上表明了香港特区政府治理的失效，这也引起了中共的高度关注，国家对于港澳地区的治理也有了新的考量，并引发了一系列的管治政策上的调整。2019 年 10 月 31 日发布的第十九届四中全会公报提出："坚持和完善'一国两制'制度体系，推进祖国和平统一。'一国两制'是党领导人民实现祖国和平统一的一项重要制度，是中国特色社会主义的一个伟大创举。必须严格依照宪法和基本法对香港特别行政区、澳门特别行政区实行管治，维护香港、澳门长期繁荣稳定。建立健全特别行政区维护国家安全的法律制度和执行机制。"2020 年 6 月 30 日，十三届全国人大常委会第二十次会议表决通过了《中华人民共和国香港特别行政区维护国家安全法》。而 2021 年 11 月 11 日发布的第十九届六中全会公报则提出，"在坚持'一国两制'和推进祖国统一上，党中央采取一系列标本兼治的举措，坚定落实'爱国者治港''爱国者治澳'，推动香港局势实现由乱到治的重大转折，为推进依法治港治澳、促进'一国两制'实践行稳致远打下了坚实基础"。"建立健全特别行政区维护国家安全的法律制度和执行机制""爱国者治港"以及香港国安法的颁布，都表明了中共中央在"一国两制"的大框架下落实对香港的全面管治权的决心；而香港以何种方案解决诸多社会乱象，以何种面貌融入国家发展战略及大局，无疑是关涉内地及香港融合发展的大问题。要解决这个问题，推行有效的国民教育，促使人心回归，尤其是唤起与培养青年人的爱国意识及国家认同，既考验当政者的管理智慧，也是必经途径。

就如 2018 年 11 月习近平总书记在会见港澳各界庆祝国家改革开放 40 周年访问团时所指出的："青年兴则国家兴，青年强则国家强。广大港澳青年不仅是香港、澳门的希望和未来，也是建设国家的新鲜血液。港澳青年发展得好，香港、澳门就会发展得好，国家就会发展得好。"要通过教育、宣传和引导提升青年群体的国家意识与爱国精神，要以国家战略支持他们融入国家发展大局、实现人生梦想。因为，香港青年的国家认同不仅直接关乎青年人自身的发展，关乎香港地区的繁荣稳定，而且与维护国家统一、实现中华民族的伟大复兴也有着重要且必然的联系。

二

关于香港人的国家认同问题，学界从各个角度进行了深入的研究。

从历史的角度来看，高马可（John M. Carroll）和弗兰克·韦尔什（Frank Welsh）认为是英、中两国对香港管辖主权的更替及其历史关系，以及中国内地在中华人民共和国成立后一段时间里的混乱、封闭、落后与香港在此一时期的经济腾飞，促进了香港人对香港身份的认同以及权利意识的觉醒，使香港人认为自己是一群独特的华人且区别于中国内地人，也因此在一定程度具有了有别于中英两国的自身的民族特性。[①]

从文化的角度来看，有研究者从后殖民批评的角度分析香港人本地认同的形成和殖民主义的关系，认为港英政府通过对香港社会意识形态的操控和对某些媒体的授意而把民族主义和殖民主义之间的对立经多次转译，转变成"我"（发达、开放的都市香港）与"他者"（封闭、落后的乡土中国）之间的对立，从而转移矛盾，并创造出新的本地意识。[②] 这也是造成香港国家认同困境的根源之一。

从制度的角度来看，在宏观制度层面，研究者认为，大多数具体事务由特区政府高度自治的设计致使国家在国民教育方面的意志很难被贯彻执行，从而造成了香港国民教育的低效。[③] 强世功认为香港回归后"港人治港"、高度自治的政策安排使得"香港人"从原本的一个社会文化群体逐渐演变成政治群体。[④] 而回归之后成长起来的"97"年轻一代和他们父辈身上强烈的爱国意识和国家认同感相比，则具备了更为强烈的本土意识和独立意识。[⑤] 在微观制度层面，一些与社会民生相关的具体制度设计也不利于认同的构建。如香港人虽然名义上是中国公民，却不能和其他中国公民一样享受同等的国民待遇，在内地上学、置业、就业和就医，一般按照外国人标准来对待，由此造成的香港人在内地生活的不便，也在客观上强化了香港人的本土意识和身份认同，造成"中国人"的身份在他

[①] 高马可. 香港简史——从殖民地至特别行政区 [M]. 林立伟，译. 香港：中华书局，2013；弗兰克·韦尔什. 香港史 [M]. 王皖强，黄亚红译. 北京：中央编译出版社，2007.

[②] 转引自黎熙元. 全球性、民族性与本土性：香港学术界的后殖民批评与香港人文化认同的再建构 [J]. 社会学研究，2005，20（4）：189－206，246.

[③] 沈本秋. 观念挑战与制度短缺：港人的国家认同建构之困——以香港国民教育问题为例 [J]. 科学社会主义，2016（5）：137－142.

[④] 强世功. 国家认同与文化政治：香港人的身份变迁与价值认同变迁 [J]. 文化纵横，2010（6）：110－115.

[⑤] 强世功. 认真对待香港本土意识 探索强化国家认同之道 [J]. 中国党政干部论坛，2014（5）：22－25.

们的观念里仅仅是一个族群身份，而不是公民身份，从而影响了他们的国家认同。①

从香港社会发展的现实角度来看，研究者认为，一部分香港民众会把对现实的诸多不满——如经济持续低迷、经济结构失衡、民生问题丛生、收入差异过大、政治生态走向撕裂分化等——情绪投射到"一国两制"与中央政府身上，从而影响民众国家认同的构建。②

概而言之，人们一般认为，香港在"人心"上的回归仍任重而道远，尚需要付出长期艰苦的努力，而其原因主要在于三个方面：其一，港英政府时期推行的无根式的、无国家化的殖民教育和港人百年来信奉的价值观在香港人的心灵价值归属与政治文化认同方面打下了深刻的印记，短时间内难以磨灭；其二，内地在新中国成立后所采取的一些错误的政策以及目前所存在的一些社会弊端被过分夸大甚至扭曲，导致香港人对内地制度甚至内地人产生排斥，也成为香港人构建国家认同的心理障碍。③ 其三，近些年来香港发展陷入困境，而内地逐渐发展成为世界第二大经济体，两相对比也造成一部分人心态的失衡，本土意识凸显，发展问题转变为社会矛盾和政治矛盾，而愤怒与失望的情绪转变为分离的倾向。此外，一些西方国家的政府机构、政治人物与非政府组织等反华势力在这一过程中也大肆地推波助澜、渗透策反，严重地影响了一部分香港人的国家认同。

可见，既有的研究大多着眼于"历史"与"存有"的角度，阐述香港国家认同的不理想状态对于"一国两制"的施行所造成的困境与阻碍，分析导致这种不理想状态的缘由，并因此提出自己的对策，这些对策有政治、经济、社会生活、教育、文化等各个方面的，对我们认识和解决问题有着巨大的参考价值。但是大多数研究者在提出对策的时候往往忽略了一个问题，即我们所处的世界是一个政治、经济、文化乃至思想广泛互联的世界，而这种广泛互联的现实以及随之而来的相关理论界说又在人们的心里留下了怎样根深蒂固、日用而不自知的观念和意识？易而言之，我们所处的这个"全球化时代"对我们所要讨论的香港国家认同与国民教育的问题产生了什么样的影响？而"全球化理论"又在哪些方面赋予或塑造了我们持有而不自觉的观念？

我们正身处一个全球化的时代，这是一个已经没有人可以否认的事实。全球化对于人类社会及精神生活的冲击是史无前例的，已经成为当今世界最为显著的

① 强世功. 认真对待香港本土意识 探索强化国家认同之道 [J]. 中国党政干部论坛, 2014 (5)：22 - 25；当然，近些年来，随着建设粤港澳大湾区战略的提出，在上述许多方面已经有了新的制度安排。
② 阎小骏. 徘徊与摇摆：香港人国家认同的集体困境 [J]. 文化纵横, 2016 (4)：70 - 76.
③ 陈丽君. 香港同胞中国国民意识变化探析 [J]. 重庆社会主义学院学报, 2014 (2)：60 - 65.

特征之一。一方面，从历史的发展过程来看，全球化是资本主义生产方式的全球扩张。马克思和恩格斯在《共产党宣言》中说："资产阶级，由于开拓了世界市场，使一切国家的生产和消费都成为世界性的了。……资产阶级还是挖掉了工业脚下的民族基础。"① 从 19 世纪中期开始，随着欧美各国工业革命的完成和资本主义大工业的兴起，便开始了经济的跨国发展和国际化趋势。到 20 世纪 80 年代，以信息技术为核心的新一轮科技革命成为经济全球化的主要推动力量，世界各国被纳入全新的国际生产分工体系，彼此间生产和经济活动密切联系，相互渗透，彼此依赖，其内容也由经济领域扩展至政治、文化等社会生活的各个角落。这是不可抗拒的历史大势。另一方面，民族国家作为全球化的产物，又是全球化进程的最大推动者与参与者，在全球化浪潮中也遭受到了最大的冲击。全球化的一个根本特点就是超越民族和国家的界限，而民族国家的特性就在于维护、坚持这一界限。这个超越与维护、坚持的矛盾始终贯穿于现代生活之中。② 在这一过程中，许多西方学者向传统国家理论提出了挑战，他们认为，"主权消亡是一种铁定趋势"，国际政治的"后威斯特伐利亚"时代已经来临，"在全球性时代，国家主权只有通过放弃国家主权才能实现"。③ 他们一方面对传统国家理论的核心概念如主权、边界、国家利益、民族国家认同等提出质疑，否定"国家中心主义"，进而认为随着全球化的发展，民族国家将不再是国际政治经济关系的基本单元；另一方面则在理论上建构与传统国家理论相对应的概念体系，如全球社会（Global Society）、一体化（Integration）、超国家体系（Superstate System）等，认为大量增长的跨国关系使各国政府都无法单独地进行有效控制，传统的国际关系（International Relation）向跨国关系（Transnational Relation）转换，并最终将形成一体化的国际社会。④ 在这种观点的加持下，人们自然对传统的"国民教育"也产生了疑问，即国民教育还有没有存在的必要？

具体到实践中，这种疑问在以下两个方面产生了巨大的影响：

第一，全球化超越民族国家的界限，民族性的国家教育体系的基础将不复存在，传统将会消失，政府也不再控制其教育体系，教育的目的仅仅是"在全球竞争条件下满足经济发展的需求"。这是后现代主义者和新自由主义者的观点。事实上，在民族国家形成的过程中，形成公民群体和民族认同是教育的主要功能之一，"国家课程仍倾向于大力强调民族国家、语言和文化，历史被用来普及国家

① 马克思恩格斯选集：第 1 卷 [M]. 北京：人民出版社，1972：254.
② 王锐生. 关于经济全球化与民族国家意识的矛盾 [J]. 哲学研究，1999（7）：5–11.
③ 徐蓝. 经济全球化与民族国家的主权保护 [J]. 世界历史，2007（2）：17–25.
④ 对于类似"民族国家终结论"的分析与驳斥在 2000 年前后已有许多，本文不再赘述。

神话和促进民族认同，公民和道德教育被用来灌输民族价值观和良好公民的观念"①，教育是民族国家形成的最有效的工具；而在面对全球化浪潮以及异质多元流变的社会现实时，民族形成的功能便过渡到"社会凝聚"的考量，而民族国家的"中央政府通过新形式的缔约管理，运用目标设定、质量控制和以绩效为本给予资助的整个机构，极大地加强了对教育、健康等领域的控制"②，通过教育，增进学生的道德理解力，通过欣赏民族传统、理解国家目标和公民的意义，来提高社会的凝聚力。显然，全球化并未从根本上改变民族国家的主权，民族国家没有终结，国家主权没有过时，而国民教育也依然是凝聚社会共识、推动社会发展和现代化建设的基石。从这个角度来看，2010 年香港特区政府提出增设国民教育及德育课程为中小学必修课，却在遭到反对派极力反对之后随即退让，无限期地搁置国民教育课程，这无疑是放弃了政府的权力和责任。

第二，在教育目标上强调对"世界公民"的培养。应该说，"世界公民"不是一个新鲜概念。卢梭在青年时写作的一个关于普世历史的文本中，就曾提出："我们所有人都是兄弟，我们的邻居对于我们而言像我们自己一样珍贵。著名的费奈隆说过，我热爱人类甚于我的祖国，我的祖国甚于我的家庭，我的家庭甚于我自己。如此充满人性的感情应当是所有人共有的。"③ 他将人的关切依次排列为人类、祖国、家庭和自我。卢梭认可人类普遍意志（即自然法）的存在，但是他也认为，共同体是个体利益和幸福的来源，是个体存在的保障，也就是说，个体只有在共同体当中才能获得有意义和秩序的存在。而世界性的人类不过是一种观念，并不指涉任何实质性的纽带，"我们根据我们的个别社会来理解普遍社会，小共和国的建立让我们设想大共和国，我们只有在成为公民之后才开始在严格意义上成为人。因此，我们看到应该如何看待那些自称为世界主义者的人，他们以对人类的爱来辩护他们对祖国的爱，自吹热爱全人类，为的是有权利谁也不爱"④。2016 年，英国前首相特蕾莎·梅在其所在的保守党大会上说："如果你相信你是一个世界公民，那你就不属于任何地方。"也赤裸裸地扒下了所谓"世界公民"的面纱。

对"世界公民"多有反思，但"世界公民"的想象却已然深刻地嵌入教育与生活的实践当中。2004 年 6 月 7 日，香港一些学者和专业人士联署发表《捍

① 安迪·格林. 教育、全球化与民族国家 [M]. 朱旭东，徐卫红，等，译. 北京：教育科学出版社，2004：10.
② 安迪·格林. 教育、全球化与民族国家 [M]. 朱旭东，徐卫红，等，译. 北京：教育科学出版社，2004：9.
③ 转引自崇明. 卢梭思想中的世界主义和普遍意志 [J]. 中国人民大学学报，2011，25（4）：60 - 68.
④ 转引自崇明. 卢梭思想中的世界主义和普遍意志 [J]. 中国人民大学学报，2011，25（4）：60 - 68.

卫香港价值宣言》，捍卫"港人引以为豪，也与全球现代化文明接轨的一些体现香港优势的核心价值，它们包括：自由民主、人权法治、公平公义、和平仁爱、诚信透明、多元包容、尊重个人、恪守专业"，爱国主义作为每一个国家国民教育当中的核心思想，在香港社会的"核心价值观"中却未能得到体现，这引起了莫大争议，《文汇报》当时拒绝刊登宣言，《大公报》则以《"一国两制"是香港核心价值》为题，提出"其他普遍的价值只有放到一定的历史条件或特定的环境中去，才能真正显示出其不可取代的价值"。显然，撇开民族国家而去奢谈"世界公民"和"普世价值"，只是一个虚妄的想象和理想中的情怀而已。在现代社会及可见的将来，公民必然是一国的公民，虚妄的"世界公民"是不存在的，而增进个体对国家的政治、历史、文化与国情的了解，培育个体对国家的忠诚和信仰，培育作为集体成员的认同感和自豪感，也本是公民教育的应有之义。

三

在港英时代，没有真正的公民教育。1972 年 9 月 30 日，港英政府出台《教育条例》，明令禁止师生在校内使用"祖国""民族""国籍"等词语，可见，港人没有真正的"国民"身份，只是"港英臣民"或者"二等公民"；"严禁涉及谈论政治"和"取消国家与民族叙说"是其子民教育的基本导向，其教育机构常向学生灌输"世界公民"的理念，其实是推行"去中国化"的、"无根式"的子民教育的一种策略而已：借"世界公民"的理念，去除港人身上传统的中国文化与民族特征，使其形成独特的、区别于传统中国人以及新中国成立后的"新中国人"的身份特征及认同，从而消弭殖民统治与民族主义之间的冲突，并将其转换为香港—内地、香港人—中国人之间的矛盾与区隔。

事实上，"世界上没有任何国家愿意放弃自己的民族国家特性。尽管有些掌握文化霸权的西方国家鼓吹所谓'世界公民'，实际上他们对'世界公民'的描述都带有自己国家的文化特质。法国不愿意承认美国的'好莱坞'是普遍的或世界性的；美国不仅有人怀疑'旧欧洲'的价值，而且更有人担心拉丁裔人数的增长和西班牙语的扩散影响美国的特性；加拿大害怕自己被美国的文化淹没……"[1] 因此，祛除上述两种观点与理念上的迷思，我们可以确定：

其一，推行国民教育，培养港人对祖国的认同与情感，是香港特区政府当仁

---

[1] 韩震. 全球化时代的公民教育与国家认同及文化认同 [J]. 社会科学战线，2010（5）：221–228.

不让且不可推辞之责任。《中华人民共和国香港特别行政区基本法》第一百三十六条规定："香港特别行政区政府在原有教育制度的基础上，自行制定有关教育的发展和改进的政策，包括教育体制和管理、教学语言、经费分配、考试制度、学位制度和承认学历等政策。"可见，在"一国两制"制度下，香港特区政府在制定教育政策等方面具有关键的主导作用，这种主导地位与作用不能让渡给其他组织和个人，而必须由政府自身承担起来。

其二，国民教育是一切教育的核心问题。推行国民教育，引导人们树立正确的宪制观念与国家观念，引导与教育人们成为有用的国家公民：具有关于国家的任务的知识；具有为国家服务的能力；具有热爱祖国、愿意效力于国家的品质。这是德国教育家凯兴斯泰纳的观点，事实上也是一切国家国民教育的最终目标。

在这一基础上，我们方可对香港的国民教育进行深刻而理性的反思、改革和创新，有序推进，并最终逐步建立起适合香港地区情况、具有独特个性的国民教育体系。

（一）高举爱国旗帜，培养国民认同

台湾学者江宜桦等认为："国家认同指一种主观意识与态度，是国家历史发展和个体社会化过程的结果，主要指公民在心理上认为自己归属国家这一政治共同体，心理上承认自己具有该国成员的身份资格，由此产生的凝聚情感使公民愿意积极为共同生活效力，而且在共同体有危难时愿意牺牲自我。"[①] 国民对国家的认同感是民族国家立足于世界的重要基础，这种认同是将国家共同体内不同的个人团结起来的内在凝聚力；爱国主义是每一个民族国家都秉持的基本价值，而国民教育是培育年青一代的国家情感和文化认同感的基本途径，爱国主义理应是其永恒的主题。香港的命运同祖国内地紧密相连，改革、创新香港国民教育体系，对于香港的繁荣稳定，对于香港和内地融合发展，对于中华民族的伟大复兴都具有无比重大的战略意义。这是政府的重要职责，不可推卸。

（二）准确理解"一国两制"，促进国家认同

对"一国两制"存在着模糊认识和狭隘理解，是香港国民教育出现问题的深层次根源之一。[②] 如根据香港警方公布的数据，在修例风波中共有 8 001 名违法人员被捕，其中学生 3 286 名，占被捕者总数的 41%，学生中六成是大学生，

① 江宜桦，李强. 华人世界的现代国家结构 [M]. 台北：商周出版社，2003：132.
② 吴鹏. 香港推行国民教育的路径分析 [J]. 国家行政学院学报，2017（4）：45-49，145.

四成是中学生。① 其深层次原因，就在于香港部分师生对于国家制度和民族文化缺乏认同，片面理解"一国两制"，片面强调"两制"而有意忽略甚至抹杀"一国"的前提。

2015 年 12 月 23 日，习近平总书记在会见进京述职的香港前特区行政长官梁振英时强调，中央政府贯彻"一国两制"方针是坚定不移的，也是毫不动摇的；并希望香港特区政府和香港社会全面准确理解"一国两制"的基本国策和贯彻落实香港基本法，确保"一国两制"的实践在香港不走样、不变形，香港特区政府和社会各界要紧紧依靠广大香港同胞，使"一国两制"朝着正确方向发展。因此，推行国民教育，就要全面准确地理解"一国两制"的深刻意涵。一方面，要充分认识到，"一国两制"，意味着主权高于治权。"一国"是前提，是底线。一国容纳两制，不同地区，不同制度，不同意识形态，都不改变同属一国的事实；"一国两制"的运行必须在呵护国家安全和国家发展利益的区间之内。另一方面，也要充分尊重"两制"的现实，要以濡染的方式而不是灌输的方式来有序地推进国民教育，提高青年人的国家认同感和归属感，这就要求国民教育不能仅仅局限于大中小学的校园内部，而是要以一种春雨润物的方式逐渐渗透到人们生活的方方面面。

（三）关注青年人的现实关切，高效务实地推进国民教育

江宜桦在《自由主义、民族主义与国家认同》一书中指出，国家认同是一个含有多重意义的体系，大致可以分为三类："族群血缘关系""历史文化传统"与"政治社会经济体制"，即国家认同可逐渐递进为"族群认同""文化认同"与"制度认同"三个层次。在他看来，所谓国家认同，就是"一个人确认自己属于哪个国家，以及这个国家究竟是怎样一个国家的心理活动"。②

但于个人而言，生存于一个集体或国家内部，首要关切的必然是个人"本体性的安全"，也就是作为国家普通成员在国家生活中维持生存与发展的底线。③在一个稳定且熟悉的社会结构里，人们形成对集体、国家的认同往往是一件自然而然的事情；但是在汹涌而至的全球化浪潮中，现代信息技术的发展极大地延展了人们生活、思想以及接受信息的空间边界，在一定程度上，"怎样形成国家认同"问题变成了"国家认同何以可能"的问题，"怎么做"的问题变成了"为什么做"的问题。阶层固化、经济单一、住房民生艰难、两极分化严重等问题一直

---

① 张盼. 香港的教育，病得不轻［N］. 人民日报（海外版），2020 - 05 - 18.
② 江宜桦. 自由主义、民族主义与国家认同［M］. 台北：扬智文化事业股份有限公司，1998.
③ 金太军，姚虎. 国家认同：全球化视野下的结构性分析［J］. 中国社会科学，2014（6）：4 - 23.

困扰着香港社会，青年人的发展空间受限更是不争的事实。因此，推行国民教育，培养国家认同，首要的便是要让人们看到维护自身利益的可能，看到自身发展的希望。因此可以说，"香港青年人的国家认同背后隐藏的是复杂的经济和民生等本地治理问题，并非根深蒂固的价值性和政治性矛盾。换言之，一旦香港特区政府的治理能力得到改善，经济民生问题得到纾解，香港青年人拥有更多发展机会，与内地有更多互动，那么，他们对国家的认同也将随之有明显改善"①。

近几年的疫情对于香港的经济以及青年人的就业有着巨大的影响，"根据香港教资会公布的数据，香港8所公立大学毕业生2020年失业率达2.9%，也是11年来的新高"②。推行国民教育，应该建立在认识历史、了解国情、融入国家发展的基础上，"应该把对香港青年的爱国主义教育，与帮助他们融入粤港澳大湾区建设结合起来"③，应该把推行国民教育，与进一步深化粤港澳三地经济社会合作、充分融入国家发展战略结合起来。因此，推动香港青年人到大湾区就业创业，在社会民生、人文交流、科教创新、环境保护等领域加强与内地的交流合作，在政策、资金以及办事流程上切实为香港青年人服务，解决他们学业、就业、创业、生活等方面的实际问题，鼓励其在彼此交往中弥合并消除误解，在交往中逐渐形成对祖国的正确认识与情感。

（四）以立法保证，加强国史教育，促进国家认同

学校是国民教育的基地。回归以来，香港推行国民教育已经暴露了许多问题，如对国民教育投入不足，历来的课程文件体现出的偏"文化中国"而去"政治中国"的倾向，教师内部的良莠不齐，教材标准不一，等等。人们也在理论上和实践中提出了种种改革或改进的建议。然而，除了所有针对这些问题的具体解决方案之外，还有两个方面需要特别加以关注。

第一，应该以立法的形式保证国民教育在各级各类学校的推行及其标准的统一。

香港教育系统异常复杂而松散。根据香港教育局的统计分类，香港的中小学校分为官立学校（政府出资）、津贴/资助学校（宗教团体、商会、宗亲会资助）、直资学校（即直接资助计划学校，政府部分资助）、私立学校（办学团体自营）、国际学校5类。在全港上千所中小学校中，仅有大约6%属于官立学校。其中，官立学校和津贴学校的日常运转是由政府财政全额供养的，私立学校和国

① 夏瑛. 港澳青年的国家认同：趋势、现状和成因［J］. 当代港澳研究，2019（2）.
② 区宗汉. 新阶段下可以实现什么样的人心回归［J］. 紫荆论坛，2022（3-4）.
③ 区宗汉. 新阶段下可以实现什么样的人心回归［J］. 紫荆论坛，2022（3-4）.

际学校基本不获得政府补助，直资学校则既能获得不低于同规模的津贴学校补助的中位数，也可以收取一定的学费。"2000 年香港地区推行'校本管理'方针后按照'谁出资，谁掌握更多管理权'的原则，是否设立国民教育必修课的主动权更多时候掌握在学校手中。设立国民教育作为必修课的政策主张，在没有相关法案保障的情况下，即使在政府教育局推动下仍然难以实现，像升国旗、唱国歌这些基本的国民教育形式在大多数香港的中小学校园中也很少出现。"① 这显然是一种不正常的现象。因此，香港特区政府应当以立法的形式保证国民教育在各级各类学校的推行及其标准的统一。针对各类学校出资情况的不同，则可以采取统一标准与"校本决策"相结合的办法，在符合课程标准的前提下，经向教育局备案，学校可以进行国民教育课程的校本化整合及改造，可以自主地探索和实施符合学校实际情况的教学模式和授课方式。

应该以立法的形式保证中国历史尤其是中国近代史独立成科，成为中学阶段的必修科目。

误解往往来自不了解。在任何国家，国史教育总是占据着国民教育的中心，亦最能体现与发挥国民教育的价值。真正重视历史教育，改进与提高中国历史科在现行学校课程体系中的设置，无疑是培养青年人国家认同的重要途径和保障。

中国历史科在 20 世纪 60 年代就以独立的形式在香港地区的主流中学出现②，当时，在中一至中三为必修科，在中四及以后为选修科，但并不受重视。回归后，特区政府进行教育改革，香港课程发展议会将中小学课程划分为 8 大学习领域，中国历史科被包括在"个人、社会及人文教育学习领域"内，几乎废掉了中国历史科；到 2000 年，香港课程发展议会宣布，中国历史科在新课程体系中有 4 个选择：作为一门独立科目；作为"个人、社会及人文教育学习领域"之一科目；学校自设课程；中国历史科与世界历史科合并为"新历史"科。其后，课程发展议会与香港考试局（现更名为香港考试及评核局）又先后在 2004 年推出中国历史科新中学会考课程及在 2009 年推出新高中中国历史科课程。混乱的政策下，"2012—2013 学年，有 23.4% 的初中不设独立成科的中史科；2013—2014 学年，在初中阶段没把中史科列为独立必修科的百分比为 17%"③，而高中选修中国历史科的人数也逐渐递减。显然，在主流中学之外的其他类别中学，情况只会更糟糕。而直到今天，中国历史科在香港学校课程体系中的地位仍未有太大改变（见图1）。

---

① 刘思聪. "一国两制"视域下香港市民国家认同研究［D］. 广州：华南理工大学，2017.

② 主流中学指官立中学、资助中学及直接资助计划中学。

③ 何汉权. 危机与出路：香港中学中国历史科之探讨［J］. 港澳研究，2014（4）：74 - 83，96.

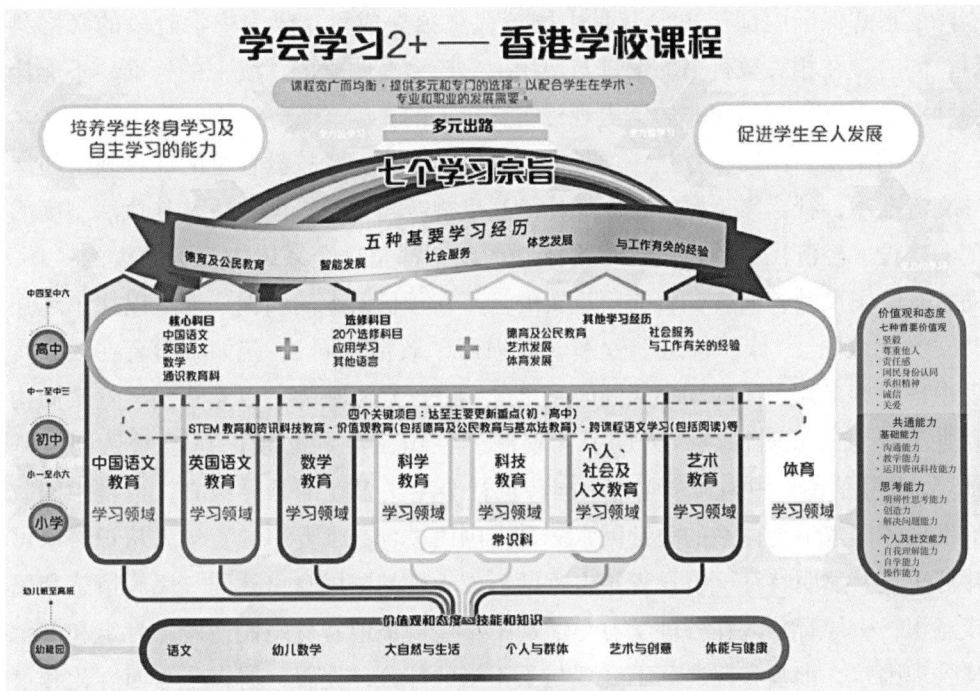

图1　香港学校课程架构

资料来源：香港特别行政区教育局官网，https://www.edb.gov.hk/sc/curriculum - development/renewal/framework.html。

中国历史科在香港中学课程体系中尴尬的地位，中国历史教育在各级各类学校中混乱的现状，无疑也要为香港诸多乱象的产生负上很大一部分责任。在这一方面，澳门无疑走在了香港的前面。2006 年澳门通过了非高等教育制度纲要法，2014 年澳门经济社会发展报告把"爱国爱澳"明确写进了澳门非高等教育制度纲要法。澳门把中国历史科独立成科，法令明文规定初高中学校必须开设中国历史科课程。澳门前特首崔世安曾在 2016 年的施政报告答问大会上，宣布澳门中学生将于 2019—2020 年度，全面使用由澳门教育青年局与人民教育出版社共同编写的中史科专用教材。[①] 而中国历史科在港澳两地不同的境遇也带来了不同的结果，这在有关两地青年国家认同感的调查中得到充分体现。调查显示，香港青少年的国家认同程度低于澳门青少年，"澳门青少年的爱国程度和国家认同综合得分相对高于香港青少年，香港青少年的国家认同程度处于'中等'水平，而澳门青少年的国家认同处于'中等偏上'水平"。[②] 因此，香港特区政府应该以

---

① 贺金林，张胜男. 港澳中学生国家认同与中国历史科课程设置 [J]. 青年记者，2018 (35): 127 - 128.

② 涂敏霞，王建佶，萧婉玲，等. 港澳青少年国家认同研究 [J]. 青年探索，2014 (2): 27 - 33.

立法的形式保证中国历史尤其是中国近代史独立成科，成为中学阶段的必修科目；同时，在相关教科书的编排与使用上，应该有明确的、统一的标准，不能让各种混乱不堪、似是而非的历史观侵害青年人的头脑。

总的来说，国民教育是一项长期的系统性工程，学校教育里的课程教学与课外交流活动，社会舆论媒体及新媒体的适度规范与运用，国安法及其执法制度的配套建设，经济民生的改进，政治体制的改革都是这个系统中不可缺失的一环。而就香港国民教育而言，目前很重要的一点在于价值上的纠偏，即从以往单纯强调"文化认同""族群认同"逐渐转向强调"政治认同"。就如有学者在谈到实现中华民族多元一体的国家认同时指出的，我国建党在先、以党建国、党政同构和党国同构的鲜明特点，决定了实现制度性国家认同必须以执政党认同为基础。[1] 也就是说，中国共产党是中国特色社会主义事业的领导核心，也是中国政治发展和国家治理体系的关键因素。香港国民教育必须要引导青年人认识、认可并尊重这一显明特征，引导青年人逐渐形成正确的国民身份认同、民族情感和民族意识，引导青年人在各种学习与活动中学会辩证地看待殖民遗产，肯定和继承其合理因素，批判和改造其不合理与不正当的部分，克服、摒弃全盘西方化和过度本土化的不良倾向；辩证地看待当前祖国内地与香港地区的发展状况及其存在的问题，为祖国建设所取得的伟大成就而自豪，为身为中国人而自豪，面对种种不如人意的问题与状况时也能理性地参与讨论，以个人合理的行动加以改进，培养"中国地域内的问题要由全体中国人来解决"的自觉；辩证地看待个人的发展和利益与国家发展大局之间相互依存的关系，把个人价值的实现融入国家的发展战略和大局中。

作者简介：李朝晖，暨南大学高教研究与评估中心副研究员。

---

① 欧阳景根. 社会主义多民族国家制度性国家认同的实现机制 [J]. 浙江社会科学，2011（5）：42 - 48，154，156.

粤港澳大湾区背景下港澳青年跨境就业发展状况研究

雷　丹

摘要： 粤港澳大湾区建设作为国家战略，为港澳青年来内地创业就业发展带来了重大的时代机遇。本文以粤港澳大湾区的整体战略布局为背景，系统梳理了国家层面、省级层面、港澳及大湾区九市层面等各级各地政府支持港澳青年就业的相关政策，同时对工作成效进行了整理，并从政府政策维度、港澳青年自身维度及社会影响因素维度三大方面分析了目前港澳青年跨境就业面临的问题和困难，进一步提出了促进港澳青年跨境就业的思考与建议。

关键词： 港澳青年　跨境就业　政策文本

港澳青年群体是促进港澳与内地协同发展、加快港澳融入国家发展大局的重要力量之一。① 港澳青年跨境发展受到了党和国家的高度重视。2017 年 7 月 1 日，习近平总书记出席庆祝香港回归祖国 20 周年大会暨香港特别行政区第五届政府就职典礼时专门讲道："中央有关部门还将积极研究出台便利香港同胞在内地学习、就业、生活的具体措施，为香港同胞到广阔的祖国内地发展提供更多机会，使大家能够在服务国家的同时实现自身更好发展，创造更加美好的生活。"会上签署了《深化粤港澳合作　推进大湾区建设框架协议》。该协议明确指出，鼓励港澳人员赴粤投资及创业就业，为港澳居民发展提供更多机遇，并为港澳居民在内地生活提供更加便利的条件。2018 年 11 月，习近平总书记在会见港澳各界庆祝改革开放 40 周年访问团时指出："港澳青年发展得好，香港、澳门就会发展得好，国家就会发展得好。要为港澳青年发展多搭台、多搭梯，帮助青年解决在学业、就业、创业等方面遇到的实际困难和问题，创造有利于青年成就人生梦想的社会环境。"党的十九大报告也指出："支持香港、澳门融入国家发展大局，制定完善便利香港、澳门居民在内地发展的政策措施。"粤港澳大湾区建设作为国家战略，为港澳青年来内地创业就业发展带来了重大的时代机遇。

---

① 葛志专，白国强，巫细波. 大湾区建设视角下港澳青年到内地创新创业面临问题及对策建议［J］. 青少年学刊，2021（1）：43－47，24.

一、粤港澳大湾区背景下港澳青年跨境就业政策现状

粤港澳大湾区的港澳青年跨境就业政策，是推动大湾区内青年交流融合的重要制度建构，对深入推进粤港澳大湾区建设，增强港澳青年的国家认同以及铸牢中华民族共同体具有重要意义。① 本文以粤港澳大湾区的整体战略布局为背景，系统梳理了国家层面、省级层面、港澳及大湾区九市层面等各级各地政府支持港澳青年就业的相关政策。结合收集的政策文件，本文从就业扶持政策的现状、就业生态环境的改善、就业合作机制的形成等各个方面对政策文本进行了总结分析。

（一）港澳青年跨境就业扶持政策渐成体系

1. 解决了港澳青年就业的痛点和难点，打通就业关键环节

取消港澳人员内地就业证、发放港澳居民居住证等政策从根本上解决了港澳青年反映内地就业突出的痛点难点问题。2018 年，国务院印发《关于取消一批行政许可事项的决定》（国发〔2018〕28 号），港澳台人员在内地就业不再需要办理专门的许可证。同年 8 月，国务院办公厅印发《港澳台居民居住证申领发放办法》（国办发〔2018〕81 号），持证的港澳台居民在居住地依法享受劳动就业，参加社会保险，缴存、提取和使用住房公积金等 3 项权利。人力资源社会保障部印发《关于香港澳门台湾居民在内地（大陆）就业有关事项的通知》（人社部发〔2018〕53 号），进一步明确和规范了港澳人员办理社会保险的有关规定，并将港澳台人员纳入当地就业创业管理服务体系。2019 年，人力资源社会保障部、教育部、公安部、财政部、中国人民银行印发《关于做好当前形势下高校毕业生就业创业工作的通知》（人社部发〔2019〕72 号），将留学归国人员、港澳台青年全面纳入公共就业人才服务体系，同等提供就业创业服务，切实有效提高了港澳青年在内地就业的社会保障范围和力度。广东省人民政府印发《关于贯彻落实〈粤港澳大湾区发展规划纲要〉的实施意见》，完善取消港澳居民来粤就业许可制度配套政策措施。随着粤港澳大湾区建设的推进，港澳青年融入粤港澳大湾区发展的政策红利逐步释放。

2. 聚焦港澳青年就业的堵点和盲点，破除就业制度障碍

推进港澳居民依法报考内地公务员、推动三地人员跨境执业及粤港澳大湾区

---

① 陈铀，吴伟东. 港澳青年跨境就业创业政策研究：基于广州、深圳、珠海的政策对比分析［J］. 青年探索，2021（2）：89－101.

职称评价和职业资格认可，这意味着湾区建设由政策开放走向制度开放，有利于港澳青年融入湾区发展。

一是报考内地公务员。广东省人民政府《关于贯彻落实〈粤港澳大湾区发展规划纲要〉的实施意见》提出，制定港澳居民中的中国公民参加大湾区内地事业单位公开招聘实施办法，建立以直接考核方式招聘高层次急需紧缺人才的"绿色通道"，推进港澳居民中的中国公民依法报考内地公务员工作。2020 年，广东省人力资源和社会保障厅印发《粤港澳大湾区（内地）事业单位公开招聘港澳居民管理办法（试行）》（粤人社规〔2020〕7 号），明确了港澳居民参加粤港澳大湾区（内地）事业单位公开招聘应具备的具体条件。随后，深圳市人力资源和社会保障局发布《深圳市服务"双区"建设专项招录公务员公告》，首次开放 5 个职位定向选拔港澳优秀应届毕业生。

二是推进跨境执业资格互认和职称评价体系构建。2021 年，《中华人民共和国国民经济和社会发展第十四个五年规划和 2035 年远景目标纲要》指出，扩大内地与港澳专业资格互认范围，深入推进重点领域规则衔接、机制对接，便利港澳青年到大湾区内地城市就学就业创业。早在 2019 年，广东省人力资源和社会保障厅印发《关于推进粤港澳大湾区职称评价和职业资格认可的实施方案》（粤人社规〔2019〕38 号），提出构建全面开放的粤港澳大湾区职称评价体系、推进粤港澳大湾区各领域职业资格认可，促进粤港澳大湾区人才自由流动。2019 年，《澳门特别行政区五年发展规划（2016—2020 年）》中提出，扩大内地与港澳事业资格互认范围，共同拓展"一试三证"范围，推动内地与港澳人员跨境便利执业。2021 年，《澳门特别行政区经济和社会发展第二个五年规划（2021—2025年）》提出，加强与大湾区城市在职业技能认定方面的合作，在现有项目基础上拓展更多元及更高级别的"一试多证"考证课程及技能测试。2021 年，广东省自然资源厅发布《关于港澳籍注册城市规划专业人士在广东省执业备案有关事项的通知》，明确提出经备案登记的港澳注册城市规划师，可在广东省内提供规划专业服务。广东省司法厅印发了《关于香港法律执业者和澳门执业律师在粤港澳大湾区内地九市执业管理试行办法》的通知，获准执业的粤港澳大湾区律师可以在粤港澳大湾区内地九市内，办理适用内地法律的部分民商事诉讼案件。珠海横琴、深圳前海和广州南沙三大自贸区就港澳涉税专业人士执业、建筑和交通工程专业港澳人才职称评价等相关规定进行了细化，为港澳青年来粤就业提供了制度保障。2021 年 11 月，广州市南沙区出台了首部关于港澳专业人才在内地申报职称的规范性文件，突破了内地与港澳地区在人才评价方面的相关技术壁垒，在制度方面具有开创意义。深圳市前海全面放宽了港澳涉税专业人士执业要求，取得香港税务师或澳门会计师资格的港澳永久性居民，只需办理执业登记即可免试在前海跨境执业。①

3. 跟进港澳青年就业的重点和发力点，多维度加大就业扶持力度

从财政资金支持、就业补贴、技能培训、岗位开发等各方面加大就业扶持力度，鼓励港澳青年到大湾区就业发展。如人力资源社会保障部、财政部、国家税务总局、国务院港澳事务办公室联合印发《关于支持港澳青年在粤港澳大湾区就业创业的实施意见》，为有培训需求的港澳青年提供高质量技能培训，针对港澳青年需求开展精细化职业指导，给予港澳青年用人单位见习补贴等。在 2021 年出台的 3.0 版"促进就业九条"中，广东省政府增加财政支持力度，明确提出支持开展"大湾区青年就业计划"，对参加人员提供生活津贴。香港特区政府提出会提供工资补贴，由香港科技公司招聘员工在大湾区内地城市工作。深圳市罗湖区人民政府办公室印发《深港口岸经济带罗湖先行区支持港澳专业人才创业就业发展及配套服务实施方案（试行）》，明确对符合条件的港澳学生及接收企业，按照有关政策予以补贴。深圳市前海管理局出台《关于支持港澳青年在前海发展的若干措施》及实施细则，对港澳青年到前海就业创业配套全面扶持政策。广州市南沙区《关于印发广州南沙新区（自贸片区）鼓励支持港澳青年创新创业实施细则（试行）的通知》，为港澳青年赴南沙区求职和就业提供相应的奖励。珠海市人社局、财政局印发《支持港澳青年来珠就业（创业）和技能培训（训练）若干政策措施》，为港澳青年到珠海实习、就业等，分别制定了不同的补贴标准和支持方式，支持港澳青年、大学生来珠开展职业训练、就业技能实践活动等。

4. 结合港澳青年的关注点，出台各具特色的地方优惠举措

各地结合港澳青年实际出台地方性政策，优化就业环境。如广州市制订《发挥广州国家中心城市优势作用支持港澳青年来穗发展行动计划》，是大湾区内地城市首个支持港澳青年发展的综合性政策文件。深圳市发布《关于进一步便利港澳居民在深发展的若干措施》，对港澳青年到深圳就业提供配套扶持政策，鼓励深圳企业接收港澳学生来深实习见习就业，对符合条件的港澳学生及接收企业，按照有关政策予以补贴，允许首次在深就业并符合条件的港澳居民，按照有关人才政策，享受相应待遇等。珠海市出台《支持港澳青年来珠就业（创业）和技能培训（训练）若干政策措施》，支持港澳青年来珠参加就业技能培训、就业技能实践活动等，并给予来珠就业实习的港澳青年补贴。广州市黄埔区出台《支持港澳青年创新创业实施细则》，明确了在实习支持与奖励、求职补贴及就业奖励等方面对港澳青年及用人单位的支持力度。

---

① 唐子渼，昌道励，曾美玲. 湾区正扬帆　奋楫新征程［EB/OL］.［2022 - 02 - 18］. http://www.cnbayarea. org. cn/news/focus/content/post_697083. html.

5．挖掘港澳青年跨境就业需求，强化就业招聘计划

粤港澳各地根据港澳青年发展需求，开展针对性较强的招聘计划。如广东省人民政府港澳事务办公室与香港特区政府民政事务局共同举办的"粤港暑期实习计划"在 2018 年更名为"粤港澳大湾区香港青年实习计划"，为帮助香港青年融入内地发展提供了良好平台。香港特区政府推出"大湾区青年就业计划"，鼓励在香港及大湾区有业务的企业，聘请及派驻本地大学或大专院校毕业生到大湾区内地城市工作，并为香港青年及企业提供资金支持和工作培训服务等。珠海市出台《支持港澳青年来珠就业（创业）和技能培训（训练）若干政策措施》，鼓励本市企业赴港澳高校举办招聘活动。广州白云区实施"优职英才"港澳大学生长期实习计划，支持港澳大学生来白云实习。深圳前海实施"前海港澳青年招聘计划"，按月度为港澳青年提供工作岗位，通过市场化手段搭建针对性较强的"港澳青年就业市场平台"。深圳前海管理局还推出招聘专属平台、春秋季校园招聘活动、港澳青年导师计划、港澳青年职业能力提升训练营、面试日增值培训计划、港澳青年就业法律支持计划等，不断丰富"前海港澳青年招聘计划"内容。

（二）港澳青年跨境就业生态进一步改善

1．建立灵活多样的引才方式，人才发展环境不断完善

广东省持续推进"广东特支计划""扬帆计划"等重大人才工程，调整升级"珠江人才计划"，创新"港澳平台、内地工作"引才新模式，吸引海内外高层次人才来粤就业。实施粤港澳人才合作示范区人才管理改革，探索设立港澳专业人才评审组。全面实施人才"优粤卡"政策和外国人才签证制，实施"海外专家来粤短期工作资助计划""海外青年人才引进计划"，对海外专家、外籍（境外）和有留学经历的博士毕业生给予最高达 60 万元的补贴。此外，为支持大湾区人才发展，各地市均对在当市工作的境外高端人才和紧缺人才，给予个人所得税优惠减免，建立灵活多样的引才方式。如深圳前海实行外国高端人才"一卡通"服务；肇庆市推进"西江人才计划"，实施"人才绿卡"政策；江门市推进"湾区人才"工程，开通引才"绿色通道"，允许事业单位按规定以直接考核的方式招聘急需引进的高层次、短缺专业人才；佛山市南海区发布"南海鲲鹏人才计划"，大力支持人才与创新创业团队发展。

2．就业配套服务不断优化，公共服务保障性措施不断加强

一是通过畅通失业登记、关注岗位需求、搭建招聘对接平台等方面优化港澳青年的就业服务，为港澳青年求职提供便利。如人力资源社会保障部等四部门联合印发的《关于支持港澳青年在粤港澳大湾区就业创业的实施意见》，允许在粤港澳大湾区就业后失业的港澳青年，参照内地劳动者在常住地、就业地、参保地进行失业登记，享受政策咨询、职业指导、职业介绍等服务。广东省大力推进"湾区社保通"工程，努力实现公共服务资源的共享优化和跨区配置，并取得积极成效，港澳居民在粤参保人数不断上升。广州市依托中国南方人才市场，统筹对接广州市就业创业公共服务资源，搭建港澳人才就业创业服务平台。

二是在医疗服务、交通补贴、配偶工作和住房保障等方面提供丰富的公共服务保障性措施。例如，关于住房保障，中共深圳市委办公厅、深圳市人民政府办公厅印发的《关于进一步便利港澳居民在深发展的若干措施》提出，"进一步完善来深发展的港澳人才住房保障政策"。东莞市住房和城乡建设局出台了专门的购房政策，简化港澳台居民购房相关资料要求。关于交通补贴，广州市黄埔区印发支持港澳青年创新创业实施细则，明确了在黄埔区就业的港澳青年每月可获得相应的交通补助及租金补贴等。关于医疗服务和子女入学，深圳市人民政府、深圳市罗湖区、广州市南沙区等地方政府，均出台相关政策提出优化港澳专业人才子女入学政策，为其提供优先预约就医服务等，以吸纳港澳人才。

三是根据《香港澳门台湾居民在内地（大陆）参加社会保险暂行办法》（中华人民共和国人力资源和社会保障部国家医疗保障局第41号令），在内地（大陆）依法注册或者登记的企业、事业单位、社会组织、有雇工的个体经济组织等用人单位（以下统称用人单位）依法聘用、招用的港澳台居民，应当依法参加职工基本养老保险、职工基本医疗保险、工伤保险、失业保险和生育保险，由用人单位和本人按照规定缴纳社会保险费。在内地（大陆）灵活就业且办理港澳台居民居住证的港澳台居民，可以按照居住地有关规定参加职工基本养老保险。

（三）粤港澳青年对接交流日益频繁，就业合作机制初步形成

1. 粤港澳三地加强对接，初步形成就业合作机制

建立了粤港澳大湾区有关城市间工作推进机制，定期与香港、澳门特区政府有关部门对接会商，推动信息共享、情况交流和工作协同。以横琴粤澳深度合作区、前海深港现代服务业合作区、南沙粤港澳全面合作示范区等重大合作平台为重点，不断健全粤港澳共商共建共管共享的新体制，积极推动构建粤港澳青年就业合作机制。2021年，横琴粤澳深度合作区管理机构揭牌，粤澳双方联合组建合作区管理委员会，在职权范围内统筹决定合作区的重大规划、重大政策、重大项目和重要人事任免，并下设执行委员会。此外，澳门大学生建筑专业实习基地、装配式建筑人才培训基地在横琴正式挂牌成立。前海深入推进行业协会自律自治，搭建粤港澳职业共同体交流发展平台，粤港澳大湾区国际仲裁中心、国际人才服务工作站相继落户前海。另外，前海管理局建立了企业招聘联络员机制，

定期联系、走访在地企业，积极开展宣传动员，邀约发动企业提供招聘岗位，增加优质岗位供应。广州南沙粤港合作咨询委员会服务中心启用，下设青年就业创业等9个专项工作组，促进粤港之间更大范围、更加务实的合作。

2. 粤港澳三地集思聚力，陆续搭建多个行业交流和实习实践平台，推动港澳青年跨境就业

由教育部门牵头成立粤港澳大湾区职业教育产教联盟、广东省"一带一路"职业教育联盟、粤港澳高校联盟等，成为大湾区职业教育教师交流的常设平台。深圳市发起成立"粤港澳大湾区青年创新发展联盟"，开展粤港澳大湾区青年就业主题宣讲沙龙、企业直播带岗和"人才服务招聘专列"活动。广州市举办"粤港澳大湾区青年合作发展论坛"，与香港、澳门的研究机构及青少年工作机构签订粤港澳大湾区研究合作框架协议，引导粤港澳大湾区青年深度参与大湾区建设。广州南沙、深圳前海、珠海横琴三个自贸区港澳青年创新创业基地面向港澳青年学生，精心组织打造"粤港澳大湾区大学生就业实习双选会""自贸初体验""职场直通车""文体对对碰""百企千人"等各类品牌特色项目。

3. 粤港澳三地持续发力，积极开展各级各类青年交流活动，促进港澳青年跨境发展

粤港澳共同举办"粤港澳青年文化之旅""粤港澳大湾区文化艺术节"等交流活动，为三地青年深度交流交往提供广阔的舞台。香港"青年内地交流资助计划"、澳门"澳门青年学者计划"等重点项目有序推进，广东省多部门积极对接港澳社会团体，组织实施"粤港澳大湾区香港青年实习计划""粤港澳大湾区澳门青年实习计划""展翅计划"等粤港澳台青少年交流合作项目，定期举办港澳青年职业训练营、粤港澳大湾区青年创新创业交流分享会等各种活动。

二、粤港澳大湾区背景下港澳青年跨境就业工作成效

自2019年2月18日《粤港澳大湾区发展规划纲要》发布以来，粤港澳各地各部门携手同心，积极贯彻落实纲要的要求，围绕进一步优化粤港澳大湾区青年就业环境，出台了一系列政策，提出了一系列的工作举措，在鼓励和促进港澳青年跨境就业方面取得了一定成效。

（一）广东方面

广东省全力打造支持港澳青年在广东学习实习、就业创业、交流发展的各类平台和项目。截至2021年2月，在粤发展的港澳青年创业团队有近600个，从

业人员已超过 4 000 人。① 2021 年，依托"青年同心圆计划"，广东省累计开展粤港澳青年交流合作项目 117 个，覆盖超 3.6 万人次。另外，广东省积极发挥创业大赛引导作用，在广东省"众创杯"创业创新大赛、"互联网＋"大学生创业创新大赛等赛事中开设港澳赛区，以赛事为纽带吸引港澳青年携项目来粤交流发展。在跨境执业方面，广东省全力推动实施"人才通"。截至 2022 年 2 月，402 名港澳医师获得内地医师资格证，707 名港澳律师参加大湾区律师执业考试，推动金融、税务、建筑、规划及文化旅游、医疗卫生、律师、会计等 16 个领域的港澳专业人才享受跨境执业便利。② 广东省还开启了定向港澳特区选拔公务员，在医师、教师、律师等 8 个领域双向互认，2 000 多名港澳专业人士取得内地注册执业资格。据 2022 年 2 月数据显示，港澳居民在粤参加养老、失业、工伤保险累计已达 27.5 万人次，社保卡持卡人数达 19.54 万人；在横琴粤澳深度合作区，注册的澳资企业已超过 4 700 家。

以广、深、珠三地的港澳青年就业创业项目为例，近年来，深圳市人力资源和社会保障局出台了一系列政策及服务举措，聚力推动港澳青年融入粤港澳大湾区和国家发展大局。推出港澳青年同享的创业扶持政策，向在深创业的港澳青年提供最高 10 万元的一次性创业资助、最高 4.5 万元的创业场租补贴、最高 3 万元的创业带动就业补贴，以及个人最高 60 万元、企业最高 500 万元的创业担保贷款。2021 年向 389 名港澳人员发放创业扶持补贴 446.03 万元，向 72 名港澳居民发放创业担保贷款 1 677.5 万元。出台推动港澳青年创新创业基地高质量发展实施意见。打造以前海深港梦工场为龙头的"1＋10＋N"创新创业基地空间布局，全市 12 家基地共孵化港澳项目 532 个，带动港澳居民就业 924 人。将在深就业居住的港澳居民纳入社会保障制度覆盖范围，港澳居民在深参保逾 3.8 万人。2021 年，超过千名香港青年通过"大湾区青年就业计划"来到湾区城市工作，其中深圳有 689 名，占到总数的 6 成以上。③ 深圳前海深港青年梦工场累计孵化创业团队 388 个，其中港澳台及国际团队 190 个，累计融资总额超过 15 亿元。新接待港澳台参观交流青年近 6 000 人次，累计 3 万余人。各类人才培育平台和"前海港澳台青年实习（就业）服务""前海粤港澳台青年创新创业大赛"等活动成为大湾区青年自我展示的舞台，在打通港澳青年来深交流沟通渠道的同时促进了粤港澳大湾区在各领域合作的深化。在跨境执业方面，前海已累计实现

① 朱宇轩. 香港启动三项粤港澳大湾区青年发展计划 ［EB/OL］.［2021 - 02 - 26］. https://baijiahao. baidu. com/s?id = 1692764179328360257&wfr = spider&for = pc.

② 谢伟东，何静文. 我省推进粤港澳大湾区建设不断取得新成效 ［EB/OL］.［2022 - 02 - 18］. http:// www. cnbayarea. org. cn/news/focus/content/post_697161. html.

③ 张小玲. 深圳将持续深化深港澳"软联通"，实施大湾区青年就业计划 ［N］. 南方都市报，2022 - 01 - 30.

香港注册建筑师、澳门核数师等 14 类港澳专业人才仅需备案即可执业，已有 382 人完成执业登记备案。如今，深圳前海已成为越来越多港澳青年和专业人士的职业规划与发展选择。目前，前海合作区已集聚各类境外人才 6 000 余人、各类高层次人才 577 名，累计有 40 家香港工程建设领域专业机构、353 名香港专业人士在前海备案，64 位港澳涉税专业人士完成跨境执业登记办理。[①]

2022 年的广州市政府工作报告指出，过去 5 年，广州发挥国家中心城市优势用于支持港澳青年来穗发展行动计划，自"五乐计划"实施以来，已实现精准服务港澳台青年。统计数据显示，过去 3 年广州累计投入 3 亿元用于支持港澳青年来穗发展，初步形成功能完善、特色明显、成效突出的港澳青年创新创业支撑体系。出台港澳青年扶持政策、建设创新创业基地、开设港澳子女学校、为港澳青年提供人才公寓，广州市紧紧围绕"湾区所向、港澳所需、广州所能"，积极为港澳青年来穗发展提供融入式全方位服务，努力打造全国一流的港澳青年创新创业高地。[②] 广州市建立了广州科学城粤港澳青年创新创业基地、TIMETABLE 粤港澳创新创业基地、港澳青年之家寰图·办公空间等多个港澳青年创新创业基地，通过港澳实习生学习交流座谈会、港澳籍劳动人事争议仲裁员选聘、创新创业大赛等各类活动营造了适合港澳青年工作生活的氛围，成功吸引了一批港澳青年来穗就业创业，为大湾区青年的交流融合作出了重要贡献。2019 年来在广州市参与"粤港澳大湾区香港青年实习计划"的香港大学生达 300 名。广州市搭建的"港澳人才就业创业服务平台"，在 2021 年举办了近 20 场活动，岗位需求人数近 5 000 人。2021 年，广州市设立了总规模 10 亿元的港澳青年创业基金，建成港澳青年创新创业基地 46 个。

近年来，珠海市不断推进港澳青年创新创业基地建设。完善政策体系，出台实施《珠海市创业补贴办法》、"珠海英才计划"港澳人才发展支持计划等各项创新创业扶持政策，将港澳人员纳入创业担保贷款和贴息对象范围，发放各项港澳青年补贴 431.56 万元；强化住房保障，珠海市出台实施《珠海市企业新引进中高级专业技术人才、高技能人才、青年人才住房（租房和生活）补贴实施办法》，将港澳青年人才纳入珠海市人才安居政策体系，开工和续建约 1.4 万套保障性住房和人才住房；用好创新载体，获批设立国家海外人才离岸创新创业基地（珠海市横琴新区）。横琴澳门青年创业谷成为全省首批"粤澳青年创新创业基

---

① 唐子湉，昌道励，曾美玲. 湾区正扬帆 奋楫新征程［EB/OL］.［2022 - 02 - 18］. http://www. cnbayarea. org. cn/news/focus/content/post_697083. html.

② 郑雨楠，等. 港澳青年引和留：广州"双创体系"魅力大，还需破解用人壁垒［N］. 南方都市报，2022 - 01 - 27.

地"，累计孵化港澳企业（项目）503 个，累计培育和引进高新技术企业 74 家。①
珠海市自 2015 年横琴澳门青年创业谷启用以来，已累计孵化项目 433 个，其中
港澳项目 244 个，引进培育高新技术企业 50 家，为 30 家企业融资 5.03 亿元。
2020 年上半年，在横琴新注册的澳门创业项目有 37 个，科技创新类企业比例达
59.6%，有力地带动了粤港澳三地创新资源的流动，加快了澳门与内地的交流
融合。②

（二）香港方面③

自《粤港澳大湾区发展规划纲要》公布以来，香港特区政府一直与中央相
关部委、广东省政府和澳门特区政府保持紧密联系，凝心聚力推进大湾区建设。
香港特区政府推出了各类计划和措施，鼓励和支持香港青年赴大湾区内地发展。
香港特别行政区政制及内地事务局局长曾国卫于 2022 年 1 月 19 日书面答复立法
会议员有关特区政府支援香港青年人到大湾区发展的提问时表示，劳工处共接获
1 090 份有关"大湾区青年就业计划"津贴的初步申请。另外，已有约 5 500 名
香港青年受惠于特区政府设立的大湾区青年创业相关资助计划。根据劳工处有关
"大湾区青年就业计划"津贴申请者的工作地点、所属年龄、职业及聘用机构行
业的分项数字统计表，逾六成香港青年选择深圳作为工作地点，多为商业金融人
才，选商业金融行业的占总聘用机构行业的 60.8%，其中选商用服务业的占比为
34.6%，选金融业的占比为 26.2%。

在就业创业方面，香港特区政府民政事务局已在青年发展基金下推出了"粤
港澳大湾区青年创业资助计划"（以下简称"创业计划"）和"粤港澳大湾区创
新创业基地体验资助计划"（以下简称"体验计划"）两项资助计划。根据 2021
年 2 月公布的获资助的机构名单显示，一方面，"创业计划"共资助 16 个非政府
机构推行的青年创业项目，为约 230 家青年初创企业（涉及超过 800 名香港创业
青年）提供资本资助，以及向约 4 000 名青年提供创业支援及孵化服务。获资助
的非政府机构已陆续推出其青年创业项目，并逐步协助青年创业团队落户大湾区
内地城市的双创基地。另一方面，"体验计划"资助 15 个非政府机构举办的大湾
区内地城市创业基地短期体验项目，预计约有 700 名青年将通过该项目加深对大

---

① 毛磊. 从粤澳融合看澳门青年背靠祖国天地宽［EB/OL］.［2022 - 12 - 14］. http://www.zlb.gov.cn/
2021 - 12/14/c_1211486398.html.
② 陈铀，吴伟东. 港澳青年跨境就业创业政策研究：基于广州、深圳、珠海的政策对比分析［J］. 青年
探索，2021（2）：89 - 101.
③ 香港特区政府粤港澳大湾区速递. 5 500 创业者受资助，千余人申请入湾就业，政制及内地事务局局
长谈支援港青大湾区发展［EB/OL］.［2022 - 01 - 19］. https://mp.weixin.qq.com/s/W8ZTWv_MFrEw_
fpgdT01qQ.

湾区内地相关双创政策和配套措施的认识。

在资助实习方面,香港特区政府民政事务局推出了"青年内地实习资助计划",该计划用于资助非政府机构举办香港青年在内地的实习活动,使香港青年更加了解内地就业市场、工作文化和发展机遇等。其中,"粤港澳大湾区香港青年实习计划"作为"青年内地实习资助计划"下推出的粤港合作重点项目之一,从 2019 年起,已涵盖所有大湾区内地城市,提供约 1 000 个多元化的实习机会。民政事务局还将持续优化和扩大有关计划。

另外,香港特区政府为香港青年多渠道提供就业创业资讯协助和支援。目前劳工处已设立专题网站,为参加"大湾区青年就业计划"的香港毕业生提供大湾区内地城市工作和生活的实用资讯。通过举办讲座,使参加者在前往大湾区内地城市工作和生活前做好准备。香港特区政府还将成立"大湾区香港青年创新创业基地联盟",该联盟将邀请粤港两地具有实力的双创基地、大学、非政府机构、科研单位、专业团体、创投基金等机构加入,为在大湾区创业的香港青年建立一站式资讯、宣传及交流的平台。粤港两地政府将定期与联盟成员及香港青年创业者代表会面,检视双创发展的最新情况,处理创业者遇到的困难与问题,并帮助联盟不断完善机制,使之成为一个有效处理创业疑难的平台。

此外,香港特区政府还通过各驻内地办事处,包括驻粤经济贸易办事处(简称驻粤办),为在内地的港人港企提供各种切实可行的支援,例如为在大湾区内地的香港青年提供免费的法律咨询服务,协助其寻找实习机会,举办相关就业讲座,发布实用资讯等。香港多个青年社团也积极作为,为香港青年提供就业创业相关协助,及赴内地交流机会。

(三)澳门方面

《粤港澳大湾区发展规划纲要》为澳门融入大湾区发展提供了新动力,也让澳门青年有了更多机遇和出路。自粤港澳大湾区建设以来,澳门特区政府十分支持澳门青年走进内地实习就业,并制定了政策为澳门青年提供多方位支援和协助,也推出了不同计划和措施,例如举办大型招聘会,实施见习实习计划,多管齐下协助青年就业,鼓励澳门青年融入大湾区建设。目前,在内地创业就业的澳门青年主要分布在信息咨询、商贸等服务业领域。

在见习实习方面,澳门特区政府实施了多项见习实习计划,帮助澳门青年拓宽就业新空间。2020 年,澳门特区政府劳工事务局推出了"疫境自强·职出前程"职场体验计划,提供 3 个月的工作体验机会,企业提供 1 800 个名额,共有720 名毕业生获企业录取进行实习,实际到企业实习的则有 568 人,最终 199 人应聘。2021 年举办的"职出前程实习计划",提供超过 1 800 个实习岗位,有

552 人获录取进入实习，当中 178 名实习生获得聘用邀请。为让青年了解内地经济发展的新趋势，澳门特区政府推出内地名优企业见习计划。2021 年 2 月，澳门特区政府劳工事务局首次与内地著名企业北京字节跳动科技有限公司合作推出"澳门青年到内地字节跳动见习计划"，见习为期 3 个月，由企业资深人员指导工作，以促进澳门青年在互联网科技行业的业务能力的发展，并为产业培育和储备人才。计划提供 48 个见习岗位，涉及人力资源助理、设计助理、创意运营、数据标注运营及项目管理等范畴，见习地点为广东省和福建省内企业业务涵盖的城市。最终有 17 人参与这次开展为期 3 个月的见习活动。2021 年 4 月，再次推出"澳门青年到内地字节跳动见习计划"，澳门 25 位青年被企业录取，符合资格的见习青年可获得由见习单位发放的生活津贴，并由澳门特区政府提供每月 5 000 澳门元的生活资助。澳门特区政府教育及青年发展局于 2021 年暑假期间推出"'你'想前途——澳门大专学生实习计划"，提供近 400 个实习名额，实习计划分为本地及内地两部分，实习期为 1 至 2 个月不等。其中，内地实习包括 2021 年腾讯港澳英才计划、珠海格力电器股份有限公司实习项目、2021 年"青春黄埔行"港澳青年社会实践活动及 2021 年港澳青年学生南沙"百企千人"实习计划等，共提供 195 个名额，涵盖工商、管理、行政、金融及教育等专业范畴。实习学生还将安排参加国情研习和社会实践等。①

在就业支援方面，澳门特区政府多方面拓展澳门青年就业渠道，高质量开展就业技能培训。一是深化与内地政府部门及企业机构的合作，搭建就业对接平台，推动线上线下就业对接，提高配对成效。2021 年 12 月，澳门劳工局与横琴粤澳深度合作区相关部门合作，推出为期 2 个月的"琴澳零距离"在线招聘月，为澳门居民与企业搭建就业对接平台，超过 80 家企业参与，提供约 450 个岗位。推出首个月已有 181 名澳门居民递交 380 份简历，岗位涉及人力资源、科技研发、高端制造业、中医药及文旅会展商贸等产业。二是注重澳门青年的就业需求，强化对澳门青年的技能培训，开设各类行业讲座等，协助青年拓宽择业和就业发展空间。2020 年澳门特区政府劳工事务局为 933 人次的青年提供各种类型的就业辅导，包括职业选配、职业潜能评估、模拟面试及专题讲座等，以协助青年融入职场及做好职业生涯规划。于暑期举办"青年就业博览会"，为参与活动的青年提供履历撰写指导、模拟面试工作坊、职业培训资讯及劳动关系法咨询，邀请内地名优企业到场向青年分享职场资讯让青年对内地就业环境有更深入的了解，扩阔其职业视野。有关活动吸引超过 4 200 人次入场。2022 年 1 月 22 日，澳门劳工事务局举办"职问职讲"讲座，以围绕澳门产业多元发展而出现的新

---

① 龙土有. 澳门推出大专生暑假实习计划 提供近 400 个实习名额［N］. 中国新闻网，2021 - 05 - 06.

兴产业为主题，邀请相关企业资深代表讲解，主要介绍新的科研成果与新兴技术的应用和有关人才需求，以拓宽青年的择业思维和就业发展空间，并当场回答青年对有关行业前景和择业方面的问题。该活动在线进行，本澳三家中学共 64 名高中学生参与。三是推出"带津培训计划"，包括"提升技能导向带津培训计划"及"就业导向带津培训计划"，协助有求职需要的居民投身就业市场。其中"提升技能导向带津培训计划"的对象为符合法规规定的在职人士及自由职业者，有关雇员或自由职业者于完成培训及参加课程考核后，可获得最高 5 000 澳门元的培训津贴。"就业导向带津培训计划"由"技能培训"及"就业转介"两部分组成，学员完成课程及配合就业转介，可获得最高 6 656 澳门元。2020 年第一阶段带津贴的"技能提升及就业培训计划"共开办了 96 个培训班，共有 1 721 名市民参与培训，1 551 人完成课程。截至 2020 年 12 月底，在第二阶段的培训计划中，有 1 408 人已参加"就业导向带津培训计划"培训，有 682 人已入读"提升技能导向带津培训计划"课程，两项计划分别开办 44 个班及 28 个班。①

在湾区就业资讯服务方面，澳门特区政府劳工事务局推出了"大湾区就业资讯平台"。该平台提供大湾区内的就业及优惠政策等相关资讯，为有意前往大湾区就业的澳门居民提供便利。澳门还与内地城市共同举办各类职业技能竞赛，帮助澳门青年拓展国际视野，提高职业技能水平。如与广州、香港、成都三市共同举办第十一届穗港澳蓉青年技能竞赛，该技能竞赛至今已举办 11 届，不仅促进了四地在职业技能上更深层次的合作与交流，更进一步推动和完善了跨境人才技能培训，协助技能人才成长。第十一届穗港澳蓉青年技能竞赛共有 105 名澳门青年报名参加 5 个竞赛项目，当中 40 人通过入围赛筛选后入读培训课程，最终 17 人通过选拔赛获得优胜并代表参赛。此外，该平台还积极组织澳门青年参加"粤港澳大湾区粤菜师傅技能大赛"等活动。

在创业方面，澳门特区政府与大湾区各城市紧密合作，积极创设有利条件，推动落实多项便利政策，为澳门青年提供支持。例如，澳门特区政府自 2013 年开始主导推出"青年创业援助计划""澳门青年横琴创业谷计划"等一系列政策措施，从资金扶助、创业培训、专业服务、行政服务、市场开拓和孵化等方面鼓励并扶持青年创新创业。此外，特区政府还与珠海横琴、广州南沙、深圳前海等多个大湾区的伙伴携手合作，支持澳门青年到湾区内地城市发展，为澳门青年适应内地环境、抓住实践机会提供服务，帮助了一批优秀的澳门青年创业者扎根大湾区。例如，澳门特区政府经济局自 2016 年起先后与大湾区内包括广州、深圳、珠海、东莞、中山及江门 6 个城市签署了多份青创合作协议，建立了紧密的合作

---

① 澳门特区政府劳工事务局. 澳门特区政府劳工事务局 2020 年活动报告［R］，2020.

机制，共同培育澳门青年人在内地顺利开创个人事业。同时，为协助澳门创业者解决在内地创业遇到的困难，经济局从 2017 年起与本地商会合作，在澳门成立"内地商事登记先导服务处"，为澳门企业和居民在横琴区域创办企业、个体工商户提供免费服务。① 在既有的良好合作基础上，经济局在 2019 年 6 月推出专业顾问服务互换计划，通过澳门青年创业孵化中心推进与大湾区相关青创孵化机构共同合作，相互向在地的进驻创业团队提供法律、会计及税务等方面的专业顾问服务，让澳门初创人士在大湾区创业发展和开拓业务时，得到专业和可靠的支持服务。②

此外，自 2016 年以来，澳门特区政府推出相关计划帮助青年赴内地交流，由澳门行政长官办公室和澳门基金会与参与学校及社团进行密切沟通，持续优化活动实施效果。

三、目前港澳青年跨境就业存在的主要问题、困难

自粤港澳大湾区建设以来，进一步便利港澳居民到内地就业已成为各级政府的重要工作，在国家和粤港澳大湾区各级政府的努力下，在各类就业政策的加持下，港澳青年跨境就业尤其是赴湾区内地就业取得了一定的成效。但是，港澳青年跨境就业仍然存在政策落实不够、就业服务不到位、青年意愿不强、社会文化因素影响等各种问题和困境。准确掌握港澳青年在内地就业和发展中遇到的困难与诉求，深入分析该群体在湾区内地城市就业的影响因素，并提出相应的对策，对于推动港澳青年融入湾区发展具有重要的现实意义。

本文主要从政府政策维度、港澳青年维度及社会影响因素维度三大方面，分析目前港澳青年跨境就业存在的问题和困难。

（一）政府政策维度

1. 港澳青年跨境就业机制衔接不够

一是港澳青年创业就业政策存在碎片化问题，"跟风式"政策发布，政策落实时存在的现实问题。支持港澳青年跨境就业创业的相关政策在政策目标、政策内容和政策工具上具有较强的相似性，相同或类似内容重复出现，存在部分政府

① 戴建业. 关于立法会郑安庭议员提出书面质询的回复［EB/OL］.［2018 – 10 – 31］. https：//www. al. gov. mo/uploads/attachment/2018 – 11/913335bee26c23e32d. pdf.
② 澳门特别行政区政府经济财政司长办公室. 经济局推出"专业顾问服务互换计划"深化与大湾区青年创新创业合作（经济局）［EB/OL］.［2020 – 06 – 06］. https：//www. gsef. gov. mo/zh – cn/posts/2773.

出台相关政策时"一窝蜂""一刀切"或"跟风式"的不当竞争行为；在政策适用对象范围的界定上，不同城市间存在一定的差异，不利于港澳青年在粤港澳大湾区中进行"跨城"流转。

二是各市对青年从业者的吸引力不一，政策执行效果有所偏差。对前往当地就业的港澳青年及其录用单位进行补贴，已经成为大湾区内地城市吸引港澳青年到当地就业的政策共识。对比发现，由于财政资源等的差距，大湾区九市的就业奖励（补贴）标准存在明显的差异。在奖励（补贴）额度方面，深圳市的最高奖励额度为 5 万元，高于广州市和珠海市；在奖励（补贴）的适用范围方面，珠海市的港澳青年只有在中小微企业就业并缴纳社会保险才能获得补贴，补贴范围小于广州市和深圳市。[①]

三是就业创业政策倾向性单一。目前已发布的针对港澳青年就业创业的政策多倾向于科创或文化类型，对港澳青年的受惠范围和支持面不够，须在关注基层港澳青少年的需求方面下功夫。而且针对港澳青年创新创业、就业的政策相对较少、覆盖面不够广泛。现有政策主要是针对大项目、大企业、高科技、高附加值的产业项目，少有涉及港澳青年项目集中的小微企业、生活性行业，且扶持政策分散于多个部门，申请程序烦琐。[②]

四是受限于传统的政策框架，仍存在人文关怀和文化支持缺失等问题。各地在促进港澳青年文化认同与融合措施的制定上存在较大的不足。由于社会历史文化的差异和"一国两制"的国情，港澳青年在内地就业创业时，难免会遇到社会、文化层面的障碍和价值观的碰撞。港澳青年就业创业政策让港澳青年更好地融入内地社会，港澳青年对内地社会文化的认同又会促进和激励港澳青年的就业创业，这两者间是相互作用、相辅相成的。[③] 而在现行的政策中，深圳市"鼓励"港澳青年来深游学，澳门特别行政区"支持"澳门青年到大湾区实习交流，广州市南沙区提到了港澳青年的社会融入活动，但都没有出台更加细致的、具体的实施方案和开展措施。

五是就业政策的合法性和有效性有待进一步加强。研究发现，现行的港澳青年就业政策不足以令港澳青年在心理层面产生融合效应，港澳青年对政策有效性

---

① 陈铀，吴伟东. 港澳青年跨境就业创业政策研究：基于广州、深圳、珠海的政策对比分析 [J]. 青年探索，2021（2）：89 - 101.

② 葛志专，白国强，巫细波. 大湾区建设视角下港澳青年到内地创新创业面临问题及对策建议 [J]. 青少年学刊，2021（1）：43 - 47，24.

③ 陈铀，吴伟东. 港澳青年跨境就业创业政策研究：基于广州、深圳、珠海的政策对比分析 [J]. 青年探索，2021（2）：89 - 101.

和合法性的怀疑阻碍了港澳青年群体的国家认同和社会融合①，也导致较难撼动港澳青年跨境就业的心理障碍。

六是粤港澳三地就业合作机制仍需不断加强。广州南沙、深圳前海、珠海横琴三个自贸区不断突破，在实体化机构设立、专项工作小组成立、发展交流平台构建等方面取得了较大的进展。但是，在就业合作方面，仍存在实施范围小、影响力不强、机制不完善等问题。

总体来看，内地城市吸引港澳青年创业就业的政策环境还需要稳定并持续优化。

2. 港澳青年跨境就业配套政策突破不够

一是技能培训等支持政策缺乏。人力资源社会保障部、财政部、国家税务总局、国务院港澳事务办公室联合印发的《关于支持港澳青年在粤港澳大湾区就业创业的实施意见》提出，"为有培训需求的港澳青年提供高质量技能培训，针对港澳青年需求开展精细化职业指导"，但是在大湾区九市已发布的相关就业政策中，除了珠海市在《支持港澳青年来珠就业（创业）和技能培训（训练）若干政策措施》中提出了给予港澳青年在技能培训方面的支持政策措施，深圳市在《关于进一步便利港澳居民在深发展的若干措施》提出"支持本市职业技术学校和培训机构开展针对港澳青年的职业技能培训"之外，其余城市更为强调资金补助这一政策手段，缺乏明确为港澳青年提供自我增值的路径。

二是系统全面的就业保障体系还有待完善。广州市南沙区出台的《广州南沙新区（自贸片区）鼓励支持港澳青年创新创业实施办法（试行）》对"提供配套服务"的规定进行了细化，并出台了《南沙区2020年广州外国语学校附属学校港澳子弟招生方案》《南沙区人才公寓管理办法（试行）》《关于进一步便利人才及港澳居民购买商品房的通知》等一系列政策文件，将办法中的保障性措施具体化和操作化，为港澳青年的就业活动提供了较为全面的保障。但与广州市相比，大湾区其他城市提出的"配套服务"还不够全面和细化，未能真正实现对港澳青年就业的全方位保障。根据葛志专等的调研，93.5%的港澳青年群体没有享受到内地的社会保障，包括医疗、养老、工伤保险、生育保险、失业保险、住房公积金等，而享受到相关社保（主要是医疗保险、工伤保险等部分保障）的少量青年群体主要是因为父母在广州市工作、曾经在广州市上学、企业为内地民营企业等。②

① 傅承哲，杨爱平. 港澳青年跨境就业创业政策的心理融合效应及其认知机制：基于行为公共管理的视角［J］. 学术论坛，2020，43（1）：79–89.
② 葛志专，白国强，巫册波. 大湾区建设视角下港澳青年到内地创新创业面临问题及对策建议［J］. 青少年学刊，2021（1）：43–47，24.

三是就业市场融入度有待提升。就业市场为港澳青年提供针对性的就业岗位相对较少。受就业岗位性质、就业行业的约束，港澳青年就业面比较窄。公务员、事业单位等体制内就业岗位提供的数量不多，国企岗位开放度也不高。[①] 由于港澳与内地在制度等方面存在差异，港澳居民对内地法律、政策较为陌生，在公务员考试中并不具备竞争优势，无形之中需要多跨一道甚至多道门槛。2020年12月，深圳市在服务"双区"建设专项招录公务员考试中，首次设置5个定向港澳选拔职位。招录共吸引了446名港澳籍人士报名，221名港澳居民报考非定向港澳选拔的其他职位。但经历三轮招考，深圳市至今只累计招录了10名港澳籍公务员。[②] 广州市也设岗招聘港澳籍公务员，但为定向录取内地高校毕业的港澳籍优秀应届生，在首批招考中，有4名香港籍青年被录用。另外，广州市正在试点在公职机构招聘港澳籍人才，南沙新区产业园区开发建设管理局在2020年吸引了4名港澳青年成功入职，该局成为首批招聘港澳青年的公职机构之一。此外，尽管国家及粤港澳城市出台政策鼓励企业招聘港澳青年，并提供相应的资金支持。但是港澳员工招聘手续相对烦琐，这也降低了企业的招聘意愿。受疫情影响，就业市场提供岗位少，针对港澳青年的岗位就更少了。蔡同学反映，疫情在某种程度上增加了她作为香港籍学生在内地求职的难度，她说："由于很多相关政策还在制定过程中，很多政策壁垒还是有待破除，很多企业还是只面向内地的学生。而且在疫情的影响下，企业优先招内地的毕业生。"

四是跨境就业住房问题仍然突出。例如，深圳市在《关于进一步便利港澳居民在深发展的若干措施》中指出，"进一步完善来深发展的港澳人才住房保障政策"，政策主体对象为港澳人才，其认定标准与港澳青年存在差异，且"定向配租给经有关部门认可的港澳青年创新创业基地运营机构"，对于就业的港澳青年来说，保障申请和资格认定存在不便。

五是随迁子女教育配套服务还需进一步完善。虽然港澳户籍在内地入读公办学校的政策与以前相比，正在不断完善落实，但是各区具体政策力度不一。在深圳市罗湖区就业的港澳专业人才，必须在罗湖区依法连续纳税满2年，其子女方可就读义务教育阶段学校，享受本市户籍待遇。

总体来说，受限于内地的就业制度、人员流通制度、社会福利制度、市场经营制度、法律体系等方面的可适用性和差异性，港澳青年群体还无法与内地居民享有同等待遇。因此，加强与港澳在就业、创业、社保等民生领域对接合作，提高港澳青年就业创业政策触达度，推动港澳居民在公共就业创业服务方面享有

① 巫长林，孙慧. 粤港澳大湾区背景下港澳青年在内地就业状况研究［J］. 青年发展论坛，2021，31（4）：55-64.
② 赵瑞希，孙飞. 服务群众建设湾区：港澳籍深圳公务员二三事［N］. 新华社，2022-01-18.

"市民待遇"，不断优化港澳青年跨境就业配套政策至关重要。

3. 港澳青年跨境就业服务能力仍需提高

一是缺少统一便捷的信息服务平台，港澳青年信息获取渠道不够有效。"政策不少，部门太多"，很多港澳青年了解相关支持政策的渠道大多数是通过朋友介绍或者互联网搜索。多数港澳青年认为相关政策发布渠道较分散，政府服务不够专业，信息碎片化、条块化。部分港澳青年反馈由于获取信息渠道差异等因素，港澳青年对港澳创新创业政策了解程度较高，对湾区内地创新创业政策了解程度相对较低。文体信息和格式有所不同，特别是内地的政策信息各有不同的主办单位、申请流程、申请条件和截止日期，发布平台也不同，如果没有已经成功申请相应资助的创业前辈介绍，港澳青年创业者很难及时、准确获得所有相关资讯，需要耗费相当的时间成本在搜索和咨询上。另外，信息发布的通道也不同，港澳青年喜欢用 Google 和 Facebook，而内地更多是用百度和微信。同时，就业创业投资政策文件繁多、多头管理，失效与生效文件并存于相关宣传网站上，并未清晰注明文件是否仍具有效力，政府的审批和管理部门在回应就业创业者相关咨询上并不清晰，港澳青年难以及时了解最新的政策法规和正确申请相关行政服务。可见，就业创业相关的资讯展示平台缺乏、传播渠道不够、宣传力度不足，也影响了港澳青年来粤就业创业。

二是专门的港澳青年的就业服务机构机制有待完善。虽然目前广州市、深圳市、佛山市、东莞市、江门市等地均已规划设立专门性的港澳青年就业服务机构，为港澳青年在粤就业提供政策咨询、就业引导、政务事项代办等服务。如广州市共青团指导设立了港澳青年创新创业服务中心，广州市天河区设立了天河区港澳青年支援中心，深圳市相关政府部门为港澳青年来深创业打造了公益性孵化空间——湾区青创营，佛山市港澳青年就业创业服务中心落户佛山市创业孵化示范基地等。但是目前设立的这些专门性的港澳青年就业创业服务机构力量较弱、影响力有限，管理机构职能、级别等大小不一，且更倾向于创业服务，专门针对港澳青年的就业服务机构缺乏。港澳青年就业服务不仅涉及各级就业和社会保障主管部门，也可能涉及教育主管部门、住房主管部门、医疗卫生主管部门等多个职能部门。因此，统筹设立专门性就业服务机构，提升专门性就业服务机构的服务质量，实现各就业服务机构相互协作、就业服务资源相互补充尤为重要。

三是政策措施落地难、享受难。广东省营商环境虽然走在全国前列，但对港澳青年就业创业者的调查显示，仍然存在政出多门、渠道不透明、信息不充分、申请程序复杂、政策享受成本过高、政策指向不明确不具体等现象，港澳青年群体难以便捷地寻求到适合自身项目的政策，政策设置多数是依申请才能享受，很少是依条件主动落实。当前很多政策，基于普惠性质虽然惠及港澳青年群体，但制定过程中没有考虑港澳青年来粤就业创业的不同前提及特点，导致政策执行过程中港澳青年有国民待遇之名，却无法享受国民待遇之实。而且扶持政策分散于各个政府部门出台的政策中，申请程序烦琐，导致港澳青年对来粤就业创业可享受的优惠了解不充分，难以对接。

四是入职手续办理程序复杂。如香港青年办理入职政审时需要提交香港出示的无犯罪记录，但是个人无法开出无犯罪记录，得由单位出公函，由录用学校出的公函，香港警方不承认，要通过更官方的政府部门出具，在找相关的政府部门时，存在比较大的困难。珠三角九市以港澳青年为主要受益者的专门性政策，大多由省级、市级、区（县）级政府制定，少数由单个或几个政府职能部门牵头制定。政策制定主体的属性和职能，决定了政策的内容是以原则性、框架性的规定为主，详尽的操作细则仍需要各职能部门加以完善和补充，是符合职权法定原则的。但实践中较突出的问题是，规范性文件已作出规定，实际执行力度则稍显不足，政策出台与实施时间间隔过长，政务服务在线平台更新不及时等。①

五是较少关注港澳青年跨境就业群体动态发展。港澳青年跨境就业创业的跟踪调研需进一步完善。对港澳青年跨境就业的跟踪调研，对于改善就业问题、调整就业政策、推动港澳青年发展都有着积极的作用。但是目前，没有对澳门青年跨境就业的跟踪调研工作做出明确的规划，也没有专门的负责机构定期开展此项工作。

总体来看，大湾区建设处于初级阶段，粤港澳三地政策连通仍然存在许多障碍，就业创业配套政策突破还远远不够，比如社保接续、减税降费、资金跨境流动结转、网络管控等，大部分是国家事权，或者是需要粤港澳三地共同推进事宜，一般要通过详细的调研磋商才能逐渐突破。医疗、教育、居住等配套政策的调整跟进不及时，由于涉及部门较多，政策修订链条较长，大湾区内地城市仍然以"编制""户籍"等区分对象落实待遇，对如何破除港澳青年来粤创业就业发展困境尚未找到一揽子解决办法，无法解决创业者的后顾之忧，严重影响大湾区港澳青年在内地城市创新创业的热情和信心。

（二）港澳青年维度

1. 港澳青年跨境就业意愿不强，影响因素呈多样性

青年的择业行为不仅受到政府政策供给以及政府打造的就业环境的影响，作为需求方的青年的择业意愿也至关重要。截至2021年4月，广州市区已提前完

① 严椰铭. 港澳青年在粤就业保障制度探析：以粤港澳大湾区法治合作为视角［J］. 特区实践与理论. 2019（6）：47-54.

成筹集 1 000 套人才公寓的任务，并面向满足条件的港澳青年进行配租。但是据统计，只有 65 名港澳青年申请入住人才公寓。这也间接说明了跨境就业的港澳青年人数还较少。据《香港青年就业及大湾区发展指数 2020》调查发现，不愿意到大湾区内地城市发展的比例从 2018 年的 31.0%，上升到 51.1%。究其原因，主要表现为以下几点：一是认为内地教育素质未有保障，虽然内地培训可能比香港更出色，但相对花费会更多。二是对内地的医疗技术抱有怀疑态度。三是生活习惯不同，如厕等方面也有差异。四是感觉去内地要懂得拉关系，离港前要学会普通话。五是常常在网上看到逆行车等危险事故，且意外发生后无人理会的新闻。六是内地需要交四成税。七是住房、交通等因素影响他们的意愿。这也恰好说明了香港青年与内地的交流还远远不够，香港青年对湾区的就业政策也缺乏一定的了解。

另外，根据调研，收入水平是香港青年就业考虑的主要因素，目前大湾区内地城市的工资普遍比香港低，这也是导致香港青年跨境就业意愿不强的另一原因。港澳地区薪酬约是广州市薪酬的 1.5 倍以上，大多数港澳青年来穗后工资收入未增加。根据巫长林等[①]的调查发现，港澳青年在广州市就业的薪酬普遍不高，处于广州市平均薪酬水平，大多数港澳青年在广州市拿的工资低于港澳地区工资水平。"我在香港的工资会比内地的工资高""对于刚出来的毕业生来说，回澳门那边有房子住，起薪高一些，所以我也很理解为什么很多澳门的同学都回澳门工作"。调研中也发现，有一些港澳青年所在公司为港澳青年提供更有竞争力的薪酬，以留住人才。有学者也提出，穗港澳三个城市生活性消费水平差距虽然并不显著，但就业生活的支出成本差异较大，香港居民支出中主要是住房成本较高，且行业之间的薪酬差异较大，尤其是金融业、地产业、教育业、专业服务业等行业。[②]

根据笔者的调研结果显示，只有 45.09% 的受访者愿意来内地实习。根据访谈，不愿意来大湾区内地发展的受访者的顾虑也主要集中在教育、安全、医疗、税收和薪资水平等方面。受访者认为就业创业资源不清晰，没有平台对资源进行汇总，获取信息渠道鱼龙混杂，对内地的法律法规和行情不了解，创业就业隐形成本较高。在"您认为，国家应该为在内地就业创业的港澳青年提供哪些支持"一题中，选择"加大政策扶持力度""解决从业资格对接问题""在工作生活和权益保障方面提供支持"均超过 70%。

① 巫长林，孙慧. 粤港澳大湾区背景下港澳青年在内地就业状况研究［J］. 青年发展论坛，2021，31（4）：55 - 64.

② 葛志专，白国强，巫细波. 大湾区建设视角下港澳青年到内地创新创业面临问题及对策建议［J］. 青少年学刊，2021（1）：43 - 47，24.

根据巫长林等①的调查发现，港澳青年感觉就业竞争压力大。受访者反映职业晋升缓慢，职业发展因港澳地区职业资格证在内地未实现互认和港澳青年无法考取内地部分行业职业资格等现实问题而受到约束。港澳青年工作岗位多数为一线员工，他们反映晋升要比内地青年员工付出更多努力。数据显示，45.4%的受访者为一线员工，15.5%的受访者为中层，8.2%的受访者为高层管理人员，30.9%的受访者为自雇或公司负责人、合伙人。

2. 港澳青年就业需求与就业指导现状存在一定的差距

一是在就业资源和就业需求匹配方面，仍有很大的推进空间。"香港学生在内地工作是否有政策上的优势或劣势？您是否在实际工作中有所体会？"在这一题中，多数受访者表示政策方面影响并不明显，主要靠个人的努力和适应程度。同时，受访者表示在办理入职手续、五险一金等方面较为麻烦，手续比较烦琐，对相关政策的了解也还不够。

二是港澳籍大学生职业生涯规划与就业指导针对性不强。根据陈菊萍②的调研，大部分受访者表示缺乏比较明确的职业规划，有明确的职业规划的港澳籍大学生仅占25%，56%的受访者认为社会及高校所提供的就业指导与服务一般，大部分受访者认为社会及高校提供的就业指导与服务等工作有待开展和提升。这说明目前高校对港澳籍大学生跨境就业所提供的就业指导与服务还不是很充足，与他们的需求还存在一定差距。

3. 港澳青年与内地交流融合渠道仍需拓展

一是在青年交流方面依旧存在屏障，比如粤港澳三地青年人之间存在信息壁垒。有意向到内地就业发展或初到内地的港澳青年往往因为陌生感而缺乏落户信心。2019年12月，澳门江门青年会发布《聆听青年的声音——粤港澳大湾区政策下澳门青年就业暨创业需求之调查研究》，该研究显示，"职场竞争激烈""缺乏朋友或人脉""与家人分隔异地"是影响青年到大湾区发展的主要顾虑因素。

二是港澳籍在内地的身份认证仍不便利。例如，身份证件差异导致生活中无法享受内地科技支付便利。港澳青年享受不了网络生活便利，特别是手机支付。微信支付、支付宝支付无法开通，也无法使用支付宝花呗、借呗等，而这些都是当代青年的主要支付方式；无法通过网络渠道理财，淘宝购物无法使用海淘。政务业务无法通过人脸识别进行身份认证办理，新冠疫情期间车辆违章等也无法通过网络办理处罚，只能现场办理。港澳青年上不了征信系统，银行信贷消费办理难度大。港澳青年集中反映办理信用卡难，而消费使用意愿强烈；由于上不了征

① 巫长林，孙慧. 粤港澳大湾区背景下港澳青年在内地就业状况研究［J］. 青年发展论坛，2021，31（4）：55 - 64.
② 陈菊平. 港澳籍大学生留内地就业现状及服务体系构建［J］. 高教论坛，2019（2）：112 - 115.

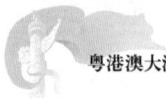

信，从而办理买房、买车银行贷款难。[①]

（三）社会影响因素维度

1. 文化差异

由于历史原因，内地与港澳的文化背景及教育理念具有差异性，在思维方法、认知模式上，内地与港澳也存在一定的差别，且港澳地区日常交流以粤语为主，普通话并非他们的日常语言，这也给港澳籍大学生在内地就业带来了一定困难。

2. 外部声音干扰

近年来，香港社会内外反对势力采用各种软干扰，利用各种媒体，各色各样的文化渗透手段，持续对香港青年"洗脑"，暗中竭力传播"港独"病毒，致使部分香港青年对内地持固有的偏见，缺乏对国家和内地的正确认识，来内地跨境就业意愿弱。具体来说，表现为以下几方面：

一是舆论传媒的误导。香港的舆论缺乏管制，一些反对派以所谓捍卫"言论自由"为由，利用媒体大肆宣扬香港本位的历史观，长期散布反中乱港言论，故意通过大量的负面报道攻击中央、攻击特区政府，这些都潜在影响着港澳青少年的心理建设及对特区政府乃至国家形象的建构。

二是境外反华势力的渗透。西方敌对势力将学校作为渗透对象，通过提供项目资助和奖学金等方式吸引青年教师与学生赴美访学、留学，借机宣扬西方的价值观，并以追求"民主、自由"为名不断灌输反共反华思想和"港独"观念，扶植反华势力"代言人"。

三是本土港独势力的干扰。2012 年的"国民教育风波"、2014 年的非法"占中"事件、2016 年的旺角暴乱和 2019 年的"修例风波"等使得香港的社会环境和社会心理受到不同程度的破坏与困扰。

四、进一步促进港澳青年跨境就业的思考与建议

基于港澳青年在跨境就业中面临的问题和困难，从中央到地方政府应上下一盘棋，从政策优化维度、青年认知维度及社会影响维度等方面，依照"落细、落小、落实"的原则，高度重视优化港澳青年就业政策环境，加大就业政策支持力

---

① 巫长林，孙慧. 粤港澳大湾区背景下港澳青年在内地就业状况研究［J］. 青年发展论坛，2021，31（4）：55－64.

度，建立健全就业协调机制，加强就业公共服务能力，进一步促进港澳青年跨境就业。

（一）政策优化维度

1. 建立健全大湾区内支持港澳青年就业的协调机制，加大就业政策支持力度

一是打破城市间与职能部门间的区隔，建立港澳青年跨境就业活动协调机制，提升行政效能产出。加强粤港澳三地就业合作机制，探索成立大湾区港澳青年就业活动协调领导小组，对大湾区的港澳青年就业政策进行宏观把握与战略布局，更好地推动政策协同。二是加大对来内地就业的港澳青年的政策支持力度。目前出台的政策多为支持创业的，在内地就业的港澳青年的政策获得感比较弱，应针对来内地就业的港澳青年，在就业、住房、生活等方面出台专门的政策措施，并明确给予一定的人才补贴、住房补贴、税费减免补贴等。三是提高港澳青年就业政策的针对性，扩大港澳青年的受惠范围和支持面，重点关注基层港澳青少年就业需求，简化各类申请流程。

2. 推动大湾区内规则制度衔接，促使港澳青年群体享受同等待遇

一是优化软环境建设，尽力消除港澳青年进入湾区就业的政策障碍。不断突破体制障碍，做好粤港澳三地有关法律、科技、金融、营商和社会民生等领域的规则制度衔接，形成长效对接交流机制，确保港澳青年就业的制度保障。二是加强就业配套保障，为港澳青年提供全方位的生活支援。深化推进粤港澳大湾区征信系统互认机制，稳步推进内地港澳金融互联互通，让港澳青年能享受手机支付及银行信贷等生活便利。探索实行人员流通便利化机制，研究实施大湾区统一互认的身份识别机制。

3. 做好港澳青年就业公共服务，提升港澳青年跨境就业率

一是建议各地政府成立专门针对港澳青年就业的服务机构，针对跨境就业的港澳青年建立全周期可持续的管理服务体系。建立统筹辖区内就业服务机构、就业服务范围符合港澳青年需求的就业服务制度，明确港澳青年来内地就业手续、流程清单、就业政策指引，精准指导港澳青年在内地就业。建立在内地就业的港澳青年人才数据库。由专门的就业服务机构对跨境就业的港澳青年开展全周期全过程服务，包括港澳青年来内地就业报到、来内地就业入职手续办理、社会保障缴纳、后续跟踪扶持等，及时建立港澳青年后续跟踪服务档案，关注港澳青年就业需求，并协助他们解决就业中遇到的实际困难。二是加大对港澳青年职业技能培训制度的投入。现有政策中有关职业技能培训的规定，多是对港澳未就业的青年学生在内地接受职业技术教育以及粤港澳职业教育的教学合作予以支持，对鼓励在岗、在职人员参与技能培训或职业素养培训关注不足。三是扩大就业机会，

提高港澳青年在内地就业市场的融入度。增加公务员、事业单位等体制内就业岗位的数量，放开国企岗位的招聘限度，推动港澳居民在公共就业创业服务方面享有真正意义上的"市民待遇"。四是完善公民表达机制，建立港澳青年与政府之间的近距离接触和双向沟通的途径。应倾听港澳青年就业方面的意见与反馈，结合青年就业因素与城市发展特点，建立健全就业指导工作机制，瞄准青年就业痛点精准发力，为就业青年提供个性化就业指导。五是建议将法律服务纳入就业服务体系。建立劳动纠纷的多元化解决机制，以应对港澳青年就业中面临的问题与挑战。

4. 加强对港澳青年的人文关怀和文化融合，强化粤港澳青年交流

用"软实力"增进港澳青年的国家认同和价值观建构。一是建立与内地交流与合作的长效机制，丰富与内地青年的交流渠道，借助粤港澳大湾区发展机遇，有系统地建立港澳青年与内地就业实习的交流平台，提高目前已有交流平台的知名度，举办多样化的学习交流活动，多组织港澳青年群体来访内地，支持港澳大学生到广州市和大湾区城市企业实习就业，增加文化交流活动。如通过设立"港澳—内地"同学会、创新创业交流活动、集体参观内地文化历史遗迹等方式提升港澳青年对内地的文化认同感。二是利用在粤现有的港澳学生基础，加强引导，扩展在粤港澳生的社会经历，发挥其自身优势，为本土港澳青年提供有针对性的信息，助推港澳青年融入国家大局。

（二）港澳青年认知维度

1. 帮助港澳青年提高人力资本水平

一是粤港澳三地政府部门应加强联系与合作，为赴粤发展的港澳青年提供专门的技能培训，帮助港澳青年积累和增进自身的知识与技能，提高其就业竞争力。二是大湾区内地城市的当地政府应加强港澳青年人才培养，以"产业＋人才"增强造血功能，发挥"以产引才、以才促产、产才融合"的辐射带动效应。引导和鼓励社会团体组建丰富的实践活动，并鼓励港澳青年参与其中，锻炼其抗压能力、交际沟通能力等以增强他们赴粤发展的信心。三是给予就业青年奖金补贴、设立高学历青年专项资金奖励；完善就业青年高新技术与专长技能培育机制，拓宽青年个人发展晋升路径，促进青年个人能力全面发展。四是港澳青年需充分把握平台与政策优势，找准自身定位，积极参与青年及行业交流合作活动，获得更多的社会资本。

2. 加强对港澳青年就业政策的宣传，进一步提高就业保障政策的知晓率

一是充分运用报纸、电视等传统渠道，灵活运用微信、微博等新媒体矩阵线上渠道，积极利用 Youtube、Facebook 等海外社交媒体，走进港澳青年就业企业、园区等线下渠道，加强对就业政策、社会保障制度的宣传，搭建答疑解惑交流平台，增强港澳青年就业保障政策在港澳青年中的知名度和影响力，助力他们的就业目标和梦想，进而增强港澳青年对社会保障制度的认同度，从根本上提升对祖国的向心力。二是在港澳地区定期举办现场就业政策宣讲活动。利用港澳当地有影响力的新闻媒体将大湾区内支持港澳青年就业的相关政策传递到港澳青年中去，增强港澳青年对政策的认知程度。[1]

（三）社会环境影响维度

1. 营造有利于港澳青年人才成长发展的良好环境

营造港澳青年人才成长发展的良好环境，进一步加强城市基础设施建设，提高城市交通便利程度，减少港澳青年的通勤时间；完善城市就业优惠政策，提供住房福利、薪酬优待等，提升就业青年的城市归属感；完善城市基础教育政策，解决港澳青年的子女就学问题，吸引青年人才扎根大湾区内地。以第三产业和商贸业作为主打，进一步引入港澳人才。未来在鼓励港澳青年就业方面，应该结合广东各地的产业优势，有针对性地向有能力的港澳青年提供就业机会，让他们更好地融入湾区生活。特区政府也需针对青年在湾区创业实现精准发力扶持，为港澳青年解决就业、创业等方面遇到的实际困难和问题，创造有利于青年成就人生梦想的社会环境。

2. 整合社会资源，多方联动，促进企事业单位、社会组织对港澳青年就业活动的参与

除了由政府定期组织活动和向港澳青年提供补贴外，就业创业政策还要激发市场活力和社会活力，充分协调好政府、企业、社会和港澳青年个体之间的关系。企业可以积极举办或资助港澳青年的就业创业活动，在吸纳港澳青年人才的同时，增强自身的品牌影响力和号召力，成为粤港澳大湾区市场交流的重要桥梁。社会组织也要发挥自身的推动作用，一方面发挥社会服务功能，为港澳青年在内地的生活提供帮助与服务，另一方面通过开展青年志愿服务活动，促进内地青年与港澳青年的交流融合。

作者简介：雷丹，暨南大学湾区办主任科员。

---

[1] 陈铀，吴伟东. 港澳青年跨境就业创业政策研究：基于广州、深圳、珠海的政策对比分析［J］. 青年探索，2021（2）：89－101.

附　图

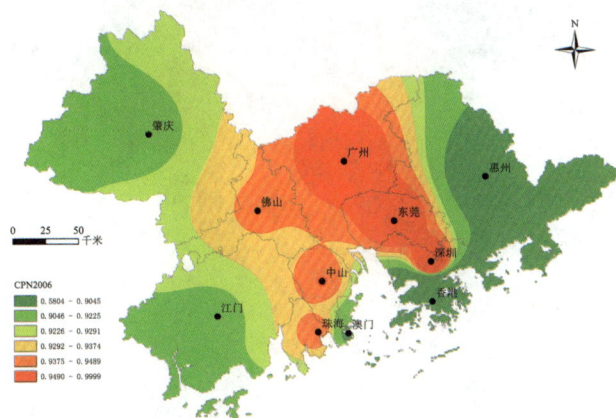

（a）CP2006

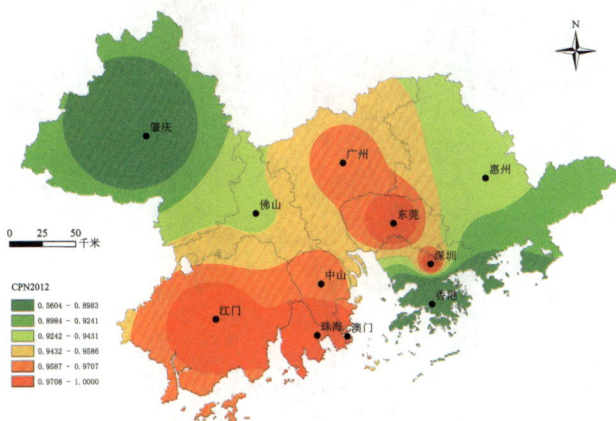

（b）CP2012

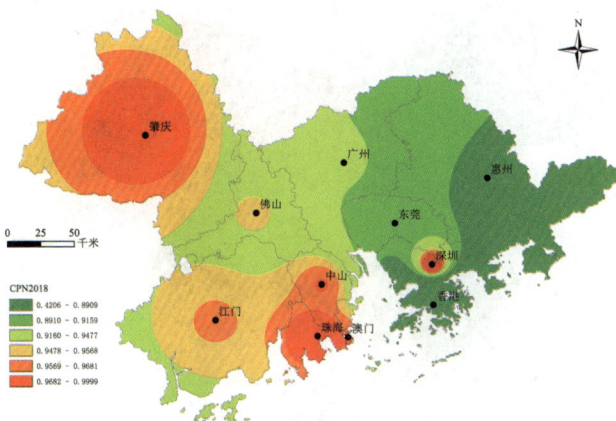

（c）CP2018

图1　粤港澳大湾区产业融合耦联度时空演变图

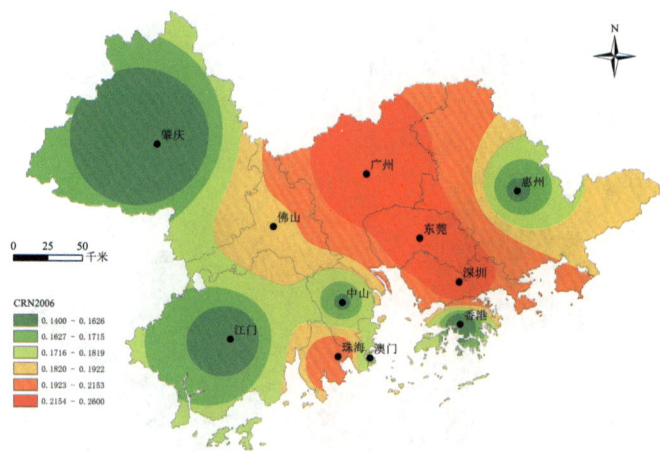

（a）*CR*2006

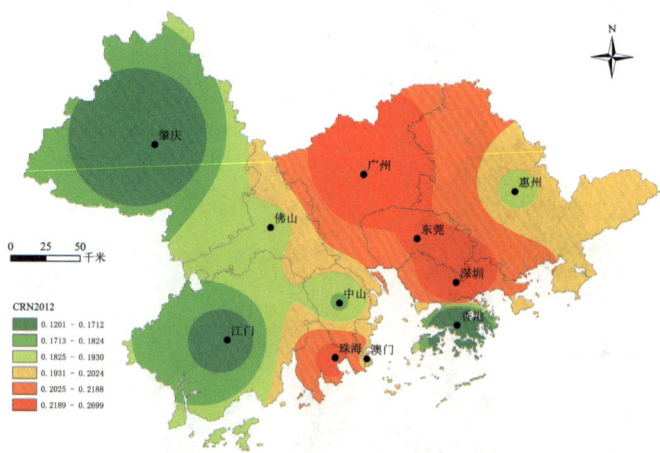

（b）*CR*2012

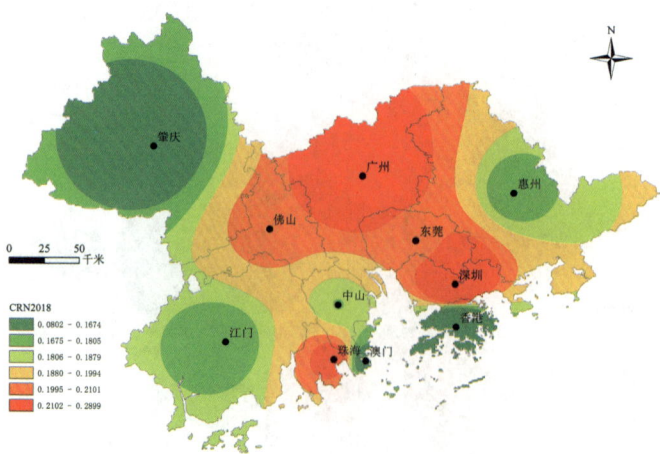

（c）*CR*2018

图 2　粤港澳大湾区产业融合耦联协调度时空演变图

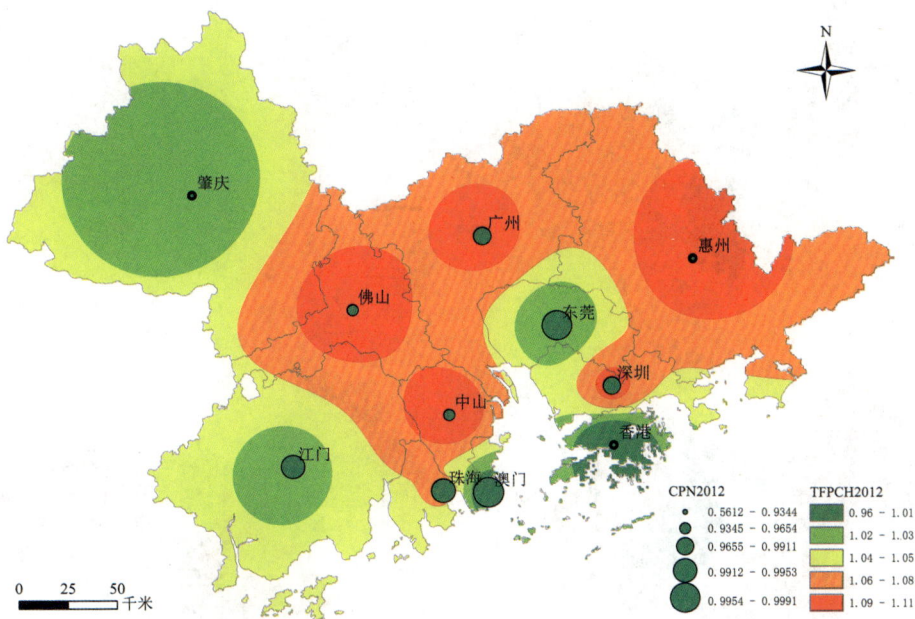

（a）

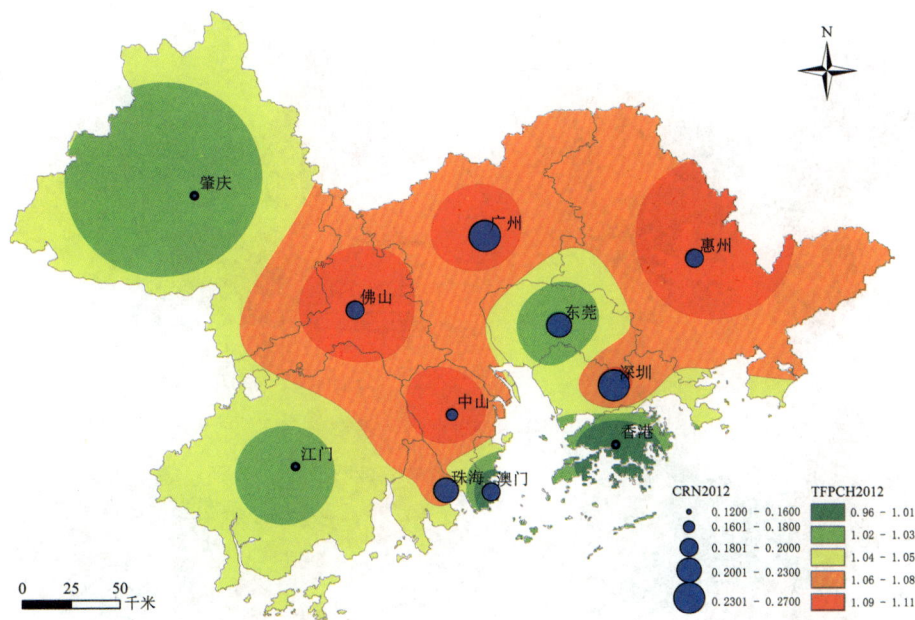

（b）

图 3　产业融合与全要素生产率增长的时空拟合图

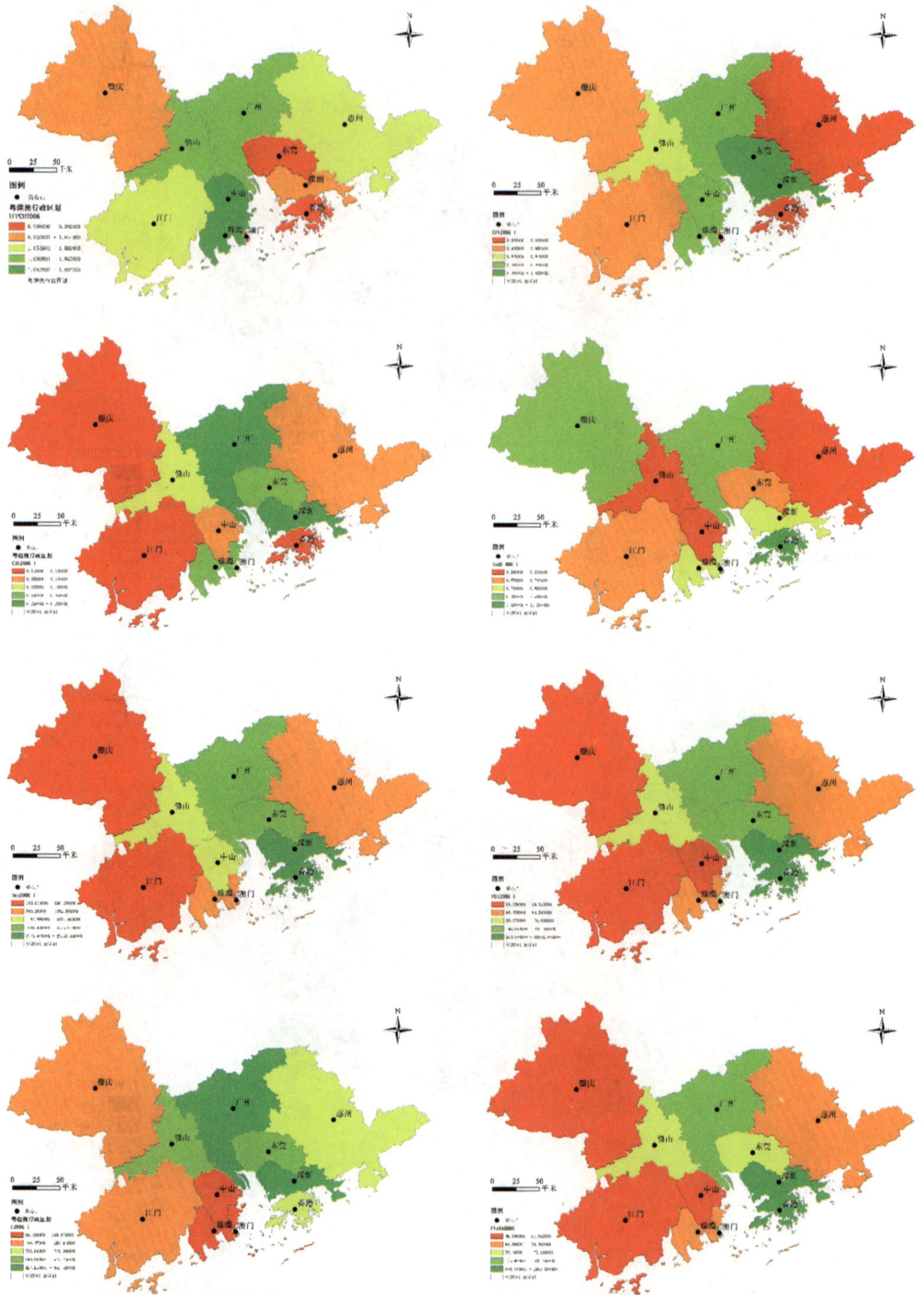

图4　2006年粤港澳大湾区全要素生产率增长及其驱动因子探测